SEM REGRAS PARA AMAR
Pelo espírito Schellida
Psicografia de Eliana Machado Coelho
Copyright © 2021 by Lúmen Editorial Ltda.

15ª edição - Julho de 2021

Coordenação editorial: Ronaldo A. Sperdutti
Preparação de originais: Eliana Machado Coelho
Revisão: Profª Valquíria Rofrano
Projeto gráfico e arte da capa: Juliana Mollinari
Imagem da capa: Shutterstock
Diagramação: Juliana Mollinari
Assistente editorial: Ana Maria Rael Gambarini
Impressão e acabamento: Gráfica Loyola

Dados Internacionais de Catalogação na Publicação (CIP)
(Câmara Brasileira do Livro, SP, Brasil)

```
Schellida
    Sem regras para amar / Espírito Schellida ;
[psicografia de Eliana Machado Coelho]. -- 15. ed. --
Catanduva, SP : Lúmen editorial, 2021.

    ISBN 978-65-5792-013-8

    1. Espiritismo 2. Literatura espírita 3.
Psicografia 4. Romance espírita I. Coelho, Eliana
Machado. II. Título.

21-62885                                    CDD-133.93
```

Índices para catálogo sistemático:

1. Psicografia : Espiritismo 133.93

Aline Graziele Benitez - Bibliotecária - CRB-1/3129

15-07-21-3.000-93.460

2021
Proibida a reprodução total ou parcial desta obra
sem prévia autorização da editora

Impresso no Brasil - Printed in Brazil

SEM REGRAS PARA AMAR

Psicografia de **Eliana Machado Coelho**
Romance do espírito **Schellida**

Av. Porto Ferreira, 1031 | Parque Iracema
CEP 15809-020 | Catanduva-SP
17 3531.4444

www.lumeneditorial.com.br | atendimento@lumeneditorial.com.br
www.boanova.net | boanova@boanova.net

ÍNDICE

CAPÍTULO 1 - A tragédia da vida 7

CAPÍTULO 2 - Dúvidas amargas 19

CAPÍTULO 3 - Preconceitos revelados 35

CAPÍTULO 4 - As visões de Bianca 46

CAPÍTULO 5 - Difícil decisão 61

CAPÍTULO 6 - O pesadelo de Bianca 76

CAPÍTULO 7 - A volta de Miguel 87

CAPÍTULO 8 - As exigências de Gilda 104

CAPÍTULO 9 - Lições de autoestima 119

CAPÍTULO 10 - Fantasias perigosas 133

CAPÍTULO 11 - A realidade da vida 154

CAPÍTULO 12 - Assumindo os sentimentos 178

CAPÍTULO 13 - A influência de Nélio 195

CAPÍTULO 14 - As maldades de Gilda 211

CAPÍTULO 15 - Desarmonia entre irmãos 224

CAPÍTULO 16 - Momentos de angústia 242

CAPÍTULO 17 - Regras da vida 259

CAPÍTULO 18 - A energia de uma prece 276

CAPÍTULO 19 - Acusações injustas 293

CAPÍTULO 20 - Implacável perseguição 306

CAPÍTULO 21 - A verdadeira Suzi 329

CAPÍTULO 22 - Nas malhas da traição 347

CAPÍTULO 23 – O império da mentira 362

CAPITULO 24 - O desespero de Eduardo 375

CAPÍTULO 25 - Érika vai embora 392

CAPÍTULO 26 - O auxílio providencial de Lara 407

CAPÍTULO 27 - Descendência negra 422

CAPÍTULO 28 - Tramas cruéis 438

CAPÍTULO 29 - A verdade sempre aparece 452

CAPÍTULO 30 - A decadência da mentira 467

CAPÍTULO 31 - O futuro dos preconceituosos 481

CAPÍTULO 32 - Encontrando o passado 502

CAPÍTULO 1

A tragédia da vida

Aquela manhã trazia uma brisa fresca. A densa neblina ainda pairava sobre a paisagem com suas graciosas flores, anunciando o início da primavera.

Era bem cedo, mas na casa de dona Júlia todos se reuniam animados ao redor da mesa farta e posta com muito carinho para o desjejum.

O perfume do café fresco enchia o ar quando se misturava ao aroma do bolo, quase quente, que era servido.

– Abençoada seja minha esposa! – anunciava o senhor Jairo com um largo sorriso no rosto, ao ver a aproximação da mulher. – São poucos que, aqui em São Paulo, são servidos à mesa de casa com café fresco, fartura e carinho.

Ao pegar a mão da esposa, ele contemplou seu sorriso e depois a beijou no rosto assim que a puxou para perto de si.

Dona Júlia sentiu-se lisonjeada e até orgulhosa, mas não tinha o que dizer. Era uma pessoa simples, esposa e mãe muito dedicada, prestimosa e de personalidade firme. Fazia tudo para manter a família reunida e em harmonia.

— Vejam só o papai! Exibindo-se como eterno apaixonado! — exclamou Carla, a filha mais nova do casal, com ar de brincadeira. Depois completou: — E sem perder o jeito galanteador, hein!

— Isso mesmo, Jairo — disse dona Amélia, mãe de Júlia. — Dê valor ao que sua mulher faz. Existem aqueles que valorizam os serviços de casa só quando eles não são feitos.

— Ah, vó!... De mim a senhora não pode falar — afirmou Helena, filha do meio do casal. — Eu sempre dei valor a tudo que minha mãe faz — completou com jeito mimoso.

Nesse instante, dona Júlia, irônica, tossiu forçosamente como se pigarreasse, atraindo a atenção de todos.

— Oh, mãe!... Vai dizer que eu não valorizo a senhora? — tornou Helena com jeitinho.

— Eu não disse nada, Lena, somente tossi! — revidou a mãe em tom de brincadeira.

— Como vamos fazer? — indagou Carla atalhando o assunto. — Iremos primeiro para a casa do Mauro ou vamos direto para o sítio? — perguntou referindo-se ao outro irmão.

— Não sei por que a Lara e o Mauro vão fazer o aniversário da minha bisneta lá naquele sítio. Isso complica a vida da gente. Não gosto de viajar muito, já me basta ter vindo pra cá — reclamou dona Amélia.

— Mãe, essa festa foi um presente da outra vó. Não podemos reclamar — lembrou dona Júlia. — Além disso, não é tão longe assim.

— E eles não poderiam alugar um *buffet* e fazer essa festa aqui perto? — tornou dona Amélia — É lógico que a exibida da Gilda tinha de complicar e fazer tudo lá longe.

— Mãe, deixa isso pra lá. Nós temos de...

O toque do telefone interrompeu o assunto e Helena, rapidamente, levantou-se para atender, dizendo:

— Deve ser para mim.

Após os primeiros segundos de conversa, Helena exclamou meio aflita:

— Quando isso aconteceu, Mauro?!

Todos silenciaram atentos para ouvi-la perguntar:

— Ela está bem? — e completou: — Calma, vou passar para o papai, ele deve saber onde fica. Iremos agora mesmo.

E enquanto o senhor Jairo atendia o filho, ela se voltou para todos e avisou sem rodeios:

— A Lara bateu o carro e está no hospital. É melhor eu e o papai irmos até lá.

— Eu irei com vocês — afirmou dona Júlia ao se levantar ligeira.

— Eu também! — quase gritou Carla afoita.

— Carla, minha filha, é melhor você ficar aqui com a vovó. — Virando-se para a outra filha, perguntou: — E a Bianca, com quem está?

— Com a empregada.

— Então, Carla, fique aqui. Vou ver se mando trazer a Bianca para cá, está bem?

— Carla — disse a irmã —, se o Vágner ligar, você conta o que aconteceu. Diga que eu telefono para ele depois. Ah! E vê se não se pendura no telefone, nós vamos ligar. Agora vou me trocar — resolveu Helena, saindo às pressas.

Algum tempo depois, Mauro recebia seus pais e a irmã no hospital.

Estava nervoso, quase desesperado. Após abraçá-los, secou as lágrimas e contou:

— A Lara saiu bem cedo e foi até a escola pegar o presente de aniversário da Bianca que ela havia escondido lá. Disse que voltaria antes de ela acordar para irmos ao sítio. Mas aconteceu o acidente. Do hospital, me ligaram e...

— Mas por que esse presente estava lá no serviço dela? — perguntou dona Júlia.

— A Bia estava ansiosa para saber o que ia ganhar e a Lara quis fazer uma brincadeira, por isso achou melhor escondê-lo lá, onde a Bia não iria procurar, já que ela havia vasculhado toda a casa. A Lara me disse que, na pressa para ir embora, ela se esqueceu de pegá-lo quando fechou a escola.

Mauro se calou ao perceber a aproximação do médico.

Indo a sua direção, ansioso, perguntou:

– Doutor, e minha esposa?

– Sinto muito, senhor Mauro. Ela não resistiu aos ferimentos.

Mauro sentiu-se gelar. Aturdido, de súbito, pela trágica notícia, quase cambaleou ao virar-se para seus parentes.

Dona Júlia logo o abraçou e ambos choravam, quando o senhor Jairo, com lágrimas empoçadas nos olhos, lembrou-se e comentou com Helena:

– Filha, temos de avisar a família da Lara.

– Pai, a dona Gilda está lá no sítio desde ontem.

– Meu Deus, eu nem sei o que fazer.

– Vou telefonar e ver se há alguém em casa.

Caminhando lentamente até o telefone, Helena sentia-se atordoada. Como dar tal notícia? E mesmo sem saber o que falar, ligou:

– Pronto! – atenderam na casa dos pais de Lara.

– Aqui é Helena, irmã do Mauro. Por gentileza, quem está falando?

– É o Eduardo, Helena – identificou-se o irmão de Lara com simplicidade. – Tudo bem?

– Nem tudo, Eduardo. Eu gostaria de saber da sua mãe.

– Desde ontem, meus pais estão lá no sítio preparando tudo para o aniversário da Bianca. Aliás, eu estava indo para lá agora mesmo, quase você não me pega em casa. Mas, o que aconteceu?

– Sabe, Eduardo... – gaguejou. – Eu, o Mauro e meus pais estamos aqui no hospital.

– O que aconteceu?! – ele inquietou-se preocupado.

– Houve um acidente com a Lara.

– Onde vocês estão? – perguntou aflito – Ela está bem?

Helena ficou em silêncio por alguns instantes e, como não havia forma de dizer aquilo de maneira diferente, falou:

— O acidente foi muito sério. A Lara estava sozinha e...
— Como ela está? — indagou preocupado.
— O médico acabou de dizer que ela não resistiu aos ferimentos. — O rapaz emudeceu. Então ela insistiu: — Eduardo?! Você está me ouvindo?

Com voz abafada e trêmula, perguntou parecendo calmo:
— Onde vocês estão?

Helena passou o endereço e logo voltou para junto de seus pais, que ficaram aguardando a chegada de Eduardo.

Uma névoa triste pairava sobre todos quando o irmão de Lara chegou e os cumprimentou com modos nervosos. Diante de Mauro, o cunhado perguntou:
— O que houve? Até agora não estou acreditando.

Mauro, em pranto, contou novamente o que ocorreu. Confuso, Eduardo comentou:
— Eu não sei como vou contar isso aos meus pais. Nunca estamos preparados para essa tragédia da vida.
— E sua irmã, a Érika, está com eles? — perguntou Helena.
— Sim, está. Mas... Posso telefonar para o sítio e dizer que a Lara está no hospital, que sofreu um acidente. Somente depois que estiverem aqui... — perdeu as palavras.

Observando sua difícil decisão, dona Júlia interferiu:
— Faça isso mesmo, Eduardo. Será melhor sua mãe saber só quando estiver aqui.
— E a Bianca? — lembrou o avô apreensivo. — Quem vai contar?

Todos se entreolharam e permaneceram em absoluto silêncio.
— Gente! E o Miguel? — perguntou Helena lembrando-se do outro irmão que estava na Europa.

Mais uma pergunta ficou sem resposta imediata, pois um funcionário do hospital se aproximou e chamou Mauro para as devidas providências, enquanto Eduardo, tentando ser firme, saiu de perto de todos para telefonar aos seus pais.

Poucos dias após o enterro, todos ainda estavam abalados, incrédulos e sofrendo muito com a fatalidade.

Miguel, o irmão mais velho de Helena, foi avisado, mas não pôde voltar ao Brasil.

Na casa de dona Júlia, o filho Mauro e a neta Bianca eram acolhidos com imenso carinho.

A menina, apesar de seus cinco anos de idade, sentiu imensamente a separação e, agarrada à tia Helena, não queria sair do quarto, pouco falava e procurava se esconder, não querendo olhar para ninguém.

Carla tentava animar a sobrinha chamando-a para sair, prometendo-lhe comprar brinquedos e sorvetes, mas nada parecia convencer a pequena.

– Deixa, Carla – pediu Helena sentada na cama onde Bianca se encolhia –, não a force.

– Mas ela não pode ficar assim.

– Claro que pode. Bianca é pequena, mas entende muito bem e tem sentimentos – tornou Helena com brandura.

– Eu achei errado a dona Gilda levá-la para ver a mãe no caixão. Senti uma coisa! Tive vontade de tirar a Bia dos braços dela – reclamava Carla indignada com o ocorrido. – Quem ela pensa que é?! Dona da verdade? Mulherzinha arrogante e orgulhosa que...

– Carla! Por favor, né! – repreendeu Helena indicando para Bianca como quem diz que aquilo era impróprio para ser comentado perto da menina.

– Ora, Lena, é verdade. A Bianca ficou assim depois daquilo. Lembra que, assim que a dona Gilda a colocou no chão ela saiu correndo, agarrou-se em você e não a largou mais?

Nesse instante, dona Júlia abriu a porta do quarto e avisou:

– O Eduardo está aí. Ele veio dizer que a dona Gilda teve algumas crises nervosas e não vem passando muito bem. Hoje ela está melhor e pede que a Bianca vá lá um pouquinho para visitá-la.

– Aaah! Não...! Ela não merece!

– Calma, Carla! Não reaja assim, minha filha – repreendeu a mãe com veemência. – A dona Gilda pode ser o que for, mas é avó assim como eu, e tem o direito de ver a menina. Ela acaba de perder a filha. A única coisa que lhe restou da Lara, neste mundo, é a neta.

— É! Mas quando ela não queria o casamento da Lara com o Mauro, aprontou poucas e boas — lembrou Carla falando com modos hostis. — Quando não conseguiu separá-los, disse que, a partir daquele dia, a filha tinha morrido, para ela. A senhora lembra?!

— Depois elas se reconciliaram. Foi uma discussão entre mãe e filha. Isso não se leva em consideração.

— Como não se deve levar em consideração?! Essa mulher nos odeia, sempre nos detestou. É uma criatura monstruosa, maquiavélica, que só pensa em seu rico dinheirinho. A dona Gilda sempre achou que pode comprar tudo. Acho que só agora ela se vê no prejuízo porque não pôde comprar a vida da filha. Ela é daquelas que, se pudesse, iria fazer negócios até com Deus.

— Carla!!! — repreendeu dona Júlia num grito.

— É verdade! Ou vocês abrem os olhos ou ela vai querer nos tomar a Bianca. Vai querer comprar a menina com tudo o que estiver ao seu alcance, com coisas que nós não podemos dar — respondeu revoltada.

— Carla, por favor! — exclamou a irmã com firmeza, insatisfeita com a discussão. — Com esse tipo de pensamento, você está agindo igual à dona Gilda. Pare, por favor. Respeite pelo menos a Bia!

— Parem vocês duas! — ordenou dona Júlia. — Agora não é hora para isso. O problema é o seguinte: o Eduardo está aí e quer levar a Bianca para ver a avó. O Mauro falou que, se a Bia quiser ir, ela pode, desde que ele a traga de volta antes do anoitecer. Mas ele quer que uma de vocês duas vá junto. — Virando-se para Helena, pediu: — Lena, traga a Bia pra ela ver o tio, vamos ver o que ela decide.

Enquanto Helena, carinhosamente, pegava a sobrinha no colo, Carla resmungava contrariada com a situação:

— Esse carinha é outro! Saiu tal qual a mãe. Escutem o que estou falando: se não colocarem um freio agora, essa gente vai tripudiar sobre nós.

Sem dar atenção ao que a irmã falava, Helena, com Bianca no colo, foi até a sala onde o cunhado de seu irmão aguardava.

Agarrada à Helena, a garotinha escondia o rosto no ombro da tia.

— Oi, Eduardo, tudo bem? — cumprimentou a jovem.

— É... quase tudo. — Procurando ver o rosto da menina, ele a tocou nas costinhas e pediu: — Vem com o tio, Bia.

— Olha o padrinho, Bia. Dá um beijo nele.

— Oi, Bianca. Vamos lá ver a vovó Gilda, vamos? Ela quer vê-la e quer que vá buscar seus presentes. Vamos com o tio?

— É por isso que ela não me chama de madrinha nem a você de padrinho. Olha como ensina a nos tratar — reclamou Helena.

— Ah, Helena, isso não é importante — tornou ele tranquilo.

— Somos padrinhos dela, não somos? Para mim é importante sim, Eduardo.

Ele não deu atenção e tentou pegar Bianca do colo de Helena, mas a garota reclamou ao se debater um pouco, momento em que o rapaz se deu por vencido.

Respirando fundo, o rapaz explicou:

— O problema é o seguinte: minha mãe está muito abatida. Está sendo um golpe muito duro. Ela quer ver a Bianca e eu penso que isso vai ajudá-la. Você quer vir comigo?

Helena olhou para Mauro e para sua mãe como se pedisse a opinião deles. Diante da falta de expressão de ambos, que indicava que a decisão ficava por sua conta, voltou-se para Eduardo explicando:

— Meu namorado vai chegar logo mais e...

Interrompendo-a, com educação, Eduardo gentilmente pediu:

— Por favor, Helena. Eu creio que o Vágner vai entender. É uma questão de compaixão. Além disso, não vamos demorar tanto.

– Então, deixe-me trocar de roupa.
– Não! Você está bem, não precisa. Não há ninguém lá em casa além de nós. Eu a trago de volta. Não se preocupe com isso.
– ... a bolsa, pelo menos.

⁂

Após chegarem à luxuosa residência, Helena teve de levar Bianca até a suíte onde a avó estava deitada.

Ao ver o avô, o senhor Adalberto, Bianca, ainda um tanto receosa, estendeu-lhe os frágeis bracinhos indo para seu colo.

Dona Gilda, largada sobre a cama, pareceu reagir e se ergueu, sentando-se para abraçar a garotinha.

Helena acreditou ser melhor deixá-los à vontade, já que sua presença havia passado quase despercebida. Sem demora, voltou para a sala de estar, no andar inferior.

Agora, parada em pé quase no centro do requintado ambiente, passou a admirar a rica mansão.

Quando Érika, a filha mais nova de dona Gilda, soube da presença de Helena, foi ao seu encontro.

– Oi, Lena!

Abraçando a amiga, com carinho, Helena não sabia o que dizer.

Ambas se sentaram e Érika desabafou:

– Parece que vivo um pesadelo. Hoje cedo, depois de um sono muito pesado, acordei e... Sabe, pensei que isso tudo não tinha acontecido. Não acreditei que fosse verdade e tive até o impulso de pegar o telefone para ligar pra ela... – sua voz embargou, mas logo a jovem prosseguiu: – Demorei a voltar à realidade e lembrar, entender o que havia acontecido.

– Nem sei o que lhe dizer, Érika. Eu também me sinto atordoada. Puxa! Eu e a Lara sempre fomos muito amigas. No sábado à noite, nós conversamos e... – Helena se calou por não

querer falar sobre um detalhe da conversa que teve com Lara e que a incomodava. A colega não percebeu e ela prosseguiu:
— Eu também não acredito. Imagino o quanto sua mãe está sofrendo.
— O que a dona Gilda tem é peso na consciência — desabafou a moça como se estivesse revoltada.
— Não fale assim, Érika. É sua mãe.
— É melhor ficar quieta mesmo, antes que... — Após uma breve pausa, prosseguiu: — Diz como o Mauro está.
— Ele e a Bianca estão lá em casa, como você sabe. Parece que não querem voltar para casa deles.
— Que mundo cruel. Esses dois lutaram tanto para ficarem juntos. Enfrentaram até a colérica dona Gilda, que tentou mover céus e terras para separá-los e...

Eduardo aproximou-se com os olhos vermelhos e, voltando-se para Helena, pediu:
— Lena, vamos lá em cima. A Bianca quer você.

Rapidamente, Helena se levantou e subiu as escadas, às pressas, em direção ao quarto onde estava a menina.

Ao entrar, Bianca se agarrou a ela novamente, rejeitando ficar com a avó.
— Bia, não faça isso — pediu a tia com jeitinho. — Vamos, fique com a vovó mais um pouquinho.
— Deixe, Helena — pediu Gilda. — Não a force. Criança não gosta de gente triste ou amarga.
— Ela ainda está ressentida, dona Gilda. Todos estamos.

Gilda suspirou profundamente, acomodou-se entre os travesseiros e lençóis acetinados que revestiam seu confortável leito, deixando que seu olhar ficasse perdido no teto do quarto.

Ela parecia não querer conversar e, percebendo isso, Eduardo propôs:
— Helena, eu a levo quando quiser. A Bia não está satisfeita. É bom não forçá-la.
— Espere, Eduardo — pediu Gilda, levantando-se vagarosamente. — Vamos até ali, no outro quarto. Quero dar os presentes da minha neta.

Já no outro recinto, sempre agarrada à tia, a garotinha nem olhou o que lhe foi oferecido.

Gilda, parecendo compreensiva, entendeu e disse:

– Não faz mal. Criança é assim mesmo. Sempre honesta com os próprios sentimentos. – Virando-se para a menina, ainda completou: – Não tem problema, meu bem. A vovó vai pedir para o tio Eduardo levar pra você brincar lá na sua casa. E ainda prometo uma coisa: vou montar, aqui em casa, uma brinquedoteca só para você. Assim, a qualquer hora que vier visitar a vovó, tudo, tudo o que você quiser, você terá.

Beijando a cabecinha da pequena, Gilda se despediu:

Nesse instante, Helena sentiu-se esquentar ao lembrar-se das palavras da irmã quando disse que Gilda iria querer "comprar a menina com tudo o que estiver ao seu alcance".

Virando-se para Helena, Gilda agradeceu:

– Obrigada, viu, meu bem. Obrigada mesmo por você vir junto com ela, mas não se preocupe, não vamos incomodá-la muito, não terá de vir sempre aqui a cada vez que quisermos ver nossa neta. Daqui a algum tempo, tenho certeza, minha Bianca vai estar disposta e virá sozinha. Aí será só mandar o motorista ir pegá-la.

Helena deu um sorriso forçado e não disse nada. Seu coração estava apertado e um sentimento de insegurança passou a incomodar.

O caminho de volta foi feito em silêncio. Ao chegar a sua casa, Helena logo viu que Vágner estava, no portão, a sua espera.

Ela desceu do carro e agradeceu Eduardo. Após cumprimentar o namorado, entraram.

Bem mais tarde, conversando a sós com Vágner, tentou desabafar:

– No sábado, quando conversei com a Lara, eu a senti tão estranha, ela disse algo sobre...

– Oh, Lena, dá pra parar de falar desse assunto? – ele pediu com certa rispidez, interrompendo-a bruscamente.

– Credo, Vágner! Que horror!

– Estou sendo sincero. Não aguento mais falar sobre morte. A mulher já se foi, deixe-a descansar em paz. Não é esse o correto?

Surpresa, Helena ficou perplexa. Aquela forma gélida de pensar revelava em seu namorado uma criatura insensível. No tempo oportuno, ela haveria de chamar sua atenção por aquilo e dizer que não gostou. No momento, era melhor se calar.

CAPÍTULO 2

Dúvidas amargas

Com o passar dos dias, Helena retornou ao serviço onde trabalhava como operadora de computador.

Seus colegas compreenderam sua quietude, entretanto uma amiga mais próxima a procurou para tentar elevar seu ânimo, após observar sua tristeza.

– E em casa, como todos estão? – perguntou Sueli.

Erguendo o olhar tristonho, Helena desabafou:

– Sabe, Sueli, eu sei que tudo está muito recente, mas...

– Seu irmão ainda está morando com vocês?

– Está sim. A Bianca também não quer voltar pra casa. Ela está tão abatida! – ressaltou. – Só come quando está comigo, só dorme na minha cama e toda encolhida. Mal posso me mexer.

– Coitadinha. Ela deve sofrer tanto! Logo nessa idade, perder a mãe assim no momento que tanto se precisa de atenção, carinho...

– Perder a mãe é difícil em qualquer idade, Sueli.

– Eu imagino. Mas a Bia é muito novinha, não entende nada da vida. Sabe, eu gosto tanto dela... – admitiu extremamente sensibilizada. – Acho que vou lá para tentar conversar com ela um pouco, sair e levá-la pra passear, quem sabe?

– Gostaria que tentasse. Está sendo difícil não ter ânimo e tentar alegrar uma criança. Toda ajuda é bem-vinda.

– E você, Lena? O que você tem? Brigou com o Vágner?

– Sinto uma angústia. Meu coração está tão apertado, dolorido.

– Você sabe qual é o motivo? – tornou Sueli.

Com o olhar cintilante, transparecendo profundo sentimento de dor, Helena desabafou:

– Você sabe que a Lara era dona de uma escola de educação infantil do maternal ao pré-primário, que o pai dela montou antes da Bianca nascer.

– Sei. Lembro que você me contou que seu irmão não queria aceitar a ajuda do pai da Lara, mas acabou concordando.

– Ele não queria porque a dona Gilda sempre foi contra o casamento deles. Ela queria que a filha se casasse com alguém do seu meio social.

– Mas não. A Lara foi se apaixonar por alguém que trabalha na redação de uma revista. Que mulher ridícula! – reclamou Sueli, que já sabia de toda aquela história. – Preconceito ridículo!

– Só que, depois que a Bianca nasceu, a dona Gilda quebrou o orgulho e se aproximou da filha novamente. Meu irmão não gostou, mas decidiu que não seria ele quem iria estragar a reconciliação das duas.

– Essa dona Gilda sempre foi um osso duro de roer.

– Você nem imagina – tornou Helena.

– Sei pelo que você me conta.

– Ela é uma mulher que, garantida por sua posição social, por seu *status*, pensa e diz tudo o que quer sem se importar com o sentimento de ninguém. Ela é terrível. – Após alguns segundos, Helena prosseguiu: – Mas não era isso o que eu queria dizer. Acontece que meu irmão contou que a Lara, no dia do acidente, tinha ido até a escola buscar o presente de aniversário da Bianca, pois minha sobrinha estava ansiosa pelo brinquedo e o procurou por toda a casa. Disse o Mauro que a Lara, querendo fazer surpresa, guardou-o lá na escola e, naquela manhã, quando foi buscá-lo, aconteceu o acidente.

— Disso eu sei. Aonde você quer chegar? — interessou-se Sueli.

— Acontece que, quando ficou decidido que o Mauro e a Bia ficariam lá em casa, eu fui à casa deles buscar algumas roupas, entre outras coisas, e você não imagina como eu fiquei quando encontrei, no quarto da Bianca, bem escondido no maleiro, o presente de aniversário com um cartãozinho, muito carinhoso, com a letra da Lara.

Sueli arregalou seus olhos puxados, ficando com uma expressão interrogativa.

— Isso não é tudo. O cartão, apesar de muito carinhoso, é um pouco melancólico, quase como uma despedida — Helena desfechou.

— Que estranho! Você acha que a Lara se suicidou?! — cochichou ao exclamar.

— Não acredito que ela tomasse uma atitude tão insana quanto essa, principalmente, no dia do aniversário da filha. Só que é muito estranho a Lara ter ido buscar algo que, certamente, sabia que estava em sua casa. Ela mentiu, com certeza. Não creio que tivesse esquecido onde guardou o presente da filha.

— Você contou isso ao seu irmão?

— Não. De jeito nenhum.

— O que você acha que a Lara tentou esconder?

— Sábado à noite, quando nos falamos por um longo tempo ao telefone, a Lara estava estranha. Há algum tempo, eu vinha percebendo que ela estava diferente, triste, melancólica, pensativa. Sempre fomos muito amigas e ela me contava tudo. Porém, dias antes, talvez um mês, a Lara parecia esconder algo de mim. Não dei importância, até porque todos temos o direito à privacidade. Mas, no sábado, ela me fez algumas perguntas estranhas.

— Estranhas como? — Sueli indagou muito interessada.

— Ela me perguntou se eu achava que meu irmão tinha coragem de traí-la, se ele podia ser uma pessoa completamente diferente do que se apresentava. Depois quis saber se eu havia percebido nele alguma atitude desequilibrada, psicologicamente falando. A princípio eu ri, mas depois, quando me interessei pelo assunto, a Lara desconversou.

— Será que desconfiava do Mauro? E se desconfiasse, o que isso teria a ver com a mentira que contou sobre ir buscar o presente da filha?

— Não sei, não faço a mínima ideia. Só sei de uma coisa: isso está acabando comigo. Sinto uma amargura que nem sei explicar. Além disso, sou muito apegada à Bianca e temo que a dona Gilda tente afastá-la de nós.

— Não acredite nisso, Lena.

— Tenho meus pressentimentos. Essa mulher é capaz de querer comprar a Bia com coisas que não podemos dar. Ao longo do tempo, nós percebemos que a Lara começou a se aproximar muito da mãe, talvez ela tenha sentido falta do luxo. Eles vivem em um mundo completamente diferente do nosso, cravado de riqueza, dinheiro, tudo do bom e do melhor.

— Se você está com medo de perder a menina para valores materiais, esqueça. Criança gosta de carinho e amor e isso não se compra.

— Tenho lá minhas dúvidas.

— Tudo é muito recente, Lena. Aguarde. Dê um tempo.

— Além disso, Sueli, voltei a ter novamente aqueles sonhos estranhos.

— Com aquele homem bonito?

— No sonho, ele aparece sempre quando estou naquela praça. Parece ser uma cidade europeia, com neblina densa, as roupas são pesadas... É um sonho tão real — disse com olhos brilhantes.

— Não viva na ilusão. Veja se não vai querer brigar com o Vágner por causa de um sonho — achou graça e sorriu, tentando brincar para alegrar a amiga.

— Se o homem desse sonho for minha cara-metade, estou condenada a ser infeliz, pois ele deve estar morto. Agora, falando em Vágner, ele anda tão diferente...
— Não falei que você iria começar a implicar com ele — disse sorrindo.

As amigas continuaram a conversa um pouco mais, mas logo voltaram para seus afazeres.

Mesmo após ter desabafado, Helena ainda se sentia triste pelo segredo que guardava.

Após alguns dias, mesmo sentindo o amargo sabor da perda, Adalberto, pai de Lara, precisou retomar seu cargo de presidente na empresa metalúrgica da qual era sócio majoritário.

Mascarando a dor, de seu lugar de destaque na mesa de reunião, ele falava aos assessores, diretores e conselheiros da empresa.

— Hoje vendemos para mais de quarenta países um *mix* de produtos, de peças para corte de mármores e granitos, acessórios de todas as espécies, produtos laminados de diversos materiais que vão do aço ao carbono e microligados. Diante das possíveis crises do mercado financeiro, sempre há uma preocupação muito grande em manter nosso nível de produtividade e conquistar novos clientes.

— No ano passado, tivemos uma venda de quinze mil e seiscentas toneladas de peças. E, neste ano, até a presente data, já vendemos mais de vinte mil toneladas — lembrou Eduardo, que era um dos diretores presentes.

— O salto ainda é pequeno, meus caros! — tornou Adalberto com ênfase, chamando a atenção, novamente, para si.
— Temos capacidade de produzir e vender muito mais. Hoje, temos o mercado estrangeiro de braços abertos para os nossos produtos.

— Bem lembrado, Adalberto – opinou outro diretor. – Podemos dizer que o domínio mercadológico da nossa empresa ultrapassa quarenta países. Sem contar que temos grupos de executivos nos representando em países que passaram por guerras e estão sendo reconstruídos e, certamente teremos contratos com esses clientes em breve.

— Isso mesmo! – exclamou Adalberto. – A construção civil, especialmente nesses países do Oriente Médio, vai garantir as vendas de peças em geral, ferramentas manuais, pás e principalmente peças para tratores e é aí que a nossa margem de lucro se eleva.

— A estratégia é simples – acrescentou Eduardo –, investir em peças pesadas para a agricultura e a construção civil para mantermos as exportações eficientes mediante os pedidos e negociarmos bem com os principais países do Mercado Comum Europeu, como Alemanha, Espanha e Portugal. Em outras palavras, tratar bem os clientes, pois eles sempre têm razão.

— Perdoem minha insistência – interrompeu um gerente que participava da reunião –, mas não podemos esquecer de voltar nosso foco ao treinamento do pessoal e à segurança.

— Não estamos nos esquecendo disso, meu caro! – considerou Adalberto parecendo insatisfeito com a proposta, talvez inconveniente. – Só creio que devemos marcar outra reunião para estabelecermos algumas bases a fim de cuidarmos desses aspectos. – E sem oferecer trégua, quis terminar: – Se ninguém tiver mais comentários sobre o processo das nossas estratégias, podemos encerrar a reunião. Não nos resta mais nada, a não ser nos darmos os parabéns pelo sucesso alcançado até agora – concluiu sorridente.

A equipe se levantou e, após breves aplausos, um a um foi saindo depois de ligeiro aperto de mão ao presidente.

A sós com o pai, Eduardo largou-se na confortável cadeira, afrouxou a gravata e questionou:

— Não achou estranho não terem comentado nada sobre a morte de Lara?

– Antes de chegar, por telefone mesmo, eu pedi à Paula que ninguém tocasse nesse assunto. Já recebi visitas e condolências suficientes. Não quero ficar relembrando.

Eduardo pareceu ter tomado um choque com aquela resposta. Suas emoções pareciam haver brotado de tal forma que perguntou indignado, quase inquirindo:

– Isso é certo, pai?!

– Preservar a minha paz interior, é sim! – respondeu arrogante, sem nenhuma gentileza. E, após reunir alguns papéis, retirou-se sem olhar para o filho.

Eduardo se sentiu mal. Algo o incomodou. Foi então que dúvidas nunca surgidas antes, passaram a latejar em sua cabeça.

"Será que devemos esquecer alguém que se foi?" – pensava. – "A morte é o fim? Será que há vida além do túmulo?"

Nesse instante, a secretária entrou na sala de reuniões e, discreta, tentou voltar para não o tirar do que percebeu ser uma profunda reflexão.

– Paula! – chamou, percebendo sua presença.

– Pois não? – retornou a moça educadamente.

– Algum recado para mim? Alguém ligou?

– A Geisa. Mas, conforme me pediu, eu disse que estava em reunião.

– Ótimo. Para ela, sempre estarei em reunião – concluiu com convicção.

Levantando-se, Eduardo arrumou a gravata, alinhou os cabelos rapidamente com os dedos e ia pegando o paletó quando Paula, um pouco constrangida, perguntou recatada:

– E a dona Gilda, como está?

– Minha mãe é forte – respondeu chateado. – Ela é uma mulher equilibrada e decidida. Dificilmente algo a abala por muito tempo. – Após alguns instantes de reflexão, com olhar distante, revelou: – Às vezes, gostaria de ter um pouco de sua frieza, de sua força. – Mudando rapidamente o assunto, ele pediu: – Paula, por favor, leve estes documentos para minha sala. Vou almoçar agora e... mais tarde eu os examino.

– Sim, certo – respondeu prontamente.

A partir de então, Eduardo passou a se ver às voltas com questões até então nunca pensadas. Afinal, sua educação familiar só abrangia o mundo social dos negócios.

Era um rapaz privilegiado pela natureza que o avultou com uma beleza nobre e superioridade evidentemente espontânea. Possuía uma boa índole e um bom coração. Muito cobiçado pelas moças, era alto, cabelos lisos, castanhos bem claros, emoldurando o rosto alvo, de traços finos e bem delineados. Sempre com a barba bem-feita e um belo par de olhos azuis ressaltava como contas rutilantes cercados por longos cílios curvos.

Sua educação requintada, forjada na riqueza, fez com que ele adotasse um estilo clássico, porém jovial, de se portar e viver. Não conhecia um outro mundo menos glamouroso. Entretanto, essa mesma educação negou-lhe alguns conhecimentos. Só teve foco para ideias materialistas que inibiram suas reflexões em relação à eternidade, à fé e ao futuro do ser depois da morte.

Por conta disso tudo, Eduardo encontrava-se agora amargurado com a prova da perda irremediável da irmã que tanto amava. Chocara-se com as considerações do pai, que se negava a falar sobre a morte de Lara e também com sua mãe, mulher orgulhosa e arrogante, que parecia recuperar-se facilmente de qualquer golpe, até mesmo daquele. Confuso, o rapaz não buscou resposta para suas questões íntimas, deixando-se corroer por pensamentos cruéis e causticantes. Porém, o sábio destino haveria de forçá-lo a situações que pudessem oferecer a oportunidade de questionar e aprender.

Decorridos vários meses dos últimos acontecimentos, na casa de dona Júlia e do senhor Jairo, Helena procurava conversar com seu irmão que, a cada dia, parecia mais deprimido.

— Mauro, eu sei que você e a Lara eram muito apegados, que essa separação brusca trouxe muita dor, mas você não pode ficar assim abatido, desanimado. Ultimamente, eu o vejo agir de modo automático, com frieza e sem dar importância às coisas.

Pálido, muito abatido, mostrando-se sem forças até para se explicar, falou:

— Dia e noite eu penso nela. Quase não durmo. — Lágrimas começaram a rolar em seu rosto e, após secá-las com as mãos, prosseguiu: — Em meus pensamentos, eu vejo a sua imagem, ouço a sua voz e... sei que Lara sente a minha falta. Imagino que sofre muito.

— Será? — ponderou Helena. — Será mesmo que ela não está bem ou está descansando em um lugar bom como achamos que deveria ser após a morte? De repente, a sua amargura, a sua tristeza a está deixando infeliz. Eu acredito que a morte é um descanso para aqueles que cumpriram sua missão, mas esse descanso pode ser abalado pela tristeza daqueles que aqui ficaram e não esquecem os que se foram. Se Deus a levou, é porque você pode seguir seu caminho sozinho.

— Não consigo. Não tenho forças para continuar.

— Mauro, você precisa reagir! Pense na Bianca, ela precisa de você.

Encarando a irmã com olhos úmidos e voz rouca, ele disse:

— Não sei o que fazer. Nem coragem para voltar à minha casa eu tive. Às vezes, penso em vender tudo, até a escola. Mas não sei se a Lara gostaria. — Breve pausa e indagou em tom doloroso: — Por que isso aconteceu, Helena? Por quê?

Ela não sabia responder. Lembrou-se do presente da sobrinha que encontrou e que certamente Lara mentiu quando disse que iria buscá-lo, mas não ousou contar. Também não falaria sobre a conversa que teve com Lara, na qual ela mencionou algumas dúvidas estranhas a respeito do comportamento do marido.

Somente a sua mãe, dona Júlia, a jovem confiou tais revelações, e esta sabiamente lhe pediu que não comentasse nada e que, bem discretamente, colocasse o brinquedo no meio de outros presentes que Bianca havia ganhado, sem dizer qualquer coisa a respeito dele.

Preocupada com o irmão e tentando ajudá-lo, Helena lembrou:

— Mauro, na próxima semana terminam suas férias. Foram mais de dois meses. Lembre-se de que o seu chefe é um homem consciencioso, que entendeu bem sua situação, seus pesares, mas toda empresa precisa de um funcionário e não de um problema a mais. Creio que lá na redação você tem de voltar a ser o que sempre foi: prestativo, dinâmico, com ampla visão sobre os fatos...

— Nem tenho vontade de voltar a trabalhar, sabia?

— Quer ficar aqui enfiado neste quarto o tempo todo? É o momento de reagir. Pense na Bianca que precisa muito de você, de sua atenção.

— Minha filha está bem.

— Está bem?! — repetiu com tom de censura na voz. — Ora, Mauro! Ela não quer ir à escola. Está triste, deprimida, chora quando o vê nesse estado. E você vem me dizer que ela está bem?!

— O que quer que eu faça?

— Dê-lhe atenção, amor, sua presença é muito importante. Ou você não pensa nisso? Já basta ter perdido a mãe. Sua ausência é uma tortura ainda maior.

Nesse instante, dona Júlia entrou no quarto, interrompendo a conversa sem perceber e avisou:

— Filha, telefone. É o Vágner.

Levantando-se, a jovem arrematou:

— Pense nisso tudo, Mauro. É para o seu bem.

— O que foi, Helena? — perguntou dona Júlia com simplicidade.

— Nada, mãe. Vem, deixe-o pensar.

Helena foi até a sala e, depois de atender a ligação, que durou um tempo considerável, ficou pensativa por alguns instantes, até que sua mãe a tirou de seus pensamentos.

— E o Vágner, Lena? Já arrumou um emprego?

Com a voz fraca, sentindo-se envergonhada, a moça respondeu:

— As coisas estão difíceis, mãe. Encontrar um bom emprego não é fácil.

— Principalmente para ele que não tem uma especialização, não é?

A jovem ficou em silêncio. Não tinha argumentos para defender o namorado.

Sem demora, dona Júlia considerou:

— Filha, eu entendo que um bom emprego não está fácil, mas, não sei se você reparou — disse agora com jeitinho —, o Vágner não se esforça, não se empenha, não tem iniciativa. Vejo você trabalhando no mesmo lugar há mais de seis anos e, depois que terminou a faculdade, não para de fazer curso de informática, atualização nisso e naquilo. E ele? Vocês estão namorando faz tempo, não é?

— Eu sei, mãe — admitiu aborrecida.

— Eu sei que você sabe. Mas vejo que não se mexe, não cobra do Vágner uma atitude, uma melhora de vida. Até quando pretendem ficar aí só namorando? Até quando ele vai viver de bico? Sendo vendedor ali numa loja de sapato numa hora, na outra é repositor em um mercado, depois se torna ajudante de feirante... Não que essas não sejam profissões dignas, mas ele não fica seis meses empregado! Será que a culpa é sempre do patrão? — Ofereceu um instante para que refletisse. Depois, indagou: — Você quer saber de uma coisa? O Vágner pode fazer faculdade, pós-graduação, mestrado, doutorado e, mesmo assim, não vai parar em emprego nenhum. Penso que isso é do gênio dele, da personalidade dele não parar em emprego. Por que será que algumas pessoas simples, que não têm nada na vida, de repente, acabam se destacando e conseguem tantas coisas? — Sem esperar pela resposta, completou: — Porque aproveitam a oportunidade, possuem um gênio bom, uma personalidade tranquila, são interessadas em aprender, têm iniciativa para ajudar, não são exigentes, mandonas ou briguentas. Os patrões não gostam de gente metida a besta. É por isso que muitas conseguem permanecer no emprego, porque são pessoas flexíveis, fáceis de lidar. Enquanto outras, com curso superior e tudo, não param no serviço, não arrumam qualificação. Sabe por quê? Umas pessoas porque acham que sabem tudo, outras porque são arrogantes, pensam que podem dizer tudo a todos, não sendo ponderadas nem flexíveis, mas mandonas, irritadas, exigentes ou, então, sendo criaturas desinteressadas, sem ânimo e sem iniciativa. Ninguém suporta conviver com gente assim, por isso os patrões mandam embora mesmo. – Após uma pequena pausa, vendo que a filha permanecia calada, a mãe perguntou: – Voltando a falar do Vágner. Como ele pretende se casar com você? Sim, porque se estão namorando é porque pensam em um futuro juntos, devem pensar em casamento, claro. Ou vocês vão namorar pelo resto da vida?

– Claro que não, né, mãe! Afinal de contas...

Interrompendo-a, dona Júlia completou:

– Afinal de contas você trabalha e pode sustentá-lo muito bem. Acho que é isso que ele pensa. Se vivêssemos anos atrás, eu diria que ele é um caça-dotes.

– Ora, mãe! – disse levantando-se do sofá insatisfeita com o assunto.

– Filha! Estou falando isso para o seu bem! Estou alertando para que você cobre do Vágner uma posição, uma atitude.

– Que atitude, mãe?

– Não se faça de desentendida, Helena! Ou ele se torna responsável ou termine com esse namoro para que você não perca seu tempo e tenha liberdade de conhecer alguém que a ame e seja responsável! Ele precisa se estabilizar profissional e financeiramente! Se o Vágner gostasse mesmo de você, estaria fazendo de tudo para progredir na vida! – foi firme.

– Eu gosto do Vágner, mãe.

– Será, filha? Será que não se acostumou a ele?!

Helena enxugava o rosto com as mãos, escondendo-o entre os belos e longos cabelos, enquanto a mãe continuava alertando.

– Você acabou de fazer vinte e cinco anos, filha. Quando é que vai pensar em si mesma? Quando tiver trinta e cinco ou quarenta? Quando não tiver mais tanta oportunidade de conhecer um rapaz jovem, animado, trabalhador e que goste de você? Pense, Helena. Fique atenta, pois está perdendo sua juventude com uma pessoa que não a valoriza, que não a ama de verdade.
– Chega, mãe. Tá bom.
– Só quero saber uma coisa – perguntou sempre mantendo um tom baixo na voz firme –, quem é que paga as contas quando saem, quando vão ao cinema, a um barzinho?...
O som da campainha interrompeu a conversa e a senhora foi atender.
Helena se sentiu aliviada, retirando-se para o banheiro a fim de ir lavar o rosto.
Com muito prazer, a mulher recebeu Sueli, amiga da filha, fazendo-a entrar e deixando-a bem à vontade.
– A Helena já vem. Mas, me diga, por que está tão sumida? Há tempos não vem aqui em casa.
– Sabe o que é, dona Júlia, minha mãe não esteve bem nos últimos tempos e eu tive de ir visitá-la nos fins de semana.
– Ela mora na cidade de Casa Branca, não é? – lembrou a anfitriã.
– Sim, mas não é no centro da cidade. Meus pais moram em um sítio, um pouco afastado. Qualquer dia faço questão de que a senhora vá visitá-la, minha mãe vai adorar. Ela já conhece a Helena. Tenho certeza de que a dona Kioko vai ficar recomendando: "Se precisar, pode puxar as orelhas da Sueli. Pode dar bronca como se fosse sua filha" – disse com um jeito engraçado e descontraído, imitando sua mãe.
– Ah! Se ela me der essa permissão, você estará perdida – afirmou em tom de brincadeira e riu.
– Adoro a senhora, dona Júlia. Quando estou aqui eu me sinto como se fosse da família. Nem lembro que tenho olhos puxados – falou, abraçando-a com meiguice ao brincar.

— Você é da nossa família, Sueli — argumentou retribuindo o carinho. — Mas não espere que eu vá à Casa Branca, traga sua mãe aqui quando ela vier a São Paulo.

— Vou me lembrar disso e trazê-la sim.

— E seu irmão, Sueli? Como está?

— Estudando feito um louco! É seu último ano de faculdade, sabe como é... O Felipe sempre foi muito dedicado, bem diferente de mim. A senhora viu o quanto penei na faculdade... Se não fosse a Helena!... Sabe, meu irmão não está dormindo nem quatro horas por noite. Admiro a disposição que ele tem. Acredite, o Felipe nem reclama de ter de levantar cedo.

— Gostaria que o Vágner fosse assim. Não sei como uma moça como a Helena se dispõe a namorar um rapaz como ele.

Sueli ficou em silêncio, pois sabia do que se tratava, e a mulher desabafou:

— Agora há pouco, eu dei uma chamada na Helena. Onde já se viu? Esse rapaz não quer saber de nada com nada! Não fica nem seis meses no mesmo emprego. Então, se acontece isso em todo lugar em que trabalha, o problema não é na empresa, é com ele. Você não acha?

— Para dizer a verdade... Eu já andei dando uns toques para a Helena. Acho que o Vágner não tem futuro. E, junto com ele, ela também não terá. Mas ela não reage e acaba ficando chateada com o que a gente fala. Tenho medo de insistir nesse assunto e acabar perdendo a amizade.

— Você acha que o Vágner tem muita influência sobre ela?

— Eu acho que sim.

— Nem sei mais o que faço, viu Sueli — reclamou desalentada. — Acho que, de hoje em diante, a Helena vai ter que me ouvir todos os dias. Se esse moço não se decidir na vida, a Helena vai ter de tomar uma atitude.

Estampando no rosto um semblante preocupado, dona Júlia se calou no mesmo instante em que a filha chegou e cumprimentou a amiga.

— Vou fazer um suco para vocês — a senhora decidiu.

— Não, dona Júlia. Não se dê ao trabalho — pediu Sueli. — Vim chamar a Helena para ir comigo ao *shopping*. — Virando-se para a amiga, esclareceu: – Quero que me ajude a escolher uma roupa para aquele casamento do colega do Felipe.

Helena parecia triste enquanto o vermelho em torno dos olhos continuava nítido.

Sem exibir alegria, com voz fraca, falou timidamente:
– O Vágner vem aqui mais tarde e...

Com uma energia nada desprezível, dona Júlia sentiu um brando de calor aquecer-lhe e, imediatamente, interrompeu a filha, dizendo firme, mas sem ser agressiva:

– Helena, minha filha, por acaso o Vágner vai levá-la a algum lugar, a algum passeio que valha a pena? Porque, se for a mesmice de sempre, eu aconselho que vá ao *shopping* com a Sueli. Tenho certeza de que será mais proveitoso.

– Puxa, mãe! A senhora não vê que está me magoando? – respondeu com voz embargada, começando a chorar novamente.

– Eu estou alertando você, minha filha. Vá se arrumar logo e saia para passear com sua amiga. Não se prenda por quem não vale a pena.

Com cautela, a amiga interferiu na conversa, argumentando:
– Olha, Lena, eu não quero me intrometer, mas veja, sua mãe tem certa razão. É hora de você olhar para cima. Pense mais em você.

– Achei que fosse minha amiga, Sueli – disse com certa melancolia.

– E sou! Só quero o seu bem! Olha, vamos sair, esfriar a cabeça e depois, se quiser, podemos conversar sobre isso.

– Helena, estamos falando para o seu bem – tornou a mãe. – Esse moço não a merece.

– Está bem, mãe. Deixe-me pensar e decidir sozinha – respondeu, ainda magoada.

– Vamos, Lena. Pegue sua bolsa e vamos logo – chamou a amiga.

– Vem aqui no quarto – pediu Helena tristonha.

Dona Júlia, com toda a razão, preocupava-se com o futuro da filha e, consequentemente, com seu namoro com um rapaz que não se importava em progredir. Ela sabia que a acomodação de Vágner poderia durar enquanto Helena fosse tolerante. Por isso, decidida, a mãe não iria descansar até que aquela situação se resolvesse.

CAPÍTULO 3

Preconceitos revelados

Na semana que se seguiu, Gilda, acompanhada de sua irmã Isabel e de sua melhor amiga Marisa, apareceu de surpresa na empresa da qual era sócia com o marido.

Exuberantes e ricamente trajadas, elas chegaram ao andar onde ficava a presidência.

Aproveitando a ausência da secretária, adentraram na sala que pertencia a Adalberto sem se fazerem anunciar. Mas não havia ninguém.

– Gilda, não é melhor esperarmos a Paula chegar? – aconselhou a irmã.

– O que é isso, minha filha?! – retrucou arrogante e imponente enquanto ria. – Mesmo que eu não seja uma executiva desta companhia, sou sócia do Adalberto e tenho direito a metade de tudo o que é dele. Se bem que, para muitos aqui eu não passe de uma mera figura decorativa e embelezadora.

Entretanto, cada conta, cada ação, cada título que pertence ao meu marido também me pertence.

– Até o valoroso tapete desta sala, não é Gilda? – brincou Marisa com risos de ironia.

No confortável ambiente executivo, luxuosamente decorado, Gilda caminhou alguns passos, puxou a poltrona, que ficava à mesa da presidência, e se acomodou bem à vontade, girando-se suavemente de um lado para outro.

– Onde será que está o Adalberto? – reclamou a esposa exigente, sempre trazendo um tom irônico em seu jeito de falar.

– Decerto, em alguma reunião – opinou Isabel, sua irmã.

Gilda não deu importância e, de súbito, começou a mexer nas pastas sobre a mesa e a olhar nas gavetas.

– O que você está procurando, minha amiga? Pode encontrar coisas que não deseja! – alertou Marisa sempre sorrindo mecanicamente para se fazer agradável.

– Meu bem, não é sempre que podemos entrar na toca do lobo sem que ele esteja. E, quando temos oportunidade para isso, o melhor a fazer é conhecer tudo direitinho.

– O que você quer não deve estar aí! – retrucou Marisa com certa zombaria. – Imagine se o Adalberto vai guardar o ouro onde o ladrão pode encontrar com facilidade.

– Nunca se sabe, queridinha. Além do mais, o meu marido não é tão inteligente assim. Sem contar que ele nunca sabe quando eu vou aparecer aqui – tornou Gilda.

– Você teme perder o Adalberto para outra? – questionou Marisa.

– Imagine se vou ter medo de perdê-lo! – afirmou, depois gargalhou. – Para mim, seria um favor. Agora, o que eu não admito é perder a fortuna dele! – exclamou com sarcasmo, levando as companheiras também ao riso. Sem demora, prosseguiu: – Pensem bem, um marido como o meu qualquer uma pode arrumar, mas o patrimônio que temos...

– Eu ficaria desesperada se perdesse o meu marido – revelou Isabel um pouco mais séria e com um olhar de censura para a irmã.

– Pensará assim, irmãzinha, até saber que o Pedro lhe arrumou aqueles lindos pares, você sabe do quê, bem no alto da cabeça. Os homens, hoje em dia, acham que é moda trair. Eles querem se autoafirmar, principalmente quando estão ficando coroas, só pensam em arrumar menininhas para se exibirem, mostrarem aos colegas que estão em forma.

– Ai! Que assunto terrível, Gilda! – reclamou Isabel insatisfeita. – Vamos parar?

– É a realidade, minha filha. E eu não gosto de me iludir.

Nesse instante, Eduardo entrou na sala e ficou surpreso com a visita.

– Ora, ora! Quanta honra! – exclamou o rapaz, beijando uma a uma, cumprimentando-as, educado e gentil. – Olá, tia! Oi, Marisa!

– Esse seu filho, Gilda, sempre elegante, bonito e gentil – considerou a amiga – Ah!!! Se eu tivesse uma filha!...

– O Edu nasceu do amor das entranhas da minha alma! Sou loucamente apaixonada por esse meu filho!

– ... que certamente deve dar um trabalho!... – tornou Marisa sorridente.

– Que nada – defendeu a tia. – O Edu é sensato, ponderado e não se envolve em encrencas.

– É! Mas bem que as encrenquinhas vivem telefonando lá para casa. Se eu fosse anotar o nome de todas elas, não caberia num caderno de cem folhas.

– Não exagera, mãe – reclamou o moço sorrindo. – Também não é assim. Só quem liga são colegas lá do clube...

– Ah, é?! Então deve ser de seu fã-clube, meu amor, porque lá só tem mulher – Gilda comentou, alegremente.

– E em meio a tantas, não há nenhuma que preencha o vazio de seu coração? – perguntou Marisa com certa malícia. Porém, sem esperar resposta, voltou-se para a amiga e indagou: – Quem será essa privilegiada ou coitada, dependendo da sua mãe.

– Ela ainda não existe, Marisa – respondeu o rapaz sorrindo, agora, para ser amável.

— Também, quando surgir, coitadinha, nem quero ver — brincou a tia —, a Gilda vai massacrar essa moça.

— Massacrar eu não digo, Isabel. Mas vou ser bem exigente sim! — Aproximando-se do filho, Gilda o abraçou, beijou e disse: — Esse meu filho querido vale ouro e a moça que o quiser terá de pagar o preço da onça[1] e pode ter certeza de que vou cobrar em dólar!

— Ih, mãe! Não exagera! — pediu afastando-se do abraço.

— Exagero, sim!

— A Verinha é quem parece ser louca por você, não é Edu? — perguntou Marisa indiscreta.

— Eu já disse para minha filha — comentou Isabel, mãe da moça em questão —: vocês são primos e isso não é bom. Além do mais, a Vera é uma criatura muito difícil, tenho de admitir.

— Você é boba, Isabel. Isso é besteira. Eu adoraria ver meu filho com a minha sobrinha. A Verinha é das minhas!

— Hei, hei, hei!!! — alertou o rapaz quase sério. — Não planejem nada para a minha vida. Só tenho vinte e sete anos e muito para aproveitar.

— Acho que já está na hora de arrumar um netinho para a Gilda — propôs Marisa com ironia.

— Vamos mudar de assunto? — pediu Eduardo, não suportando mais aquela conversa. — Mãe, se você veio aqui para ver o pai, esqueça. Ele foi a um almoço com um cliente. Nem deve voltar.

— Cliente?! Sei... — disse Gilda. — Conheço esses almoços.

Eduardo fez que não com a cabeça e sorriu, não concordando com sua mãe. Então perguntou:

— Em que posso ajudá-la?

Aproximando-se novamente, enquanto lhe beijava o rosto se despedindo, Gilda respondeu:

— A mim, em nada, meu amor. Eu tenho talão de cheques e cartões. Tchauzinho!

— Credo, Gilda! Que horror! — censurou Isabel que também foi se despedir.

---

1 Nota da Autora Espiritual - Onça: medida de peso inglesa designada normalmente para pesar ouro. Equivale a 28,349 gramas

Após a saída delas, Eduardo ficou sozinho na sala. Sentando-se na cadeira de seu pai, pensativo, esboçou um suave sorriso no rosto pela cena que acabara de acontecer.

"Por que será que minha mãe é assim tão..." – pensava, mas foi interrompido pelo vulto que percebeu.

– Oi!

Recompondo-se, ele se ajeitou, sorriu e retribuiu o cumprimento:

– Olá, Geisa! Como vai?

Após se aproximar e o beijar, a moça respondeu:

– Melhor agora. Mas me diga uma coisa, Eduardo: por que você está me evitando? Perdoe-me por ser tão direta, mas isso está me incomodando.

– Eu não estou evitando ninguém.

– Não minta – falou sorrindo. – Está esquecendo que minha mãe é a Natália, diretora desta empresa também e que acompanha todas as reuniões?

– Nem todas, meu bem – respondeu quase insatisfeito. – A sua mãe, excelente executiva e grande mulher de negócios, acompanha as reuniões onde entram assuntos da contabilidade, números.

– Ela me disse que não houve reunião nenhuma ontem no horário em que eu liguei e a Paula me informou que você não podia atender porque estava em uma – falou a jovem que caminhava lentamente pela sala, exibindo gestos forçosamente delicados além de um tom quase debochado na voz.

– Eu estava em uma videoconferência. Era isso – replicou irritado.

– Faça de conta que eu acredito, tá?

– O que faz aqui, Geisa?

– Vim ver você. Já que Maomé não vai até a montanha... Passei em sua sala e imaginei que pudesse estar aqui.

– Mas, infelizmente, Geisa, já estou saindo. Tenho de trabalhar – avisou, levantando e se preparando para sair.

– Eduardo, não fuja! – pediu ao se aproximar.

– Eu não tenho do que fugir. Só tenho de ir trabalhar. Preciso despachar alguns contratos ainda hoje e há muitos para ler.

– Vamos sair hoje? – convidou com jeito dengoso.
– Hoje não dá. Agora, com licença, Geisa, eu...
– Na sexta – insistiu.
– Olha... – Contrariado, ele perdeu as palavras e finalizou: – Vou ver. Eu ligo. Agora me desculpe, eu preciso mesmo ir. Tchau.
– Hei! Eu não ganho nem um beijinho?
Ele voltou, beijou-lhe o rosto e saiu em seguida.
A moça ficou a sós por alguns minutos até que Natália, sua mãe, entrou.
Natália era uma mulher independente e inteligente que se trajava sempre com muita classe. Com um corpo escultural, mantinha no rosto um sorriso constante, exibindo jovialidade, parecendo mais irmã de Geisa, filha que criou sozinha, pois sempre foi autossuficiente. Dona de um temperamento possessivo, que procurava mascarar com ponderação e gestos gentis. Almejava sempre o melhor para si e para a filha sem se importar com os obstáculos a vencer.
Ao ver Geisa sozinha, logo questionou após beijá-la:
– Por que está aqui?
– Eu estava conversando com o Eduardo, mas ele precisou ir.
– Não podemos espantar a presa quando estamos caçando, minha filha – disse rindo como se debochasse da moça enquanto a circulava. Logo completou: – Não se fala xô!... quando se quer pegar aves.
– E o que você quer que eu faça?! – irritou-se a jovem, sentando-se em uma cadeira em frente à mesa.
Natália curvou-se e, próxima ao seu ouvido, cochichou baixinho:
– Se correr atrás de um homem, ele foge. Encontre um motivo para chamar a atenção dele. – Levantando-se, completou com outro tom de voz: – Faça com que ele se interesse por você. Nunca se ofereça. – Andando alguns passos negligentes, disse: – Todo homem gosta de se sentir no poder, gosta de conquistar, proteger. Eles sempre querem ser dominantes. É aí que você tem de ser inteligente. Mostre-se frágil. Encontre um jeito de atrair a atenção do Eduardo.

— Tá na cara que ele não gosta de mim! — exasperou-se.

— Quem falou que ele precisa gostar de você, bobinha? — riu.

— Já que é assim tão simples como você diz, por que você mesma não encontra um cara que a proteja, que a domine e que cubra seus cheques e pague as faturas, hein?

Os olhos de Natália brilharam. Ela suspirou fundo, sorriu largamente, olhou para a filha e respondeu:

— Sabe que você teve uma ótima ideia? Só que vou precisar muito de você!

Virando-se, Natália saiu andando como se desfilasse, sem se despedir da filha.

⁓❦⁓

Antes que o dia terminasse, Gilda estava em sua luxuosa residência, andando de um lado para outro da sala de estar, inconformada com o que acabava de acontecer.

Sua amiga Marisa, sentada confortavelmente no sofá, assistia à cena sustentando sempre um sorriso.

— Onde já se viu?!!! Quem ele pensa que é para não deixar a Bianca vir para cá comigo?! — exclamava irritada. — Saí daqui, fui até aquele fim de mundo para ouvir um não! Nunca vou aceitar um não! Quando quero uma coisa...

Érika, a filha mais nova de Gilda, que acabava de chegar, interessou-se pelo que a mãe dizia:

— O que a senhora não vai aceitar, dona Gilda? — perguntou com certa ironia.

— O comportamento do seu cunhado. Você imagina que o Mauro teve a petulância de não deixar minha neta vir para cá e ficar comigo hoje?! — contou em tom exclamativo na voz firme e arrogante.

— Se bem, Gilda — interferiu Marisa —, que você queria que a menina ficasse aqui até domingo.

— E daí?! O que a Bianca vai ficar fazendo lá naquela casa pobre, sem graça, que está precisando é de uma boa reforma e pintura, senão de uma demolição?!

– Ele é o pai, dona Gilda – lembrou a filha que sempre a tratava com certo desprezo. – O Mauro tem todo o direito de lhe dizer um não. Além do mais, a Bia não está acostumada a ficar muito tempo aqui. Eu vejo que ela só aceita vir com a Helena e, mesmo assim, não aguenta ficar muito tempo.

– E o que você quer? Que eu fique de braços cruzados vendo a minha neta se acostumar àquela pobreza? Não! Isso vai ter de mudar. A Bianca, quando tomar o gostinho, não vai sair daqui de casa – falava como se delirasse, imaginando como seria o futuro. Levantando o queixo, perguntou:

– Quem não gostaria de viver nesta casa linda e maravilhosa, com esse grande jardim, essa bela piscina, onde se tem todo o conforto e segurança?

– Eu! – respondeu a filha impertinente, que parecia sentir prazer em irritar a mãe.

Gilda sentiu-se enfurecer e se calou. Parou os olhos arregalados e fixos em Érika que, com certo deboche, desabafava:

– Apesar de tanto luxo e conforto, esta casa é fria. O carinho e a atenção que eu recebi aqui terminaram quando minhas babás e enfermeiras se foram.

– Ora! Cale a boca, menina! Você não sabe o que está falando.

– Ah! Sei sim, mãe! Dinheiro nunca aqueceu meu coração nos momentos em que fiquei triste, insegura...

– Mas aqueceu sua barriguinha, viu, meu bem? Nunca deixou você passar fome, frio ou qualquer necessidade. – Passados alguns segundos, perguntou ainda irritada: – E me diz uma coisa, quando é que você se sentiu insegura, hein?

– Quando você estava nas clínicas de estética, nos *spas*, nas reuniões sociais com suas amigas...

– Suma daqui, Érika! Desapareça!

– Posso garantir que vou fazer isso sim. É insuportável ficar perto de alguém como você.

Virando as costas, a moça saiu pisando firme sem olhar para trás.

– Você viu, Marisa?! Viu como ela é?! Saiu tal qual o pai. Eu deveria ter tido só o Eduardo. Deveria ter abortado o resto. Aaaah!!! Que ódio!!!! – exclamou enfurecida.
– Isso é crise de adolescência. Não se preocupe.
– Crise de adolescência?!!! Isso é safadeza, isso sim! A Érika já tem vinte e um anos! Tá na hora dessa menina se ajeitar na vida e parar de me dar trabalho!
– Quem sabe o namorado não dá um jeito – argumentou rindo.
– E ela lá quer saber de namorar?
Marisa deixou escapar uma expressão estranha, apertando os lábios como se quisesse segurar o riso.
– O que é que você está escondendo?
– Bem, é que todo mundo, lá no clube, está comentando sobre o namoro da Érika com o João Carlos.
– O quê?!!! – quase gritou Gilda. – O João Carlos, aquele negro, professor que fica lá na musculação?!
– Ele mesmo! Mas, minha amiga, nós temos de admitir uma coisa: o homem é lindo! Aaah... Que sorriso, que músculos. Como ele é sarado – afirmou de um jeito manso, suspirando. – Isso não podemos negar. O homem é um espetáculo! – enfatizou.
– Não posso acreditar! Ah! Que ódio! E eu sou a última a saber! Mas não tem nada não – dizia enquanto caminhava de um lado para outro, enfurecida –, vou acabar com isso logo, logo. Imagine só se isso vai continuar! Não mesmo! A minha filha já namorou e dispensou ótimos partidos do nosso meio. Ela não vai acabar com um pé-rapado daqueles, que ainda por cima...
– Veja lá, hein? Eu não contei nada.
– Deixe de ser boba, Marisa. Quando foi que traí você?
– Mas isso deve ser um namoro bobo, Gilda. Talvez, até para desafiá-la. Você vai ver como passará logo.
– Isso nunca deveria ter acontecido. Eu mato a Érika! Nem posso sonhar com esse namoro indo adiante – esbravejava irada, andando nervosamente de um lado para outro. – Uma menina linda como a minha filha com um negro!

SEM REGRAS PARA AMAR 43

Agora, parecendo querer irritar propositadamente a amiga, Marisa debochou:

– Já pensou nos seus netinhos?

Gilda parou, arregalou os olhos assustados e, com a feição transtornada, comentou devagar, quase sussurrando e com drama na voz:

– Eu, Gilda Araújo Brandão, rica, olhos azuis, loira, linda e maravilhosa, apresentando à sociedade paulistana os meus netinhos... Todos moreninhos e de cabelinhos... Não! – disse agora aumentando o tom de voz. – Não vai dar para negar que eles têm um pezinho lá na África, vai?! – Depois de alguns segundos, exibindo certo espanto, reforçou: – Não, isso não vai acontecer. Nem que eu tenha de cometer um crime! Mas a Érika não vai me fazer passar por essa vergonha!

Gilda tinha uma personalidade dominadora, sempre às voltas com ideias de forçar as pessoas a agirem conforme sua vontade. Repleta de preconceitos, ela gostava de criar regras, beneficiando-se, ressaltando-se para ser admirada, invejada. Sim, era isso que Gilda gostaria de ser. Apresentava uma anormalidade de caráter, pois não sofria nenhum tipo de desequilíbrio, já que era por vontade própria, por maldade da alma, que possuía tanto preconceito e insensibilidade. Negava-se sempre a fazer qualquer espécie de reflexão na qual pudesse pensar em ter, no mínimo, compaixão.

Na verdade, era uma mulher infeliz, que não se satisfazia com os simples prazeres da vida e não sabia amar, compreender, nem mesmo tolerar. Pelo filho Eduardo, a quem dizia adorar, na realidade, sentia um apego excessivo, dominador, que estava longe de ser comparado a amor. Havia um motivo para isso. Era uma mulher que acreditava ser importante dizer a verdade, que falava fria e agressivamente tudo o que, para ela, estava correto, sem se importar com os sentimentos, com os desejos e opiniões daqueles que a rodeavam. E uma pessoa, para fazer isso, jamais poderia estar de bem consigo mesma. Na vida, seu objetivo era a elegância, estar em evidência nas colunas sociais e ser ressaltada pelo valor da sua fortuna, do seu luxo, do seu *status* e de sua beleza.

Certamente, o seu amor verdadeiro havia se atrofiado em algum lugar do passado, onde talvez tenha preferido trocar pelas joias caras, cravadas de pedras preciosas e raras, sem felicidade e bem querer.

Adorava seus bens pessoais: perfumes caros, roupas finas de grifes internacionais. Sempre se corroendo de raiva por aquilo que não conseguia dominar. Entretanto, sempre tentava, até por meios ilícitos, obter o controle de uma situação de acordo com seus interesses ou suas vontades. Gilda jamais se deixava vencer, invadindo a privacidade alheia e interferindo no destino dos outros.

Só que ela não sabia que sua personalidade impulsiva e forte iria lhe trazer uma onda de negatividade e tristezas futuras, porque, deste mundo, só levamos conosco, quando partimos, as vibrações que recebemos, as amizades que conquistamos e o amor que cultivamos. Nada mais.

CAPÍTULO 4

As visões de Bianca

Seria um fim de semana longo pelo feriado que cairia na segunda-feira. Na casa de dona Júlia, sem planos para viagens, todos ficariam por lá mesmo.

Sueli, sempre animada, procurava trazer a alegria ao rosto de sua amiga que, ultimamente, não parecia muito feliz.

Elas conversavam no quarto e a colega dizia:

– Vai, Helena! Vê se põe um sorriso nesse rosto!

– Não enche, Sueli.

– O que foi desta vez? É o Vágner?

– Não. – Depois de algum tempo, Helena comentou: – Sonhei com aquele homem de novo. É tão estranho. Parece que o conheço.

– Huuuumm! – brincou a outra e riu.

– No sonho, ele me deu um beijo. Disse algumas coisas como que me alertando para ser mais firme, mais decidida.

– Sério?

– Disse também que não consegue viver sem mim. Que ficaremos juntos.
– Tem certeza de que não o conhece?
– Tenho. Ele é muito bonito, tem uma fala mansa, um jeito... Mas sabe, Sueli, há momentos em que eu tenho certo medo dele. Sinto uma coisa, entende? É tão real, tão vivo... Quando acordo, penso que vou encontrá-lo.

Brincando, a amiga falou rindo:
– Podemos dizer que você se apaixonou pelo homem dos seus sonhos.
– Ele pede para eu não fraquejar. Para não ter piedade.
– Como assim piedade?
– Ainda estou pensando nisso. Mas eu acho que sei o que é – considerou com um olhar perdido, significando profunda reflexão.

Diante do silêncio, Sueli falou, mudando de assunto:
– Sabe, estou achando o Mauro um pouco melhor.
– Aparentemente, sim. Mas meu irmão ainda não é o mesmo. Tem algo errado com ele.
– Nós conversamos. É verdade que ele colocou a casa à venda?
– É sim. Ele não quer voltar a morar lá por nada deste mundo. Ah! Sabe, Sueli, aconteceu uma coisa tão esquisita!
– O quê? – ficou curiosa.
– Em uma das vezes que fui até a casa do Mauro, levei a Bianca comigo e, sabe – relatava Helena com certa emoção –, nós estávamos lá na cozinha, eu tirava algumas coisas da geladeira para desligá-la e a Bia, de repente, falou assim: "Já vou, mamãe!" – contou imitando a voz da sobrinha. – Ela saiu correndo e eu fui atrás, lógico, e na ponta dos pés, claro. Quando ela chegou ao quarto em que dormia, e eu de longe olhando, a Bia disse baixinho: "Oi, mamãe! Eu estava com saudade."
– E você?! – perguntou assustada.
– Eu não disse nada. Só fiquei olhando assombrada, claro.

— Você viu alguma coisa?

— Nada! Aí, né, a Bia perguntou — contava sempre imitando a voz da sobrinha: — "Você tá triste, mamãe? Fala, fala comigo." Então eu não me aguentei e perguntei com quem ela estava falando.

— E aí?! — exclamou sussurrando.

— Ela fez uma carinha feia e disse que eu tinha espantado a mãe dela.

— Já ouvi dizer que as crianças são bem sensíveis. Algumas conseguem ver coisas que nós não conseguimos.

O clima de mistério foi interrompido por dona Júlia, que chegou ao quarto dizendo:

— Lena, o Vágner está aí.

Imediatamente Helena pareceu se transformar.

Com um ar de insatisfação e semblante preocupado, ela não disse nada. Levantou-se e saiu do quarto indo até a sala onde o namorado estava.

— Oi, Vágner — disse friamente, beijando-lhe rápido.

— E aí, tudo bem?

— Tudo.

— Puxa, que calor, hein? — ele franziu o rosto ao dizer.

— É mesmo. A temperatura deve estar mais de trinta e cinco graus.

— Como eu gostaria de estar à beira de uma praia, tomando uma geladinha, comendo camarão... — desejou sentando-se muito à vontade no sofá, deixando o corpo bem largado. — A namorada nada comentou, acomodando-se em outra poltrona. Ele continuou: — Se eu tivesse dinheiro, a esta hora eu estaria longe.

— Ontem você foi ver aquele emprego lá? — ela perguntou bem firme.

O rapaz demorou um pouco para responder, titubeou, mas acabou contando:

— Olha, Lena, não me pareceu grande coisa, sabe.

— Você nem foi ver?! — espantou-se quase incrédula, demonstrando insatisfação.

– Vou encontrar coisa melhor, você vai ver.

Esticando-se no sofá, ele aproximou-se da namorada e tentou tocar seu rosto, momento em que Helena fugiu ao contato, levantou-se e falou:

– Eu não vejo perspectiva para o nosso futuro, Vágner. Você sem trabalhar e, quando arruma alguma coisa, não dura nem seis meses.

– Emprego está difícil para todo mundo – defendeu-se gesticulando como se nada pudesse fazer.

– Eu sei, mas quando se tem uma profissão, uma especialização, fica mais fácil, não acha?

– Olha, Lena, o que surgir eu faço. É só aparecer. Eu trabalho em qualquer coisa.

– Qualquer coisa?! – indagou quase irritada. E logo passou a perguntar rapidamente: – Você acha mesmo que pode trabalhar em qualquer coisa? Você conseguiria trabalhar em contabilidade? Teria condições de assumir, hoje, um cargo de metalúrgico? Um programador de computador? Ou, então, um especialista em mecânica de elevadores? Engenheiro? Administrador? Advogado? Mecânico de auto?

– Ei! Calma lá!

– Você não pode ter nenhuma dessas profissões. Então não diga que pode trabalhar em qualquer coisa. As pessoas que fazem de tudo, que se submetem a isso é porque não se especializaram em nada. Por exemplo, eu, no próximo mês, deixarei de ser operadora para ser programadora de computadores, sabe por quê? Por que eu me esforcei, estudei, eu me matei para aprender e, quando surgiu a vaga, a oportunidade lá na companhia, estava pronta, preparada. – Agora, andando pela sala, continuou em tom baixo, mas bem nervosa: – Eu já cansei de falar, faça um curso, faça uma faculdade, se não quiser ser graduado, porque são quatro anos ou mais para se formar, faça uma faculdade tecnológica de dois anos. Tá legal que não é a mesma coisa, mas você terá um campo de trabalho específico e será mais fácil encontrar um emprego.

– Você gosta de mim ou quer um homem que tenha um diploma nas mãos? – perguntou irritado, quase grosseiro.

– Eu quero o melhor para você. E, pela minha experiência, o melhor é que alguém se especialize e se profissionalize. Sabe qual é a primeira coisa que me perguntam quando eu digo que tenho um namorado? "Que profissão ele tem?"

– Tá bem! Eu entro num curso e pago com o quê? Ãh?

– Se você arrumasse um emprego simples e parasse nele, conseguiria pagar até uma faculdade, pois eu tenho certeza de que iria aparecer ajuda de alguma forma. Sua irmã poderia lhe dar uma força, sua família...

– Você é que pensa!

– Até eu o ajudo, por que não o faria? Vou contar um caso que até acho que já contei: Lá na faculdade, onde estudei, havia um cara que era faxineiro. Todo mundo o incentivava para que estudasse, pois nem o ensino fundamental completo ele tinha. Daí que, esse moço fez um supletivo, depois passou no vestibular. Eu terminei a faculdade, saí de lá e, há uns seis meses, aconteceu uma palestra empresarial lá no anfiteatro da faculdade. O assunto em questão era de muita importância para a minha área e eu fui assistir. Quando cheguei, qual não foi a minha surpresa quando vi aquele moço, que era faxineiro, barbeado, bem arrumado e muito atento ao evento. Não resisti e fui até ele perguntar como estava e quais eram as novidades. Ele estava terminando o curso de Mestrado e já dava aula ali mesmo e em outras universidades.

– Vágner respirava fundo, envergava os lábios para baixo e olhava para o lado mostrando-se insatisfeito com o assunto. Mas Helena não se importou e continuou: – Sabe o que eu aprendi? Que quando realmente nós queremos, nós realizamos, nós fazemos. Moveremos céus e terras, mas conseguiremos. Agora, se você só reclamar da vida, do governo, dos empresários e ficar parado de braços cruzados, nada vai acontecer. Pode ter certeza de que ninguém bate na porta da gente dizendo: "Olha, eu tenho uma vaga para gerente ou diretor lá na minha empresa, você quer?"

— O que deu em você hoje, hein?!
— Há algum tempo eu estou engasgada com tudo isso e decidi falar com você a respeito. Está sendo difícil...
— Lena, a gente se ama. Tudo vai dar certo.
— Quando? Acabei de fazer vinte e cinco anos, você tem vinte e sete. Namoramos há muito tempo. O que vamos fazer? Namorar a vida inteira?
— Podemos nos casar, se é isso o que você quer – respondeu meio estúpido.
— Casar?! Você enlouqueceu?! – Helena perguntou firme e incrédula. – Casar e viver do quê?! Vou trabalhar e sustentar você e a casa, sozinha?! Vamos morar onde?! Viver de aluguel?! Ou vamos nos sujeitar a morar na casa dos meus pais ou da sua mãe com a sua irmã?!
— Eu vou arrumar alguma coisa. É questão de tempo! Calma!
— Tempo?! – exclamou ao indagar. – Já tivemos tempo demais. Já tive calma demais.
O silêncio reinou absoluto.
Helena sentou-se à beira do sofá, abaixou a cabeça deixando que seus longos cabelos cobrissem seu rosto, enquanto cruzava as mãos na frente do corpo.
Após alguns minutos, Vágner não se manifestou.
Parecendo bem decidida, apesar de sua voz delicada, disse bem firme:
— Estou cansada, Vágner. Quero dar um tempo entre nós. – Encarando-o, viu-o perplexo, parecendo não acreditar. Para que tivesse certeza, Helena voltou a afirmar: – Não dá mais.
Vágner se transformou. Seu olhar tinha um brilho de raiva e contrariedade. Seu rosto se cobriu por um rubor intenso e, com voz grave, áspera, quase ameaçadora, falou em tom baixo:
— Eu não vou me afastar de você! Eu te amo muito, Helena. Se você me deixar...
Ela ficou surpresa por desconhecer aquele lado de sua personalidade. Levantando vagarosamente o olhar experimentou

um choque. Sentiu que teria de ser firme, categórica, e, por isso, forçou-se a dizer:

– Não podemos continuar namorando, Vágner. Acabou. Não quero ficar mais com você.

– Existe outro, não é? – perguntou com voz cortante e orgulho ferido.

– Não. Não existe ninguém.

– Então foi sua mãe que encheu sua cabeça?

– Você acha que eu não sou capaz de tomar uma decisão dessa sozinha? Pensa que sou ingênua e que não tenho opinião?

– Penso que você me ama e, por amor, nós fazemos tudo.

– Não! Nem tudo. – Mais firme, ela respondeu: – Para que duas pessoas fiquem juntas, não basta só o amor. Em um relacionamento, junto com o amor, é preciso vir a verdade, a lealdade, a sinceridade, a confiança e, principalmente, a responsabilidade e o respeito.

– Quando foi que eu menti para você? – irritou-se. – Quando eu não fui leal e traí? Quando não fui sincero e dei motivo para que desconfiasse de mim?

– Você não foi leal quando me disse que ia ver um emprego e eu arrumava dinheiro para se vestir e ir até a empresa e, depois, você acabava não indo. E isso não foi só uma vez. Você mentiu para mim, não foi sincero, por isso, e muito mais, eu não posso confiar em você. – A essa altura dos acontecimentos, Helena não conseguia conter as lágrimas teimosas que corriam longas em sua face. Mesmo assim, agora com voz mais branda, ela pediu: – Vamos terminar por aqui antes que a gente se magoe muito.

– Você está jogando na minha cara o dinheiro que me emprestou?

– Não. Estou falando das vezes que me enganou, que não foi responsável nem sincero!

Vágner ficou nervoso e, com o dedo em riste apontado para Helena, falou em tom alto e grave:

– Se você pensa que tudo vai ficar assim, está muito enganada. Ninguém faz isso comigo não, viu?!

– O que está acontecendo aqui?! – perguntou dona Júlia firme, exibindo autoridade. Sem esperar uma resposta, falou firme:
– Você está na minha casa, Vágner, lembre-se disso!

O rapaz sentiu-se aquecer, agitando-se de um lado para outro e, com olhar colérico para a dona da casa, encarou-a e ameaçou com voz quase feroz:

– Olha aqui! Isso não vai ficar assim não, entendeu?

Apontando para a porta da rua, a mulher quase gritou:

– Fora daqui, Vágner!

Virando-se, ele saiu a passos firmes, batendo a porta principal após passar por ela.

Voltando-se para a filha, dona Júlia, entendendo o que havia acontecido, comoveu-se ao vê-la nervosa e chorando.

– Filha, não fique assim. – Sentando-se ao seu lado, afagou-a com carinho, confortando-a ao puxá-la para que recostasse em seu peito.

Soluços repetidos entrecortaram a fala de Helena, quando disse:

– Terminei tudo, mãe.

– Não fique assim. Calma. Ele não era mesmo um bom rapaz para você. Estou surpresa com sua decisão. Pensei que fosse se demorar mais para fazer isso. Mas estou feliz – sorriu com meiguice.

– Há algum tempo, eu me sinto cansada dessa situação.

– Ainda bem que você enxergou isso a tempo, filha. Eu estava com tanto medo. Uma vida a dois não se sustenta só de amor. Ambos têm de assumir responsabilidades para se ter estabilidade e uma vida mais calma – comentava a mulher experiente enquanto acarinhava a filha. – Agora você está nervosa, triste porque tudo isso acabou de acontecer. – Pegando no rosto de Helena, com carinho, ergueu-o, secou as lágrimas e, sorrindo, sugeriu: – Vá, tome um banho frio, do jeito que você gosta. Pode até demorar que eu não ligo. – Depois de rir para animá-la, prosseguiu: – Aproveite que está muito calor, arrume-se e, depois do almoço, pegue a Sueli e vão dar uma volta no *shopping*, como vocês gostam de fazer.

Você é bonita, filha. É inteligente, delicada, responsável. Não vale a pena ficar sofrendo por alguém que não pensa em você, que não se esforça para te dar segurança, proteção. Jamais poderia confiar nele. Mas agora tudo acabou. – Animando-a, propôs: – Tome um banho e ponha uma roupa bem bonita, vai!

– Eu me esqueci da Sueli...

– Quando vocês começaram a discutir, nós demos uma espiadinha, né – revelou a senhora com um jeito maroto para alegrar a jovem. – Então, quando vimos o que estava acontecendo, saímos de fininho. Eu fui terminar o almoço e a Su está lá no quarto brincando com a Bia.

– Ainda bem que o papai não está em casa.

– A oficina hoje deve estar bem cheia. Daqui a pouco ele e o Mauro chegam. Ainda é cedo.

Nesse instante, a porta abriu e Carla entrou eufórica.

– Gente!!! O que aconteceu?! – sem esperar por uma resposta, contou esbaforida: – Encontrei o Vágner lá embaixo, na rua, com uma cara igual a do capeta. Nem olhou pra mim! Quando eu fui falar com ele, disse bem áspero: "Fala pra sua irmã que eu não vou mendigar por ela, não! Mas ela vai me pagar!"

– Nós terminamos – revelou Helena.

– E você está chorando por isso?! – perguntou Carla com seu jeito eufórico, entusiasmado. – Deveria é soltar fogos! Aquele lá não merece nem uma gota de lágrima sua.

– Bem, vamos esquecer tudo isso – aconselhou dona Júlia. – Vai, Lena, toma um banho, tira esse vermelho do rosto e... Vida nova, minha filha! – Virando-se para Carla, falou: – E quanto a você, mocinha, onde estava até agora? Saiu cedo e nem falou aonde ia!

– Credo, mãe!!! Ainda não são nem dez horas! Eu fui até à casa da Cristina. Na terça-feira, nós vamos fazer umas fotos.

– Carla! Já disse: não quero saber disso. Tira essas fantasias da cabeça. Não viva de ilusão. Arrume um emprego, tenha uma profissão...

— Mãe, a senhora não entende! — continuou animada. — Ser modelo, manequim, artista, é uma profissão!

— É uma profissão que, se der certo, quando a idade chegar, você estará desempregada. Minha filha...

— Que nada, mãe! A senhora vai ver como é legal ter uma filha famosa — respondeu indo para o quarto sem dar nenhuma chance para que a mãe dissesse algo.

— Meu Deus! Quando essa minha filha vai criar juízo?

༺♥༻

Gilda havia chamado amigos íntimos, alguns membros da diretoria da empresa, para oferecer um almoço em volta da piscina.

Isabel, sua irmã, sempre ponderada, não tirava os olhos da filha Vera que se insinuava com extrema liberdade, exibindo-se para o primo Eduardo.

O rapaz nem parecia notá-la, a princípio, mas com o decorrer do tempo sentiu-se saturado com tanto oferecimento.

Na primeira oportunidade, Isabel atraiu Vera para um canto e a repreendeu:

— Não me faça passar mais vergonha, Vera! — exigiu falando com os dentes cerrados.

— Qual é, mãe?

— Você só falta se atirar em cima do Edu. Isso está ficando ridículo! Deixa de ser oferecida.

— Se ele deixasse, bem que eu me atiraria — falou zombando.

— Vera!!!

A aproximação de Gilda interrompeu a repreensão e a moça, aproveitando a ocasião, saiu de perto da mãe.

— Veja só — observou Gilda —, um dia desse, com esse sol radiante... E pensar que minha neta está socada lá naquela casa. Deve estar empoleirada lá naquele quarto.

— Você não a convidou? — indagou Isabel.

— Lógico que sim! Pedi que a menina ficasse aqui até o feriado, mas o Mauro não deixou. Será que ele acha que eu vou arrancar algum pedaço da minha neta? – considerou arrogante e com deboche.

– Quando os filhos são pequenos, os pais costumam fazer isso, Gilda. Principalmente na situação dele que está viúvo há tão pouco tempo – reconheceu a irmã.

– Não se esqueça de que a mulher dele era minha filha e que a filha dele é minha neta. Na verdade, a Bianca foi tudo o que restou da Lara. Minha filha morreu por culpa desse amaldiçoado casamento – Gilda falava com amargura na voz, enquanto trazia o olhar perdido ao longe como se imaginasse alguma situação.

– Não diga que foi uma união amaldiçoada. Eles viveram bem e o acidente não se deu por culpa do casamento ou do Mauro – considerou Isabel bem sensata.

– Assim seria com a Érika se eu não tivesse interferido.

– Você falou com ela sobre o João Carlos?

– É lógico que não, Isabel.

– E como você interferiu?

– Verifique se ele está trabalhando lá no clube.

– O que você fez?! – espantou-se a irmã, imaginando algo terrível.

– Dinheiro compra tudo, meu bem. O rapaz não está mais trabalhando lá e isso é o que me interessa. Eu conheço bem os diretores daquele clube e tenho certeza de que lá ele não põe mais os pés.

A irmã se viu contrariada. Não podia concordar com a opinião de Gilda, que era dona de uma personalidade fria, cruel e vingativa.

– Gilda, por favor! – tornou indignada. – Não posso acreditar que você fez isso. – A irmã ofereceu um sorriso cínico com o canto dos lábios, alçou a cabeça com imponência e orgulho quando Isabel comentou decepcionada: – Você me assusta...

– Olha aqui, queridinha – defendeu-se com ironia –, jamais vou aceitar um namoro desse nível. Além de ser pobre, olha só a cor da criatura.

— Pelo amor de Deus, Gilda! — assombrou-se Isabel mais ainda. — Não posso acreditar no que estou ouvindo. Se o rapaz fosse um mau caráter, um vagabundo... mas não. Ele tem uma profissão, tem uma faculdade, é trabalhador, simpático, educado, bonito...

— Então pode levá-lo para sua casa. Na minha, ele não entra.

— Se a Érika souber...

— Só vai saber se você ou a Marisa contar. — Falando com deboche, encerrou: — E quer saber, Isabel, toma conta da Verinha que eu tomo conta da minha filha.

Natália, diretora financeira da empresa e muito amiga da família, sorridente e elegante com seu traje de banho, trazendo na cabeça um bonito chapéu onde um lenço esvoaçava delicado, aproximou-se delas inibindo qualquer réplica de Isabel.

— Hei! Vocês duas estão se escondendo de todos? — perguntou brincando sorridente. — Há tempo eu as observo aqui nesse cantinho.

— Estamos só contemplando, meu bem. Só contemplando — respondeu Gilda, estampando um tom alegre na voz e moldando um sorriso cínico no rosto.

Magoada, Isabel pediu licença e se afastou, indo à procura do marido e da filha, pois estava descontente e decidiu chamá-los para irem embora sem que ninguém percebesse.

Sem dar importância ao afastamento de Isabel, Natália perguntou:

— Pensei que iria ver sua netinha aqui hoje, Gilda.

— Ela não veio. Aliás, o Mauro não a deixa vir aqui sem estar acompanhada daquela desmininguida da Helena. Bem que eu gostaria de que a Bianca ficasse aqui todo o final de semana, mas... Quem sabe essa menina me dê o gosto e as realizações que as minhas filhas não deram.

— Seria bom acostumá-la aqui, se quiser tê-la perto quando crescer. Mesmo que tenha de engolir a Helena junto, só até a menina pegar o gostinho e se acostumar. Sim, porque o Adalberto me contou que a Bianca não gosta de ficar muito tempo longe da Helena, não é?

— É verdade. Mas sabe que você me deu uma boa ideia? — disse sorrindo. — Mesmo que eu tenha de engolir a Helena... Com licença, Natália — pediu, saindo à procura do marido.

Gilda, ao falar com Adalberto, insistia em ter a neta ali.

— Mas eu dei folga ao Lauro. Estamos sem motorista hoje. E eu não vou sair daqui para ir buscar ninguém. Não posso deixar os convidados.

— Como você dispensa o motorista justo hoje? Estamos com a casa cheia, podemos precisar dele para alguma outra coisa.

— Não se esqueça de que essa ideia de receber visita hoje foi sua e na última hora — sussurrou o marido.

Adalberto a deixou sozinha e, imediatamente, Gilda foi à direção do filho que estava a poucos metros.

— Edu, será que daria para você ir buscar a Bia? Diga para a Helena vir junto, para trazerem roupa de banho. Insista, por favor, meu filho. Aliás, elas podem dormir aqui e amanhã a Bia poderá brincar o dia inteiro nessa piscina que vai ser só dela.

— Puxa, mãe — reclamou o rapaz insatisfeito —, eu não estava a fim de sair. Estou tão sossegado.

Enlaçando seu braço, ela o conduziu, com carinho, retirando-o do local com jeito delicado tentando convencê-lo:

— Eu preciso muito da minha neta perto de mim. Sabe, ela me traz tanto conforto, tanta paz de espírito... É como se a Lara estivesse perto de mim.

Eduardo sempre cedia aos desejos de sua mãe. Mesmo contrariado, decidiu satisfazer seu pedido e se retirou para trocar de roupa e ir buscar a sobrinha.

Ao chegar à sala de sua casa, Eduardo encontrou com sua irmã, que descia rapidamente as escadas, exibindo na fisionomia certa revolta.

— Onde está a dona Gilda?! — inquiriu Érika quase gritando.

— Calma. Onde é o incêndio? — perguntou o irmão com tranquilidade.

— Vai ser lá mesmo, naquela piscina, se a mãe estiver nela — respondeu com raiva.

O irmão a segurou pelo braço, impedindo-a de sair e, com serenidade, quis saber:
– Vem cá. Diga primeiro o que aconteceu.
– O João Carlos foi despedido. Até aí tudo bem! Mas você sabia que foi a mãe quem armou isso? Aaaah! Eu vou acabar com aquela festa, agora!
Eduardo, novamente, segurou-a com delicadeza, pedindo:
– Hei, hei! Calma, vem cá. Vamos conversar primeiro.
– Não dá para conversar! Não tem o que conversar! – ela estava inconformada.
– Érika, deixe de ser impulsiva! Não é assim que se resolvem problemas desse tipo. Se você for lá fora agora, arrumar uma briga, só vai enfurecer mais a mãe. É por isso que ela reage sempre agressiva com você. Estou cansado de ver brigas aqui em casa e elas nunca trouxeram solução alguma. Para que isso?
– Você não entende, Edu!
– Entendo sim. Entendo que você é parecida com a mãe, por isso não a atura.
– E você é o queridinho dela, o predileto! Por isso tem todas as regalias e ela não o pressiona. Não implica com você.
– Para de falar assim – disse firme, mas sem gritar. – Acontece que eu não encaro a dona Gilda, não me defronto com ela porque não gosto de briga. Agora, você não. Sempre quer se mostrar poderosa, tal como ela. Por que não age como eu? Faço de tudo para contornar uma situação, não ligo para o que ela fala e, no fim, ela sempre concorda comigo.
– Não é bem isso não – falou Érika agora mais calma, porém irritada, andando de um lado para outro. E num desabafo, quase chorando, argumentou: – A mãe o tem como o seu protegido.
Eduardo se aproximou, procurou abraçá-la e falou de maneira compreensiva:
– Nós vamos discutir os gostos dela ou os seus?
– Como assim?
– Não podemos negar que a mãe sempre quer me agradar. Nós brigaríamos se eu tentasse dizer o contrário. Mas isso não é importante. Quero saber se você gosta de mim.

SEM REGRAS PARA AMAR

– Claro, seu idiota! – falou chorando e brincando, agora.

– Se me acha um idiota é porque ainda me ama – disse rindo.

Érika fingiu lhe dar um empurrão de brincadeira sorrindo enquanto chorava e, num gesto rápido, abraçou-o bem forte escondendo o rosto em seu peito.

– Calma. Tudo vai ficar bem – disse acariciando-lhe os cabelos curtinhos e bem alinhados.

– O que a mãe fez com o João Carlos não pode passar em branco.

– Você está de cabeça quente agora. Quando estamos assim, não tomamos boas decisões, posso garantir.

Érika se afastou do abraço, enxugou o rosto com as mãos e falou:

– Ajude-me, Edu. Não sei o que fazer.

– É lógico que vou ajudar. Nunca te deixei na mão. Mas nem pense em ir lá fora e armar uma briga. A dona Gilda vai ficar uma fera pela vergonha que vai passar com os convidados e, na primeira chance, irá descontar de alguma forma. Procure ficar tranquila. – Depois ele a convidou: – Olha, estou indo até à casa do Mauro para trazer a Bia, vem comigo?

Érika parou, refletiu um pouco e iluminou o rosto com um largo sorriso ao pedir:

– Então me dá uma carona? Quero ficar na casa do João Carlos. Você me deixa lá?

– Claro! Vamos.

– Vou me arrumar – disse a moça subindo as escadas correndo.

CAPÍTULO 5

Difícil decisão

No caminho, com o irmão ao volante, Érika não parou de falar.

Ainda indignada com o comportamento de sua mãe, apresentava queixas revoltantes e de modo frenético, enquanto ele pouco dizia, pois compreendia o desabafo de sua irmã e ouvia participativo.

Já bem perto da casa de João Carlos, Érika indicou um lugar para que Eduardo estacionasse o carro e mostrou:

– É ali.

– Já conhece a família dele? – perguntou surpreso.

– Conheço a mãe dele, dona Ermínia. É um doce de pessoa. O pai dele já morreu e a irmã, bem, estamos sempre nos desencontrando. Só a conheço por fotos.

– Então o negócio está mais adiantado do que eu imaginava! – admirou sorridente.

Érika sorriu com brandura e indagou com voz afável:

— Você não é racista, não é, Edu?

— Nunca. Abomino esses pensamentos e não gosto nem de piadas desse tipo.

— Que bom — comentou tranquila. — Felizmente não herdamos a personalidade mesquinha e preconceituosa da dona Gilda. Graças a Deus!

— Nunca me importei com a cor da pele, com a nacionalidade, a naturalidade... Pouco me importa se alguém é japonês, baiano, branco, nordestino... E toda pessoa que se refere a alguém com apontamentos pejorativos de qualquer espécie, tentando difamar ou humilhar o outro por sua raça ou naturalidade, é uma pessoa na qual não podemos confiar. Acredite.

— Então você não confia na mãe?

— Não — respondeu firme e de imediato.

— Edu! Estou surpresa!

— Não. Não confio na mãe. Penso que, se fosse comigo, ela também iria querer me humilhar, desacreditar, subjugar e muito mais. Porém, a dona Gilda é minha mãe e eu não posso ficar digladiando com ela. Prefiro viver em paz.

— O mais importante em uma pessoa é o caráter, a educação, a responsabilidade e não seus atributos físicos, sua classe social...

— Concordo com você. A propósito, você está gostando mesmo desse rapaz, não é?

— Estou sim — sorriu. — Nós nos damos tão bem!

— É bom quando encontramos uma pessoa confiável, desinteressada. Nunca tive essa sorte — reclamou Eduardo suspirando fundo.

— Pretendente é o que não falta para você.

— Imagine! — exclamou rindo. — São todas astuciosas, interesseiras, alpinistas sociais! — ressaltou. — Chegam a ser sórdidas ao tentarem o famoso golpe do baú. Que ridículo! Não se valorizam ou sequer têm amor próprio.

— Não podemos negar que você é um rapaz bonito, inteligente. É fácil se apaixonar por você. Seus olhos podem hipnotizar qualquer moça já na primeira troca de olhar.

— E minha posição social hipnotiza qualquer conta corrente, qualquer carteira — completou rindo gostosamente, quase gargalhando.

Érika o observou com ternura e com um brilho carinhoso no olhar e o consolou:

— Você vai encontrar uma pessoa realmente sincera em quem vai poder confiar. Tenho certeza.

Depois, ela o beijou emocionada e se despediu:

— Tchau.

Após deixar a irmã, Eduardo foi buscar a sobrinha conforme o planejado.

Na casa de Helena, a mãe, dona Júlia, conversava com o marido contando tudo o que havia acontecido.

— Então, Jairo, foi isso. Agora, Helena está em pedaços.

— Posso dizer que, para mim, isso foi uma surpresa e um alívio. Eu já esperava que minha filha, inteligente como é, percebesse que esse moço só estava se aproveitando. Ele não é um mau rapaz. É atencioso, educado, mas... muito folgado. Não queria nada com nada.

— Foi isso o que eu disse a ela. A Helena é nova, tem chance de encontrar um moço responsável. Agora, mudando de assunto, estou preocupada é com a Carla.

— O que foi desta vez? — indagou sorrindo, pois ele sabia que essa filha era espirituosa e um tanto levada.

— Ela enfiou na cabeça que vai ser modelo, manequim, sei lá mais o quê.

— Carla é bem bonita para isso — reconheceu o pai todo orgulhoso.

— Jairo! Não alimente esse sonho. Essa menina...

— Aliás — interrompeu como se quisesse provocar a esposa, falando com um sorriso maroto —, se não fosse pela altura, a Helena também poderia seguir essa carreira. Afinal, minhas duas filhas são muito bonitas, elegantes...

— Jairo! — reclamou contrariada.

— Estou brincando — disse, rindo descontraidamente. — Mas não se preocupe. Isso é coisa da idade. Toda menina tem um sonho. Isso passa. Ela vai desistir.

A campainha tocou e dona Júlia levantou para atender.

Ao retornar, ela entrou acompanhada de Eduardo, que parecia estar um tanto sem jeito.

Após cumprimentar o dono da casa, o rapaz se acomodou no sofá e explicou o motivo de sua visita.

— Espero que o Mauro entenda e deixe a Bianca ir. Também seria muito bom se a Helena fosse junto. A Bia é bem apegada a ela e se sentiria mais à vontade. Parece que ela não gosta de ficar sozinha lá em casa.

Dona Júlia e o marido se entreolharam lembrando o estado sensível em que Helena se encontrava. Até pensaram que sair um pouco pudesse fazer bem à filha, mas não poderiam forçá-la a isso.

— Bem, Eduardo, vou falar com o Mauro, ou você mesmo quer pedir? Ele está lá no quarto dos fundos arrumando algumas coisas.

— Não, por favor — disse educadamente —, diga a senhora mesmo. Será melhor.

Após pedir licença, a dona da casa foi falar com o filho que, a princípio, resistia à ideia.

— Mauro, não podemos enclausurar a Bianca aqui em casa, filho. Ela precisa brincar e se divertir. Aqui não tem outra criança nem muito espaço no quintal. A garagem está com os três carros. Ela está limitada só aos corredores laterais.

— Lá também não tem criança, mãe.

— Mas tem espaço e é um lugar diferente, bonito. A Helena contou que, da última vez, a dona Gilda mandou chamar a filha da vizinha que mora no condomínio. É uma menina da mesma idade da Bia. Disse que até a babá da garota foi junto. Elas brincaram muito e se deram muito bem.

— Aquela mulher não merece estar com a minha filha.

— As coisas não são assim, Mauro. Não acredito que a dona Gilda vá fazer algo para prejudicar a neta. Ela quer bem a essa menina. Faz tudo para agradar à Bia. Isso não podemos negar. — Mauro ficou pensativo e dona Júlia completou: — A Bianca é a única coisa que a Lara deixou para a família. Temos

de admitir que a sua presença pode e vai diminuir a dor dos pais. Eu tenho certeza de que eles sofrem, meu filho.
— Será que a Helena irá com ela? Se a Lena for, eu deixo.
— Será muito bom para sua irmã. O Eduardo falou que eles estão recebendo alguns amigos. É um almoço em torno da piscina. Isso significa gente alegre. Além do mais, tem a Érika que se dá muito bem com a Lena. Creio que será bom elas conversarem.
— Mas, no começo, a senhora falou que ela quer que a Bia durma lá?
— E se quiserem dormir, não há nada de mais. A Helena vai estar junto.
Mauro estava sisudo, com o sobrecenho enrugado. Por fim decidiu:
— Está bem, vai.
Em seu quarto, Helena se mantinha deitada, em silêncio, enquanto Sueli e Carla, bem alegres, ouviam música e experimentavam roupas com planos de saírem mais tarde.
— Ah, não, mãe! — reclamou Helena quando soube do convite.
— Vai, filha. Será bom para você — pedia com generosidade.
— Mãe, eu não quero ver ninguém. Só quero ficar quieta aqui. Pode ser? — comentou, desanimada e tristonha, com certa melancolia na voz.
A amiga e a irmã procuraram animá-la, mas Helena resistia.
Sabendo poder conquistá-la por seu coração bondoso, dona Júlia, muito esperta, fez uma expressão triste e, com voz mansa, falou:
— É uma pena. Coitadinha da Bia. Tá lá fora, naquele quintalzinho minúsculo, andando naquele triciclo pra lá e pra cá. Num fim de semana lindo desse, ela vai ter de se contentar com esse tipo de diversão e com a televisão. Nada mais.
Helena ficou comovida com os argumentos e Carla, com perspicácia, entendendo o que sua mãe pretendia, ainda completou:
— Coitadinha mesmo. Se ela fosse apegada a mim, bem que eu iria, nem que tivesse de me sacrificar um pouco. Mas

ela só gosta de sair com a Lena. Pobre menina – falou com piedade bem convincente. – Já não tem mãe, não tem com quem brincar, não tem...
– Tá bom! Chega! Eu vou.
Sueli e Carla não resistiram e gritaram juntas:
– Eeeeeh!!!!... – enquanto pulavam pelo quarto.
– Psiiiuu...! Meninas! – exclamou dona Júlia sussurrando. – O moço está aí na sala e vai escutar.
Helena se levantou. Foi séria e sem entusiasmo até o armário e começou a escolher roupas.
A senhora, toda sorridente, anunciou:
– Vou lá arrumar a Bia. Tenho de pegar um biquíni pra ela, toalha, pijama...
– Espera aí, mãe! Eu não vou dormir lá. Pra que o pijama?
– Filha – falou com jeitinho –, seria bom porque aí, amanhã, a Bia aproveita o dia inteiro. Hoje ela não vai brincar quase nada.
– Ah, não, mãe. De jeito nenhum.
– Helena, deixa de ser boba – incentivou a amiga.
– Se for pra dormir, eu não vou.
– Tudo bem, tá certo – disse dona Júlia. Quase saindo do quarto, completou: – Vou pegar só a roupinha para trocar depois da piscina e o biquíni.
Helena começou a escovar os cabelos que ainda estavam úmidos, não dando atenção aos comentários que a colega e sua irmã faziam. Pegou suas coisas e se despediu ao sair.
Chegando à sala, cumprimentou Eduardo que conversava com o senhor Jairo e Mauro, e perguntou:
– Cadê a Bia?
– Olha eu, tia! – respondeu com sua vozinha doce e branda, pedindo em seguida: – Vamos?
Eduardo se levantou e, olhando para Helena, que trazia uma pequena bolsa, tipo mochila, perguntou:
– Você está levando um biquíni, não é?
– Não. Eu não estou a fim de dar nenhum mergulho hoje. Obrigada. Vou mesmo só por causa da Bia.

— Seria bom você levar — aconselhou com simplicidade. Justificando em seguida: — Todos estão na piscina. Creio que você não vai ficar à vontade com esse *jeans*. Vai lá, pega um *short*, algo leve.

Helena fez um gesto enfadado enquanto a mãe insistia:

— É mesmo, filha. Não vai ficar bem você assim.

— Se bem que ela pode pegar alguma roupa da Érika. Tenho certeza de que minha irmã não vai se importar.

— Não. Eu não vou pegar nada de ninguém... — decidiu descontente, indo para o quarto.

Ao vê-la saindo, Eduardo perguntou:

— Você vai dormir lá, não é?

— Ah, não. Você me traz de volta hoje mesmo.

— Não vai aproveitar nada! Veja que horas são? — tornou o rapaz.

— É o suficiente — decidiu, saindo em seguida.

Dona Júlia encolheu os ombros e sorriu sem jeito, percebendo que os modos de Helena não eram gentis.

Observador, Eduardo perguntou curioso:

— O que a Helena tem? Está tão... diferente.

— Ela acabou com o namoro hoje — anunciou o senhor Jairo, sem rodeios.

— Ah... Entendo — afirmou o moço.

— Tio, você vai comigo na piscina? — perguntou Bianca animada.

— Vou, claro que vou — respondeu Eduardo abaixando-se junto à pequena.

— Eu não sei nadar, tio.

— Eu ensino. Pode deixar.

— Tome cuidado, hein, Bia! — recomendou o pai.

— Pode deixar, Mauro. Eu mesmo cuido dela e a piscina nem é tão funda, você sabe.

Dona Júlia sorriu e lembrou:

— Eu nem me preocupo quando a Lena está com a Bia. Vocês já repararam o cuidado e o ciúme que ela tem dessa menina?

— É mesmo — admitiu Eduardo, sorrindo. — Eu já reparei isso. Ela tem o maior ciúme da Bia, quase não larga a menina.

— Sempre foi assim — lembrou o senhor Jairo.
— Eu fico até satisfeito com isso — falou Mauro.
Helena chegou, dizendo:
— Pronto. Podemos ir.

⁂

A caminho da casa de Gilda, somente Bianca falava. Helena permaneceu, por todo o trajeto, praticamente muda.

Já na luxuosa residência, Eduardo conduziu-as até o andar de cima e falou:

— Troquem-se aqui, no quarto da Érika. Se precisar de alguma coisa, é só chamar. Estarei ali — disse apontando para outra porta. — Vou me trocar e já descemos.

— Obrigada, Eduardo.

Logo mais, próxima à piscina, onde todos se encontravam bem animados, Helena sentiu-se deslocada. Havia um grupo de pessoas com as quais não estava acostumada e cada um que se apresentava a deixava mais constrangida.

Gilda, porém, pediu para que servissem a convidada e a neta, mas Bianca, que encontrou quem brincasse com ela na água, não quis saber de almoçar. Helena, talvez por certo acanhamento, disse não estar com fome.

— Vocês demoraram, Helena. Pensei que não viessem. É pena, pois vão aproveitar só a metade do dia hoje. Se bem que amanhã...

— Não pretendo dormir aqui, dona Gilda.

— Não?! Por quê?

— Prefiro ir embora. Sei que a senhora entende...

— Voltará com a Bia amanhã, claro?

— Eu ainda não sei. Eu... — tentou dizer, mas foi interrompida.

— Não vá fazer isso comigo, Helena. Estou doente pela minha neta. Por favor.

A moça ofereceu meio sorriso e considerou:

— Vou pensar.

— Venha, vou pegar uma bebida para você — chamou, pegando-a com delicadeza pelo braço para conduzi-la.

— Obrigada, mas não bebo.

— Ora! — exclamou rindo surpresa. — Só um pouquinho. Não há mal algum. Vejo que você não está comendo nada também. Um drinque vai abrir seu apetite.

— Não, não mesmo, dona Gilda. Obrigada.

— Então aceita um refrigerante? — perguntou Eduardo, aproximando-se.

— Pode ser. Um refrigerante, eu aceito — respondeu sorrindo de maneira cortês.

O moço saiu e voltou em seguida com um copo na mão, oferecendo-o à jovem que agradeceu com um leve aceno de cabeça e um suave sorriso no rosto quase triste.

— Bem, menina, fique à vontade, viu? Vou ali ver a Bia — disse Gilda, sempre alegre.

Eduardo, por sua vez, tentando animar a convidada, perguntou:

— Não quer entrar um pouco na água? Está ótima.

— Não, obrigada. Prefiro ficar à sombra deste guarda-sol.

— Você parece tão séria hoje. Está tudo bem?

— Estou chateada com algumas coisas. Mas... Vai passar.

— Não seria melhor falar sobre o assunto? Talvez isso a ajude. Sou todo ouvidos — disse, solícito e sorridente, parecendo sincero.

Helena, intimamente envergonhada, pois nunca imaginou Eduardo como seu confidente, ofereceu um sorriso tímido, abaixou o olhar e revelou:

— Hoje cedo eu terminei o namoro com o Vágner. Foi difícil... Ele não queria aceitar e... — ela não disse mais nada, pois sua voz revelava um embargo que a constrangia.

Diante do silêncio, ele comentou:

— Veja, Helena, você tem de olhar para cima. Pensar no que será melhor para o seu futuro. O namoro é justamente para isso: ver as incompatibilidades, o que é tolerável ou não...

— Eu sei. Foi por isso que tomei essa decisão. Sabe, creio que já dei todas as oportunidades para o Vágner. Já se passou tempo demais. Ele não quer entender isso.

— Que oportunidades? — interessou-se Eduardo por estar a fim de fazê-la falar um pouco.

Helena, agora mais à vontade, não percebeu que começou a desabafar com o rapaz, contando tudo o que aconteceu.

Decorrido algum tempo, a uma distância considerável, Gilda e sua amiga Marisa conversavam animadas, até que a colega observou:

— Gilda, até que a Helena é bem bonita, não é? Rosto jovial, simpática...

— Mas olha que biquininho fuleiro, hein! Será que essa moça compra suas roupas no camelô da 25 de Março? — comentou com ironia, desdenhando a Rua 25 de Março, famosa, considerada como o maior centro comercial da América Latina e um dos mais movimentados centros de compras da cidade de São Paulo.

Marisa deu uma gargalhada, alçando a cabeça para trás.

— Gilda, você é de matar! Deixa de reparar no biquíni da moça que, aliás, não é tão ruim assim. Quem vê você falar pensa que está velho, rasgado... — comentou ainda rindo.

— Estou falando porque não tem marca. E, cá pra nós — continuou sussurrando —, será que ela não pode comprar uma coisinha melhor não, hein? — riu com maldade.

— Se bem que, com o corpinho que ela tem, qualquer peça cai lindamente. Parece até uma dessas menininhas. E outra: creio que os homens não vão olhar para o biquíni não. Veja só o seu filho. Acha que ele prestou atenção no que ela está usando?

— O que tem meu filho?! — perguntou agora mais séria.

— O Edu não tira os olhos dela. Creio que nem está ouvindo o que a Helena está contando — gargalhou.

— Ora, Marisa!

— Olha só! Ou você está ficando cega, Gilda? Veja como o Eduardo está todo interessado. Chega a estar vidrado, parecendo até que está babando.

– Já basta um daquela família ter se intrometido na minha. Isso... – interrompendo a frase, logo observou: – Olha lá, Marisa, veja como o meu santo é forte. A Geisa, filha da Natália, já encostou perto deles. Posso ficar descansada agora. A Geisa é fogo. Mudando de assunto, você reparou como a minha neta está miúda, magrinha igual a... Nem parece que já tem cinco anos – prosseguiu Gilda, sempre procurando com o que implicar.

A aproximação de Geisa impediu que Helena continuasse com seu desabafo.

A filha de Natália, com olhar conquistador e pose provocante, colocou-se em frente de Eduardo e, dando as costas para Helena, perguntou:

– Esqueceu-se de mim? – indagou trazendo na voz um tom dengoso e o olhar sedutor. Foi então que, com um sorriso forçado para não ser indelicado, Eduardo apontou a sua convidada:

– Esta é Helena. Nós somos os padrinhos da Bianca. Você a conhece?

Geisa se virou, comentando:

– A Gilda já nos apresentou – disse olhando-a de cima a baixo. – Vejo que está um pouco deslocada, não é?

Quando Helena ia se preparando para responder, procurando algo amável para dizer, Eduardo falou em sua defesa:

– Fui eu quem a monopolizou. Nossa conversa estava muito agradável. Não havia motivo para nos envolvermos com os demais.

– Entendo – respondeu com ar de desdém. – Mas falavam do quê? Posso saber?

– Conversávamos sobre faculdade, cursos complementares. Coisas que, creio, não vão interessar muito a você, Geisa – ele respondeu, sorrindo ironicamente.

Helena surpreendeu-se e ficou constrangida diante daquilo.

Eduardo, sustentando ainda o sorriso irônico, mostrava-se verdadeiramente insatisfeito com a presença de Geisa. Ele a conhecia bem e tinha seus motivos para não querer nenhuma intromissão em sua conversa.

Geisa o fitou firme, com olhar colérico, e se virou deixando-os a sós.

— Eduardo, eu... — balbuciou Helena perdendo as palavras.

— Tudo bem, Helena. Desculpe-me pela grosseria, mas isso foi necessário. Você não sabe quem é essa aí.

Gilda, preocupada com a recepção e com os convidados, não percebeu a ausência da filha Érika que, naquele mesmo momento, estava na casa do namorado João Carlos.

Na casa do rapaz...

— Huuum!!! Está maravilhoso, dona Ermínia — dizia Érika à simpática senhora, mãe de João Carlos. — Nunca experimentei um pavê igual a este. — Adoro doce. E este está uma delícia!

— Quando você for embora, filha, lembra de levar um pouquinho — disse a senhora.

— Ah! Vou lembrar mesmo! — tornou a moça com a graciosidade que lhe era peculiar.

Um barulho fez-se na sala, chamando a atenção de todos. Era Juliana que chegou atrasada para a refeição.

Juliana, a irmã de João Carlos, era uma moça alta, de pele negra aveludada, um corpo exuberantemente formoso. Trazia sempre um lindo sorriso alvo a iluminar seu belo rosto, aprazivelmente sereno.

Ela chegou à copa, espiou como quem brincasse e, com sua voz bonita, firme e macia, falou graciosamente:

— Acho que, pra variar, cheguei meio atrasadinha, né?

— Como sempre, né, filha? — disse sua mãe sorrindo.

— Juliana — anunciou João Carlos, levantando-se empolgado —, esta é a Érika.

A irmã aproximou-se e, muito amistosa e sorridente, cumprimentou a jovem com beijos. Ao afastar-se um pouco e observá-la com atenção, exclamou:

— Érika, você é muito mais bonita do que o João Carlos falou!
— Olhando para o irmão, completou espremendo seus olhos expressivos: — Como você é mentiroso, hein!

— Pare com isso antes que a Érika acredite! — pediu, rindo com gosto.

— Mas é para acreditar. Ela tem de saber, desde já, que eu sempre digo a verdade. Você disse que ela era meio bonitinha. Toma jeito, rapaz! Você nunca valoriza o que tem.

O irmão a empurrou, brincando ao falar:

— Fica quieta, senta e come.

— Não, filha — alertou sua mãe. — Vá se lavar, vai. Você acabou de chegar da rua agora.

— Certo, certo, dona Ermínia. A senhora falou, tá falado — brincou a filha, falando com graça.

Logo depois, enquanto fazia sua refeição, Juliana mantinha uma agradável conversa com Érika que, aliás, simpatizou-se rapidamente com ela.

— Até que enfim nos conhecemos, né? Mas... Não repare nas minhas brincadeiras... Adoro provocar meu irmão — explicava Juliana descontraída e sempre sorridente.

— Imagine, gosto de brincadeiras. Mas, puxa! Foi difícil nos conhecermos!

— Também, menina — lembrou a irmã de João Carlos —, nos últimos tempos não estou tendo folga nem aos domingos.

— Ainda bem, né, filha?

— Ainda bem mesmo.

— Você é decoradora, não é? — perguntou Érika interessada.

— Eu tento! — riu gostosamente. — Formei-me em arquitetura. Só depois, descobri que gostava bem mais de decoração. Aliás, não fui só eu. Uma colega de faculdade, amiga mesmo, também se sentiu inclinada para decoração depois de formada. Então, nós duas montamos, em sociedade, um pequeno estúdio que, graças a Deus, vem crescendo a cada dia.

— Eu sou curiosa — revelou Érika —, não repare. Com o que você trabalha exatamente?

— Nossa clientela é quase toda formada por lojistas de *shoppings*. Normalmente, esses são trabalhos rápidos e práticos. Eles sempre aparecem nas temporadas.

— Como assim? — tornou Érika.

— No final do verão, preparamos a loja para o clima outono-inverno, no fim do inverno, preparamos para a primavera-verão e assim por diante. É trabalho certo. Quanto ao tipo de decoração, tudo depende. Primeiro temos de ver o quanto o cliente quer investir, depois estudamos o que ele deseja com o tipo de mercadoria que oferece, se é uma loja de roupa social, esportiva, feminina, masculina... Tudo depende.

— Ualll!... Que barato! — exclamou com moderação.

— Ah! Mas não cuidamos só disso não. Temos também as decorações residenciais. Estas são bem mais trabalhosas, detalhadas. Precisamos estudar muito bem o que o cliente quer. Sabe, precisamos até analisar a personalidade das pessoas da casa para fazermos um bom projeto, pois não vai adiantar nada ele nos agradar e ser inconveniente aos moradores, que, certamente, não darão boas referências nossas.

— Nossa! Eu não imaginava que fosse assim.

— Mas isso é muito gostoso. Adoro meu trabalho. Já chamei o João Carlos para trabalhar comigo, mas...

— Não! Esse tipo de coisa não me agrada. Não me vejo examinando cor de mármore combinando com louça, tecido combinando com vime... Definitivamente, isso não é para mim — afirmou o irmão.

— Mas bem que você poderia me ajudar nesse período de férias, né?

— Acho que o período de férias acabou — disse interrompendo-a. — Estou analisando a proposta de montar uma academia junto com um colega. Já está quase tudo certo.

— Ótimo!

— Só que eu ainda vou precisar contar com você — disse João Carlos, esfregando o indicador e o polegar, simbolizando dinheiro, com o gesto que fazia.

— Tudo depende de quanto vou lucrar — respondeu Juliana com um largo sorriso no rosto, enquanto piscava para Érika.

– Você faria isso comigo?! Sou o seu irmãozinho, lembra?

A conversa alongou-se e todos se divertiam descontraidamente.

Mas, minutos depois, Érika sentiu necessidade de revelar:

– Foi minha mãe quem prejudicou o emprego do João Carlos lá no clube. Ela conhece muita gente da diretoria e...

– Como você soube? – perguntou o namorado.

– A Alda me contou. É aquela moça que trabalha na secretaria. Ela acabou ficando com raiva da minha mãe, que não a tratou bem quando esteve lá e, por isso, só de raiva, hoje ela ligou e me contou tudo. Pediu para eu não dizer o nome dela, mas...

– Entre nós não haverá problemas – afirmou Juliana com convicção. – Mas, sabe de uma coisa... Foi bom isso ter acontecido. Eu estava achando o João Carlos muito acomodado lá naquele clube. Essas mudanças bruscas geralmente nos fazem acordar. Não vamos reclamar, pois creio que novos horizontes vão se abrir para ele agora. Abrir uma academia é um deles.

– Acho que isso é verdade – concordou o rapaz. – A propósito, Érika, não vá brigar com sua mãe por causa disso, certo?

– Mas ela foi longe demais.

– Filha – atalhou dona Ermínia –, sua mãe pode ter errado, mas foi pensando no seu bem. Mesmo que ela não tenha agido de modo correto, já está feito e não se pode mudar. Não brigue. Um dia, seja hoje ou daqui a muitos anos, ela vai saber que errou e vai dar um jeitinho de consertar. Não vale a pena você ficar irritada e cometer outro erro por causa do erro dela. Deixe só sua mãe com coisas para consertar, entende?

Érika, imediatamente, sentiu-se mais tranquila e compreensiva com os conceitos simples e profundos de dona Ermínia.

Seu coração agora não estava mais com tanta raiva como antes. Ela encontrou conforto, compreensão e amizade sincera em conversas simples que, muitas vezes, faltavam-lhe em casa, junto com os seus.

CAPÍTULO 6

O pesadelo de Bianca

Começava a escurecer.

Todos os convidados de Gilda e Adalberto tinham ido embora. Helena pretendia fazer o mesmo, entretanto, a avó conquistou a neta dizendo que o dia seguinte seria melhor do que aquele, porque toda a casa estaria à disposição somente dela.

Conversando com a sobrinha, na grande sala de estar, a tia tentava convencê-la:

— Bianca, amanhã nós voltamos.

Emburrada, fazendo manha ao falar, a menina dizia:

— Ah, tia Lena, só hoje, vai. Vamos ficar aqui, só hoje.

— Amanhã cedinho o tio Eduardo vai nos buscar e...

— Mas hoje de noite eu posso ficar brincando aqui. Lá em casa, não tem sala de brincar e aqui tem.

— Ora, Helena! — exclamou Gilda com certa elegância mesclada de imponência. — A Bianca está dizendo a verdade.

Deixa a menina brincar. Se forem embora, ela vai chegar à sua casa, vai jantar e dormir. Isso é o de sempre. Que coisa mais sem graça. Aqui, ao menos hoje, poderá se distrair, jogar, brincar, ver coisas diferentes. Sem contar que amanhã essa casa inteirinha será toda dela.

— Não posso deixá-la, o Mauro me recomenda sempre...

— O Mauro, o Mauro!... — falou irritada, como se arremedasse alguém. — Se ao menos ele conseguisse dar à filha metade do que ela tem aqui, talvez pudesse recomendar algo, mas...

— Em seguida, insistiu: — Não estou pedindo para que ela fique sozinha. Fique você também.

Eduardo, que acompanhava a conversa sentado em um confortável sofá, lembrou:

— Bem que eu disse para trazer roupas.

— Mas as roupas da Érika hão de servir. Que não seja esse o problema — resolvia Gilda.

— Ah, tia Lena! — falava a garotinha com jeito mimoso e olhar suplicante. — Vamos ficar, vai.

Helena suspirou fundo. Não sabia o que fazer. Não gostaria de passar a noite ali, mas, pela sobrinha que tanto amava, decidiu:

— Está bem. Vou telefonar lá para casa e...

Antes que ela terminasse, Bianca saiu correndo e gritando de alegria, enquanto Gilda chamava a empregada recomendando:

— Sônia, prepare o quarto de hóspedes para a Helena e minha neta. — Virando-se em direção à moça, orientou sorridente: — Suba com ela, Helena. Veja se ficará tudo a seu gosto, querida.

A jovem pediu licença e subiu junto com Sônia.

Gilda, estampando um sorriso de triunfo, acomodou-se elegantemente em frente ao filho, concluindo com certa arrogância embutida na voz:

— Sempre consigo o que eu quero. Viu só? Helena acabou ficando.

Eduardo apenas a olhou e deu-lhe um suave sorriso forçado.

Na verdade, pouco se importava com as palavras de sua mãe. Seus pensamentos estavam presos em análises e comparações. Algo acontecia com ele, pois começou a notar mais Helena, uma moça simples, educada e que sabia se comportar. Aquela havia sido a primeira vez que conversava por mais tempo com a moça e não pôde deixar de perceber seu jeito recatado, cauteloso e meigo. Ela era inteligente, gentil, além de ser bem bonita.

Eduardo estava acostumado a ser assediado por garotas com certo comportamento dengoso, gestos e sorrisos treinados, que desejavam agradar sempre e a qualquer custo. Helena era diferente. Simples, objetiva, tranquila e natural.

– Não acha, meu filho? – perguntou Gilda, repentinamente.

– O quê? – quis saber após alguns segundos.

– Estou falando com você há um tempão! Onde você estava, Edu?

– Com a cabeça nos negócios, mãe. Fala, o que é?

– Eu estava falando dessa aí – disse gesticulando para a escada, referindo-se a Helena. – Que moça sem sal e sem açúcar. Você não acha? Além de desconfiada. Será que pensa que vou engolir a minha neta? Você viu? Ela não tira os olhos da menina.

O filho não disse nada. Nesse momento, a porta se abriu suavemente e Érika entrou sorridente.

– Por onde a senhorita andou, mocinha? – perguntou Gilda implicante.

– Estou cansada. Estou feliz e não quero que estrague a minha alegria – respondeu com um largo sorriso.

– Isso é jeito de falar comigo?! – a mãe retrucou.

Érika fez-se de surda e subiu apressadamente sem dar a chance para um duelo de palavras.

Notando certa movimentação no quarto de hóspedes, foi imediatamente ver o que era.

– Que surpresa boa! Adorei a ideia – disse satisfeita ao saber que Helena ficaria ali.

– Só a Bianca mesmo para me fazer passar uma noite fora de casa.

– Ótimo! Poderemos conversar bastante. Onde ela está?

— Na brinquedoteca que sua mãe montou.
— É bom que se divirta. Agora vem aqui no meu quarto, vamos encontrar uma roupa da hora, bem leve e vamos conversar. Tenho tantas novidades...!

⁂

Já era madrugada e todos dormiam quando os gritos de Bianca acordaram Helena que, assustada, sentou-se rapidamente na cama da sobrinha tentando acordá-la.

Gilda, que também acordou com o choro da neta, correu até o quarto onde elas estavam:
— O que foi?! O que está acontecendo?

Helena embalava a menina no colo enquanto secava suas lágrimas, explicando à garota:
— Foi só um sonho, meu bem. Não fique assim.

Érika, Eduardo e Adalberto também foram ver o que havia acontecido.

Virando-se para todos, Helena explicou:
— A Bianca teve um sonho ruim. Foi isso.

Gilda sentou-se na cama e, como se exigisse, foi tirando a criança do colo da tia.
— Não, não... — reclamou a garotinha, recusando-se a ir com a avó. — A mamãe falou pra eu não ficar com você.

A surpresa foi geral e Helena tentou justificar:
— Ela ainda está confusa com o sonho. Não se preocupe, dona Gilda.
— Eu não sonhei, eu vi a mamãe — respondeu Bianca chorando.
— Oh, minha queridinha — agradava a avó com raro carinho em seu rosto. — Você só sonhou, viu?
— Eu vi a mamãe! Ela falou que foi você.
— Eu o que, meu bem? — tornou Gilda.
— Ela morreu porque você mentiu. A culpa foi sua. Não vou mais ficar perto de você.

Todos se entreolharam sem entender e Gilda, com uma reação enérgica, levantou-se abruptamente, bem nervosa:

— Ora, Bia! O que é isso? Não diga mentiras. Isso é feio.
— Eu não estou mentindo — respondeu irritada.
— Calma, Bia. Você só sonhou. Não fale assim ou então a vovó ficará triste — pediu Helena mais cautelosa.
— O que a senhora andou aprontando, hein, dona Gilda? — perguntou Érika com certo deboche, aproximando-se da sobrinha para acariciá-la.
— Não me venha você com suas ironias, Érika! — exigiu a mãe quase gritando.

Ao perceber a discussão que poderia se iniciar, Adalberto saiu sorrateiramente sem dizer nada.

Eduardo, com uma expressão interrogativa no semblante, deu alguns passos em direção a sua mãe, olhou-a bem nos olhos e falou firme:
— Não vá começar uma discussão agora, por favor.
— A Bianca está inventando isso e a Érika vem com sua agressividade barata! — indignou-se Gilda nervosa.
— Eu também acabei de sonhar com a Lara, mãe — afirmou o rapaz. — Ela caminhava no corredor aí fora e me dizia que precisava falar com a filha. A Lara estava vestida com farrapos e parecia muito maltratada.
— Não me venha com isso você também, Eduardo — disse Gilda com os olhos arregalados, afastando-se enquanto esfregava as mãos nervosas.
— Gente, isso foi só um sonho — argumentou Helena. — Não vamos dar importância a uma coisa dessas.
— Vejo que a única pessoa de bom senso aqui é você, Helena — Gilda comentou, tentando disfarçar sua irritação. Abaixando-se ligeiramente, beijou Bianca: — Boa noite, meu bem. Vamos todos dormir. É o melhor a se fazer — e se retirou.

Érika, que estava de joelhos diante de Helena e Bianca, olhou para o irmão e perguntou:
— Que sonho estranho, hein? Será que foi sonho mesmo?

Com expressão realmente impressionada, Eduardo se aproximou, olhou para Bianca e afirmou:
— Foi tão nítido, tão real...

— A mamãe tava triste, num tava, tio?
Ele ficou calado sem saber o que dizer. Então, Helena consolou a sobrinha com seu jeito amoroso:
— Mas foi só um sonho. A sua mamãe está bem. Ela está no céu junto com os anjinhos. Agora é melhor você dormir ou não vai aproveitar nada quando o dia clarear.
Érika e Eduardo se retiraram.
Ajeitando a menina e, após alguns minutos, certificando-se de que ela dormia, Helena saiu da suíte, pois percebeu que os dois irmãos conversavam no quarto ao lado do seu.
— Posso entrar? — perguntou baixinho.
— Entra aí! — pediu Érika quase sussurrando para não atrair a atenção de sua mãe. — O Eduardo está chocado até agora. Ele não quis falar perto da Bia, mas...
— Eu vi a Lara nitidamente — disse o rapaz interrompendo a irmã. — Ela estava com as roupas rasgadas, pareciam sujas. Estava muito abatida, olhos fundos, meio roxos... — exibindo um rosto contrariado, continuou: — Foi um sonho tão real. Eu estava saindo do meu quarto quando a vi e perguntei o que fazia aqui. Lara parou e, sem me olhar, falou que precisava falar com a Bianca. Ela disse: "Edu, eu preciso falar com a Bia. Não quero que ela fique aqui. Foi por culpa dela que eu morri. Não quero minha filha nessa casa". Daí eu perguntei: "Por culpa de quem?" E a Lara respondeu, ainda sem me olhar: "Da mãe".
Todos ficaram em silêncio absoluto.
Os olhos de Helena estavam arregalados tamanha a surpresa.
— Seria só um sonho? — tornou Eduardo. — Não entendo, mas foi muito estranho a Bia ter acordado e dito exatamente o que a Lara havia falado para mim minutos antes.
— Se não fosse madrugada, eu iria embora agora mesmo. Estou tão alarmada que até me arrepio — confessou Helena.
— O que será que isso quer dizer? — intrigou-se Érika. — Um aviso?
— Aviso de que, Érika? Você acha que a mãe pode fazer algum mal à Bianca? Acha que ela fez algo contra a Lara, sua

própria filha? – perguntou o irmão em tom cauteloso e prudente.
– Vamos tomar cuidado com o que estamos falando.

Helena decidiu contar sobre o presente de Bianca que encontrou no quarto da menina, pois isso era uma prova de que Lara não havia ido buscá-lo, conforme alegou antes de sair de casa no dia de seu acidente, mas achou melhor se calar. Decidiu então só contar que, quando esteve na casa de seu irmão alguns dias depois do enterro, viu a sobrinha conversando sozinha e, ao interrogá-la, Bianca disse que falava com a mãe. Por fim, desfechou:

– Achei aquilo muito estranho, mas penso que é coisa de criança. Nem contei para o Mauro.

– Nem deve – falou Eduardo levantando-se: – Seja como for, isso me impressiona muito. Mas é melhor irmos dormir. Amanhã conversamos.

Na manhã seguinte, Bianca parecia ter se esquecido do sonho e brincava normalmente.

Helena, no entanto, sentia-se incomodada com o ocorrido, principalmente depois do relato tão chocante do rapaz.

No final da tarde, Eduardo foi levá-las para casa.

Bianca, no banco detrás do veículo, brincava com algo que havia ganhado da avó enquanto Eduardo e Helena conversavam.

– Ainda bem que amanhã é feriado – comentou o rapaz.

– Eu também adoro os feriados. Não há quem não goste.

Com intenção de se aproximar mais da moça, ele perguntou com jeito cauteloso:

– Você vai sair amanhã?

– Não. Quero ficar em casa. Estou cansada, preocupada...

– Preocupada com o namoro que terminou?

Helena viu-se surpresa com a pergunta e titubeou para responder:

– É... estou meio... magoada, talvez.
– Gostava muito dele?
– Acho que me acostumei com ele. Penso que seja isso.
– Então não tem pelo que se arrepender ou se magoar.
– Não me arrependo por ter terminado tudo. Deveria ter feito isso há mais tempo. Só não gosto de magoar as pessoas, sinto-me magoada também.
– Ele ficou muito chateado, não foi?
– Pelo jeito, ficou. Quando terminei tudo, vi no Vágner um lado que eu ainda não conhecia. Ele se mostrou agressivo, revoltado. – Após alguns segundos, pediu com jeitinho: – Eu gostaria de não falar mais nesse assunto, você se importa?
– Não. Por favor, me desculpe.
Ela sorriu e o rapaz não se conteve, perguntando:
– Quer sair amanhã? Dar uma volta, quem sabe...
Surpresa com o convite, ela respondeu convicta, mas sorrindo gentilmente:
– Não, Eduardo, obrigada. Prefiro ficar em casa. Obrigada.
– Então vamos a minha casa novamente, o dia estará ótimo para uma piscina. O que acha?
– Dois dias foi o bastante. Agradeço.
Ao chegarem, Eduardo resolveu entrar, acompanhando Helena e pegando a sobrinha no colo.
– Oi, filha! – cumprimentou dona Júlia – Pensei que viessem mais cedo.
– O dia estava muito bom para uma piscina, dona Júlia – respondeu o rapaz. – Por isso não viemos mais cedo.
Mauro chegou à sala e pegou a filha dos braços de Eduardo. Abraçando e beijando-a com carinho, apertou-a contra o peito expressando um vivo sentimento.
Helena reparou algo diferente, mas nada comentou.
– O Mauro teve um sonho com a Bia essa noite – contou a senhora com simplicidade. – Acordou todo desesperado. Queria telefonar, ir buscar a menina. Aí nós falamos que ela estava se divertindo e ele iria estragar seu passeio. Se houvesse algo errado, a Lena ligaria.

Quando Eduardo tomou fôlego para contar sobre seu sonho e o da sobrinha, Helena, bem próxima ao rapaz, segurou em seu braço, com delicadeza e discrição, sorriu e desconversou:
— Ela se divertiu tanto, não é mesmo, Eduardo?
Ele, a princípio, ficou confuso. Logo, porém, entendeu e confirmou:
— Foi sim.
— Vou preparar algo para vocês — disse a dona da casa.
— Não se preocupe com isso, dona Júlia. Já estou indo — decidiu o moço aproximando-se para se despedir. — Agradeço, mas preciso ir.
Após se despedirem, Helena o acompanhou até o portão:
Já na calçada, segura de que ninguém iria ouvi-los, ela esclareceu:
— Desculpe-me por aquilo, Eduardo. É que eu ando notando meu irmão muito impressionado ultimamente.
— E se eu contasse sobre o sonho, ele não iria mais deixar a Bia ir a minha casa, certo?
— Exatamente. Talvez tudo não passe de um sonho. Não vamos dar tanta importância.
— Você tem razão. — Nesse instante, olhando-a como se a contemplasse, Eduardo prendeu seus lindos olhos azuis no rosto sereno da moça e falou de modo tranquilo: — Estou sentindo você muito tensa, preocupada. Quer sair e espairecer um pouco?
— Já espaireci demais nesses últimos dois dias — respondeu sorrindo com jeitinho.
— Lá em casa você estava preocupada com a Bia, com um e outro que ficavam reparando, comentando...
— Nisso você tem razão. Não estou acostumada com tanta gente.
Ele riu gostosamente e concordou:
— Principalmente com gente daquele tipo, né?
Helena, um tanto sem graça, somente sorriu. Ele, muito educadamente, voltou a insistir:
— Vamos, vai lá e pegue sua bolsa. Daremos só uma volta. Podemos...

— Agradeço, Eduardo — interrompeu-o. — Mas vai ter de ficar para outro dia.

Ele encolheu os ombros e se despediu:

— Então... Até amanhã.

— Espere, não combinamos que a Bia iria a sua casa amanhã. Eu não quero ir novamente a sua casa. Perdoe-me a sinceridade, mas...

— Hei! Não estou combinando nada para a Bia. Muito menos para irmos à minha casa. Pensei em vir buscá-la para sairmos.

— Por favor, deixa para outro dia.

Ele sorriu meio contrariado, aproximou-se da moça e, beijando-lhe o rosto, disse:

— Então tchau.

Helena, parada no portão, ficou pensativa e preocupada enquanto observava o carro sumir no fim da rua.

Seus pensamentos estavam confusos por perceber alguma coisa diferente no comportamento de Eduardo.

"Posso estar enganada" — pensava. — "Talvez ele esteja só querendo sair comigo como amigo. Querendo me ver mais animada..."

Em todo caso, decidiu redobrar a vigilância. Não gostaria de se envolver tão rapidamente com outra pessoa. Havia terminado, muito recentemente, um compromisso que a deixou bastante aborrecida, desiludida mesmo. Não desejaria se desgastar mais.

Pensava distraída em tudo isso, quando sentiu que alguém segurava seu braço com força e brutalidade. Um terror percorreu-lhe todo o corpo. Ia gritar quando reconheceu a figura de Vágner que, com rosto sisudo, parecia um animal selvagem:

— Então me culpa por incapacidade só para não admitir sua traição?

— Do que está falando? O que é isso? Larga o meu braço! — pediu movendo-se, querendo se livrar da mão que a prendia firmemente.

Vágner, porém, encostando-se nela, ameaçou:

– Não sou do tipo que aceita perder. Acho que você não me conhece, Helena.
– Larga meu braço! – exigiu em tom baixo, porém enérgico. – Você está me machucando. Não temos mais nada. Quem é você para tentar me coagir?
Helena o encarou e pôde observar que, em seu olhar, havia um brilho frio, cruel e aterrador. Repentinamente, sentiu-se gelar e recear qualquer atitude mais brusca.
Ele a empurrou e, com sorriso sarcástico, disse:
– Não imaginava que você fosse tão vulgar.
– Suma daqui! Nunca mais quero vê-lo. Não temos mais nada.
– Você está pensando que estou mendigando sua atenção? Seu amor? Estou é com raiva! – Falava com os dentes cerrados. – Estou com ódio por ter sido enganado, traído. Você não presta!
Helena, aproveitando um momento de distração, virou-se o mais rápido que conseguiu e entrou correndo.
Dentro de casa, sentia-se mais segura, no entanto ainda estava pálida e trêmula. Decidiu não dizer nada a ninguém, pois não queria alardeá-los com seus problemas ou algo que logo passaria.
Indo para o quarto, atirou-se sobre a cama sentindo o coração oprimido, envolto por um sentimento triste e assustador. Não resistindo ao medo que a dominava, desatou a chorar por muito tempo até adormecer.

CAPÍTULO 7

A volta de Miguel

O tempo seguia normalmente seu curso.

No serviço, Helena não se sentia muito bem. Uma profunda angústia a dominava, refletindo em suas ações.

Um telefonema inesperado deixou-a ainda mais perturbada.

– Oi, Helena. Aqui é a Mara, irmã do Vágner, tudo bem?

– Tudo, Mara. E você?

A princípio a conversa foi cordial e somente atualizava as novidades, mas Helena pressentia que a qualquer momento seria abordada pela moça, que se fazia gentil demais até então.

– Sabe... Eu estou telefonando não só para saber como estão todos, mas também para saber direito o que aconteceu entre você e meu irmão. Ultimamente o Vágner não anda muito bem.

– Ele contou que nós terminamos?

– Na verdade, contou que você fez inúmeras exigências, que mudou muito e que, por isso, ele desconfiava que houvesse outro. Disse que confirmou essa suspeita, quando a viu no portão de sua casa com um rapaz.

– Não foi nada disso, Mara. Quando o Vágner me viu no portão, eu simplesmente estava acompanhando o cunhado de meu irmão que ia embora. – Helena contou em detalhes o motivo que a levou a terminar o namoro, causado principalmente pelo fato de Vágner não se preocupar em se estabilizar num emprego ou ter uma profissão. E de como se sentiu mal com o comportamento que ele apresentou quando a segurou com tanta agressividade. – Há tempos eu venho falando. O Vágner não tem nenhuma iniciativa nem perspectiva para melhorar. Não estuda, não se aprimora... Além de tudo, acabei descobrindo um lado agressivo que antes não via. O que posso esperar dele? – A outra não respondeu e o silêncio reinou. Diante disso, Helena prosseguiu: – Sempre gostei do seu irmão, mas isso não é o suficiente. Ele não apresenta progresso, não podemos só acalentar sonhos. O que vamos fazer? Namorar a vida inteira? Ou casar e eu sustentar a casa? Todas essas dúvidas, todas essas inseguranças começaram a me abalar, a me deixar preocupada, indecisa, você entende?

– Você tem razão, Lena. Podemos dizer que demorou muito.

– O Vágner não pode falar que eu não dei chance a ele. Muito menos que o traí.

– Isso é verdade. Mas, Lena, o que mais me preocupa é como ele está agindo ultimamente.

– Como assim?

– Ele não come, não dorme. Reclama o tempo todo. Minha mãe falou que ele anda bebendo e, se antes não parava no serviço, agora nem procura. Nós estamos muito preocupadas. – Calou-se por um instante, depois indagou: – Lena, e se você tentasse conversar com ele?

– Desculpe-me, Mara, mas não dá. Da última vez que conversamos, ele foi muito agressivo, muito bruto mesmo. Esse lado de sua personalidade eu não conhecia e também não quero mais ver. Além disso, o Vágner vem me ameaçando, dizendo que está com ódio por achar que eu o traí. Sinto muito. Quero distância do seu irmão.

— Desculpe-me se a incomodo, mas também não sei mais o que fazer. Eu e minha mãe achamos que ele não está se envolvendo com boas companhias. Estamos com medo. Achamos que isso aconteceu por vocês terem terminado.

— Veja, Mara, milhões de pessoas terminam namoros, noivados e casamentos todos os dias nem por isso se tornam agressivas, rudes ou marginais. Perdoe-me a franqueza, mas não sei o que posso fazer e tenho medo de tentar qualquer aproximação para ajudá-lo.

— Tudo bem. Foi bom a gente conversar. Muitas coisas se esclareceram para mim. Obrigada.

Helena ficou inquieta, sentia que algo não estava bem, porém não disse mais nada, gostaria de que a conversa terminasse logo.

Naquela noite, ao chegar a casa, Helena presenciou seu irmão repreendendo a filha.

— Não minta mais, entendeu Bianca?
— Eu não menti... — dizia chorando.

Imediatamente, a tia atirou sua bolsa sobre o sofá e correu em defesa da sobrinha.

— O que está acontecendo aqui? — perguntou abaixando-se ao lado da pequenina que chorava. Acalentando-a com carinho e virando-se para o irmão, perguntou novamente como se o repreendesse: — Por que isso, Mauro?

Ele mostrava-se nitidamente nervoso, andando pela sala, esfregando o rosto e passando as mãos pelos cabelos, enquanto a irmã o seguia com os olhos como se cobrasse sua resposta.

— Ela é minha filha. Preciso repreendê-la, quando necessário.
— Ensinar não significa torturar — retrucou.

– A Bianca mentiu.

– Não menti – insistiu a pequena ainda chorosa.

– O que aconteceu? – tornou Helena.

– A Bianca começou a dizer que viu a Lara. Disse que ela chorava.

– Eu vi sim, tia.

– Tudo bem. Fique tranquila – pediu a tia enquanto acariciava-lhe com ternura. Voltando-se para o irmão, falou: – Precisamos conversar, Mauro. Tem um tempo agora?

– Não. Estou indo para o aeroporto pegar o Miguel.

– Ele chega hoje?! – indagou surpresa e alegre.

– Claro. Esqueceu?

– Completamente. Tive um dia... – Logo, ela lembrou: – Cadê a mãe? Ela não vai ao aeroporto com você?

– Disse que iria, mas até agora não chegou. Precisou ir até a casa, não sei de quem, para conversar com a mãe de uma amiga da Carla.

– Ah! Deve ser na casa da Cristina. Mas por que ela foi lá?

Mauro agora sorriu meio irônico, encarou-a com uma fisionomia estranha e, movendo a cabeça afirmativamente, disse:

– Você vai saber assim que vir a Carla.

Helena experimentou um misto de curiosidade e preocupação, mas decidiu ser paciente. Iria aguardar.

– Eu acho que vou indo. A mãe está demorando. Fica com a Bia, tá?

Abraçando a sobrinha, beijou-a, deu-lhe algumas mordidinhas para fazê-la rir e brincou:

– Não! Não vou ficar com ela não.

Mauro, agora bem mais tranquilo, sorriu satisfeito. Pegando as chaves do carro, ele se despediu e foi buscar o irmão.

Sozinha com a sobrinha, perguntou:

– Você já tomou banho?

– Ainda não, tia.

– Então vamos lá! Comprei um xampu novo, vamos usá-lo e ver como seus cabelos vão ficar cheirosos e macios.

Mais tarde, em seu quarto, Helena decidiu investigar um pouco mais sobre o que Bianca vinha afirmando ter visto nos últimos tempos. Enquanto desembaraçava os cabelos da sobrinha, falou com jeitinho para não assustá-la ou induzi-la a dar excesso de atenção ao fato, calculando bem as palavras.

– O seu pai ficou bravo com você, Bia. Mas não fique triste com ele, certo?

– Mas eu não menti, tia.

– Sabe, querida, não é muito comum nós enxergarmos as pessoas que já se foram. É por isso que o seu pai está preocupado. Você disse a ele que viu a sua mãe hoje?

– Eu vejo mamãe quase sempre.

– Como assim?! – insistiu, tentando disfarçar sua curiosidade.

– Não sei explicar, eu vejo a mamãe quase sempre.

– Onde você a vê?

– Aqui pela casa. Mas ela fica mais perto de você e do papai. Olha, quando você chegou, ela tava do seu lado chorando, segurando seu braço e dizendo: "Faça alguma coisa!" – relatou a menina como se tentasse imitar o jeito de falar de sua mãe.

– E antes que eu chegasse, o que você disse ao seu pai?

– Ele tava sentado lá no quarto. A mamãe tava chorando no ombro dele e pedia ajuda. Meu pai tava quase chorando e parecia que ele ouvia tudo o que ela falava.

– Bia – disse a tia se acomodando na frente da menina e fazendo-a olhar em seus olhos –, você está dizendo a verdade mesmo?

– Claro, tia! Eu juro que tô.

Preocupada por não ter o que dizer, talvez pela falta de conhecimento sobre a vida no plano espiritual, Helena ficou estagnada.

– Tia – chamou Bianca tirando-a da reflexão –, minha mãe sempre diz pra você que ela não se matou não. Pra você não pensar isso dela.

– O que é isso, Bia! – exclamou Helena perplexa. – Ninguém nunca falou isso. Sua mãe sofreu um acidente. – Passado o espanto, perguntou um pouco mais calma: – Foi ela quem disse isso para você?

– Pra mim, não. Ela falou pra você, ontem e outros dias também.

– Você a vê com frequência?

– Mais ou menos – respondeu meneando a mãozinha para gesticular. – Às vezes, ela some por dias.

– Ela está aqui agora? – perguntou a tia um tanto temerosa.

– Não. Agora não. Quando ela aparece, mesmo se eu fechar os olhos continuo vendo minha mãe aqui dentro da minha cabeça e até vejo que ela está andando pra lá e pra cá, falando e chorando. Eu não gosto disso, tia.

Helena sentiu-se quase aterrorizada. Ela acreditava em Bianca. De alguma maneira, sabia que a menina dizia a verdade, principalmente por ter falado das suas suspeitas de suicídio, algo que não havia comentado com ninguém de sua família.

Sem saber o que dizer para explicar tudo aquilo, recomendou:

– Bia, vamos rezar bastante para Deus ajudar sua mamãe, está certo? Pediremos ao Papai do Céu que a proteja e a leve para morar com os Seus anjos.

A garotinha balançou a cabeça positivamente e não disse mais nada.

Altas vozes puderam ser ouvidas na sala, desviando a atenção de Helena.

– Quem será que chegou? – perguntou a moça curiosa.

– Posso ligar a televisão aqui do quarto, tia?

– Pode sim – consentiu enquanto levantava e ia para a sala.

Ao olhar sua irmã, Helena se surpreendeu:

– O que é isso, Carla?! Seus cabelos!...

– Veja, Helena! – reclamava dona Júlia enfurecida. – E sua irmã ainda diz que eu não tenho pelo que reclamar, diz que é moda! Olha só isso!!!

Carla havia tingido seus cabelos. Trocou o loiro-escuro por um vermelho-púrpuro, com algumas mechas verdes e rosa, repicando-os com um corte desalinhado.
– Carla, como pôde?! – exclamou a irmã completamente perplexa.
– O cabelo é meu, tá bom! – respondeu malcriada.
Dona Júlia, tomada por uma reação inesperada, quase furiosa, pegou a filha pelos braços, segurou com firmeza e disse, olhando bem em seus olhos:
– O cabelo pode ser seu, mas você é minha filha. É dependente, vive sob o meu teto, além de eu e seu de pai sermos responsáveis por você! Por isso, mocinha – completou largando-a com um leve empurrão –, qualquer decisão que for tomar, antes, tem de nos avisar e pedir permissão! Entendeu?! – Após alguns passos hesitantes pela sala, a mulher ainda falou: – Eu tive uma filha saudável e perfeita, não uma criatura insana e volúvel, que se deixa manipular pelo modismo ou pelas ideias dos outros.
– Mas mãe...
– Cale a boca! – gritou. – Eu não terminei. Qualquer que seja a sua opinião, neste momento, será um insulto à minha inteligência, às minhas convicções morais! Não diga mais nada! – a mulher estava muito irritada. Tinha conceitos rígidos, talvez, por sua criação.
Carla sentou-se bruscamente no sofá e cruzou os braços com o rosto sisudo, descontente.
– O que é isso, criatura de Deus?!!! – prosseguiu a mãe protestando ao apontar para os cabelos da filha. – A menina me sai de manhã e volta só agora, junto com a outra doida, desse jeito aí! E ainda não quer que eu reclame! O que você tem na cabeça, Carla?! – gritou nervosa. – Olha para você! Está ridícula!
– Mãe, calma – pediu Helena tentando apaziguar a situação.
– Que calma o quê!!! Se ela está pensando que isso vai ficar assim, não vai mesmo! Se eu deixar hoje, deixar amanhã, vou perder o meu direito e a minha dignidade como mãe.

Filha minha, se quiser mudar de vida, de aparência, de... seja lá o que for, ou vai fazer isso bem longe de mim e se sustentando sozinha, ou vai ter de passar por cima do meu cadáver. – Virando-se para Helena, ainda avisou enérgica: – E isso serve para você também, dona Helena!

– Ãh?!... Eu nem fiz nada...

– E não me responda! – Dona Júlia estava furiosa e até atordoada, procurando solução imediata para o problema. Após dissertar longamente, lembrou-se: – Helena! Pegue dinheiro, ali na minha carteira, e vá à farmácia comprar uma tinta de cabelo e de uma cor decente! Eu mesma vou dar um jeito nisso!

– A senhora não vai tingir o meu cabelo! – reagiu Carla irritada e começando a chorar.

– Isso é o que nós vamos ver! Ou eu tinjo ou raspo sua cabeça. Você é quem escolhe.

– Mãe, amanhã com mais tempo ela vai a um salão e...

– Faça o que eu mandei, Helena! – ressaltou autoritária.

Não adiantava tentar argumentar, dona Júlia estava quase fora de si.

Algum tempo depois, a mulher trancou-se no banheiro com a filha e o material necessário para mudar a cor dos cabelos.

O senhor Jairo, que havia acabado de chegar, soube da novidade por Helena, que detalhou tudo.

O homem, que a princípio estava bem sério, começou a rir sem parar e brincou:

– E você nem para tirar uma só foto para eu ver, né?

– Pai!!!... – riu Helena.

Do lado de fora do banheiro, eles ouviam somente a voz de dona Júlia que, indignada, não parava de falar.

– Isso é falta de respeito! Não foi esse o exemplo que nós demos a você. Tudo aqui em casa é dialogado, conversado muito. Não foi essa a educação que lhe dei...

– Pai, vai lá, faça alguma coisa – pediu Helena impaciente.

– Eu?! Ficou louca?! Se eu tentar falar com sua mãe, se eu passar perto dela agora, sairei de lá tingido também. Quando a dona Júlia fica brava... não tem jeito.

— Se bem que a Carla abusou desta vez.
A chegada de Miguel trouxe grande alegria a todos.
Após abraçar o pai e levantar a irmã no colo, perguntou com um sorriso radiante:
— E a mãe, a Carla, a vó, a Bia?...
— A vó decidiu ir lá para a casa da tia — falou Mauro.
— A Bia está lá no quarto — disse Helena.
O senhor Jairo, tentando segurar o riso, contou tudo o que estava acontecendo.
Mauro ainda comentou:
— Eu sabia que a mãe não iria deixar isso passar em branco.
— Mas sua mãe agiu certo — disse o pai agora mais sério.
— Isso pode até ser engraçado, mas não pode acontecer. — Voltando-se para Miguel, perguntou: — Conte as novidades. Como foi a viagem?
— O voo atrasou. Eu fiquei...

Mesmo com a alegria contagiante de Miguel, o irmão com quem mais se dava bem, Helena sentia seu coração apertado.

Enquanto isso, na espiritualidade, Lara, que acompanhava tudo, conservava-se tristonha e deprimida.

Aconteceu que, após o seu desencarne, ela foi levada a um local apropriado ao seu refazimento. Quando despertou em uma colônia espiritual, recebeu orientações de espíritos amigos com entendimento suficiente para esclarecer-lhe sobre a sua nova situação.

Ficou confusa, inconformada pelo desencarne súbito, não aceitando a nova vida e pretendendo rever os entes queridos que ainda se encontravam no plano físico.

Recebeu incontáveis orientações e conselhos sobre o quanto seria prejudicial estar junto dos seus sem ter antes uma preparação maior na espiritualidade, mas não adiantou.

Lara não queria acreditar que havia desencarnado, imaginando que tudo aquilo fosse apenas um sonho tenebroso do qual desejava despertar.

Pensando intensamente no marido que amava, lamentava não tê-lo perto para esclarecer suas dúvidas e ampará-la.

Nutria por Mauro um apego excessivo. Bastante dependente de seu contato, apoio e atenção, ela não admitia estar longe dele.

E foi com um intenso desejo de tê-lo ao lado que, repentinamente, viu-se abraçada ao marido, beijando-lhe a face molhada de lágrimas algumas semanas após seu desencarne.

Qual não foi sua surpresa ao perceber que ele não a notava, mesmo quando o tocava na face abatida e em desespero, chamando-lhe a atenção. Mauro não reagia a sua presença de maneira alguma. Era como se ela não estivesse ali.

O espírito Lara, agora bem distante do lugar reconfortante e seguro onde havia sido socorrida, achava-se extremamente abalado, sem esclarecimento e sem equilíbrio de suas emoções e sentimentos.

Sem compreender sua nova situação, estava longe de acreditar que pudesse atrapalhar a própria família, aqueles que ela tanto amava.

Mauro, além da dor que tentava suportar pela brusca separação, ainda tinha de enfrentar a vibração perturbada de Lara pela sua proximidade, sempre lamentosa e bastante triste pelo que havia acontecido.

A cada dia, ele se sentia mais triste e deprimido. Algo em suas emoções o desesperava. Não se acostumava a ficar sem aquela que foi sua esposa e o envolvia com uma onda de vibrações inferiores, uma energia amarga.

Por ter sido alertado e até repreendido por sua irmã Helena e por sua mãe, Mauro decidiu omitir suas queixas e sentimentos, acreditando que com o tempo tudo isso passaria.

Mas não passou.

Mauro encontrava-se cada vez mais desanimado e a saudade aumentava imensamente.

Começou a não ter nenhuma alegria pela vida. Somente Bianca ainda conseguia roubar-lhe algum sorriso e atenção. Se bem que acreditava que Helena era bem mais útil à pequena do que ele.

Sem fortalecimento espiritual, Lara criava energias inferiores, atraindo para seu campo vibratório a atenção de outros desencarnados brincalhões e zombeteiros, dispostos a afligi-la ainda mais.

Aproximando-se, eles a observavam por algum tempo, tomavam conhecimento de sua história e, sem nenhuma piedade, acusavam-na cruelmente:

— Suicida! Louca! Suicida!

— Eu não me matei! — alegava chorando. — Eu não tirei minha vida...

— Por que diz que o ama tanto? — tornavam os zombeteiros. — Você não foi fiel, não contou ao seu marido o que pensava dele. Quem esconde, trai! Traidora! Você o traiu.

— Nunca traí meu marido — respondia lamuriosa e exausta. — Eu só queria saber se era verdade...

Passavam por Lara inúmeros desencarnados que, prazerosamente, queriam-na deprimir, espezinhar, oprimir mesmo por pura maldade por causa da falta de evolução moral e espiritual que possuíam.

Com o tempo, ela passou a notar que a pequena Bianca, em determinadas condições, podia percebê-la. Foi aí que, sem saber que a prejudicava e fazia-a sofrer, despendia intensa energia para tentar se comunicar, exibindo-se como se continuasse viva para dizer que ainda estava com eles.

A sensibilidade de Bianca conseguia acompanhar, algumas vezes, as impressões e o estado de Lara, os quais, por não serem muito bons, angustiavam muito a garotinha que não entendia o que acontecia.

Lara encontrava-se completamente desguarnecida de energias salutares para recompor-se espiritualmente por causa da sua permanência junto aos encarnados, já que lá não era o seu lugar.

Seu estado consciencial admitia dolorosos sofrimentos, como se ainda permanecesse encarnada, levando-a a experimentar todas as necessidades físicas igual a se possuísse um corpo de carne.

Por não ter querido receber as orientações necessárias no lugar apropriado, não sabia como poderia se refazer espiritualmente, por isso apresentava-se com uma aparência deplorável, sofrida. Sua roupagem perispiritual tinha aspecto esfarrapado, turvo, algo realmente feio.

Agora com uma feição pálida, cadavérica e desfigurada, pois havia perdido completamente a beleza e a exuberância que um dia possuiu quando encarnada, exibia-se magra e com andar moribundo, demonstrando fraqueza e necessidades.

Junto aos familiares, ora ela se aproximava de um, ora de outro e, aos poucos, os impregnava com suas vibrações e fluidos pesarosos graças aos pensamentos tristes, depressivos e confusos que cultivava e emanava pela falta de fé.

Os encarnados não notavam a sua presença, mas, com os dias, experimentavam uma sensação angustiosa, indefinida. Diante de fatos corriqueiros, melindravam-se entristecidos, perdendo o ânimo com facilidade e caindo na melancolia de sentimentos que não sabiam explicar.

Principalmente Mauro, por sentir imensamente sua falta, acabava por atraí-la constantemente para junto de si com seus pensamentos.

Lara o envolvia com um abraço, agarrando-se a ele desejosa de poder ser percebida, pedindo-lhe ajuda, chegando a se lamentar de forma até agonizante.

Nos momentos em que despendia muita energia, Lara ficava extremamente enfraquecida, principalmente quando queria ser sentida pelos encarnados. Exaurida de forças, era arrebatada por um cansaço semelhante ao desfalecimento. Porém, logo se fortalecia um pouco ao sugar, sem saber, as energias salutares dos encarnados que envolvia, deixando-os desanimados, fracos e até mesmo fazendo-os se sentirem enfermos. Isso é conhecido como vampirismo.

Não era fácil para o pobre espírito Lara, tão desvalida de fé, compreender e admitir sua nova condição, aceitar os desígnios de Deus, aguardando a seu tempo que a Sabedoria Divina manifestasse Seus propósitos de amor que nos reservou.

∽❦∾

Depois de um longo relato, Miguel, que acabava de chegar da Europa onde esteve a serviço, ficou visivelmente feliz por poder abraçar sua mãe, que também se achava ansiosa para revê-lo.

— Você está mais magro, Miguel! — observou a senhora ao se afastar do abraço.

— É porque fiquei longe da sua comida e de seus cuidados, dona Júlia.

Carla, como um protesto ao que sua mãe havia feito há pouco, não foi até a sala cumprimentar o irmão.

Helena, atenta ao que acontecia, percebeu a atitude de sua irmã e, discretamente, foi a sua procura.

Entrando no quarto, observou Carla que, deitada em sua cama, ainda chorava.

A irmã se aproximou, sentou ao seu lado e a tocou com carinho quando disse:

— Não fique assim, Carla.

A jovem, com um jeito rebelde, virou-se para a irmã e falou com uma voz rouca pelo choro e um olhar colérico:

— E devo ficar como?! Diz isso porque não é com você! Olha só como ficou agora! Gostou?! — perguntou agressiva, referindo-se à nova cor de seus cabelos que ficaram bem escuros.

— Oh, Carla, a mãe estava nervosa. Também, né!... O que fez não ficou nada bonito.

— Não vou mais sair deste quarto até meu cabelo crescer, até sair toda essa cor! — dizia revoltada.

— Agora está meio escuro ainda. Quando começar a lavá-los todos os dias, vai melhorar. — E com jeitinho comentou: — Se bem que agora, Carla, está melhor do que antes. Aquele vermelho, verde e sei lá mais o que estavam horrorosos.

— Está na moda, tá! Eu recebi um convite para fazer umas fotos e precisava daquela cor.

— Quando uma agência publicitária, ou sei lá o que, ficar exigindo que se transforme, se altere por causa de qualquer coisinha, você deve pensar que isso é uma agressão, uma falta de respeito a sua verdadeira imagem. Acho que, na verdade, eles não querem você, mas sim uma doida qualquer disposta a tudo para aparecer. Dê-se um pouco mais de valor ou daqui a pouco vão mandar você se tatuar, arrancar os dentes, colocar *piercings*, arrancar um braço... — exagerou Helena. — Sei que você está magoada, mas não posso tirar a razão da mãe. Eu mesma me choquei quando te vi daquele jeito. E olha que já vi muito disso pela rua, mas nunca imaginei que minha própria irmã pudesse...

Algumas poucas batidas à porta as fizeram perceber a presença de Miguel.

— Ei! Como é? Não vai me cumprimentar, não?

Carla sentou-se na cama e ele acomodou-se a seu lado, abraçando-a com carinho.

Afastando-a um pouco, Miguel procurou olhá-la bem nos olhos quando perguntou:

— O que você andou aprontando, hein?

Carla contou a sua versão da história enquanto o irmão a ouvia atentamente.

— Sabe, não é difícil vermos esses cabelos exageradamente diferentes pelas ruas da Europa, porém eu particularmente acho muito feio. Mas tem quem goste.

— Era uma oportunidade para fazer algumas fotos. A mãe não podia fazer isso comigo.

— A mãe estava nervosa e com razão, dentro do ponto de vista dela. Se ela não nos orientar, não reagir quando for preciso, verá seus filhos se desvirtuando pela vida. Procure entender o lado dela, também. Pense comigo, Carla, nossos pais nos amam e é por isso que nos repreendem, se não for assim, estarão falhando como pais. A responsabilidade e as experiências que eles têm, não os deixam ser negligentes. Posso estar errado, mas penso assim: precisamos ser cautelosos. Todo, todo extremo é prejudicial. A pessoa que quer muito andar na moda absurda que inventam por aí afora acaba perdendo a noção do bom senso, do ridículo e do respeito a si mesma, pois só quer ser diferente, ser agressiva para estar na moda. Você não pode investir no ridículo para se promover e aparecer. Se ceder a todos os pedidos que te fizerem, estará se desvalorizando, destruindo sua personalidade e sua autoestima. Você não é uma qualquer para reagir covardemente e aceitar proposta vulgar ou agressiva. Você tem princípios familiares, tem valores a considerar e não fez isso. Não considerou nada. Acho que pensou só nas fotos que faria, mas e depois? – não houve resposta. – Devemos lembrar sempre que tudo o que fazemos tem consequências, que constroem ou destroem nosso destino. Por isso, precisa saber o que quer da vida. Quer ser funcionária em uma empresa séria como a que a Helena trabalha, ganhar bem e tudo mais, terá de se comportar e vestir para isso, além de se especializar e se aperfeiçoar na área. Se você se tingir de verde, não conseguirá a vaga em uma organização como a dela. Isso é um fato que não podemos negar. Não tem como dizer que os avaliadores do Departamento Pessoal ou Recursos Humanos foram preconceituosos. Simplesmente, eles vão reprová-la no teste de admissão e pronto. Não vão te dizer nada. Estão no direito deles e acabou. Se quer se tingir de verde, se é isso o que gosta e deseja imensamente, terá de pensar em uma profissão que te aceite dessa forma. Porém, quero te lembrar que, no momento, você é jovem, tudo parece diversão, mas o tempo passa e as consequências do que fizer vão chegar. Deve se preocupar com o futuro, com a sua vida, pois não poderá viver à custa dos nossos pais eternamente. Lembre-se de que vai ter de fazer algumas escolhas, agora, que

serão para o resto da sua vida. Profissão, carreira, coisas que vão te sustentar. Um prazer irresistível, uma escolha feita, um gosto realizado, agora, pode interferir no seu futuro ou te fazer perder muito tempo, até descobrir que foi inadequado e precisará mudar o que fez. – Vendo-a triste ainda, sugeriu:
– Faça o seguinte, amanhã você procura um bom salão, corta seus cabelos de forma bem legal e pergunta como pode fazer para deixá-los com uma cor melhor. Vai ver como ficará bom e sem agredir você ou outra pessoa. Depois, pense no seu futuro. Reflita sobre algo que vai ter de fazer pelo resto da vida como profissão.

Silêncio.

– É mesmo! – incentivou Helena, diante da longa pausa. – Você sempre achou os cabelos da Érika, que são bem curtinhos, uma graça! Pode cortar como os dela.

Carla, ainda tristonha, pareceu mais tranquila, aceitando a ideia.

– Viu, você pode mudar e ficar mais bonita sem tanta... tanta... – Miguel procurava palavras para completar sua ideia, mas não encontrava.

Helena, sem conseguir segurar o riso, rematou rapidamente:

– Sem tanta tinta vermelha, verde, rosa...

Carla acabou rindo e empurrando a irmã.

Dona Júlia, chegando ao quarto a fim de chamá-los para jantar, presenciou a brincadeira e sentiu seu coração mais aliviado, pois não queria magoar a filha como o fez.

Bem mais tarde, a sós com a esposa, o senhor Jairo disse:

– Embora não tenha visto, pelo que me contaram, também não gostei do que a Carla fez. Você, como mãe, deveria repreendê-la e fazê-la pensar. Mas acho que foi agressiva, agindo como agiu.

– Perdi a cabeça quando vi aquilo. Não pode imaginar como estava.

– Eu sei... Sou capaz de entender, mas... Será que não foi dura demais?

Encarando-o, respondeu:

— Será que não ajudei minha filha a se valorizar? Tentei ensiná-la a se respeitar e não fazer tudo o que os outros acham que é bom para ela. Mostrei que deve considerar a opinião de seus pais e se aconselhar com eles, em caso de dúvidas. Minha casa, minhas regras! — falou de modo firme. — Ela depende de nós em todos os sentidos. Vive sob nosso teto. Deve nos obedecer e nos respeitar. Se tivesse me procurado antes e pedido opinião, conversaríamos. Mas não foi o caso. Hoje, alguém a convence a pintar os cabelos e cortar de modo ridículo! Amanhã, alguém a convence a usar roupas que vão desrespeitar a imagem dela. Depois de amanhã, alguém a convence a usar drogas, furtar, ser leviana. E por aí vai...

— Já estamos quase no ano 2000. As coisas mudam. A moda, as roupas, os cortes de cabelo serão diferentes. Precisamos ser mais flexíveis e menos implicantes. Você está exagerando.

— Não! Não estou! — disse firme, convicta. — As grandes coisas não acontecem sem antes que as pequenas se realizem. Por isso, é preciso pensar muito antes de qualquer atitude, palavra ou ação. Tudo tem limite. E eu mostrei a nossa filha o limite que ela deve considerar, aqui, dentro de casa.

— Júlia, o ideal é conversar sempre. Pense nisso.

Ninguém disse mais nada e foram dormir.

CAPÍTULO 8

As exigências de Gilda

No final de semana, Miguel já estava quase totalmente inteirado sobre as novidades.

Ficou tempo considerável na Europa, mas sabia de tudo por telefone e pelos e-mails que Helena enviava, apesar de esses meios de comunicação não causarem o mesmo impacto que se tem quando se presencia, observando as expressões, os olhares e os contatos diretos capazes de transmitir muito mais sentimento, energia e emoção aos acontecimentos.

Helena, feliz com a chegada do irmão, levantou-se cedo, ajudou sua mãe no preparo do desjejum e decidiu:

— Vou buscar o pão, mãe.

Ao retornar, caminhava tranquila deixando seus pensamentos vagarem livres, com planos para o que iria fazer. Pensava em comprar um computador novo e, com a ajuda de seu irmão, deixar a máquina com programas e sistemas bem atualizados.

Repentinamente, foi surpreendida por um vulto que se aproximava.

Olhando rapidamente para trás, a moça assustou-se com Vágner que a alcançou e, segurando-a firme, falou com voz vacilante, trôpega como se houvesse bebido.

– Você... Vem cá...
– O que é isso, Vágner? Solta meu braço! – exigiu a jovem.
– O que está pensando? Você não vai fugir de mim.
– Você está bêbado! Larga meu braço! – quase gritou quando o viu tirar do cinto uma pequena arma de fogo, apontando para ela com a mão trêmula.
– Tá vendo? Oh! Fica quietinha, viu?

Helena sentiu-se gelar. Pensou em gritar, mas seria um risco ainda maior. Era bem cedo e não havia ninguém ali por perto que pudesse ajudá-la.

Vágner a empurrou de encontro ao muro e começou a dizer coisas desconexas, passando a beijá-la forçadamente.

Apavorada, repudiava-o, mas não conseguia livrar-se do abraço. Não tinha forças. Possuía um porte físico frágil e delicado. Porém, numa ação rápida, sem pensar muito, passou por baixo dos braços dele conseguindo fugir.

Correndo como nunca, alcançou o portão de sua casa, entrando apressadamente. Pálida e trêmula, sentia seu coração acelerado como se quisesse saltar de seu peito. Um suor frio cobriu-lhe o rosto e, ainda ofegante, abriu a porta da sala e entrou.

Parou por alguns instantes e, sem ser percebida, correu para o seu quarto. Assustada, estampando no rosto uma feição de pavor, sentou-se em sua cama e procurou se acalmar.

Nesse instante, Carla acordou e, notando algo errado, perguntou:

– O que foi, Lena?
– Nada... – respondeu com voz trêmula.
– Como nada? Parece que você viu um fantasma!

Helena nem prestou atenção ao que a irmã falava, estava amedrontada demais. Seus pensamentos corriam céleres recordando tudo o que ocorreu em rápidos minutos que pareceram eternos. Ela nunca havia se intimidado tanto. Começou a ter nojo de si mesma ao se lembrar dos beijos e, numa atitude impensada, passou as costas da mão na boca como se pudesse limpá-la e retirar aquela sensação repugnante que sentia.

Copiosas lágrimas deslizaram em seu rosto quando Carla, acomodando-se a seu lado, num gesto afável, abraçou-a e, puxando-a para si, disse mansamente:

– Hei! O que aconteceu, hein?

Helena abraçou a irmã com força e, escondendo o rosto em seu peito, chorou compulsivamente enquanto Carla afagava-a com carinho, procurando acalmá-la.

Minutos se passaram até que, contendo o choro, contou, com voz embargada e em meio a soluços, tudo o que havia acontecido.

– Você não pode esconder isso de ninguém, Lena!

– Não conte! Não conte nada, entendeu? O Vágner tem uma arma. Tenho medo que aconteça uma desgraça, você entende?

– Fala com o Mauro ou com o Miguel.

– Não!!! Por favor, Carla – primeiro gritou, depois pediu com mais calma. – Estou me sentindo mal com isso. Você não imagina.

– Ah! Que vontade de matá-lo! – indignava-se Carla agora andando de um lado para outro do quarto. – Como você foi namorar um cara desse tanto tempo?

– Nem eu sei. Mas o Vágner nunca foi assim. Ele mudou muito. Não o reconheço mais.

– Vai ver que ele é um psicopata que sempre se conteve e agora, por ter levado um fora, resolveu revelar sua índole doentia, sua obsessão.

– Parecia que tinha bebido. Estava sujo, mal-arrumado, de um jeito que nunca vi.

– Não ponha a culpa na bebida. Ele é um safado, vagabundo, ordinário...

Carla estava revoltada e começou a desferir várias nomenclaturas, até de baixo valor moral, para classificar o rapaz pelo ato indigno.

— Se eu não tivesse prometido, juro que eu iria agora mesmo contar pro Miguel. O Vágner precisa de uma lição.

— Não. Não faça isso. Você me prometeu!

— Mas o que você vai fazer? Como vai explicar essa cara de choro? Cadê o pão?

— Sei lá do pão! — pensando um pouco, Helena lembrou: — O que vou dizer pra mãe?

Astuciosa, Carla refletiu rápido e decidiu:

— Já estou me trocando. Vou lá, pego o pão enquanto você entra no banheiro e toma um banho para ganhar tempo e tirar essa cara de choro. Com sorte, eu trago o pão antes que alguém venha nos procurar.

— E se a mãe vier aqui?

— Diga que teve uma dor de barriga e pediu pra eu ir buscar o pão. Mas não saia do banheiro com essa cara, entendeu?

Com a ajuda de Carla, Helena omitiu o desagradável episódio. Entretanto, não conseguia agir normalmente, pois aquela cena se repetia em sua cabeça tirando de seu semblante qualquer expressão de tranquilidade.

O espírito Lara, que acompanhava tudo, abraçou Helena, lamentando não poder estar ali de outra forma para ajudar. Com isso, ela impregnava a jovem com energias inferiores e vibrações ainda mais pesarosas.

Mais tarde, quando ficou a sós com a irmã, Miguel ainda queria saber sobre as novidades:

— E aí, Lena? Como estão as coisas?

— Bem — respondeu com simplicidade.

Mas o irmão pôde ver uma tristeza indefinível escondida em seu olhar e, acercando-se dela, insistiu:

— Por que está com essa carinha, hein?

Sentindo seu coração oprimido e intensa vontade de chorar, Helena ofereceu meio sorriso tentando disfarçar e ele tornou:

— É por causa do Vágner?

Olhando para o alto a fim de não deixar as lágrimas rolarem, pediu:

– Não quero falar nisso, Miguel. Por favor.

– Tudo bem. Então vamos sair e dar uma volta. Quero conversar um pouco e aqui...

Levantando-se, Miguel estendeu-lhe a mão e a puxou para que saíssem.

⁂

Após darem um passeio pela cidade, o irmão comentou:

– Nada mudou. Como é bom estar de volta. Você não imagina. – Diante do silêncio dela, ele propôs: – Vamos parar ali no *shopping* e tomar um suco.

Acomodados à mesa da praça de alimentação, Miguel começou a contar:

– Conheci uma garota ma-ra-vi-lho-sa! – exclamou com ênfase no adjetivo. E, com um olhar brilhante, contou: – Ela estava em um grupo de turistas brasileiros. Sabe, quando estamos lá fora, é agradável ouvir o som do nosso idioma. Você se atrai e, sem perceber, fica parado e olhando.

– De onde ela é? – interessou-se Helena.

– De São Paulo mesmo.

– Como se conheceram?

– Eu estava parado e olhando esse grupo quando ela e uma amiga ficaram para trás querendo tirar uma foto juntas. Quando as vi procurando alguém que pudesse fazer esse favor, aproximei-me e ofereci meus préstimos – falou rindo e brincando. – E ela não resistiu.

– Convencido! – disse sorrindo por causa do jeito como o irmão se expressou.

– Começamos a conversar, trocamos telefone, e-mail, endereço...

– Voltaram juntos?

– Não. Ela estava com uma excursão que retornará só na próxima segunda-feira.

Helena sorriu com um jeito maroto e perguntou:
– E você vai ao aeroporto recebê-la, né? Seu safado!
– Pior que não! Segunda tenho de ir à companhia. Vou ter um dia cheio com reuniões. Bem que eu queria.
– Pensei que fosse tirar mais uma semana de folga.
– Quem dera! Mas à noite eu telefono para ela. Pode deixar.
– É impressão minha ou você está meio que apaixonado, Miguel?

O irmão deu uma risada gostosa, mas apresentou um brilho especial em seu olhar ao dizer:
– Não sei. Mas você vai conhecê-la, vai me dar razão. Ela é gentil, educada, muito bonita...
– O que ela faz?
– Estuda. Está no terceiro ano de Farmácia. Não trabalha. O pai é quem paga seus estudos.
– Filhinha de papai, é?
– O cara é banqueiro! – exclamou sussurrando e mostrando-se admirado. – Ela disse que é um banco financeiro pequeno, com carteira de clientes de pessoas jurídicas, voltado, principalmente para as cooperativas da agropecuária.
– Huuummm!!! – admirou-se Helena com feição bem expressiva.
– Gostaria de que você a conhecesse. A Suzi é tão agradável, uma pessoa simples, gentil...
– Estou vendo que a mãe vai ganhar uma nora.
– Aos trinta e dois anos, acho que já estou bem maduro e tenho de pensar um pouco mais no futuro.
– Ora, você sempre foi responsável, Miguel. Não venha dizer o contrário.
– Eu não disse o contrário, só sinto que estou passando por uma fase em que penso mais sério em algumas coisas... Não quero mais perder tempo.
– Está pensando em se casar?!
– Estou pensando em um compromisso sério. Conhecer alguém com quem eu possa dividir minha vida, alguém que me compreenda, que goste de mim. A maioria das garotas,

hoje em dia, é muito liberal, são meninas fáceis, irresponsáveis, vulgares. É difícil encontrarmos alguém responsável que se ame a ponto de não viver tão liberalmente. Sinceramente, Helena, até hoje nunca encontrei uma garota difícil. Logo no primeiro encontro... Você entende?

— Não pode dizer isso de suas irmãs.

— Estou preocupado é com a Carla. A mãe faz bem em ser rígida. Ela sempre nos ensinou valores que, hoje, são raros. Você pensa que é fácil encontrar uma menina que não durma fora de casa, que não use *piercings* ou tatuagem, que não vai para um motel logo no primeiro encontro?

— Mas temos que admitir que se as moças de hoje estão tão liberadas assim é porque vocês, homens, aceitam isso e vivem dando em cima. A propósito, você virou machista, é?

— Não! Não sou machista, mas admito que a natureza do homem sempre foi de dar em cima. Apesar de aceitar totalmente a liberação sexual feminina, acredito que todo homem, quando quer ficar com alguém, quando quer um porto seguro, vai procurar uma companheira mais recatada, mais moralista. As mulheres querem encontrar um homem sensato, fiel, honesto, mas se elas não são nada disso, como podem exigir?

— Então, vocês, homens, querem uma menina que tenha saído do convento?! — indagou a irmã com certa contrariedade. — Sua atitude é machista sim! E não concordo com o que está dizendo!

— Não é nada disso. Tenho direito a opinião diferente da sua. Só estou me manifestando. Só que, particularmente, não creio que me sentiria bem com uma garota muito rodada, que tenha sido excessivamente liberal, que fique hoje com um, amanhã com outro e só Deus sabe com quantos mais, porque geralmente são elas mesmas que costumam perder a conta.

— Miguel! Credo! — Helena não gostou. Reprovou a opinião do irmão.

— Vai me dizer que é mentira? Sou um bom observador e percebo que a cada dia as mulheres, as mais novinhas, principalmente, estão se desvalorizando, se desmoralizando cada vez mais, perdendo a graça. É só andarmos pelas ruas e vemos que muitas delas só faltam andarem nuas. Eu acho legal, acho bonito, mas não gostaria que minha namorada ou que minha mulher, andasse por aí exibindo o umbigo, mostrando o decote...

– Vai virar muçulmano, é?! Vai querer que sua namorada ande de burca?!

– Oh! Assim também não. Mas é tão gostoso você ver que sua mulher não está se vulgarizando. É gostosa aquela sensação de mistério, de que é só meu, entende? – Ao ver a irmã pender com a cabeça negativamente, completou: – Tudo o que conseguimos com facilidade não damos valor. Isso é natural e cultural do ser humano.

– Só tive dois namorados até hoje, mas pelo que as meninas contam, se aparecer um rapaz e você quiser se preservar e der uma de difícil, o cara vai embora rapidinho.

– Isso significa que o sujeito não presta, não tem boas intenções nem valia muita coisa. Aí é que vocês devem dar uma de difícil mesmo, se dando valor e não aceitando o primeiro estrupício que aparece. Além do que a AIDS está por aí como um terrorista silencioso. E tem muita gente mal-intencionada que não tem nada a perder e pouco se importa com os outros.

– Deus me livre.

– E você não imagina como a coisa aí fora está feia. Hoje em dia, precisamos tomar muito cuidado com aqueles que portam o vírus da AIDS e, mesmo cientes disso, fazem questão de transmiti-lo só por prazer, por vingança, por raiva, revolta ou sei lá o quê. – Após refletir um pouco, Miguel propôs: – Vamos mudar de assunto. Diga-me como você está se sentindo agora que está descomprometida?

A irmã, surpresa com a súbita pergunta, sentiu imediatamente seu rosto aquecer pelo constrangimento. Mas, com um jeito doce e gentil, encolheu os ombros e, com meio sorriso, admitiu:

– De certa forma me sinto bem por estar livre, mas preocupada.

– Com o quê?

– Desde o momento em que eu disse ao Vágner que tudo estava terminado entre nós, eu me surpreendi. Ele revelou um lado estranho, agressivo, parece que não o conheço.

– Como assim? – perguntou bem sério e preocupado.

– É difícil explicar – dissimulou, percebendo seu descontentamento. Logo continuou tentando amenizar: – O Vágner reagiu muito mal, não querendo aceitar nossa separação. Começou a falar alto comigo, a mãe teve até de interferir. Eu o vi algumas vezes, depois que terminamos. Agora ele está muito mal-vestido, barba por fazer, parece que anda bebendo, pelo que a irmã dele falou.

– Se ele procurar você, me avisa. Vou falar com ele.

– Não se preocupe. Isso não vai acontecer – procurou disfarçar.

– É que a vejo tão acabrunhada que pensei que tivesse se arrependido por ter terminado tudo.

– Não. De jeito nenhum. – Desejando mudar de assunto, disse: – Ainda não concordo com seu jeito machista de ver a mulher.

– Não foi isso o que disse. Falei de minha preferência! – ressaltou, depois riu. – Vocês que optam pela liberdade em todos os sentidos, têm de respeitar a opinião daqueles que são conservadores. Por que, somente os conservadores precisam respeitar a opinião das pessoas que querem ser diferente? Já pensou nisso?

– Você é antiquado demais – ela riu.

– Tenho esse direito! – tornou a sorrir e ressaltar. – Não posso me manifestar? Virou preconceituosa agora?

– Não é preconceito.

– Sim. É sim. Eu respeito o seu modo de pensar liberal, por sua vez, você precisa respeitar meu modo de pensar conservador. Já refletiu sobre isso?

Os irmãos conversaram ainda por um longo tempo como dois grandes amigos que sempre foram. Helena sentia-se melhor, mais confiante agora.

Longe dali, na casa de Adalberto, Gilda recebia Natália, diretora financeira da empresa e amiga da família, que levou consigo a filha Geisa. Conversavam animadamente em um quiosque no jardim, próximo à piscina.

A jovem Geisa, alheia ao assunto, observava ostensivamente Eduardo que nadava.

Minutos depois, quando o rapaz saiu da água e sentou-se na beira da piscina, Geisa alegrou-se intimamente e deixou a refrescante sombra, aproximando-se dele.

— A água deve estar bem fria.
— Enganou-se. Está ótima. Por que não experimenta?

Franzindo o rosto e sorrindo ao mesmo tempo, ela fez que não com um movimento de cabeça.

Sem lhe dar muita importância, o rapaz levantou-se e deitou em uma espreguiçadeira sob o sol.

Geisa, mesmo sem ser convidada, acomodou-se a seu lado em outra cadeira e perguntou:

— E aí, Eduardo, como você está?
— Ótimo. Muito bem.
— Alguma novidade? Alguma pessoa nova em sua vida?
— Não. Nenhuma novidade — respondeu sorrindo e desconfiado.
— Então, já que está livre, por que não saímos hoje para agitar e descontrair? Podemos nos divertir muito.

Suspirando fundo, o rapaz pensou um pouco e disse:

— Não acho que seja uma boa ideia.
— Ora! Por quê? Conheço um lugar onde a balada é ótima. Você vai curtir muito.

Agora, um pouco irritado ele respondeu:

— Hoje não é um bom dia, Geisa.
— Não posso aceitar uma negativa. De jeito nenhum.
— Geisa, não quero ser desagradável. Por favor.
— Você está deprimido? Prefere ficar em casa?

— Sim. Isso mesmo. Prefiro ficar em casa.

— Então vou lhe fazer companhia. Você não vai ficar deprimido não.

Sentindo-se cercado pelo assédio da moça, Eduardo fez valer sua vontade e avisou:

— Geisa, não seja tão insistente. Você está sendo desagradável.

Naquele momento, Érika, andando rapidamente em direção ao quiosque com o semblante contrariado, parecia furiosa.

Seu olhar parecia soltar faíscas quando parou diante da sua mãe e exigiu irritada:

— Dona Gilda, quero uma explicação. Por que cancelou o meu cartão?!

Com modos arrogantes e um sorriso cínico, Gilda a encarou e falou com deboche:

— Ora, meu bem! Primeiro me dê bom dia!

— Não estou brincando! O que você fez?!

— Amorzinho — falou a mãe com ironia —, fique sabendo que eu cancelei o seu cartão porque você é minha dependente, eu sou a titular e posso pedir o cancelamento do cartão adicional a qualquer hora. Tanto posso como o fiz após quitar todas as suas dívidas, é claro.

— Passei a maior vergonha quando fui abastecer o carro. Por sorte, eu tinha dinheiro suficiente na carteira. Você ficou louca para fazer um negócio desse sem sequer me avisar?!

— Olha aqui, menina, fala direito comigo! — exclamou veemente. — Eu não estou louca não. Louca é você que não enxerga com quem anda.

— Ah! Tá pensando que vai controlar a minha vida assim como controla a de todo mundo? Não, dona Gilda, a mim você não vai controlar não!

— Não vou admitir que filha minha dê dinheiro a pé-rapado que não tem onde cair morto.

— Não fale do que você não sabe e não conhece!

— E eu preciso conhecer?! É só olhar, está estampado na cara. Mas posso garantir que, daqui de casa, não vai sair

mais nem um centavo para você enquanto tiver a pretensão de ficar com aquele lá.
– Eu vou falar com meu pai. Você deve ser insana mesmo.
– Insana é você, Érika! Onde já se viu uma menina de berço se dar ao trabalho de olhar para um negro e pobre ainda por cima?

Numa reação enfurecida, Érika pegou uma cadeira que não estava sendo ocupada e atirou longe, dando um grito de raiva. Depois, com uma ferocidade impressionante no olhar gritou para a mãe:
– Você não vai me dominar, dona Gilda! Não vai mesmo!

Quando a jovem já estava a certa distância, sua mãe a avisou:
– Seu celular também está bloqueado, viu, queridinha? Lembre-se de que ele foi presente meu, só que agora decidi que você não vai mais usá-lo.

Observando o estado da irmã, Eduardo levantou-se e foi apressadamente atrás dela.

No interior da residência, Érika, enfurecida e revoltada, em sinal de protesto, começou a passar a mão com violência por cima dos móveis derrubando peças decorativas e caras, fazendo muito estrago e bagunça enquanto gritava e chorava.

Eduardo aproximou-se e segurou-a com força pelos braços perguntando com firmeza:
– O que é isso? Você enlouqueceu?!
– Solte-me, Eduardo!

Agitando-a como se quisesse despertá-la para a realidade, ele não a largou e disse:
– Se você pretende ser alguém como a dona Gilda, esse é o caminho. Vai, continua quebrando tudo! – disse, largando-a num leve empurrão. Depois continuou com rispidez: – Quer que tudo aconteça conforme a sua vontade?! Vai, grita! Berra! Exija! Quebre a casa inteira! Faça exatamente como ela faria!
– Você não entende!
– Preste atenção, Érika! – foi bem enérgico. – Deixe de ser uma menininha mimada e encare a realidade.

SEM REGRAS PARA AMAR

– Você diz isso porque não está no meu lugar.
– Por que está quebrando tudo? Fale!
Com olhar colérico, a irmã o encarou enquanto vociferava e chorava ao mesmo tempo:
– Vou quebrar tudo para ela sentir no bolso alguma dor! Ela valoriza mais os seus caros objetos de arte do que a mim, que sou sua própria filha!!!
– Acorda, Érika! A mãe vai substituir tudo isso. Ela pode, simplesmente, trocar toda a decoração desta casa num passe de mágica. O que está fazendo é um favor a ela. Sabe quem vai ser prejudicada nesta história? A empregada que não vai poder deixar nenhum caquinho no chão. Vai! Continua quebrando. Não é você quem vai limpar mesmo.
Érika parecia estar fora de si. Andando de um lado para outro, ainda revoltada, enxugava o rosto com as mãos.
– Calma, Érika – tornou o irmão com brandura. – As coisas não são assim. Podemos resolver de outro jeito.
– Por que ela não faz isso com você?
– Porque, até hoje, não dei motivo.
A irmã o encarou com certa fúria e talvez ciúme ao dizer um tanto agressiva:
– Também você, Eduardo, com toda essa sua superioridade!... – Depois desabafou: – Odeio a minha mãe! Não pode haver criatura mais monstruosa, sem ética, sem princípios humanos... Sempre com seus projetos escusos, pronta a revidar, a dar o bote.
Também inconformado com a situação e sem saber como agir, Eduardo se acomodou num sofá enquanto Érika desabafava e caminhava ofegante pela sala.
– Sabe, eu até acho que a Lara morreu por culpa da mãe.
– Do que você está falando? – o irmão perguntou, surpreso.
– A dona Gilda nunca engoliu o casamento dela com o Mauro. Ela não se deu por vencida e só bastou a Lara começar a frequentar novamente esta casa que a mãe, com um jeito todo especial, claro, começou a fazer a cabeça da nossa irmã. – Agora, procurando manter a calma, sentando-se em frente

ao irmão, revelou: – Eu cheguei a pegar a mãe falando com a Lara algumas vezes e... – deteve-se pensativa.

– Falando o quê? – questionou ele, com expressão preocupada.

– Falando mal do Mauro, mas com sutileza, escondendo aquela sua perversidade camuflada entre o riso e o ar de seriedade, você sabe. – Como se quisesse relembrar, Érika exprimia os olhos vagando negligentemente o olhar pelo ambiente enquanto dizia: – Às vezes, penso que só eu enxergo a sua maldade, o seu desejo dominador, arrogante e orgulhoso, escondido atrás daquela máscara sorridente.

– O que você ouviu a mãe falando para a Lara?

– Eu não posso afirmar direito, Edu. Mas ela inventava coisas.

– Como o quê? – insistia desconfiado.

– Estou tentando lembrar o dia em que cheguei e vi a Lara nervosa, lá no quarto da mãe. A porta estava entreaberta e ela andava de um lado para o outro, inquieta. Isso foi na semana em que a Lara morreu. A mãe falava algo e eu ouvi somente algumas palavras que não consigo lembrar direito. Ela dizia mais ou menos que o Mauro sempre lhe pareceu suspeito ou algo assim. A Lara esfregava as mãos de modo nervoso, muito preocupada e dizia alguma coisa sobre não poder acreditar. Acho que ainda disse: "Se isso for verdade, prefiro morrer".

– Você tem certeza, Érika?

– Absoluta. Só não consegui ouvir com clareza o que a mãe falou. – Um instante e indagou: – Ficou preocupado?

– Houve um dia em que eu estava muito ocupado lá na empresa e a Lara me telefonou. Não lhe dei muita atenção, mas percebi que sua voz estava diferente, talvez tivesse chorado, não sei. Começou com um papo bobo. Perguntou o que eu achava do Mauro e depois falou sobre pessoas que se apresentam de um jeito, mas têm outra personalidade.

– Será que ela recebeu alguma informação da mãe que a deixou em dúvida sobre o caráter do Mauro?

— Mesmo que tenha sido isso, não vejo que ligação pode ter com seu acidente.

— Eu não vejo ligação, mas sinto que há alguma.

O irmão a olhou longamente sem dizer nada.

Érika, com seu rosto miúdo e traços finos, apesar de bela, trazia uma palidez evidente. Naquele momento, parecia desorientada.

Eduardo sentiu-se comovido com o sofrimento da irmã. Gostaria de ajudá-la, mas ainda não sabia como.

Érika apoiou a cabeça nas mãos e os cotovelos no joelho, refletindo.

Decidido, Eduardo a convidou:

— Vamos sair e dar uma volta? Não aguento mais a Geisa se atirando em cima de mim. Nem sei por que essa gente frequenta nossa casa.

— Aonde você vai?

— Não sei. Vou tomar um banho bem rápido. Arrume-se e vem comigo, vai.

A irmã, aceitando o convite, ofereceu um sorriso doce, levantou-se e foi se arrumar.

CAPÍTULO 9

Lições de autoestima

Érika e o irmão fizeram um passeio de carro pela cidade enquanto conversavam. A jovem aproveitou a companhia do irmão para desabafar um pouco mais sua revolta. Eduardo só ouvia.

Após almoçarem em um requintado restaurante, ela convidou:
— Vamos à casa do João Carlos? Eu gostaria que você conhecesse a família dele.

Aceito o convite, ambos foram animados para o local.

Dona Ermínia, mãe do rapaz, recebeu-os com alegria, convidando-os prazerosamente para que entrassem.

A residência não tinha luxo. Era bem ampla, bonita, organizada e com um estilo moderno na decoração simples e de muito bom gosto.

Eduardo reparou na simplicidade harmoniosa do ambiente onde se sentiu bem à vontade.

— Muito bonita a sua casa, dona Ermínia. E acolhedora também — elogiou o rapaz de forma elegante e gentil.

— Oh, filho, sei que deve conhecer coisa bem melhor. Mas obrigada pela gentileza — agradeceu à senhora, meio encabulada.

— Ambiente requintado, chique não significa que seja acolhedor e aconchegante. A Érika me disse que a sua filha é decoradora, por isso imaginei que a casa fosse repleta de esculturas modernas, daquelas com ferros torcidos — disse sorrindo ao explicar gesticulando —, com quadros enigmáticos... Porém me surpreendi. Que bom gosto!

— Obrigada! — respondeu Juliana sorridente, entrando na sala.

Após as devidas apresentações, dona Ermínia perguntou:

— E o seu irmão, Juliana?

— Ele já vem. Estávamos entrando na garagem e um amigo o chamou. Não quis entrar. Deve ser uma conversa rápida.

— Juliana — disse Eduardo —, depois de apreciar o bom gosto desta sala, você me fez pensar em rever a decoração lá da empresa e, talvez, do meu quarto também.

— Puxa! — exclamou com grande alegria estampada no olhar. — Recebo isso como um grande elogio.

— Vejo que pensou muito na iluminação — tornou o rapaz —, é disso que nós precisamos. É isso o que me agrada.

— O modernismo foge do ambiente pesado, carregado, pois isso é o que deixa tudo muito triste, até as pessoas. Se está pensando mesmo nisso, acho que vai adorar ir ao estúdio. Posso mostrar no computador alguns projetos que já realizamos e outros inéditos também. Acho que é bem o que você quer.

A conversa entre eles seguiu e Érika foi atrás do namorado enquanto dona Ermínia preparava um café.

Após um tempo considerável, Érika e João Carlos retornaram à sala onde Eduardo e Juliana conversavam animados. Foi então que o irmão percebeu e perguntou:

— O que foi Érika? Você está chorando?

João Carlos ofereceu um meio sorriso enquanto acomodava a namorada em um sofá e, após sentar-se a seu lado, explicou:

– Ela estava me contando sobre a reação negativa da dona Gilda por causa do nosso namoro.

Eduardo, agora um tanto sem jeito, fez um gesto singular ao admitir:

– Minha mãe é uma pessoa difícil. Creio que teremos de conviver com isso. Não sei o que fazer.

– Só se for você, Edu. Eu não sou obrigada a me sujeitar aos caprichos deprimentes da dona Gilda.

– Talvez seja uma questão de tempo, Érika – considerou Juliana com um jeito afável em sua bela voz.

Olhando para Juliana, Érika confessou com certo ressentimento:

– Desde que me conheço por gente, a dona Gilda só dita normas e exige ser obedecida. Ela é intolerante, amarga, preconceituosa... – falou expressando um brilho no olhar que traduzia toda sua mágoa. – Eu me sinto envergonhada por tê-la como mãe. Se a gente pudesse escolher...

Juliana sorriu com gosto ao dizer:

– Quem disse que não escolhemos nossos pais e nossos parceiros? A natureza não comete erros não! E quando estamos lá, no plano espiritual, observando os nossos erros do passado, imploramos por uma oportunidade abençoada de renascermos, entre essa ou aquela pessoa, a fim de nos harmonizarmos e de corrigirmos nossas falhas.

– Você acredita nisso, Juliana? – perguntou Eduardo, parecendo interessado.

– Como não acreditar? Se Deus é bom e justo, há de nos oferecer inúmeras oportunidades para consertarmos os nossos erros do passado que, certamente, ficam latejando em nossa consciência.

– Ora, Juliana, desculpe-me, mas... Não posso crer que pedi para ser filha da dona Gilda. Você não imagina como é! – protestou Érika.

– Pois deve ter pedido sim, Érika. E se está junto dela hoje é porque você está preparada, evoluída espiritualmente para isso e tem condições de se harmonizar com ela sim. "Deus não coloca fardos pesados em ombros leves", palavras de Jesus.

– E o que eu posso fazer? Engolir tudo o que ela determina?

– Eu não diria engolir. Eu diria que você tem de se manter neutra, tranquila, sem reações calorosas – aconselhou João Carlos.

– Mas você não entende! Ela me agride com ironias, preconceitos! – enfatizou.

– Por quê? Ela está implicando com o seu namoro por causa da nossa cor? – perguntou Juliana muito direta e despojada de constrangimento.

– Isso também – respondeu Érika, fugindo o olhar.

O riso cristalino de Juliana, algo gostoso de ser ouvido, encheu o ambiente com sua alegria.

Eduardo, que se sentiu constrangido a princípio, contaminou-se com a alegria, rindo junto.

– Ah, Érika! Não se importe com isso – aconselhou Juliana. – A consciência tranquila nos deixa acima dessas ofensas, não é João Carlos?

– É que você não faz ideia do que ela fala – disse Érika um tanto triste.

– Preste atenção, Érika – pediu Juliana, agora, mais séria –, para as pessoas que são preconceituosas com a etnia ou raça como alguns dizem, com a cor da pele, a naturalidade, as deficiências físicas, a ausência de beleza ou qualquer outra coisa, eu tenho a dizer: "A luz do teu corpo são os teus olhos. Se os teus olhos forem bons, todo o teu corpo terá luz. Se, porém, os teus olhos forem maus, o teu corpo será tenebroso". Essas são palavras de Jesus, sabia?

– Eu não! – avisou Eduardo. – Gostei, explique melhor.

– As pessoas que só enxergam defeitos, que são preconceituosas, que só veem a maldade são maledicentes, ou melhor, são fofoqueiras mesmo, só reparam o que há de mal, de errado. Elas têm, como disse Jesus, os olhos maus e, certamente, como mencionou o Mestre têm o corpo tenebroso.

Vamos lembrar que temos uma alma, um espírito e esse é o corpo que pode ser tenebroso ou não de acordo com nossas atitudes mentais, verbais e físicas.

— Eu não me ofendo com isso. Esse tempo já foi — disse João Carlos.

— Eu também não me ofendo. Porém, a bem da verdade, devo admitir que nem sempre foi assim. Eu me achava horrorosa, feia mesmo, sem jeito. Façam uma ideia, eu usava óculos de lentes grossas e tinha os dentes tortos, todos encavalados, além de ter o rosto forrado de espinhas e ser negra — nesse momento ela riu gostoso, mas logo continuou: — Eu só saía de casa para ir à escola. Nada mais.

— É difícil de acreditar, você é muito bonita, Juliana — comentou Eduardo.

— Vai vendo — prosseguiu Juliana animada —, eu era o motivo principal de todo o tipo de chacota na escola. Quanto chorei escondida!... Quase me sufoquei no travesseiro. Ninguém pode imaginar a dor moral, emocional ou psicológica pela ofensa. Eu não tinha nenhuma amiga, parecia que ninguém gostava de mim. Eu era um monstro! — exagerou sorridente. — Sabe, um dia eu disse: Vou mudar! Virei para Deus e falei: Pai do Céu, nada é impossível, eu quero ser bonita, quero ser diferente do que eu sou hoje. Nunca mais serei motivo de chacota ou brincadeira de qualquer espécie.

— E daí?! — interessou-se Érika.

— Ah! Comecei pelo mais próximo: meus pensamentos! Mudei minha maneira de pensar e de ver o mundo. Se o mundo é ruim ou se as pessoas são más, não significa que eu tenha de me curvar a isso ou de ser tão perversa quanto eles. Então pensei: é problema dos outros se eles não gostam de mim como eu sou. Eu me amo e vou ser melhor. Comecei a me observar e perguntar o que estava errado, o que eu não gostava em mim. Primeiro descobri que eu andava curvada, como quem esconde o rosto e, de repente, alcei a cabeça, estiquei as costas e comecei a desfilar com livros sobre a cabeça para corrigir minha postura.

— É verdade – interrompeu o irmão –, a Juliana ficava desfilando o tempo todo em casa. Eu tirava um barato, mas não adiantava, ela insistia.

— Então, logo me esforcei e parei de roer as unhas...

— ...enrolou até esparadrapo nos dedos para conseguir essa façanha – tornou o irmão muito irônico.

Todos riram e Juliana continuou:

— Aí foi a vez do dermatologista, pois eu queria porque queria acabar com minhas espinhas. Fora isso, comecei a vigiar meu andar, meu modo de sentar, comer, de me apresentar, porque eu era excessivamente tímida. Também melhorei meu modo de vestir. Então, decidi que queria mudar meus dentes, que eram um tanto fora de eixo.

— Isso foi o mais caro! – lembrou João Carlos.

— Mas consegui! Nós temos vários tios. Eles nos presenteavam sempre, nos mimavam muito, até porque a maioria era de solteirões. E como o aparelho era muito caro, na época, eu pedi a cada um deles que me dessem o presente em dinheiro porque eu gostaria de sorrir com glamour! – brincou rindo. – Enquanto acontecia tudo isso, meu cabelo crescia e, junto com ele, uma briga diária com pentes e cremes usados na artilharia para deixá-los melhor – eles riram e ela prosseguiu. – Mas tudo se passou muito devagar para mim. Porém, no prazo de dois anos aproximadamente, eu era outra pessoa. Gostava mais de mim pelo meu jeito, por saber falar, sentar, andar, me apresentar, por ter cabelos mais brilhantes, cachos lindos e com movimento. Minhas roupas eram bem melhores, não em termos de luxo, mas de harmonia, simplicidade e beleza. Elas combinavam comigo e com meu corpo. Por último, tirei o aparelho dos dentes. Aí sim, eu pude exibir minha verdadeira felicidade sorrindo! Veja, não precisei fazer mudanças radicais e tresloucadas para chamar a atenção para mim, agredindo os costumes sociais com imagens grotescas, fora do normal, obrigando as pessoas comuns a me aceitarem ou a conviverem comigo. Eu simplesmente melhorei o que já tinha de bom. Assim, passei a ter autoestima, a me valorizar e a acreditar mais em mim. Eu descobri que era capaz de tudo. Tudo o que eu quisesse poderia conseguir por meios lícitos e com bom ânimo. O complexo acabou. Não mudei a cor da minha pele, mudei o meu interior, mudei a minha alma e nunca mais me constrangi por nada deste mundo. E quando alguém quer me agredir com palavras usando a minha raça, a minha cor, sinceramente eu não sinto nada e fico com pena dessa criatura.

— Sério? — perguntou Eduardo.

— Hoje em dia sim. Sinto piedade por essa pessoa, pois sei que no meu lugar, nas mesmas condições em que eu vivi, ela seria uma pessoa falida, fracassada, visto que essa criatura acredita poder me ofender, pensa que pode me diminuir ou constranger quando usa para isso a minha cor, a minha raça. Eu penso que quando queremos agredir, irritar ou ofender o outro, usamos o que pode nos irritar, ofender e agredir. Então eu vejo que essa pessoa é uma coitada, uma fracassada, extremamente infeliz, porque eu consegui me amar, ressaltar minhas melhores qualidades, minha capacidade. Sou feliz com o que eu sou. Estou realizada. Tenho competência. E ela?...

— Por isso, Érika — argumentou João Carlos —, deixa a sua mãe falar, não alimente nenhuma briga. Neutralize qualquer discussão.

— Foi isso o que disse a ela — lembrou Eduardo. — Quanto ao cartão de crédito e ao celular, isso eu mesmo posso dar um jeito. Falaremos com nosso pai, ele sempre nos apoia.

— Deixe a Érika conviver um pouco mais com a gente aqui — disse dona Ermínia com simplicidade —, ela vai mudar. Vai ficar mais tranquila. Você vai ver, Eduardo — encerrou acariciando a moça.

— Não se importe conosco — avisou Juliana. — Pessoas capacitadas, vitoriosas consigo mesmas e competentes não ligam para insultos, não levam ofensas para casa porque não se ofendem nem sequer discutem por elas.

— Racismo é crime! — alertou Érika.

– Infelizmente – disse Juliana –, ainda precisamos de leis civis para garantir a integridade e manter criaturas indisciplinadas e criminosas dentro de certos limites, até que evoluam como espíritos e compreendam que somos todos iguais, compreendam que Deus nos criou todos iguais, simples e ignorantes e que, de acordo com as diversas experiências reencarnatórias, nós aprendemos e evoluímos, uns mais rápido que outros, tendo em vista a humildade, a fé e a falta de arrogância, de orgulho.

– Quando essas criaturas evoluírem, somente as leis de Deus serão necessárias e não mais as leis dos homens – acrescentou dona Ermínia. – "Bem-aventurados os pobres de espírito, porque deles é o Reino dos Céus", disse-nos o Senhor Jesus, que falava dos humildes e não dos tolos como pensam alguns. As pessoas orgulhosas, vaidosas e arrogantes ainda não podem aceitar que somos espíritos eternos, que somos todos iguais e só temos experiências de vidas diferentes de acordo com o que temos a reparar. Elas não creem que hoje estão em uma posição superior, material e fisicamente falando e que, na próxima vida, tudo pode ser invertido. Não acreditam no mundo invisível, onde não teremos absolutamente nada de material, nenhum título honorário, nenhuma riqueza. Só que não importa o que elas pensam, terão de passar para esse plano espiritual, que tanto desdenharam, quer queiram ou não. A vida não acaba com a morte. – Virando-se para Érika, dona Ermínia argumentou: – Filha, lembre-se de que os pobres de espírito serão bem-aventurados, não reaja mais contra a sua mãe ou vai se igualar a ela. Procure agir de maneira diferente, assim ela poderá aprender com você.

Eduardo, muito atento a todas as palavras da sábia senhora, sentiu-se invadido por um bem-estar grandioso graças àquelas explicações terem engrandecido seu interior. Extasiado, ele respirou fundo, sentiu-se satisfeito.

Nesse momento, João Carlos propôs:
– Não vamos mais falar sobre isso, certo?

– Bem, eu preciso ir – disse Eduardo: – Vamos, Érika? Eu ainda gostaria de dar uma passada lá na casa da dona Júlia para ver a Bianca.

A irmã sorriu e, sustentando um semblante desconfiado e maroto, falou:

– Não sei bem se é a nossa sobrinha que o Edu quer visitar. Em todo caso...

Eduardo enrubesceu, mas não disse nada. Virando-se para o namorado, Érika convidou:

– Vamos até lá? Assim você fica conhecendo a Bia.

– A Érika não para de falar dessa sobrinha – disse Juliana com expressão generosa. – Ela deve ser uma gracinha!

– Então venha conosco, Juliana! – convidou Eduardo com visível animação. Logo revelou discretamente seus planos:

– Assim, mais à noite, nós poderemos sair todos juntos e esticar um pouco. O que acham?

– Mas... Ir assim... Até a casa de quem nem conheço? – considerou Juliana sorridente e indecisa.

– A dona Júlia e o senhor Jairo, pais do Mauro, nosso cunhado, são pessoas finíssimas! Eles vão adorar a visita!

Depois de um pouco mais de insistência, Juliana acabou aceitando o convite. Assim foram todos visitar a pequena Bianca.

˜˜˜

A conversa animada e descontraída seguiu até que chegaram ao destino.

Recebidos com satisfação por Helena, que já havia chegado com Miguel, foram conduzidos até a sala de estar, onde se acomodaram bem à vontade.

Miguel, muito animado, cumprimentou todos dando ligeira atenção a Eduardo, que ficou interessado sobre alguns detalhes de sua viagem.

Bianca se apresentou, deixando-os encantados com seu jeitinho mimoso e tímido, escondendo o rostinho miúdo e rosado atrás de seus adoráveis cachinhos dourados.

Dona Júlia fez um pouco de sala, mas logo decidiu preparar algo para as visitas.

Juliana, risonha, educada e naturalmente descontraída, conquistou logo a amizade de Helena, que se sentiu muito bem a seu lado.

Mauro, um pouco calado, somente ouvia atento, esboçando um sorriso vez e outra de acordo com o assunto.

Após a longa conversa animada, Eduardo perguntou:

— Por que não saímos todos para...

— Dançar?! — propôs Juliana interrompendo-o.

— Agora mesmo!!! — concordou Miguel animado. — Estou louco para voltar a falar minha língua, ver meu povo...

— Helena, e você? — perguntou Juliana ao observar o desânimo da nova colega.

— Não sei...

— Vai nos fazer essa desfeita?! — brincou Juliana com um largo sorriso. — Anime-se, menina! Vamos lá! Não terá nada a perder.

— Está bem — sorriu concordando. — Eu vou. Espere que vou me arrumar e já venho.

Mauro, que não estava nenhum pouco animado e recusou terminantemente o convite. Carla, que mal havia saído do quarto para cumprimentar as visitas, também não quis ir.

Passados alguns minutos, Helena e Miguel estavam prontos.

Antes de eles saírem, Bianca, com seu jeitinho doce, pediu a Eduardo:

— Tio, me leva pra nadar na piscina amanhã?

Trocando olhares com Helena, por saber que dependia dela para levar a sobrinha, Eduardo falou:

— Por mim, tudo bem. Eu posso vir buscá-la. Precisa ver se a tia Helena está a...

— Amanhã a gente vê isso, está bem, Bianca? — decidiu Mauro para não ver a irmã constrangida.

No ambiente agitado pelo embalo da música, todos se animavam na pista de dança, menos Eduardo que preferiu fazer companhia para Helena, que não quis dançar. Ambos, do alto do mezanino, só observavam a movimentação.

— Tem certeza de que não quer dançar, Helena?

— Prefiro ficar aqui. Obrigada — agradeceu com seu jeito meigo.

— Como estão as coisas? — perguntou Eduardo praticamente gritando por causa do som muito alto.

— Tudo bem — sorriu.

— Mesmo? — tornou ele insistente.

— É... — respondeu agora com um sorriso que colocava em dúvida a sua resposta. — Nem sempre as coisas estão como a gente quer.

Observando-a bem de perto, Eduardo pôde perceber uma tristeza indefinida em seu olhar brilhante.

— Quer falar? — perguntou gentilmente.

— Aqui não é um bom lugar. O barulho, a agitação...

— Vamos sair, está bem? Iremos a um lugar mais tranquilo, onde possamos conversar.

— Não, eu não acho que... — titubeou a moça.

— Espere aí! — pediu resoluto, levantando-se. — Vou avisar o Miguel e a Érika que vamos dar uma volta.

— Não, Eduardo — pediu meio em dúvida, segurando o braço do rapaz.

— Será melhor. Eu também estou querendo sair daqui. Não estou para barulho hoje.

Após avisar sua irmã e Miguel, Eduardo retornou à mesa e conduziu Helena para que saíssem.

Minutos mais tarde, ambos estavam em um lugar tranquilo, em um ambiente mais aconchegante, onde a música ao vivo, muito suave, proporcionava serenidade aos ânimos.

— Você aceita alguma bebida?

– Não, obrigada.
– Certo. Você não bebe nada de álcool – lembrou enquanto olhava o cardápio. – Mas vamos ver... Um suco? O que acha?
– Está bom, então. Quero um suco.

Helena sentia-se inquieta, não estava sendo agradável ficar ali. Havia se arrependido por ter aceitado o convite.

O assento onde se achavam acomodados era como uma poltrona que rodeava quase toda a mesa redonda, de modo que Eduardo sentou-se bem próximo a ela, colocando o braço sobre o encosto, quase tocando-lhe as costas.

A luz bruxuleante do ambiente, junto ao som tranquilo, oferecia um convite ao romantismo e talvez fosse isso que não agradasse a ela.

Entretanto Eduardo, notando sua sensibilidade, procurou se manter um pouco mais distante, a fim de não atrapalhar a descontração da moça.

Com assuntos agradáveis, aos poucos ele a fez se sentir melhor. Até que, sem perceberem, estavam falando sobre Vágner e o namoro que, recentemente, Helena havia terminado.

Ela acabou confiando a Eduardo tudo o que lhe ocorreu e ele, sem reparar, parecia indignado ao ouvir aquilo tudo.

– Eu acho que você já deveria ter contado isso para o seu irmão.
– Não! O Vágner tem uma arma.
– E só por isso você vai se deixar intimidar? Vai se submeter a um cretino como esse? E se não parar por aí?
– Eu estou confusa, Eduardo. Estou com medo – confessou Helena fugindo o olhar para esconder as lágrimas que brotaram.
– Acontecem tantas tragédias por aí por causa de situações como essa. Tenho muito medo.

Ele não sabia o que dizer.

Ao reparar que Helena, sensibilizada, tentava secar as lágrimas discretamente, ele aproximou-se e, num abraço, puxou-a para si como uma forma de consolá-la, de fazê-la sentir-se mais segura.

Subitamente, Eduardo foi invadido por uma emoção diferente. Era algo forte que fazia seu coração acelerar e, ao mesmo tempo, dava uma sensação de felicidade.

Percebendo o choro discreto que se fez, ele a apertou contra o peito, acariciando-lhe, com cuidadoso carinho, o rosto delicado e, num gesto amoroso, beijou-lhe os cabelos enquanto experimentava o aroma suave do seu perfume. Apesar de comovido com a história, ficou satisfeito por recostar seu rosto sobre os fios sedosos, roçando suavemente seus lábios para senti-los melhor.

Era bom poder estar ali com Helena. Ela era diferente, sem ambições, educada e discreta. Carente, precisava de seu apoio, de sua ajuda. Ele compreendia isso e gostava de saber que podia protegê-la.

Procurando se recompor, Helena, num gesto delicado, afastou-se do abraço enquanto Eduardo se inclinava para ver seu olhar. E, tirando-lhe com carinho alguns fios teimosos de cabelos que se desalinharam na frente do jovem rosto, o rapaz dizia afável:

— Não se magoe assim. Para tudo há solução.

— Tanta coisa está acontecendo — falava com voz rouca. — Nos últimos tempos, eu venho perdendo a motivação... não sei o que está acontecendo comigo.

— Você é jovem, inteligente, bonita... Não há motivo para estar assim, Helena.

— Sabe, quando eu paro e penso, vejo que não há motivo para eu viver triste, deprimida. Mas não sei o que acontece, é algo mais forte do que a minha razão, do que a minha vontade.

— Mas o que está errado? O que gostaria de mudar?

Nesse instante, lágrimas copiosas fugiram ao controle de Helena e rolaram por sua bela face tristonha.

Eduardo as aparou com um toque suave e ela explicou:

— Às vezes, sinto-me saturada. Tenho de servir alguém nisso, agradar ao outro naquilo, sempre tenho de estar à disposição. Nunca tenho tempo para mim. Minha mãe é muito boa, mas também muito rigorosa.

– Gostaria de que minha mãe fosse mais rigorosa e menos orgulhosa – desabafou quase sem pensar. – Mas, se tivesse tempo para você, o que gostaria de fazer?

Ela o encarou nos olhos ao contar:

– Aí é que está o problema, eu não sei. Parece que nada me completa. Sinto um vazio, uma saudade não sei do quê... – o choro embargou sua voz e ela revelou: – É como se eu não tivesse nenhuma razão para viver – dizendo isso, apertou o rosto com as mãos e desatou a chorar.

Eduardo, paciente, interessado e amoroso, abraçou-a com carinho por longo tempo e afagou-lhe os cabelos, com ternura, tentando acalmá-la.

Após alguns minutos, mais recomposta, ela se afastou falando:

– Desculpe-me, Eduardo. Eu não sei o que me deu para fazer isso. Não tenho esse direito.

– Não diga isso. Eu me considero um amigo. Gosto de você e quero vê-la feliz e, se possível, ajudá-la. – Depois, perguntou: – Sente-se melhor? Mais leve?

Sorrindo, constrangida, respondeu:

– Sim, acho que estou melhor. – Então lembrou: – Estou preocupada com a hora, o que combinou com meu irmão?

– Que ligaríamos um para o outro quando decidíssemos ir embora. Sua mãe não gostaria de vê-la chegar a sua casa sem ele nem a minha iria ficar satisfeita em ver a Érika, a esta hora, sem estar comigo.

– Então, liga para o Miguel – pediu com jeitinho. – Vamos embora?

– Se você quer assim... – decidiu sorrindo e com um gesto singular.

Assim foi feito. Eduardo atendeu ao pedido de Helena e ligou para Miguel combinando para se encontrarem.

CAPÍTULO 10

Fantasias perigosas

Helena e Miguel chegaram a casa de madrugada e, ao se despedirem dos amigos, eles entraram sem fazer barulho para não acordar ninguém.

Após um banho, Helena se deitou e uma forte sensação de tristeza a envolveu, fazendo-a chorar sem motivo.

Passadas algumas horas de sono, Helena acordou assustada com o som alto da voz de Carla e Mauro que iniciaram uma briga.

Levantando-se rápido, foi ver o que estava acontecendo e, ao chegar à copa, verificou que sua mãe, bem firme, já dominava a situação exigindo respeito.

– Sem mais nenhum pio! Não quero saber disso aqui dentro de casa! Entenderam?! – vociferava dona Júlia sisuda e enérgica.

– Mas mãe, foi ele quem...

– Não quero saber, Carla! Vocês dois estão errados. Eu tenho filhos e não animais que vivem brigando. Espero que se entendam e conversem até chegarem a uma solução, e não façam mais isso!

Mauro não dizia uma única palavra. Carla, por sua vez, mostrava-se inquieta e com modos nervosos.

– Sentem-se aí e tomem café como gente.

– Mãe – chamou Helena –, não tem nada queimando?

Num gesto de susto, dona Júlia levou a mão à cabeça ao se lembrar e correr dizendo:

– Os pães de queijo!

A sós com os irmãos, Helena perguntou:

– Tudo bem?

Mas não houve resposta.

O senhor Jairo, que trazia o jornal e não sabia do ocorrido, chegou animado, comentando sobre uma notícia sem reparar na fisionomia dos filhos.

Mais tarde, já em seu quarto, Helena ouvia as queixas intermináveis de sua irmã.

– ...só porque me ligaram e deixaram recado para eu ir levar as fotos.

– Você precisa ver que tipo de agência é essa, Carla. Se não estão querendo mostrar uma coisa e, na verdade, tem outros interesses por trás.

– Imagine?! De jeito nenhum! – negava a irmã. – O pessoal é muito bacana. Tem muita menina lá que fez carreira – contava quase eufórica tamanha era sua esperança.

– Mas por que você decidiu tentar ser modelo? Confesso que não entendo.

– Adoraria ver minhas fotos nas revistas, nos cartazes de rua, nos comerciais... – falava a jovem como se naquele momento já pudesse vislumbrar o que dizia. Olhando para lugar algum, com um sorriso estampado, revelou: – Serei famosa! Você vai ver. Vou aparecer na TV, participar de programas do horário nobre. Espera só!

— Carla, eu sei que os seus sonhos são lindos, mas penso que você está vendo só o resultado final. Sabe, quando uma garota alcança o sucesso e se torna uma estrela, creio que centenas ou até milhares de outras moças, com os mesmos sonhos e ideais ficaram pelo caminho. Muitas com amargos enganos e decepções. Além da perda de tempo.

— Vai fazer como o Mauro, é?! Vai ficar agourando?! — respondeu malcriada. — Em vez de me criticar, ele deveria me dar a maior força, pois trabalha em uma revista, tem contato com fotógrafos e muitas outras pessoas dessa área.

— Estamos te alertando. E se o Mauro não te dá nenhuma força, é porque ele conhece muito bem esse meio. Acho que ele está certo.

Carla fez um ar contrariado ao contrair os lábios envergando-os para baixo, não aceitando os alertas da irmã.

A chegada da amiga Sueli deu outro rumo à conversa.

Bem depois, ao ficarem a sós Helena e Sueli, esta reclamou:

— Puxa! Nem pra me chamar. Faz tempo que eu não dou uma dançadinha — reclamou dengosa e riu com jeitinho.

— Na verdade, eu nem queria ir. Só acabei aceitando por causa da insistência da Juliana. Você tem de conhecê-la, que pessoa magnífica! Nossa! Mesmo assim, não valeu a pena, pois, quando chegamos lá, ela e o Miguel foram para a pista de dança e acabei ficando num canto.

— Você não acha que, de uns tempos pra cá, você está ficando um pouco chata, Helena?

— Nossa, Sueli! — encarou-a com ar de reprovação.

— É verdade! Repare só: não quer mais sair, sempre está triste, preocupada com alguma coisa... — após uma pausa, a amiga lembrou: — Vai ver que só quer ficar dormindo pra ver se sonha novamente com aquele cara.

— Às vezes, eu fico pensando se esse rapaz dos meus sonhos não seria a minha alma gêmea, a cara-metade com quem eu deveria ficar. Você acha que isso é possível, Sueli?

— Sei lá. Mas não creio que Deus erraria, não é? Se ele é uma alma do outro mundo, que motivo teria para acompanhá-la?

Só se está a fim de atrapalhá-la. Cuidado com essas fantasias, hein!

— Ontem, enquanto íamos para a danceteria, a Juliana e a Érika falaram rapidamente sobre a vida após a morte, sobre carma ou coisa assim. Parece que a dona Gilda não aprova o namoro da filha com o João Carlos porque ele é negro. A Juliana falou que somos iguais, todos filhos de Deus e que temos várias vidas, que podemos ter experimentado várias aparências no passado, entre outras coisas. Fiquei interessada sobre esse negócio de reencarnação, mas não deu para saber muito. Elas logo mudaram de assunto. Será que esse espírito, com o qual eu sonho, era para viver hoje e algo deu errado?

— Sei lá. Mas acho que você não deveria pensar nisso. Como eu disse, cuidado com essas fantasias. Pode acabar deixando de viver o momento por causa de uma ilusão — respondeu a amiga sabiamente.

— Mas não consigo esquecer, Sueli. Parece que pensar nisso é a única coisa que me alegra. Estou tão cheia, desanimada, sem objetivo na vida. Tenho a impressão de que vivo só porque alguém quer.

— Credo, Helena! Não fale assim. Isso atrai coisa ruim. Você é nova, bonita. Ah, como eu gostaria de ser como você. Adoraria ter o seu corpo, o seu rosto, seus cabelos e mais nada — declarou Sueli, seguindo com uma alegre gargalhada. — Sabe, Lena, você tem de rezar um pouco, não é normal ficar assim. Deus não erra não.

Helena sorriu meio desanimada e nada comentou. Jogando-se sobre algumas almofadas em um canto do quarto, olhou para o teto enquanto sentia empoçar em seus olhos lágrimas quentes prontas para caírem.

Sueli, percebendo-a triste, procurou mudar de assunto falando sobre algo alegre, fingindo não se importar com o que via para não dar excesso de atenção àquela tristeza.

Os dias foram passando e Helena agora parecia mais insatisfeita do que antes com os acontecimentos corriqueiros e até insignificantes, que deixavam seu coração envolto de pesares desconhecidos.

O maior empecilho ao bem-estar da jovem eram os seus pensamentos negativos, que se embebiam de maus presságios e atraíam para junto de si vibrações densas, aflitivas, além da afinidade com espíritos levianos, inconsequentes, sofredores ou ignorantes.

Ao lado de Helena, além do espírito Lara, havia também o espírito Nélio que, assim como Lara, permanecia próximo a ela por causa de uma grande afinidade.

Nélio, diferente de Lara, apresentava-se com um caráter sério, com uma linguagem e ideias capazes de influenciar, tal eram suas vibrações, sua pose, um jeito que transmitia confiança aos menos avisados.

Em um passado distante, Nélio, um servidor fiel, foi gratificado com o nobre título de duque por seus préstimos ao rei. No entanto, havia outros incontáveis interesses que o levaram rapidamente a contrair matrimônio com uma jovem, prima da rainha, a fim de que a moça não ficasse mal falada pelos costumes da época. Porém, Nélio era comprometido com uma jovem aldeã, a quem verdadeiramente amava e era correspondido. Movido pela ambição e certo de que a jovem aldeã aceitaria ser sua amante, Nélio surpreendeu-se quando ela, sentindo-se apunhalada e traída, recusou terminantemente sua proposta, não aceitando nem sequer vê-lo mais.

Essa jovem era Helena que, desde aquela época, já possuía equilíbrio moral, não se permitiu inclinar à prática da leviandade do adultério, nem por aquele que verdadeiramente amava.

Contudo, Nélio não lhe perdoou por tê-lo rejeitado e a difamou, manchando sua honra o quanto pôde para atrapalhar o seu destino e lançá-la a escárnios dos piores níveis, pois já que a jovem não lhe pertenceria também não seria de mais ninguém.

Com grande amargura, junto ao assomo de desilusões, Helena deprimiu-se pelo resto de seus dias, desencarnando só com uma profunda melancolia por ver-se tão humilhada.

Nélio, também amargurado, seguiu o destino que traçou para si. Nunca encontrou felicidade, satisfação na riqueza ou tranquilidade em sua consciência pelo que fez. Agora, estagnado em sua evolução moral por não aceitar os desígnios de Deus, exibia-se com caráter fraco quando exigia para si um direito que estava muito longe de merecer.

Na presente experiência reencarnatória, Helena via-se atormentada, pois em estado de sono, pela emancipação da alma que se liberta do corpo físico com a oportunidade de estudo, tarefas e visitas, tinha a oportunidade de encontrar-se com o espírito Nélio que a queria conquistar, que desejava o seu perdão, pretendendo tê-la para si como planejou no passado.

Em um estado assonorentado, com extrema lentidão de raciocínio, Helena só o ouvia sem saber como reagir.

São espíritos pseudossábios como esses que podem desequilibrar alguém como Helena, por exemplo, despreparada pela falta de fé e conhecimento, que se deixa levar por pensamentos estranhos e se ilude, acreditando que as Leis de Deus não estão corretas.

– Querida Helena – finalizava Nélio ao tê-la próximo, após influencia-la bastante –, não aceites ninguém em tua vida. Existimos um para o outro e tu és minha. A vida nos foi ingrata, cruel, mas haveremos de ficar juntos pela eternidade. Nenhum de nós dois sofrerá pela solidão, pelo abandono... Tu és minha.

O rádio-relógio, que estava programado para despertar, ao disparar fez Helena voltar rapidamente para o corpo e, meio atordoada, ela se levantou:

– Nossa! Já amanheceu? Parece que eu nem dormi – resmungou trazendo na voz certo peso.

Olhando para a cama da irmã, verificou que Carla já havia levantando e, pelo jeito, bem antes dela, pois suas coisas e a cama já estavam arrumadas.

Após um banho, no desjejum, enfrentou com desânimo a agitação que seus irmãos e seus pais faziam na copa enquanto comentavam animados sobre diversos assuntos.

Helena tomou seu café em silêncio e cabisbaixa.

– Se quiser uma carona, tem de ser agora, Helena! – avisou Miguel bem eufórico.

– Quero sim. Deixe-me só escovar os dentes e pegar minha bolsa – avisou com simplicidade.

– Helena, quer levar esses bolinhos, filha? – perguntou a mãe prestativa.

– Não.

– Olha, tá aqui! Já arrumei.

– Não, mãe! Eu não quero – respondeu irritada.

– Tia! Tia! – gritou Bianca ao vê-la saindo da copa. – Você me traz aquela revistinha?

Helena pareceu não ter ouvido e se foi.

Dona Júlia nada disse, mas reparou no modo quase hostil, nada comum à personalidade da filha. São em situações simples e corriqueiras que uma pessoa pode começar a exibir a influência espiritual que recebe. E, não se vigiando, tudo pode piorar a cada dia.

Já no carro, junto com Miguel que a deixaria no serviço, Helena ficou completamente calada enquanto o irmão não parava de falar.

– A Suzi é uma pessoa bem simples. Você verá o jeito dela quando conhecê-la melhor. Sei que se darão muito bem. Ela tem umas colegas da faculdade superbacanas... – Vendo o silêncio da irmã, ele disse: – Oh, Helena, o que você tem? Está estranha, calada.

– Estou desanimada e sem vontade de falar.

– Está preocupada com coisas do seu serviço?

– Não – respondeu de forma mecânica e fria.

– É o Vágner? Ele a procurou?

– Não. Gostaria que ele tivesse morrido.

– Credo, Helena! O que é isso?

– Ah... – resmungou. – Eu só desejaria sumir por alguns dias. Gostaria de tirar umas férias, ir para bem longe e ficar sem ver ninguém.

Com um sorriso espirituoso, o irmão perguntou para quebrar aquela seriedade:

– Não desejaria ver nem eu? – Helena sorriu e não respondeu. Sem olhá-la, ele perguntou: – Quer que eu a pegue hoje? Acho que vou sair no horário.

– Na hora de ir embora eu telefono, está bem?

– Ótimo. Vou esperar.

– Escuta, Miguel, por que você não encontra a Suzi às sextas-feiras? Já que ela estuda na parte da manhã... Sempre o vejo livre nesses dias e procurando programas, vive ligando para a Juliana e o João Carlos... Não tenho nada contra, mas é estranho não estar com a sua namorada.

– É que às quintas, sextas e alguns sábados a Suzi e algumas amigas fazem um grupo de estudo. Isso a ajuda muito com as notas da faculdade. Eu acho isso legal e não me importo.

– Nunca o vi tão interessado em uma garota como agora.

– Tenho de admitir que estou mesmo. A Suzi é uma menina sincera, honesta, recatada... Ela é daquelas que se prende à família, que ouve os conselhos dos pais, sabe como é?

– Quando vai conhecer os pais dela?

– Sabe que ainda não falamos nisso. Quem sabe nas férias! – ele se animou e sorriu.

– Fico feliz por você, Miguel.

O carro já estava parado em frente à empresa onde Helena trabalhava quando ele, ainda sorrindo, não disse mais nada.

– Tchau! Depois eu ligo – disse a jovem, beijando-o no rosto antes de sair do carro.

No decorrer do dia, Eduardo via-se repleto de serviço. As reuniões, os relatórios para estudar e propostas para analisar com minúcia clamavam toda a sua atenção.

– O que eu digo, Eduardo? – perguntou a secretária.
– Paula, eu sou um só – avisou com um sorriso forçado no rosto. – Você já falou com o meu pai?
– O doutor Adalberto avisou que não virá após o almoço. Foi ele quem mandou passar isso para você.
– E a Natália? Ela pode resolver esse assunto muito bem. Até porque todos os números são decididos por ela.
– A Natália avisou que tem consulta médica hoje à tarde. Ela não virá.
– Ei! Espere aí! – falou mais sério. – Eu não posso resolver isso sozinho! Não vou segurar essa não.
– Eu também acho muito comprometedor você participar sozinho de uma reunião com esses novos fornecedores sem o senhor Adalberto e a Natália. Posso, com jeitinho, procurar uma desculpa para desmarcá-la e agendar para outro dia. O que acha?
– Se você conseguir isso!... Pode pedir o que quiser como recompensa, Paula! – sorriu brincando ao se jogar para trás na cadeira.
– Um ou dois dias de descanso cairiam bem – retribuiu com jeito brincalhão, mas com certo desejo na sugestão.
– Ah! Tudo, menos isso. Eu não sobrevivo aqui, nesta empresa, sem você, Paula. Aliás, esta empresa não vive sem a sua eficiência.
– Tudo bem. Fica me devendo. Mas... voltando ao assunto dos fornecedores, eu penso que um adiamento nesse encontro vai ser bom, pois essa atitude não vai exibir nossos interesses em suas propostas.
Eduardo a olhou e sustentou um sorriso maroto ao dizer:
– Paula, você só não é promovida a diretora porque não encontraremos outra secretária. Não igual a você.
A moça riu, virou-se e saiu.
A sós, Eduardo olhou para toda aquela documentação que aguardava ser estudada e se sentiu farto.
Jogando-se para trás, apreciando o balanço macio de sua confortável cadeira, ele cruzou as mãos na nuca e ficou

pensando em como estaria Helena. Na certa, trabalhando. Mas será que pensava nele? E por que haveria de fazer isso?

Tinha de encontrar um jeito de vê-la. Havia mais de vinte dias que não se viam. Desejava isso intensamente. Foi tão bom tê-la em seus braços, abraçá-la com carinho, sentir sua ternura, seu jeito meigo, seu perfume... Lembrou-se de seus cabelos macios em seu rosto... sua pele sedosa... Algo parecia apertar seu peito, queria ter Helena consigo. Ela era sincera e sensível.

"Será que percebeu minhas intenções?" – pensou. – "Ela pode não gostar. Tenho de ser mais discreto. Helena não parece ser uma dessas minas fáceis."

Novamente, ele voltou a sonhar com a jovem, percebendo que sentia sua falta e desejava nova oportunidade para estar com ela. Sabia que a moça havia terminado recentemente um namoro, mas reparou que não restava nenhum sentimento forte que a prendesse ao outro, mesmo assim, seria conveniente esperar. Brigando com seus pensamentos, dividido entre a razão e o desejo, não desejaria esperar.

– Mas como eu vou encontrá-la? Qual motivo alegaria para ir procurá-la? – chegou a perguntar em voz alta. – Nem tenho o telefone do seu serviço. Droga! – Sorrindo pela ideia imediata, exclamou: – Já sei!

Pegando o telefone, ligou para a casa de Helena torcendo para que Carla atendesse. Seria fácil inventar alguma coisa para que fornecesse o telefone do serviço da irmã. Mas, ao ser atendido por dona Júlia, ele se desencorajou. Ao reconhecer a voz da senhora, disse que era engano, pediu desculpas e desligou.

Inconformado, pediu à secretária que fosse novamente a sua sala e, ao vê-la entrar, falou um tanto sem jeito:

– Paula, preciso de um favor.

– Estou às ordens – sorriu, sempre animada.

Após fazer uma anotação rápida num bloco de rascunho, solicitou:

– Dê um jeito de localizar o telefone da Helena. Ela trabalha nesta empresa aqui – explicou, entregando a anotação. – O nome completo está anotado também. Ela é analista de sistemas, eu acho.

— Quer que eu ligue e transfira a você?

— Não. Só consiga o número.

— Pode deixar — disse a moça sorrindo, sabia de quem se tratava.

— Obrigado, Paula.

Passados alguns minutos, a secretária entregou-lhe o número do telefone anotado em um papel. Eduardo ficou olhando por longo tempo sem ter coragem para ligar.

"O que posso dizer?" — pensava.

Após algum tempo, Paula entrou novamente na sala e, esperta, reparou em seu chefe um jeito inseguro e inquieto. A secretária sorriu sem que ele percebesse e comentou, tirando-o da profunda reflexão:

— Ontem você me disse que havia sonhado com a sua sobrinha, a Bianca. Falou também que foi um sonho confuso, que o deixou preocupado. Por acaso ligou para a tia da menina para saber se está tudo bem?

Eduardo a encarou surpreso. Paula parecia adivinhar os seus mais íntimos desejos. Ainda admirado, ele sorriu e argumentou:

— Eu poderia ligar para a dona Júlia, que é a avó, e saber como está a minha sobrinha. Não precisaria incomodar a Helena no trabalho, não acha?

— Se me permite lembrá-lo — replicou a moça sorridente e com certa astúcia —, pode dizer que não queria falar com a dona Júlia porque ela poderia ficar preocupada. Você mesmo me contou, outro dia, que a própria Helena não quis dizer nada em casa sobre o pesadelo que a Bianca teve quando foi dormir na sua casa. — Paula, com um jeito sério mas maroto, ainda sugeriu: — Quem sabe até possa ir lá hoje para ver sua sobrinha, é claro. E pode até pegar a tia no serviço, afinal... é caminho, eu acho. E mesmo se não for, você poderá ter uma reunião lá perto do centro e, se essa reunião terminar mais cedo...

O rapaz, rindo prazerosamente, jogou-se para trás e falou:
– Paula, você não existe!
– Com licença, Eduardo. Tenho alguns documentos para despachar. Se a dona Gilda me pega falando isso...
– Venha cá, Paula! Não fuja não!
Ela retornou risonha e ele perguntou:
– Você acha mesmo que a minha mãe vai ser contra qualquer tipo de envolvimento que eu possa ter com a Helena?
– Quem sou eu para achar qualquer coisa...
– Deixe de ser secretária, Paula. Acho que você é a única pessoa que tem coração aqui dentro desta companhia. O resto só tem um computador no lugar do coração e uma calculadora no cérebro.
– Sei que posso ser demitida por isso, mas... Vamos lá! Eu acho que sua mãe não vai admitir nenhuma aproximação sua com ninguém que ela não tenha escolhido.
– Por que diz isso? – perguntou intrigado.
– A dona Gilda tem, por você, um amor excessivo. Algo como posse. Algo dominador.
– Ela me sufoca, sabia?
– Eu sei. Eu vejo.
– Estou um pouco preocupado, sabe? Desde que minha irmã morreu, forçado pelas circunstâncias, eu venho me aproximando da Helena. Venho então percebendo que ela é diferente... Tem algo nela que me atrai, que me envolve. O estranho é que ela parece que nem me nota. – Ele riu e comentou: – Justo eu!...
– Cobiçado! Concorrido! Assediado! Conheço bem o seu currículo, moço – disse brincando. – Não se esqueça de que sou eu quem atende os seus telefonemas e tem de dar algumas desculpas.
– Pois é... – disse desconcertado. – Agora sou eu quem se sente rejeitado.
– Será que a Helena não o vê como um parente? Você é o cunhado do irmão dela.
– Parente? Será?

— Vejo que seu interesse por ela talvez seja pelo fato de querer conquistá-la. A conquista é um prazer, principalmente para os homens. É gostoso o mistério de querer decifrar os pensamentos, as opiniões que ela tem a respeito de tudo. Penso que, em toda sua vida, todas as outras garotas tenham sido muito fáceis, não foi?

— Foi sim. A maioria é volúvel, perdoe-me dizer, mas chegavam a ser até levianas, não se davam o valor. Com isso acaba a magia, o romantismo. E eu sou um cara romântico.

— Infelizmente tenho de concordar que isso é verdade. Hoje as moças estão muito liberais.

— E se a Helena não quiser nada comigo?

— Sabe qual é o melhor jeito para se aproximar de alguém? — Ele ficou atento e Paula completou: — Aproxime-se sem ser chato, sem ser insistente, sem ficar com aquela mão boba ou aquele olhar de peixe morto e fala mole.

Eduardo gargalhou com o jeito de Paula que gesticulava ao falar, perdendo toda sua postura de secretária e apresentando-se mais natural.

— Seja firme, seja amigo, ouça mais e fale menos — tornou mais séria. — Assim ela vai sentir prazer com a sua amizade. Do contrário sentirá repulsa. E quer saber? Isso vale para homens e mulheres. Ninguém gosta de gente pegajosa. Todos gostamos de ter um amigo que não seja chato.

— Acha que é uma boa ideia eu telefonar?

— Se você conseguir convencê-la de que ligou por causa do sonho, por estar preocupado, sim, é uma boa ideia. Converse um pouco, pergunte onde fica a empresa em que trabalha e diga animado que terá uma reunião hoje à tarde, lá perto. Converse mais um pouco e pergunte se pode passar lá, pois está pensando em ir ver a Bianca. Se ela não quiser, não insista. Mas deixe o seu telefone, entendeu?

O rapaz, que sorria o tempo todo, sentia-se como um adolescente inexperiente e encantado.

— Agora, com licença, acho que vai querer ficar sozinho — despediu-se Paula sorrindo.

Repleto de coragem e ansiedade, Eduardo pegou o telefone e, sem pensar, ligou.

— Oi, Helena! Aqui é o Eduardo. Tudo bem?

— Oi, Eduardo! Que surpresa!

— Espero que boa.

— Sim, claro. Como você está?

— Bem. Sabe, eu ia ligar para a sua mãe, mas como no outro dia você não quis contar a eles sobre o pesadelo que a Bia teve lá em casa, achei melhor falar primeiro com você.

— O que aconteceu?

— Eu andei sonhando algumas coisas bem estranhas e a Bia estava no meio. Fiquei preocupado e queria saber se ela está bem.

— Está sim. Se bem que... – interrompeu Helena.

— Quê?... – interessou-se diante da pausa.

— ... a Bia anda dizendo aquelas coisas, sabe?

— Que coisas?

— Agora não é um bom momento, entende?

— Estou vendo que você não está bem à vontade para falar, não é, Helena? Deve ter alguém aí ao lado.

— É isso mesmo, você acertou. Mas a Bia é criança e você sabe como as crianças são criativas. Só que, às vezes, acho que isso está indo longe demais. O Mauro acabou ficando nervoso outro dia e quase bateu nela. Achei tão estranho. Meu irmão não é disso. Ele nunca foi agressivo, principalmente, com a filha.

— Sabe, Helena, nos últimos tempos eu venho sentindo um aperto quando penso na Lara, na Bia. Nunca fui de ter sonhos marcantes, significativos ou que me impressionassem tanto e, ultimamente, sinto algo estranho.

— Eu entendo. Também venho me sentindo estranha. Às vezes...

— Às vezes?... – perguntou como se pedisse que continuasse.

— Sinto-me amargurada, como se eu precisasse encontrar soluções para as coisas e não conseguisse. Tudo está fora do meu alcance, fora de controle.

– Sei. Gostaria de falar sobre a Bianca e queria detalhes do que você tem para contar. Acho que você não está sendo direta pela falta de privacidade, não é?
– Isso mesmo – confirmou a moça.
– Eu também tenho alguns pensamentos que me confundem e afligem. Sei lá, talvez se a gente pudesse conversar...
– Não sei como poderia ajudá-lo. Do jeito que ando ultimamente, acho que só levaria problemas.
Num impulso, ele perguntou:
– Onde fica a empresa em que trabalha? – Após ouvir a resposta, avisou: – Hoje à tarde vou aí perto, posso passar para pegá-la? Quero ver a Bia e penso que, no caminho, podemos conversar um pouco.
– Combinei ir embora com meu irmão, mas... – Depois de pensar, falou: – Tudo bem. Eu ligo pro Miguel e digo que vou com você.
– Está certo, passo aí por volta das dezoito horas. Eu ligo e combinamos um local para eu pegá-la. Anote o telefone daqui e do meu celular, caso precise...
Após se despedirem, Eduardo não cabia em si de tanta felicidade e expectativa. Nem trabalhar direito ele conseguia.
As horas pareciam se arrastar tamanha a lentidão.
Ao sair de sua sala, procurou por Paula e, sem dizer nada, segurou seu rosto, deu-lhe um beijo e se foi.
Sem nenhuma pergunta, ela entendeu o que estava acontecendo.
No horário combinado, Eduardo, parado na frente do prédio onde Helena trabalhava, decidiu telefonar avisando que a esperava. Um sorriso espontâneo e alegre iluminava o rosto do rapaz bem alinhado que, educadamente, recebeu-a com um ligeiro beijo no rosto. Satisfeito, ele a conduziu para que se acomodasse no carro. Contornando o veículo, tomou a direção e sentiu imensa satisfação quando observou que o trânsito estava praticamente parado, pois isso o deixaria mais tempo na companhia da moça.
– Puxa! Olha só que lentidão – comentou a jovem. – Com certeza é por causa da chuva que deu agora à tarde.

— É sim. Foi um temporal muito forte. São Paulo é sempre assim, não há o que se fazer nos dias de chuva.

Depois de mais de uma hora, eles haviam andado cerca de uns cinco quilômetros somente.

Eduardo subitamente convidou:

— Helena, vamos passar ali no *shopping*, tomar alguma coisa e conversar um pouco? Mais tarde certamente o trânsito estará bem melhor. Não nos estressaremos tanto. — Ela ficou em dúvida, então ele avisou: — Não quero apressá-la, mas é bom decidir antes que eu perca aquele acesso ali — disse apontando.

— Tudo bem. Vamos. Será melhor do que ficarmos aqui nessa lentidão.

O casal rumou para o *shopping* e se acomodou em uma mesa na praça de alimentação, onde Eduardo providenciou dois sucos para que tomassem enquanto conversavam.

— Desculpe-me, não dava para falar no momento em que me ligou. Uma colega estava perto e eu não queria que ouvisse nossa conversa — justificou-se Helena.

— Ah, sim. Eu logo entendi. Mas fiquei preocupado. O que a Bianca anda dizendo?

— Ela continua dizendo que vê a mãe — contou sem rodeios. — Disse que vê a Lara chorando, às vezes, perto de mim ou do Mauro. Falou que ela anda pela casa com certa frequência.

Eduardo pareceu levar um choque. Mesmo percebendo a sua surpresa, Helena não se intimidou e continuou relatando:

— Não acredito que a Bia esteja mentindo, principalmente, por um detalhe muito importante.

— Qual?

— A história é longa, mas aconteceu assim: o Mauro disse que a Lara havia ido buscar o presente da Bia lá na escola. Só que eu fui a primeira pessoa a entrar na casa deles depois do acidente e acabei encontrando, no maleiro do quarto, o presente com cartão e tudo. Um cartão meio triste, diga-se de passagem. Parecia que ela estava se despedindo da filha.

— Eduardo, com ar sério e semblante preocupado, olhava-a

fixamente e continuava ouvindo. Helena prosseguiu: – Eu percebi que o Mauro ignorava completamente o fato e entendi que, por algum motivo, a Lara não disse a verdade. Talvez ela precisasse sair por alguma outra razão que, com certeza, não era buscar o presente. Decidi que não contaria nada ao meu irmão, pois, a cada dia, o Mauro parece mais deprimido e desolado. Na noite antes do acidente, a Lara me telefonou e começou a me perguntar coisas estranhas, parecendo preocupada, mas ela não disse exatamente o que queria.

– O que minha irmã perguntou?

– O que eu achava do Mauro, se eu acreditava que ele era capaz de enganá-la, de fazer alguma coisa bárbara, absurda. Não me lembro exatamente as palavras que usou, mas ela estava bem estranha. Quando questionei do que se tratava, ela disfarçou e mudou de assunto.

Ele permanecia calado, pensativo e preocupado.

– Depois de tudo isso – disse Helena –, tenho de admitir que pensei: será que a Lara, por causa de algum desespero, tirou a própria vida?

O rapaz olhou-a chocado, enquanto processava em sua mente uma série de informações que assomou ao que ouvia naquele instante.

– Perdoe-me, Eduardo, mas eu cheguei a pensar que a Lara havia se suicidado por conta de tudo o que ouvi dela e do presente que encontrei com aquele cartão que parecia ser de despedida. Mas o meu maior susto foi quando a Bianca me falou: "Tia, minha mãe sempre diz pra você que ela não se matou não. Pra você não pensar isso dela". – Diante do espanto de Eduardo, a moça confessou: – Fiquei assombrada. Eu só contei essa história para a Sueli, aquela minha amiga. Ela é de muita confiança, jamais contaria isso a alguém, muito menos a uma criança. Depois disso, contei para a minha mãe também e agora para você.

Eduardo esfregou o rosto com as mãos, passando-as depois pelos cabelos, num gesto nervoso. Pendeu negativamente com a cabeça ao comentar:

– Nem sei o que dizer. É algo assombroso mesmo.

– Por causa dessa história da Bianca dizer que vê a Lara, minha mãe resolveu chamar um padre para ir benzer nossa casa.

– E aí? Resolveu?

– A Bianca contou que, depois que o padre foi embora, ela viu a mãe se acomodando como se dormisse. Depois não a viu mais. Só que, há uns dois dias, ela voltou a dizer que a Lara estava novamente lá em casa, sempre triste e chorando. – Diante do longo silêncio e ao vê-lo com o olhar perdido, ela perguntou: – Eduardo, tudo bem?

– Helena, pelo amor de Deus, que esta conversa fique só entre nós, certo? Tenho algo para lhe contar.

– Claro. Pode confiar.

– Eu e a Érika conversávamos outro dia e ela me disse que viu a Lara conversando com nossa mãe pouco antes do acidente. Ela viu a Lara inquieta e nervosa, dizendo que não podia acreditar em algo que minha mãe havia falado e que, se aquilo fosse verdade, ela preferiria morrer.

– Mas do que elas falavam?

– A Érika não sabe dizer. Não deu importância no momento, mas sabe que era algo que se referia ao Mauro.

– Imagino que sim. A dona Gilda nunca engoliu esse casamento e sempre fez de tudo para separá-los. – Segundos depois, Helena se corrigiu muito envergonhada: – Desculpe-me, Eduardo. Por favor... Ela é sua mãe, eu esqueci...

– Não tem problema – disse com meio sorriso. – Eu sei muito bem como minha mãe é. Lena, assim como fez com você, a Lara me procurou alguns dias antes do acidente. Foi por telefone e eu estava muito ocupado. Ela veio com a mesma conversa sobre confiar no Mauro e o que eu achava dele.

– Acho que nunca vamos descobrir o que houve, não é?

– Se há algo a ser revelado, certamente, dona Gilda sabe do que se trata – afirmou ele. Depois completou: – Deus do céu, o que será que minha mãe aprontou? No sonho que tive com a Lara, ela a acusava de ter mentido. Ela queria salvar a Bia da avó.

– Isso foi um sonho, Eduardo. Não podemos levar tudo tão a sério. Vamos guardar esse assunto só entre nós. É uma suspeita muito grave.
– Helena – ainda disse pensativo –, estou lembrando uma coisa. No dia desse acidente, minha mãe ficou desesperada com a morte da minha irmã, mas também ficou muito aflita para ir pegar as coisas e a bolsa da Lara, que havia ficado no hospital. Lembro que um funcionário nos entregou seu relógio, correntinha, aliança, a bolsa e um envelope. Coisas que estavam com ela.
– Você olhou essas coisas?
– Não. Minha mãe, de um jeito possesso, pegou tudo e eu não vi mais nada. Pensei que fosse uma reação desesperada pela perda da filha, mas...
– Eu sei que sua mãe devolveu os documentos da Lara para o Mauro. Mas creio que foram só os documentos. Nada mais. Não tinha envelope nenhum. Mas... não vamos julgar.
– Isso é muito estranho.
Nesse momento, Helena consultou o relógio e se assustou:
– Nossa! Olha que horas são!
– Eu te levo.
– Mesmo assim já é bem tarde. Minha mãe vai ficar preocupada.
– Hei, o que sua mãe achou do João Carlos e da Juliana? Ela achou ruim eu ter levado visitas lá sem avisar?
– Não, imagine! – sorriu largamente. – Lá em casa não tem disso. Minha mãe os adorou! A Juliana até andou ligando lá pra minha mãe querendo umas receitas e pro Miguel também. Eles trocam livros, CDs.
– Não sei não. A Juliana e o Miguel... – brincou desconfiado.
– Seria bom se fosse verdade, acho a Juliana tão bacana. Mas parece que ele está enfeitiçado pela Suzi – falou com certo desdém.
– E o que sua mãe fala de mim?
– Ah, que você é arrogante, mal-educado, orgulhoso... – falou com graça, rindo com gosto, em seguida.

— Puxa! Que decepção! Eu me esforço tanto! — expressou-se rindo.

— Estou brincando.

— Eu sei. Mas o que você acha de sairmos novamente? Eu gostei tanto da Juliana com seu jeito animado. Do João Carlos, nem temos o que dizer...

— É... podemos ver um dia desses. Só que eu acho que o Miguel vai levar a Suzi.

— Acho que vai ser legal. Não vamos julgar a moça antes de conhecê-la melhor, Helena. Isso é preconceito.

— E a sua mãe? Ela não está de acordo com o namoro da Érika, não é?

— Eu acho isso um absurdo! Não quero me envolver para não criar um clima ainda pior lá em casa. Preciso dar apoio para a Érika e, se eu me voltar contra minha mãe, as coisas vão ficar piores.

— Parece que nunca estamos livres de problemas — reclamou com certo desânimo, novamente. — Há momentos em que acho que não vou suportar tanta pressão.

— E o seu ex-namorado, não a procurou mais?

— Não o vejo desde aquele dia. Mas sinto um medo estranho. É como um pressentimento, como se algo fosse acontecer a qualquer momento.

— Falou com seus irmãos?

— Não. De jeito nenhum. O Miguel não seria compreensivo. Não nesse caso. Ele é bem capaz de ir tirar satisfações... O Mauro, como eu falei, está muito estranho. Tanto que ele e a Carla acabaram se desentendendo. A minha irmã tem o sangue quente, mas o Mauro... Nunca o vi brigar com alguém e, por umas três vezes, ele quase bateu na Carla.

— Nossa!

— É verdade. Se não fosse pela minha mãe... Se bem que a Carla vive provocando muito. Ela responde, cria climas tensos... — Após pequena pausa, ela o encarou, sorriu docemente e pediu: — Agora vamos, Eduardo?

— Claro — sorriu e concordou.

Ele a deixou em casa conforme combinado e entrou por alguns minutos para ver a sobrinha, mas logo se foi.

Apesar de ter conversado com Helena por um longo tempo, achou que havia faltado algo. Seus desejos não se concretizaram, pois ficaram muito longe um do outro. O assunto não permitia nenhum clima romântico ou de aproximação.

Mas ele não desanimaria. Lembrou-se dos conselhos de Paula. Seria amigo de Helena, alguém em quem ela pudesse confiar, assim poderia estar sempre a seu lado, até que ela o percebesse.

Eduardo estava feliz, de bem consigo mesmo.

CAPÍTULO 11

A realidade da vida

Ainda sob o efeito de certa magia provocada pela paixão, Eduardo chegou a sua casa bem tarde. Sentindo-se ainda encantado, lembrava-se de detalhes que reparou em Helena, do seu rosto sereno, da sua voz suave, do riso cristalino que pouco se fez e do olhar doce, generoso, que só ela sabia expressar com tanta sinceridade.

Entrando, na sala principal da luxuosa residência, ele foi bruscamente arrancado de suas agradáveis recordações quando ouviu os gritos de Érika e de sua mãe.

Subindo apressadamente as escadas, foi até o quarto de Érika, de onde vinha o barulho.

– Não vou!!! Se você pensa que pode mandar em mim, está muito enganada! – gritava a jovem transtornada.

– Sou capaz de uma insanidade, Érika! Não me provoque!

– Calma, gente! O que é isso? Poderiam ser mais civilizadas e conversar com menos barulho? – pediu o rapaz que acabava de chegar.

— Está decidido! Sua irmã vai para a Suíça passar longas férias.
— Não vou! Quero ver quem é que vai me por dentro de um avião! Quero ver!
— Não vou tolerar você ficar com um negro, pé-rapado, que só quer usurpar aquilo que você tem! – dizia Gilda com imensa fúria. – Eu mato você antes de aceitar isso!
— Pois pode matar! Venha, vamos! Mata logo! Só que tenha a dignidade e a coragem de assumir o assassinato! Não tente cometer um crime perfeito como fez com o a Lara!
Num acesso de raiva, Gilda aproximou-se rapidamente e desferiu um tapa no rosto da filha.
Eduardo segurou sua mãe e a afastou de Érika, que gritava:
— Tá pensando que eu não sei? Mesmo se eu não soubesse, sua atitude acabou de denunciá-la. Você tem algo a ver com a morte da Lara!
— Érika, pare com isso! – exigiu o irmão com veemência.
— Suma daqui! Vai embora desta casa – pedia a mãe com grande rancor. – Você não deveria ter nascido! E pensar que salvei sua vida quando ia despencando do oitavo andar quando tinha quatro anos, lá no apartamento da sua tia! Eu nunca deveria tê-la salvado!!!
Eduardo ficou perplexo, não acreditava no que ouvia sua própria mãe dizer.
— Vamos parar com isso! – ordenou o rapaz, ainda nervoso.
— Viu só, Edu?! – disse a irmã com o rosto banhado de lágrimas. – E você ainda diz que era eu quem via tratamento diferenciado entre nós. Viu só como a dona Gilda me odeia?!
Conduzindo sua mãe até a porta do quarto, pediu:
— Mãe, vai para o seu quarto, por favor.
— Você me paga, Érika. Aaaah! Juro que me paga! – ameaçou em um tom vingativo e com o olhar espremido devido ao seu ódio.
Após sua saída, Érika desabafou:
— Minha mãe, minha própria mãe...

— Calma, não fique assim... — pediu o irmão aproximando-se para tocá-la com ternura. Mas, num gesto rápido, agressivo, ela se esquivou e falou nervosa:

— Eu vou embora desta casa. Vou sumir daqui nem você vai saber para aonde vou.

Aborrecido com a situação, pois sentia que a irmã tinha ciúme e, de certa forma, culpava-o pela preferência que a mãe demonstrava de modo alardeante, Eduardo suspirou fundo, passou a mão pelo rosto e, após fechar a porta para garantir a privacidade, perguntou, quase nervoso, mas mantendo a voz num tom moderado:

— Vai embora e viver do quê? Em que pode trabalhar? — Após uma pausa, alertou: — Érika! Acorde para a vida! Você tem vinte e um anos, não trabalha, não faz nada, não se interessa por uma ocupação produtiva...

— Ah! Lá vem você agora!... — interrompeu irritada.

— Cale a boca e me escute! — gritou Eduardo, realmente bravo. — Até quando pretende ser dependente? Até quando vai dar uma de dondoca? Preste atenção: deixe de ser Patricinha ou será uma eterna panaquinha! Você tem de produzir, tem de se sustentar, se preparar para a vida! Sabe por que você briga com a mãe? — perguntou mais tranquilo. — Porque nenhuma de vocês faz nada. Entendeu? Nada! Você acorda, vai para aquele clube ou fica aí na piscina. A mãe levanta, vai para a clínica de estética, vai encontrar as amigas, vai comprar roupas... Suas preocupações são só com coisas inúteis, supérfluas, desnecessárias a qualquer ser humano que quer vencer, triunfar, progredir. Ninguém que tenha algum propósito, algum objetivo na vida age como vocês. Diga-me uma coisa: você fala que gosta do João Carlos, que quer ficar com ele... Pelo que eu vejo, se ele propuser casamento, você casa na mesma hora!

— E caso mesmo!

— Ah, é? — disse Eduardo com certa ironia na expressão e no tom de voz. — E você pensa em mais o quê? Em se casar e ser sustentada por ele? Levar a mesma vida de princesa? O

João Carlos é uma ótima pessoa, um cara respeitável, confiável, trabalhador... Mas será que vai concordar em ter uma mulher improdutiva? Nem cuidar de uma casa você sabe. Você não tem capricho nem com suas peças íntimas. Outro dia eu precisei usar o seu chuveiro e vi lá, pendurados no registro d'água e no vidro do box, as suas calcinhas, seu sutiã... Érika! Se liga! Acha que a vida é fácil?! Que vai se casar com ele e viver só de beijos e abraços? Pensa que vai se casar e que ele vai poder pagar três ou quatro empregadas para cuidar de você e das suas coisas? – Diante do silêncio, Eduardo prosseguiu: – Eu acho que não dá para viver assim. Pelo que eu percebi, Érika, todos ali, naquela casa, dão duro na vida. A Juliana moveu céus e terras para progredir, para triunfar e ser bem-sucedida. Estou falando em progresso, em sucesso e não em dinheiro do papai e da mamãe. O João Carlos também se esforçou muito na vida para ter o que tem e fazer o que faz. A dona Ermínia me contou a sua luta, principalmente, depois da morte do marido. Agora me diz, e você? O que tem para contar, para apresentar como triunfo pessoal? Suas exigências? Vai contar só a parte que viveu brigando com a sua mãe, que se sentiu injustiçada e mal-amada? Vai ficar aí, brigando e chorando por direitos que não tem? Que é o de exigir, é claro. Porque até hoje eu só te vejo exigindo as coisas feito uma menina mimada.

Érika não dizia uma única palavra. O irmão, quase que de modo impiedoso, continuou firme com o objetivo de fazê-la ver a vida como realmente é:

– Se pensa em ir embora de casa como esses adolescentes tolos que têm por aí, acho bom você pensar em como vai viver, do que vai sobreviver e como vai se sustentar. Não acredite em tudo o que vê nos filmes, nos programas da televisão ou nas novelas não. Nas novelas, tudo é muito fácil, todos terão um final feliz e o bandido, quando não morre, vai para a cadeia. A realidade não é bem essa, minha irmã. Não pense que, se fugir de casa, encontrará na casa de uma amiga o luxo e as prestações de serviço que você encontra aqui. Não pense que vai poder brigar com todo mundo lá, onde você estiver, e correr para o seu confortável quarto e fechar a porta sem querer ver ninguém. Num outro lugar, que não seja a sua casa, quando você brigar será posta para fora. Não conheço uma só pessoa equilibrada psiquicamente e bem-sucedida na vida que tenha se prostituído ou usado drogas, nenhuma pessoa de bons princípios e que se autossustente que tenha fugido de casa num momento em que não sabia fazer nada e nem sequer trabalhava, que tenha ido embora da casa dos seus pais porque eles pegavam no seu pé. Se alguém me disser que essa pessoa existe, eu pago para ver. Se alguém como você sair pelo mundo hoje, sem uma boa profissão, sem um bom emprego só vai encontrar amarguras e conhecer a triste realidade da prostituição, das drogas, das agressões, dos delitos e muito mais, seja homem ou mulher.

— A Natália é diretora financeira da nossa empresa e veio do nada, como ela mesmo conta.

— Você conhece bem a vida da Natália? Eu pedi para que me apontasse uma pessoa de moral, equilibrada psicologicamente, sem profissão, sem nada. A princípio, o pai dela foi quem pagou a faculdade de direito para ela, depois disso, por razões que eu ignoro, ela foi morar sozinha se sustentando não sei como. Agora, como homem, eu analiso o comportamento dela e posso dizer que acredito, porque já vi e ouvi, que a Natália deva ter se envolvido com mais de uma dúzia de empresários para conseguir o que ela tem hoje. Concordo que é uma profissional competente, mas seu caráter deixa a desejar, tanto que tem uma filha que não sabe quem é o pai. Isso foi a própria Geisa quem me contou. Então, posso garantir que a Natália não é uma referência para este caso, pois ela não tem duas qualidades essenciais: moral e bons princípios. Quem faz o que ela fez e continua fazendo, que eu sei, para ter um bom cargo, para ter sucesso, se prostitui sim, de alguma forma. Torno a repetir: não acredite nos filmes nem no que mostra a TV, tudo aquilo é mentira. É uma coisa montada para atrair a atenção, dar dinheiro e, para isso, mostram só o que o povo gosta: sol, praia, samba, futebol, mulher pelada, vida boa, vida fácil e final feliz. Mas a realidade não é essa. É por conta desses programas inúteis, que distorcem a realidade da vida, que tem tanta adolescente grávida por aí. São meninas e meninos despreparados que dizem: "Oh! O amor é lindo! Não há coisa melhor do que a liberdade sexual. Eu não sou quadrado!" – arremedou. – E por causa dessa liberdade, dessa promiscuidade toda é que vão ter de encarar uma gravidez precoce, vão perder a verdadeira liberdade, natural e gostosa que a vida lhes reservou para a adolescência, vão ter de parar estudar e buscar uma profissão para cuidar, de forma imprudente, de um filho que não planejaram e não desejaram. Não vão ter qualidade de vida, vão até passar fome, necessidades de assistência médica, odontológica e muito desespero pelo despreparo moral, emocional, psicológico e financeiro. Isso não acontece no programa de TV, não mostram nas novelas, onde só aparece o lado bonito, o sexo livre e sem AIDS. Esses adolescentes se iludem quando admiram esse ou aquele que aparece na televisão e dizem: "Olha, a fulana fez uma produção independente! – arremedou, novamente. – Ela teve um bebê sozinha. Ai, que lindo!" Eles esquecem que essa pessoa é milionária e que não vai precisar ficar na fila dos hospitais públicos, muito menos passar noites em claro por causa do filho com febre. A novela mostra que a fulana está dormindo com um hoje, com outro amanhã, depois com mais outro e assim vai até que as pesquisas mostrem com quem o público quer que aquela personagem fique no final. Eu gostaria que essa mesma novela mostrasse que a tal fulana contraiu o vírus da AIDS, aí você iria ver morrer mais da metade das personagens antes do fim da novela. Mas isso não acontece e sabe por quê? Porque não dá audiência. O povo não gosta de ver a verdade, de encarar a realidade da vida. O problema é que as pessoas acostumam a ver essa troca de parceiro e acabam achando que isso é o normal, depois saem por aí e adotam o mesmo comportamento: fica hoje com um, amanhã com outro... Aí não adianta nada o Ministério da Saúde gastar milhões em propagandas contra o vírus do HIV e solicitar que não se tenham muitos parceiros; as pessoas, principalmente os adolescentes, já estarão inconscientemente acostumados com a promiscuidade, com a vida leviana, com a troca de parceiro e achando que isso tudo é normal, não vão dar atenção aos alertas contra o HIV. Se imitarmos a tal fulana da novela e ficar hoje com um, amanhã com outro... garanto que se não encararmos a AIDS vamos nos deparar com uma gravidez não planejada, não desejada ou coisa pior ainda, porque preservativos furam. Na vida, Érika, não há como você garantir um final feliz se você não for, no mínimo, uma pessoa de bom senso, ponderada, racional, bem-preparada para a vida e com uma boa profissão, muita perseverança, iniciativa e pés no chão. Se você não mudar, não crescer, não melhorar intimamente, vai perder o namorado, vai perder os seus direitos, não só aqui em casa, mas também na vida e só lhe restará ser eternamente dependente de mim, do pai ou da mãe.

– Nunca! – reagiu com firmeza.

– Tomara que você tenha razão, porque eu percebi que o João Carlos é uma pessoa bem prudente, muito consciente e observador. Se ele for como eu acredito que seja, não vai demorar muito para sentir-se cansado de seus modos exigentes de dondoca.

Nesse instante, a irmã fixou seu olhar nele, interessada em sua conclusão.

– Veja bem, Érika. O João Carlos é um cara experiente, que está observando como você é, como reage. Eu creio que ele não vai querer ter alguém ao lado só pela beleza, só porque sabe se vestir, sabe sentar, falar e se apresentar. Creio que chegamos a uma idade em que procuramos uma parceira, uma amiga leal, alguém em quem possamos confiar, uma pessoa que transforme uma cena ruim ou um dia tumultuado em algo tranquilo, harmonioso. Eu vejo que isso ele não vai encontrar em você, ainda. E se eu vejo, ele também vai ver. Sabe, a Juliana falou algo que me chamou muito a atenção. Ela disse que queria mudar e que começou pelo mais próximo: seus próprios pensamentos. Você, Érika, reclama da mãe, mas é tão exigente quanto ela. Grita quando não é atendida, fica revoltada quando as coisas não saem como quer, perde o controle quando se sente prejudicada. O que acha que ele vai pensar? Eu, no lugar dele, diria: "Puxa! Se ela não contorna com paciência uma dificuldade hoje, quando tem tudo, imagine o que vai fazer quando não estiver bem". Porque, ficando com ele, você vai ter que abrir mão de muitos luxos. Não vai ficar no clube o dia inteiro com suas amigas, a grana vai ser curta, talvez nem tenha seu próprio carro no começo. Os gritos que dá com sua mãe hoje, aqui nesta casa, certamente, vai dar com seu marido, com seus filhos quando a situação estiver difícil. E eu posso garantir que nem todo homem suporta gritos e exigências. Eu sou um deles. E mais, ele é um cara muito legal. Espero que você não estrague a vida de uma pessoa assim. Pense bem.

– Por que só eu estou errada? Você não enxerga o que a mãe faz?

Eduardo ia se retirando, mas voltou e respondeu:

– Enxergo sim. Só que ela parece que não tem mais jeito e eu acredito que você pode mudar e fazer algo melhor, por você mesma, para que não tenha, no futuro, um gênio como o dela. Estude, trabalhe, não seja tão dependente. Aí sim você vai poder pensar em sair desta casa e ainda terá todo o meu apoio. Poderá até pensar em se casar e viver uma vida a dois, com dificuldades, com falta de dinheiro, sem empregada, mas com muito amor e compreensão. Pense nisso, pois acho que nem cozinhar ou lavar suas calcinhas você sabe. – Aproximando-se um pouco mais, ele sorriu ao segurar seu rosto com delicadeza e disse: – Eu amo você, minha irmã. Você é muito importante para mim. Não quero que se machuque com as ilusões e as ideias que hoje tem sobre a realidade. Se você acha que a sua mãe não te tolera, espere só até arrumar um emprego e encarar a vida. Lá fora, no mundo, nem sempre temos uma segunda chance, todos nos massacram sem piedade e até antes mesmo de falharmos. Mude. Comece pelo mais próximo. Comece a mudar os seus próprios pensamentos negativos, críticos, cheios de revolta. Se fizer isso, o mundo vai sorrir pra você.

Eduardo se curvou, beijou seu rosto gelado, afagou-lhe o cabelo e saiu do quarto, deixando a irmã imersa em todas aquelas colocações.

Érika atirou-se na cama e chorou por longo tempo até adormecer.

༺✿༻

Na manhã seguinte, Eduardo lia o jornal enquanto fazia seu desjejum quando Gilda desceu as escadas exibindo largo sorriso ao vê-lo.

— Bom dia, meu querido! — cumprimentou-o com extrema alegria, beijando-o no rosto com ternura. — Dormiu bem?!

— Bom dia, mãe. Dormi sim e você?

— Ah! Nem me pergunte. Tive até de tomar um calmante. Minha enxaqueca só faltou me matar. Mas agora já estou melhor. Sabe, às vezes, essas emoções me revigoram.

— Está se referindo à briga que teve ontem com a Érika? — estranhou o filho, olhando-a de um jeito perplexo.

— Meu amor — exclamou sorrindo —, a vida é como um alimento sem sal se não experimentarmos as emoções! — E num tom mais alto de voz, chamou: — Lourdes! — Ao vê-la, reclamou: — Não vê que já estou à mesa? Sirva logo meu café! Ou vai ficar aí atrás da pilastra ouvindo a conversa?

Quando a empregada foi servi-la, Gilda decidiu:

— Não quero mais café. Traga-me um suco de laranja com água e veja se há uvas frescas, eu não quero este mamão.

Eduardo ainda estava amargurado com todo o ocorrido da noite anterior. Não podia se esquecer de ter ouvido sua mãe lamentar por salvar a filha quando Érika tinha apenas quatro anos de idade e ficou mais insatisfeito ao observar que Gilda parecia não se incomodar com a briga que havia acontecido.

— E o pai? — perguntou ainda sob efeito da tristeza.
— Já foi. Saiu cedo. Nem café tomou.
— Precisava tanto falar com ele — lamentou.
— O Adalberto anda muito estranho ultimamente.
— Talvez seja porque surgiram algumas situações difíceis lá na empresa. Acho que ele terá de viajar para o México para resolver o problema com as peças. Estão querendo até rescidir o contrato.
— Se ele for para Acapulco, posso até pensar em ir junto — considerou Gilda imponente.
Eduardo sorriu e avisou:
— Não, mãe. Se ele for, será para aquela região onde aconteceram os terremotos.
— Deus me livre! De catástrofe já basta o que sua irmã provoca. Aliás, em vez de Érika ela deveria se chamar Terremoto.
— Você sabe que não pode forçá-la a viajar ou a qualquer coisa, mãe. Então por que a provoca?
— Você não entende, Eduardo. Não posso e não vou aceitar o que sua irmã vem fazendo.
— Mas nada do que a Érika faz te agrada. Já reparou nisso?
— É porque tudo o que ela quer sempre está errado.
— Acho um absurdo você tentar proibir esse namoro. Acho abominável qualquer tipo de preconceito.
— Não vai me dizer que você aceitaria ter um amigo assim?
Encarando-a com olhar sério, afirmou com voz pausada e forte:
— Com o maior prazer. Não só um amigo, como um cunhado, sobrinhos...
— Você está brincando, meu filho!
— Sou eu quem está assustado com o seu preconceito, mãe. Não vejo nada de errado no João Carlos.
— Oh! Minha enxaqueca voltou — sussurrou Gilda, segurando a cabeça com as mãos enquanto apoiava os cotovelos na mesa.
Nesse momento, a empregada trouxe uma bandeja com seu pedido e Gilda, grosseiramente, olhou para o lado dispensando-a:

— Sai! Sai! Tira isto tudo daqui. Acabei de perder o apetite.
— Voltando-se para o filho, falou: — Só me faltava você dar cobertura para esse namoro insensato!

Levantando-se, o rapaz avisou seguro:

— Não tenho motivo algum para ser contra o namoro da minha irmã. Até porque eu conheço o rapaz e percebo que ele tem mais juízo do que ela e poderá ajudá-la muito. Agora, com licença — disse aproximando-se e beijando-lhe o rosto. — Preciso ir.

Gilda sentiu-se aquecer. Seu rosto ficou ainda mais rubro quando viu Érika descer correndo as escadas e gritando:

— Edu, espera!

Ele se voltou e a irmã pediu:

— Deixe-me ir com você, preciso de uma carona.

No caminho para a empresa, Eduardo e sua irmã seguiram conversando. Érika estava mais animada e com novas ideias.

— Vou falar com o pai. Quero fazer um curso, talvez abrir um negócio.

— As coisas não são assim, Érika. Por que não volta para a faculdade primeiro?

— Eu me animo tanto quando vejo a Juliana falar sobre decoração. Acho que é isso o que quero fazer.

— Seria bom você conhecer melhor a profissão. A Juliana conta o que há de bom, mas tenho certeza de que ela deseja esquecer os problemas, as exigências e as indecisões dos clientes que deve ser algo muito chato, sem falar em prazos vencidos, entregas... Além do que, para trabalhar com decoração não basta gostar, é preciso ter bom gosto, saber entender as pessoas e respeitar suas vontades, isso independente da sua opinião.

— Eu preciso de um emprego. Preciso de dinheiro, pois nem pra gasolina eu tenho.

– O que fez com aquele dinheiro todo que eu te arrumei?
– Precisei pagar um negócio – respondeu meio sem jeito.
– Que negócio?! – perguntou sério o irmão. – Você torrou tudo aquilo em quê?!
– É que eu havia encomendado uns cremes e uma colônia... Sabe como é... – respondeu com certo constrangimento.
– Nossa, Érika! Você não dá valor ao que tem. Até quando vai ser assim? Antes era a mãe quem pagava as suas contas, mas e agora? Vai torrar tudo o que te dou? Você vai ter que maneirar.
– Eu vou mudar, Edu. Você vai ver. Vou falar com o pai que a mãe está regulando a grana. Vou saldar minhas contas e depois vou arrumar o que fazer.
O irmão não disse mais nada.

Pouco depois, Érika relatava ao pai tudo o que havia acontecido.
– Eu sei, pai. Estou errada. Não sou produtiva... O Edu conversou muito comigo ontem. Sei que ele tem razão, mas eu quero mudar, quero fazer algo.
– Diga uma coisa – indagou o pai com paciência, sentado em sua cadeira giratória e olhando-a andar pela sala –, você vai mesmo levar esse namoro em frente?
– Claro. Eu gosto dele, pai. Você tem alguma objeção? Algum preconceito?
– Preconceito?... Não. Mas estou surpreso. Se é essa a sua vontade, o que posso fazer?
– Aaaah! Paizinho! – admirou-se. Agarrando em seu pescoço, beijou-o. – Eu sabia que você estaria do meu lado. Adoro você!!!
– Calma lá! – avisou Adalberto. – Quero saber se esse João Carlos é um cara bacana, decente...
– O Edu já o conhece – interrompeu eufórica. – Aliás, conhece toda a família dele.

— Então o negócio está mais adiantado do que eu imaginava?
Recostando-se agora em seu ombro, a filha falou:
— Só não conversamos antes por falta de tempo. Você anda ocupado e muito sumido. Está levantando suspeita até na dona Gilda.
— Ela disse alguma coisa? — perguntou desconfiado.
— Eu a vi reclamando. Falando sozinha ao desligar o telefone quando não o encontrou na empresa.
— Deixa pra lá. Sua mãe implica com qualquer coisa.
— Eu que o diga.
— Mas vamos lá! — disse animado. — Quero detalhes do que você quer fazer. Adorei ver a minha menininha interessada em fazer alguma coisa — falou mimando-a.
Érika, quase eufórica pelo ânimo, passou a narrar todos os seus planos enquanto Adalberto a ouvia com interesse.

Em sua sala, Eduardo assinava alguns papéis e pedia à secretária:
— Pode despachar tudo isso e...
— E?... — perguntou Paula sorridente diante do silêncio.
— E mais nada. Pelo amor de Deus, poupe-me de tudo o que puder, pelo menos na parte da manhã.
— É, estou vendo que está sobrecarregado.
— Queria pôr a minha cabeça em ordem, refletir sobre o que devo fazer. Ontem dei alguns conselhos para a Érika sobre o que produzir em sua vida, mas eu bem que estou precisando meditar mais sobre mim. Preciso pensar, parar um pouco, ter um tempo para mim mesmo.
— E um tempinho para sonhar, tecer planos... isso é muito bom.
— Como você me entende, Paula! Sabe que eu não tive tempo nem para sonhar acordado, desde ontem quando cheguei a minha casa?

– Então está pior do que eu pensava. – Logo, com um jeito risonho, perguntou: – Posso ser curiosa?
– Claro! De você não posso esconder mais nada.
– E ontem?
– Ah!... – sorriu sem perceber. – Conversei bastante com a Helena. Reparei que me trata como um conhecido, nada mais. É estranho, eu não percebi nenhum interesse dela... Nunca foi assim...
– ... com as outras, nunca foi assim.
– É verdade. Aliás, seus conselhos foram ótimos. Eu não a ataquei! – brincou o rapaz exagerando ao gesticular com as mãos imitando garras.
– Dê um tempo. Se ela está sozinha, se não tem nenhum compromisso, em breve, vai notá-lo e não será como um amigo.
– Acredita mesmo?
– Claro! Não perca as esperanças e não seja apressado.
– Estou louco para telefonar e saber como ela está. Acha que devo?
– Você consegue esperar?

Eduardo exibiu um semblante engraçado e sacudiu a cabeça dizendo:
– Não. Não estou conseguindo.
– Então arranje um bom motivo. Uma preocupação... Ah! Já sei, procure lembrar de alguma parte da conversa que tiveram ontem e diga que não conseguiu tirar isso da cabeça, que não entendeu direito o assunto... Você sabe – disse sorrindo.

Espirituoso, Eduardo se ajeitou na cadeira e, brincando, exigiu apontando para a porta:
– Paula, já para a sua mesa. Não fique aqui enrolando. E não deixe ninguém entrar até eu terminar um telefonema importante.
– Sim, senhor! – respondeu sorrindo enquanto batia continência.

Sem vacilar, Eduardo telefonou, mas foi uma colega quem atendeu a ligação, pois Helena ainda não havia chegado ao serviço.

Intrigado, Eduardo ligou para a secretária e avisou:

– Paula, a Helena não chegou até agora ao serviço. Será que aconteceu alguma coisa?

– Espere um minuto. Eu já estou levando os documentos assinados.

Logo depois, Paula adentra na sala e explica:

– A Natália estava na minha frente e eu não podia dizer nada.

– Agiu bem. Mas o que você acha? É estranho ela ainda não ter chegado ao trabalho.

– Pode ter ocorrido algum atraso na condução. Se ligar para a casa dela, a família pode ficar preocupada e pior, vão estranhar o seu interesse. Aguarde mais um pouco.

Contrariado, Eduardo concordou.

Ele não conseguia se concentrar no trabalho e, chamado para uma reunião, não prestava atenção no que era dito, consultando o relógio constantemente e desejoso para voltar a sua sala.

Ao término da reunião, quase na hora do almoço, ele passou apressado próximo à mesa da secretária e, por haver outros companheiros por perto, avisou sério:

– Paula, não me passe ninguém. Tenho de fazer algumas ligações importantes.

– Eduardo! – chamou a moça. – Há um recado sobre uma ligação importante na pasta sobre a sua mesa. Estão aguardando o retorno.

Na troca de olhares com Paula, Eduardo entendeu que se tratava de Helena.

– Obrigado, Paula. Vou retornar.

Já em sua sala, acomodado em seu lugar, não demorou e abriu a pasta para se certificar do recado, telefonando imediatamente.

– Helena? É o Eduardo. Tudo bem?

– Que bom falar com você! – atendeu com certa aflição na voz.

– O que houve? Você parece nervosa.

– Desculpe-me se estou atrapalhando. Sei que você é muito ocupado...

— Não peça desculpas, Helena, por favor. Entre amigos não existe isso — pediu com meiguice. — Diga, o que aconteceu?
— Foi o meu irmão, o Mauro. Nessa madrugada nós acordamos com ele gritando, tendo uma crise de nervos. Estamos todos assustados. Só vim trabalhar porque tenho um projeto para entregar e... sabe como é, estou há pouco tempo nessa função, não tenho prática e não posso falhar.
— Entendo. Vocês o levaram ao médico?
— Não. Ele não quis ir. Nossa! Eu nem sei contar como foi...
— Vamos almoçar juntos, daí você me conta.
— Não posso. Quero dizer... Preciso compensar o atraso de hoje cedo. Não vou almoçar hoje. Já pedi um lanche.
— A Bianca está bem?

Helena gaguejou para responder, demonstrando certa insegurança ao dizer:
— Está. De certa forma, está. Mas não foi à escola. Sabe, ela voltou a dizer aquelas coisas sobre ver a... — não completou a frase. Sabia que o rapaz entenderia.
— Compreendo. Façamos o seguinte: eu passo aí para pegá-la no final do expediente. Nós conversamos e depois eu vou lá ver o Mauro, certo?
— Não. Talvez ele não queira que você saiba. Eu nem deveria ter contado.
— Você agiu certo. Fez bem em ter ligado. Você está bem?
— Estou confusa, mas estou bem.
— Procure ficar tranquila.
— Vou tentar.
— Pense em outras coisas, está bem?
— Certo. Mais tarde conversamos. Agora tenho muito a fazer por aqui.
— Tudo bem. Não quero atrapalhá-la. Mas, por favor, me liga, certo?
— Ligo sim. Obrigada e me desculpa.
— Fico aguardando. Tchau.

O rapaz ficou preocupado. Aquela surpresa o desarmou e ele não sabia o que dizer.

Pegando o telefone chamou pela secretária, que foi imediatamente à sua sala. Logo que ela entrou, perguntou:
– Paula, você já almoçou?
– Não.
– Pretendia almoçar hoje? – perguntou risonho e sem graça.
– Estou pensando em começar um regime. Estou com alguns quilinhos a mais – retribuiu brincando.
– Estou angustiado e preciso dividir isso com alguém. Você pode me ouvir?
– Claro, Eduardo!
– Então, sente-se.
Apresentando certa insegurança, ele disse-lhe tudo o que aconteceu desde a morte de sua irmã, incluindo fatos que já havia contado antes. Falou sobre as visões de sua sobrinha, sobre o desespero do cunhado, além da desconfiança sobre sua mãe saber algo a respeito da morte de Lara. Acabou falando até sobre a briga de Érika e Gilda na noite anterior.
– É isso, Paula – desfechou encarando-a firme.
A moça permanecia tranquila, sem nenhuma alteração na fisionomia serena.
Após alguns segundos, ela falou mansamente:
– Sabe, Eduardo, eu perdi um ótimo emprego que tive antes de vir para esta empresa, tudo por causa de uma opinião que dei, porque tiveram preconceito com a minha crença. Hoje, novamente, com um bom emprego, com um salário que não posso reclamar, me vejo em uma situação semelhante. – Ela sorriu e completou: – Acho que este é meu carma[1], tenho de passar por isso.

---

1 Nota da Autora Espiritual: Na tradição indiana a palavra carma significa, entre outras considerações, o efeito de uma ação ou a soma total dos efeitos de ações, em vidas passadas, das quais a criatura experimentará os resultados do que provocou, a qualquer custo. Carma é uma palavra milenar que não foi empregada na Doutrina Espírita, entretanto, quando o Espiritismo explica sobre a Lei de Causa e Efeito, ou seja, que sofremos o efeito do que causamos, o sentido filosófico é um tanto similar – mesmo assim, não exatamente. Por conta dessa verossimilhança, inúmeros Espíritas e Espiritualistas, fazem uso do termo carma para simplificar o significado de terem de experimentar a qualquer custo uma situação ou o que causaram.

O rapaz retribuiu o sorriso e, mesmo sem entender, aguardou que ela se manifestasse.
– Você acha que terminamos com a morte, Eduardo?
– Não sei.
– Você crê em Deus?
– Sim. Eu creio.
– Ótimo! Já temos um bom começo. Deus é o Criador de tudo e de todos e Ele não faz um nascer rico ou pobre, branco, negro, amarelo, deficiente físico ou mental por puro capricho Seu. Temos um objetivo na existência, que é o de evoluirmos e, para isso, nascemos com determinada posição social, característica física ou outros problemas, de acordo com o que fizemos em outras vidas. E enquanto não saldarmos os nossos débitos, harmonizando o que desarmonizamos para o alívio da nossa consciência, vamos experimentar situações difíceis e, para isso, reencarnamos, ou melhor, nascemos de novo quantas vezes forem necessárias. Deus nos quer ver bem e no amor. Para isso, Ele nos oferece diversas oportunidades reencarnatórias até que aprendamos a amar sem distinção. Ele é o Pai da Vida. Nenhum pai consegue ter paz se souber que um filho fica confinado a tristeza e a dores. O inferno não existe. Entendeu?

Eduardo pareceu iluminar-se e, mais animado, respondeu:
– Entendi sim. Vai, continua – ficou interessado.
– Só que não nascemos com manual de instrução que nos ensina como usar o nosso raciocínio e como acertar na escolha. Existem várias religiões e filosofias milenares e eu diria que pelo menos, para nós aqui do Ocidente, o manual de instrução mais conhecido e de fácil entendimento é aquele deixado por Jesus, o Seu Evangelho.
– Como assim?
– No Evangelho, Jesus ensina a ser bom, prudente, caridoso, amar a Deus sobre todas as coisas e ao próximo como a si mesmo. É tão fácil que não fazemos direito, aí acabamos criando superstições, amuletos, cremos em trabalhos espirituais que possam nos prejudicar ou nos ajudar e com

isso não amando a Deus sobre todas as coisas como Jesus ensinou, acabamos nem amando ao próximo como a nós mesmos, porque sempre estamos julgando, fazendo piadinhas preconceituosas, querendo ridicularizar, de alguma forma, seja quem for. Daí o que acontece é que o nosso corpo carnal, por qualquer motivo, morre e se acaba. Só que nós temos um espírito e esse é imortal. Então, quando estivermos sem o corpo de carne, por termos sido pessoas críticas, que fazíamos piadinhas, que ridicularizávamos os outros por orgulho, arrogância, egoísmo, apegos materiais, físicos etc... ficaremos em um estado de perturbação muito grande. Não compreenderemos nenhuma ajuda, não iremos nos socorrer por falta de fé. E, fé não significa somente acreditar em Deus. Fé significa aceitar Deus e ter condição moral de compreender Suas Leis de Amor para a nossa elevação. Nesse estado de perturbação, o espírito não aceita a nova experiência, procura viver como antes, quando encarnado, e, geralmente, próximo da família.

— Com isso você quer dizer que minha irmã que morreu, a Lara, pode estar perto de nós, e que a Bianca pode vê-la?

— A criança, principalmente, nessa idade em que a Bianca está, é bem sensível. Eu acredito que ela tenha visto a mãe sim. Até porque a Helena contou sobre a suposição de suicídio que mais ninguém sabia e a sobrinha revelou.

— Mas, se for assim, de certa forma, a Lara está desequilibrando a todos nós. Eu mesmo me incomodei com os sonhos que tive, a Bianca teve pesadelos e ainda vê a mãe sempre chorando, o Mauro anda deprimido, amargurado, teve crises nervosas.

— Eu acho que até a própria Helena também está sofrendo influências da cunhada, pois pelo que você contou, elas eram bem ligadas.

— Mas a Lara não era uma pessoa má. Ela nos queria bem, amava a filha. Como isso se explica?

— Veja, Eduardo, a Lara não era e não é uma criatura má. Só está perturbada, não sabe que sua presença, junto aos encarnados, está desequilibrando aqueles a quem ama. Não compreende isso e também não sabe como sair dessa situação. Ela clama por socorro e quer ajuda, por isso, rodeia a todos. Não entende sobre a vida espiritual, por isso não aceita e ainda deseja viver como antes, perto do marido, da filha, mas isso é impossível.

– Talvez ainda possua certo grau de egoísmo ou possessividade por ainda querer estar junto aos seus, um apego excessivo... – disse Eduardo, pensativo.

– Pronto! Você entendeu. Esse apego excessivo a deixa próxima dos encarnados e, por essa razão, ela não tem como repor as energias de que necessita para seu novo estado. Por isso, sente necessidades como se estivesse encarnada e sua mente faz com que apresente essas carências numa aparência que entendemos ser precária, feia, maltrapilha.

– Se nascemos e morremos tantas vezes, por que não lembramos, após a morte, que temos de nos desapegar desta vida? Por que não sabemos o que fazer?

– Porque somos teimosos. E, quando possuímos orgulho, avareza, egoísmo, preconceitos e outras mazelas, ficamos como que cegos e não recordamos sobre o que é bom, o que verdadeiramente vale a pena. Trocando em miúdos, isso significa que não somos humildes nem temos fé para aceitar os desígnios de Deus sem nos queixarmos. E a queixa, a exigência nos atrai para junto do que queremos e acabamos por ficar presos aqui na crosta da Terra, ou melhor, no plano espiritual junto aos encarnados e sem as provisões necessárias para o nosso novo estado, sem os esclarecimentos e os ensinamentos que vão nos ajudar a evoluir.

– Há alguma coisa que podemos fazer para ajudá-la?

– Sem dúvida! – exclamou animada. – Você viu que sua sobrinha disse que a Lara pareceu ter dormido após um padre ir lá e orar?

– Sim, isso mesmo. Mas não dá para chamar um padre todos os dias.

– Por que você acha que tem de ser um padre para ir lá orar? – Paula indagou e fez uma feição enigmática.

— Não sei... — sorriu por não saber explicar.

— Não estou diminuindo a qualificação de ninguém. Só quero explicar que um padre é uma pessoa igual a mim e a você. É um homem com dúvidas, fraquezas, fé, entre muitas outras qualidades e necessidades. Ele é igual a qualquer outra pessoa e, se um padre pode ter fé, autoridade e amor para fazer uma prece, por que é que nós não poderíamos ter? Jesus disse que, se tivéssemos a fé do tamanho de um grão de mostarda, conseguiríamos tudo. Em vários momentos, o Mestre nos alerta de que poderíamos fazer o que Ele fazia e muito mais, bastaria termos fé, amor. Ah! Quando eu digo ter autoridade, lembre-se de que autoridade não é grito, não é veemência, não é a imposição da sua vontade. Autoridade é consciência firme na certeza de ter razão e saber exibir argumentos com paciência e expressão de amor. Não vá pensar em fazer uma sessão de exorcismo, gritar e berrar dizendo: "Sai daqui, capeta!" — Eduardo riu e ela continuou: — Lembre-se de que esse espírito não sabe o que fazer, não sabe ou não entende o que é correto e por isso está ali. Lembre-se de que ela foi sua irmã e que precisa de carinho, paz e compreensão.

— Espere aí, você está dizendo para eu ir lá e rezar como fez o padre?

— Não exatamente. Um padre, pelo que sei, sai benzendo toda a casa. O que você e a família devem fazer é uma linda prece, uma oração, o que chamamos de Evangelho no Lar.

— E como é isso?

— Todos se reúnem na sala, na cozinha ou em qualquer outro lugar e, com imenso respeito, alguém faz uma prece que pode ser o Pai Nosso, o que é chamado de prece inicial. Depois outro lê um trecho curto do Evangelho de Jesus, mas não tão curto, leia o suficiente para se entender a história. Em seguida, vocês comentam sobre o ensinamento, ou seja, o que Jesus quis ensinar com aquilo. A seguir, façam uma curta vibração, que é desejar paz ao mundo e a família, desejando luz às consciências necessitadas, só isso. Não fiquem vibrando por isso e por aquilo, pois quando se alonga uma vibração sempre vai existir alguém que fica vibrando para que essa vibração termine logo. E terminem com uma prece agradecendo por aquele momento e pedindo que Jesus abençoe a todos. Também não faça preces muito longas. Tem sempre que haver verdadeiro desejo em tudo o que se está dizendo e não frases longas, palavras difíceis. O que importa é a sinceridade. Deus sabe o que há em nossos corações. Além disso, seria importante vocês irem a um centro espírita, onde haja palestras evangélicas, escolas doutrinárias e assistência espiritual com passes magnéticos. Isso os fará ganhar conhecimento.

– Não me agrada a ideia de ver espíritos, falar com espíritos.

– E quem falou que você vai ver algum espírito, falar com algum espírito ou com um médium incorporado? Nada disso. Você vai assistir a palestras onde são apresentados ensinamentos de Jesus a fim de que, aos poucos, adote o hábito de viver em harmonia como o Mestre ensinou, pois os ensinamentos de Jesus não foram, como pensam alguns, só para serem empregados e pregados dentro das casas espíritas ou só para determinados casos. Não. Os ensinamentos do Cristo são para serem vividos, incorporados em todas as nossas práticas e pensamentos até quando estamos sós, principalmente. Devemos lembrar que os espíritos sempre acompanham aqueles com os quais têm afinidades e, quando você está em algum evento ou palestra, os espíritos também vão ouvir e aprender junto com você. Com o tempo, provavelmente, os espíritos ignorantes que possam segui-lo deixarão o estado de perturbação e encontrarão socorro, ajuda e recomposição. Quanto aos passes, é bom que saiba que o passe é a recepção de energias e isso o próprio Jesus fazia quando estendia as mãos para abençoar e curar.

Eduardo ficou parado por alguns segundos olhando-a com atenção, depois se manifestou:

– Paula, é estranho, mas eu entendi. Não sei bem por que, mas acreditei e aceitei tudo o que você falou e isso se deu com muita naturalidade. Geralmente, eu reluto a aceitar uma ideia nova. Mas me diga, se isso está acontecendo principalmente na casa da Helena, como é que eu vou chegar lá e...

vamos dizer, pedir tudo isso? Nem tenho argumentos para tanto. A dona Júlia é católica praticante e uma ótima pessoa. Ela me poria para correr em dois minutos se eu falasse de espírito, de sessão ou sei lá do quê.

— Vocês não vão fazer sessão nenhuma na casa de ninguém. O Evangelho no Lar é uma prece e um pedido de luz e bênçãos para todos que habitam a residência, é um momento de aprender o que Jesus ensinou, nada mais. É uma reunião da família para ler os ensinamentos de Jesus e fazer uma prece não depende de você ser católico, espírita, protestante, umbandista ou seja lá o que for. Também pode ser realizado por uma só pessoa. Devemos lembrar que Jesus não impôs ou ensinou e muito menos denominou religião alguma. Aquele que segue Seus ensinamentos é um Cristão, independente da religião que siga. E a leitura de seu Evangelho pode ser feita por qualquer um. Com a ajuda da Helena, eu creio que a dona Júlia vai entender. Não precisam dizer nada, peguem uma Bíblia, leiam e acabou. Ela não vai se opor.

— Mas e o fato de ir a um centro espírita?

— Vá você e a Helena. Aos poucos, com o tempo, eles vão perceber que não há nada de errado nisso.

Jogando-se para trás na cadeira, ele riu e perguntou:

— Deus! O que faço?

— Ore! — sugeriu sorrindo. — Você costuma rezar?

— Não.

— Bem que eu disse que é tão simples, é tão fácil e quase ninguém faz. Orar é simplesmente conversar com Deus. É agradecer as oportunidades e até as dificuldades, pois são elas que nos fazem crescer. Orar é pedir entendimento e força para saber tomar as melhores decisões e ter bom ânimo. Um hábito que deve ser constante. Pratique! Deus sempre ouve.

— É tão fácil que ninguém faz! — repetiu Eduardo com um suave sorriso.

— Vai, Eduardo! Tenta! Estarei torcendo por você. Agora... quero saber sobre meu emprego.

— Como assim?

— Quando vou receber minhas contas? Sim, porque por muito menos já fui demitida. Sei na pele as consequências do preconceito religioso, que me atacaram silenciosa e traiçoeiramente.

Suspirando fundo, ele avisou com um sorriso cínico:

— Pois bem, suas contas... Ora, Paula! Suma daqui pelo resto da tarde. Não quero vê-la de jeito nenhum. Eu mesmo vou sair mais cedo, vou pegar a Helena — disse estampando agora largo sorriso de contentamento.

— Sério?! Posso ir?

— Mas esteja aqui amanhã bem cedo. Temos uma reunião às nove.

— Você não sabe como está me ajudando. Minha filha não está muito bem hoje. Ligaram da escolinha pouco antes do almoço e eu pedi que contornassem a situação até eu conseguir alguém para pegá-la. Mas até agora não encontrei ninguém.

— Por que você não falou antes? O que ela tem?

— Disseram que estava enjoadinha, que não queria comer, que reclamava que tinha um espinho na garganta. Mas estava sem febre. Pobrezinha. Eu sei que isso é coisa de criança, mas...

— E seu marido? Já voltou da viagem?

— Ainda não. Deve chegar no final da semana. Essas viagens de trabalho me deixam tão preocupada. Não consigo me acostumar. Bem, deixe-me ir. Obrigada pela folga.

— Eu que agradeço. Obrigado por tudo. Estimo as melhoras da sua filha.

Paula saiu enquanto ele ficou pensativo, refletindo sobre tudo o que ouviu. Reparou que a secretária sempre foi sensata, prudente, repleta de ânimo. Sempre confiou muito nela e admirava seu comportamento. Gostava muito de Paula como se já a conhecesse há muito tempo. Gostava dela como uma irmã.

CAPÍTULO 12

Assumindo os sentimentos

A chuva forte que caía deixava um tom cinzento muito pesado, até mesmo sombrio, no céu da cidade cor de chumbo, que pouco verde podia oferecer aos seus habitantes tão carentes de natureza e paz.

Depois de se encontrar com Helena, Eduardo, antes de seguir o caminho para a casa da moça, convidou-a novamente:

— O trânsito deve estar igual ou pior ao de ontem. Os semáforos não estão funcionando em alguns pontos e tudo está um caos. Eu conheço um lugar tranquilo aqui perto. É um bom restaurante, acho que podemos conversar um pouco e é mais seguro. O que você acha?

— Prefiro jantar em casa. Minha mãe gosta de todos reunidos à mesa.

— Então não precisamos jantar, podemos tomar um suco, beliscar alguma coisa... Já sei! Iremos ao mesmo lugar onde fomos àquela noite. Acho que você gostou de lá. É calmo, música ao vivo...

Um aviso no noticiário do rádio informou que até o metrô da cidade estava parado, que as enchentes não deixavam nem os ônibus passarem nas principais vias de acesso aos bairros.

Pensativa, após ouvir o informativo, Helena lamentou:

— Viu onde você veio parar? Atravessou a cidade para isso.

— Acho bom irmos jantar — insistiu novamente. — Senão, ficaremos presos no trânsito e, pior, com fome! — brincou. — Vamos fazer o seguinte: você liga para sua mãe, avisa que está comigo, dá o número do celular. Ela vai ficar tranquila por saber onde pode encontrá-la. Mesmo que não estivesse comigo, você não chegaria a sua casa cedo. Acho que hoje todos terão problemas.

Ela concordou.

Chegando ao local referido, já estavam acomodados à mesa, Helena comentou:

— Ontem em casa, depois que você saiu, foi um inferno!

— Por quê?

— Eu não sabia, mas antes de chegarmos o Mauro e a Carla já haviam se desentendido.

— Eu achei o Mauro meio estranho quando chegamos, mas como você falou que ele estava deprimido, não me importei.

— É que a Carla acabou fazendo umas fotos, coisa simples para uma marca de óculos. Dessas que ficam expostas em óticas. Então o meu irmão ficou louco da vida. Minha mãe contou que ele já estava irritado, disse que parecia que o Mauro estava procurando em quem descarregar a sua fúria, pois já havia brigado com a Bia, implicado com o cachorro do vizinho que estava latindo muito... Quando a Carla chegou eufórica, falando das fotos, não precisou muito. Minha mãe disse que, quando chegamos, eles deram uma maneirada, mas depois que você se foi!...

— Ontem também, quando cheguei a minha casa...

Interrompeu Eduardo detalhando tudo o que aconteceu e até mesmo sua perplexidade quando ouviu sua mãe lamentar por haver salvado a filha de um acidente fatal e se arrepender por ter tido mais filhos.

— Eduardo! Que horror!

— É... — respondeu descontente. — Pra você ver. Nunca pensei que... Às vezes, acho que minha mãe está doente.

— O que eu contei sobre o Mauro não foi só isso — prosseguiu ela. — Na madrugada, depois que fomos dormir, meu irmão acordou gritando. Ele não falava coisa com coisa, mas por duas vezes chamou pela Lara.

— E daí?

— Quando chegamos ao quarto, o Miguel tentava acordá-lo, só que o Mauro, mesmo com os olhos abertos, parecia sonhar, ter pesadelo. Eu nem quis ver. Meus pais correram e ficaram lá com ele. Quando voltei para o meu quarto, a Carla tentava consolar a Bianca que começou a chorar e disse assim: "Tia, é a minha mãe. Ela tá triste e faz meu pai chorar."

— Ela falou isso?! — ele indagou, por estar surpreso e não por não ter entendido.

— Com todas as letras! — ela enfatizou. — Sentei ao seu lado e fiquei com ela até que dormisse. Confesso que estou assustada, com muito medo. Tem momentos, Eduardo, que eu sinto uma coisa... uma angústia sem fim.

— Sabe, hoje na hora do almoço, eu conversei com a minha secretária executiva, pessoa de muita confiança e...

Eduardo começou a relatar toda sua conversa com Paula, falando também sobre o que a moça aconselhou.

Enquanto eles conversavam, no plano espiritual, Nélio, que acompanhava Helena, aproximou-se bem da jovem e a envolveu procurando transmitir-lhe seus pensamentos, seus desejos íntimos, mas com certa generosidade, pois não se despojara de sua fascinação.

Entre outras coisas, ele insuflava:

— De que adianta seguir essas opiniões? Tudo já está escrito. Poupe energias e forças para viver comigo pela eternidade. Ouça o que eu digo, pois sou o teu guia, aquele que te protege sempre — calou-se e ficou observando.

Todos temos um espírito que se liga a nós, em particular, para nos proteger. Normalmente conhecido como: guardião, anjo da guarda, espírito protetor, guia ou mentor que, certamente, pertence a uma ordem mais elevada do que a do protegido.

Esse espírito protetor se liga ao pupilo encarnado desde o seu nascimento até a morte do corpo e sempre procura inspirá-lo com bons conselhos, sustentando-o com coragem diante das dificuldades, das aflições e das provas da vida.

Por mais que estejamos em dificuldades na vida, por mais que uma prova ou expiação seja tempestuosa, o anjo da guarda ou mentor nunca abandona o seu protegido enquanto ele tiver fé, humildade e bom ânimo.

Entretanto, se o protegido se inclinar à influência de espíritos inferiores, submetendo-se a pensamentos e atos de pouco valor, desprezando a fé que pode cultivar, recusando a expressão de humildade, negando-se ao bom ânimo no bem para prosperar, o seu espírito protetor se afasta, mas não o abandona completamente e, vez por outra, procura se fazer ouvir.

É por essa razão que o espírito protetor de Helena, aproximando-se naquele instante, a inspirou:

– Devemos sempre ter fé. Devemos buscar a paz para alimentar nossas consciências, assim como buscamos valores representativos para fartar nossa mesa e nossas necessidades materiais. Se despendemos esforços para o trabalho que nos traz o pão, devemos despender também o mesmo esforço para o encontro de conhecimentos que nos alimenta e liberta a alma. Jesus já nos disse para conhecer a verdade e que ela nos libertaria.

Ninguém podia perceber o anjo guardião que procurava guiar Helena, nem mesmo o espírito Nélio, tendo em vista sua inferioridade na escala evolutiva.

A princípio, enquanto ouvia Eduardo, ela sentiu que aquele assunto lhe causava certo incômodo, mas logo se interessou quando o rapaz disse algo sobre a sensibilidade que algumas crianças podem ter.

Ela adorava a sobrinha e, para ajudá-la, estaria disposta a tudo. Na verdade, essa gota de ânimo surgiu quando seu mentor sugeriu esforços à procura de conhecimento.

– Tudo isso é tão novo para mim quanto para você, Eduardo. Se bem que, para o que a Bianca diz, deve haver alguma explicação racional.

– É engraçado, eu aceitei tão bem essas explicações, esses conceitos, achando-os tão lógicos. Nunca encontrei justificativa melhor sobre as diferenças existentes na humanidade.

– Somos católicos, ou melhor, minha mãe é quem vai à igreja. Nós, só de vez em quando. Não sei se a dona Júlia será simpática a essa ideia.

– Nisso eu concordo com você.

– Afasta-te dele, Helena! – quase exigia o espírito Nélio. – Não vês que poderás embrenhar-te num pântano de sofrimento e de brigas com os teus graças a esses conceitos vãos, tolos?!

Subitamente, a jovem apresentou certa inquietude ao torcer as mãos, erguer o tronco e olhar para os lados. Sem demora, perguntou:

– Será que o trânsito melhorou?

– Não creio. Ainda está chovendo.

– Não estou ouvindo – duvidou.

– Eu reparei que as pessoas que chegaram passavam as mãos pelos braços tentando tirar alguns respingos.

Ela silenciou. Algo a incomodava.

O som agradável do piano que ressoava suavemente, de certa maneira, era relaxante. Mas a jovem não parecia dar atenção.

Num gesto impulsivo, Eduardo segurou sua mão e, tocando-lhe com carinho, sugeriu gentilmente:

– Vamos pedir o cardápio? Acho bom jantarmos, pois creio que não chegaremos cedo.

– Vai ficar tarde – reclamou preocupada.

— Toma — disse oferecendo o aparelho. — Pega o celular e liga para sua mãe. Diga que está comigo e que vamos jantar. Isso a deixará tranquila.

Helena titubeou, mas as circunstâncias a obrigavam aceitar a proposta.

Feita a ligação, após entregar o telefone, avisou:

— Minha mãe disse que lá está caindo o mundo. Até agora o Miguel não chegou e ela não consegue nem ligar para ele. Só cai na caixa postal.

— Com certeza está fora de área e ele deve estar preso no trânsito.

O pedido foi feito e a refeição foi servida.

Passaram a falar sobre assuntos corriqueiros e menos pertinentes às preocupações de momentos antes. Eles conversavam mais animadamente.

Eduardo, bem à vontade, parecia encantado e não procurava esconder seu olhar de admiração quando fitava a moça que talvez não tivesse percebido e, por causa da conversa agradável, exibia-se mais solta.

O espírito Nélio, irremediavelmente furioso com o que observava, não suportou ficar presente. A alegria de Helena na companhia de Eduardo o incomodava de um modo inenarrável e ele se retirou fazendo com que a vibração em torno do casal ficasse muito saudável e harmoniosa com a sua ausência.

Aproveitando-se da confortável poltrona que circundava a mesa, sem nenhuma separação entre eles, Eduardo colocou-se mais perto e comentou:

— Já contamos todas as peripécias dos nossos irmãos. Seria bom falarmos de nós. Diga-me algo sobre você.

— Sobre mim?! — estranhou, mas com certa alegria recatada.

— Lógico! Primeiro as damas — disse brincando e gentil.

— Hei! Como você veio parar aqui do meu lado? — perguntou ao reparar que Eduardo já estava bem próximo.

— Deslizando! — admitiu rindo com gosto. — Precisava ouvi-la melhor. Você fala tão baixinho. Mas me conta, vai! Quero saber de você. Quais as suas perspectivas para o futuro?

Olhando-o nos olhos, um pouco mais séria, Helena suspirou profundamente ao afirmar:

— Não sei direito. Eu havia feito tantos planos para quando terminasse a faculdade, fiz cursos... mas hoje não sei o que posso fazer, estou sem ideia. Ah! Não me deixe embaraçada. Fale de você primeiro.

— Tenho planos sim. Espero realizá-los.

— Quais? Pode contar?

— Deixe-me ver quais eu posso contar... — falou rindo. — Eu pretendo me realizar mais, profissionalmente falando.

— Mais, profissionalmente?

— Primeiro gostaria de partir para outro ramo no mundo dos negócios. Estou tão indeciso e perdido quanto você. Não tenho ideia do que fazer, nem sei por onde começar. Por outro lado, gostaria de ter alguém a meu lado, alguém...

— Acho que você nunca encontrará problemas para ter alguém ao seu lado.

— Ah! Tenho sim. Mais do que você imagina. Tenho dificuldade em encontrar uma pessoa sincera, verdadeira, que saiba dialogar, ouvir e opinar. Que não se altere, que não seja exacerbada... e que seja bem sensível. — O silêncio reinou por alguns segundos, mas ele o quebrou dizendo: — Acho que sou muito exigente, não é? — Ela sorriu e o rapaz continuou: — Mas vou fazer de tudo para retribuir a essa sinceridade, a essa atenção, ao carinho... Às vezes, penso que encontrei essa pessoa tão sensível, que pode me completar.

Bem próximo à Helena, ele segurou seu queixo, erguendo-o. Seus olhos se encontraram enquanto um forte sentimento de ternura os envolvia.

Tomando-a num abraço delicado, Eduardo a beijou com carinho e todo o seu amor.

Não houve palavras.

Repleto de emoção, após o longo beijo, ele a envolveu apertando-a contra o peito. Passaram-se poucos minutos quando ele propôs:

— Vamos sair daqui?

— Eu acho que estou fora de mim — murmurou confusa e sorrindo.

— É porque você está em mim, agora — disse com meiguice no olhar ao se aproximar e beijá-la rapidamente nos lábios. — Vamos? — insistiu.

Helena estava atordoada. Um torpor interminável a dominou.

Eduardo a abraçou sentindo-se realizado. Com carinho, conduziu-a para que saíssem do restaurante.

Já acomodada no interior do veículo, Helena experimentava uma sensação de bem-estar com o que ocorreu, mas um pouco surpresa ainda.

Eduardo, por sua vez, sentia seu coração bater forte, apaixonado e, não conseguindo se conter, tomou-a novamente em seus braços, puxando-a para si e aninhando-a no colo. Mais uma vez, o rapaz a beijou longamente.

Conquistada, Helena abandonou-se aos carinhos daquele momento que pareceu eterno, encantado.

Porém, logo o deteve ao espalmar suavemente a mão em seu peito e perguntar baixinho, fugindo o olhar:

— O que está acontecendo?

— Acho que estamos assumindo nossos sentimentos.

Ao vê-la tentar se ajeitar para acomodar-se melhor no banco, ele disse carinhoso:

— Fica aqui. — Afagando seu rosto delicado, ainda afirmou: — Gosto muito de você, Helena. Nunca senti isso antes por alguém. Fica comigo?

— Devo confessar que estou surpresa, confusa... — revelou ao acomodar-se em seu lugar.

Generoso, ele afagou seus cabelos e o rosto, mostrando-se compreensivo às suas reações.

— Quero ir embora — pediu delicadamente e com certo constrangimento.

— Claro, Helena — concordou sorrindo. Mas antes avisou, ao tocar seu queixo, fazendo-a olhar: — Não quero que pense que estou brincando com você ou com seus sentimentos. Eu acho que nunca fui tão sincero com alguém.

Ela abaixou o olhar e silenciou.

Já em frente ao portão da casa onde ela morava, eles desceram quando, percebendo seu constrangimento, ele a chamou antes que entrasse:

– Helena, vem cá.

Parado a sua frente percebeu-a quase ofegante. Ao senti-lo próximo quase a abraçando, ela disse:

– Eduardo, eu acho que...

Segurando-a com delicadeza e fazendo-a olhar, ele a interrompeu, perguntando:

– "Acho que..." o que, Helena? Acha que não podemos? Que não devemos nos conhecer? Que não temos o direito de tentar? Não vejo motivo para ficar assim desse jeito como se tivesse feito algo errado. Eu acho que você é uma menina bacana, responsável, educada... Quero conhecê-la melhor, só isso. Não vou ficar aqui tecendo uma lista de adjetivos, mas acho que deveria ver que não sou nenhum cafajeste. Você me conhece há algum tempo. A não ser que tenha aversão a minha pessoa, que me ache repulsivo e...

– Não. Não é isso. Mas... – interrompeu, perdendo logo as palavras.

– "Mas" o quê? Você é livre, desimpedida. Pelo menos é o que eu sei. Eu também não tenho compromisso. O que há de errado?

– Preciso de um tempo, Eduardo. Estou confusa. Eu não gostaria de me envolver com alguém agora.

– Não podemos mandar no destino. Acho que temos uma amizade muito forte, confio muito em você. Pensei que poderíamos nos conhecer melhor e para isso temos de nos aproximar mais, não acha?

Ela ficou em silêncio. Parecia mais calma e flexível.

Aproximando-se, ele pediu com ternura na voz:

– Vem cá, me dê um abraço. – Ao tê-la recostada em seu peito, afagando-lhe carinhosamente seus cabelos, disse: – Calma. Você está se sentindo assim confusa, insegura por causa das muitas coisas que vêm acontecendo. Dê a si mesma uma oportunidade. – Procurando olhar em seus olhos, o rapaz sorriu e acariciou-lhe a face.

Helena, mais tranquila, pareceu ceder aos seus carinhos e, envolvendo-o num abraço apertado demonstrou confiança.

Sentindo-se seguro de si, Eduardo tocou seu rosto com os lábios até encontrar sua boca e beijá-la com todo o amor.

Minutos se fizeram quando perceberam a aproximação de um vulto.

Surpresa, Helena se sobressaltou, quase gritando, quando disse:

– Ai! Que susto, Miguel!

– Mãos ao alto!!! – brincou o irmão, mas logo estendeu a mão para Eduardo que ria da brincadeira.

– E aí? Cadê o carro?

– Deixei na casa da Suzi. Cara! Está tudo alagado. Não dava para arriscar, então resolvi voltar de metrô, que está funcionando precariamente, mas está.

Helena, parecendo constrangida, não encarava o irmão que, muito tranquilamente beijou-a no rosto e sugeriu:

– Não é melhor vocês entrarem e ficarem ali na área? Não é legal permanecerem aqui no portão. Do jeito que as coisas andam hoje em dia...

– Não... – respondeu Helena rapidamente, olhando com firmeza para Eduardo como que desejando que ele recusasse o convite. – É tarde, não é Eduardo?

– Pensando bem, Miguel, é tarde mesmo. Deixa para amanhã – respondeu educado, compreendendo a aflição da moça que parecia não querer que mais ninguém soubesse sobre eles. Mas logo se lembrou e perguntou: – Ah! O que você acha de fazermos um programa nesse final de semana? Sábado, talvez.

– Ótimo! Vou falar com a Suzi. Pega o telefone do meu serviço com a Helena e me liga para combinarmos.

– Eu tenho o número do seu celular.

– Então eu aguardo – disse Miguel, estendendo-lhe a mão para se despedir. – Valeu! Deixe-me entrar, estou morrendo de fome.

Após ver seu irmão distante, Helena se virou para Eduardo, mas, antes que falasse, ele disse sorrindo:

– Já sei! Você vai me mandar embora. Estou indo. – Com ternura, o moço a beijou mais uma vez e depois avisou: – Amanhã eu ligo. Tchau.

– Tchau – retribuiu com simplicidade e um lindo sorriso.

Eduardo se foi enquanto Helena, ainda inebriada pelo efeito das fortes emoções, experimentava um misto de alegria, surpresa e temor. Esse último, desconhecia a razão.

Logo que entrou, foi à procura de sua mãe que, na cozinha, servia uma refeição para Miguel.

– Nossa, filha! Você chegou tarde, hein!

Para não a ver em uma situação difícil, o irmão a socorreu:

– Também pudera, metade da cidade está submersa!

– Que exagero, Miguel! – exclamou a mãe.

– É só ligar a televisão e assistir. Cheguei em casa hoje porque o metrô, mesmo lento, ainda estava funcionando, senão...

Observando a filha, que se servia com água, dona Júlia perguntou:

– O Eduardo está lá na sala? Chame-o para cá!

– Não, mãe. Ele só me trouxe e já foi. Está tarde.

– Você contou para ele sobre o Mauro? – interessou-se a mãe.

– Contei.

– Será que deveria, filha? Que ideia ele vai fazer da nossa família?

– O que é isso, mãe? – retrucou Miguel. – Só porque eles são ricos, vai me dizer que ninguém briga lá? Que não discutem?

– Você já jantou mesmo, Helena? – tornou a mãe.

– Já sim, mãe – afirmou retirando-se.

Virando-se para o filho, dona Júlia se interessou:

– E a Suzi?

– Está bem. Passei na casa dela quando saí do serviço.

– Liguei para você. Fiquei preocupada.

– Meu celular estava ligado. Em alguns momentos, houve queda de sinal por causa da tempestade.

- E você nem para ligar pra casa, filho?
- Ah, mãe, fui ligar e estava sem sinal. Depois, acabei esquecendo.
- O que estou achando estranho é você não ter jantado por lá - observou a mãe bem sincera.
- É que... Sei lá, não me importei com isso.
- Quem deveria se importar com isso era a sua namorada.
- Mãe, não vai começar a encontrar defeito na Suzi.
- Não é defeito. Só estou reparando que essa moça não se preocupa com algumas coisas.
- Mãe, a senhora vai conhecer melhor a Suzi. Ela é muito simples, educada, gentil.
- Só isso não basta, Miguel. Você precisa de alguém que goste de você, que se preocupe em cuidar de vocês dois e não só de roupas caras, corpo bonito, sorriso agradável, restaurante de luxo e...
- Eh!!! Já vai começar?
- Tem algo errado com essa moça. Ainda não sei o que é, mas tem.

Miguel respirou fundo, mostrando-se um pouco contrariado. Ao terminar a refeição, perguntou:
- E o Mauro, melhorou?
- Ele ligou para a revista avisando que não ia trabalhar. Ficou deitado o dia todo e com dor de cabeça. Tomou remédio, chá... Mas não melhorou muito não - explicou enquanto tirava a pouca louça para lavar.
- Ele deveria ter ido ao médico.
- Seu pai insistiu, mas ele não quis mesmo.
- E a Bia? - indagou o filho enquanto secava o prato, ajudando a mãe.
- Não foi à escolinha, mas brincou como se nada tivesse acontecido de madrugada. Estou preocupada com ela.
- Criança é assim mesmo. - Depois decidiu: - Deixe-me ir lá ao quarto da Lena perguntar um negócio pra ela, antes que durma. Valeu, mãe! A bênção... - disse beijando-lhe o rosto e se retirando.

— Deus o abençoe — respondeu de todo o coração.

Minutos depois, ao passar na frente do quarto das irmãs, Miguel bateu suavemente à porta entreaberta e espiou:

— Entra! — pediu Helena, sentada na cama secando os cabelos com uma toalha.

— Onde está a Carla? — interessou-se o irmão.

— Na internet. Ah! Sabe, Miguel, eu gostaria de comprar mais um micro. Ligar os dois numa rede. O que você acha?

— Bem, a ideia é ótima, mas não sei se vou poder participar, financeiramente falando — disse sorrindo.

— Por quê?

— O prazo de uma aplicação que eu fiz está vencendo. Vai dar uma grana considerável e eu estou pensando em tirar o meu fundo de garantia e comprar um apartamento.

— Você está pensando em se casar?

O irmão sorriu ao responder com certa hesitação:

— É... talvez — disse sentando-se ao lado dela. — Mas, pelo visto, não sou só eu quem está partindo para novos ideais. Vejo que você e o Eduardo estão se entendendo.

Helena sentiu-se aquecer e não conseguiu dizer nada.

Agora, com o rosto rubro e os olhos brilhantes, estava constrangida com aquela colocação.

— É engraçado — prosseguiu Miguel —, eu sempre olhei vocês dois e achei que tinham algo em comum, como uma afinidade, uma sintonia. Mas também reparei que vocês não se enxergavam. Nas oportunidades que tinham, antigamente, passavam um pelo outro, como dois estranhos desinteressados, mas depois vi algo nele que... parecia despertar.

— Eu não sei como tudo aconteceu. Acho que nos reparamos só hoje.

Depois de uma risada gostosa, onde se atirou para trás, Miguel considerou:

— Ah, Helena! Eu não creio que você seja tão ingênua assim. Naquele dia mesmo, quando saímos todos juntos, só um cego não via que ele estava completamente caído por você.

— Imitando o jeito de Eduardo, Miguel lembrou, fazendo

graça: — Ele chegou lá à pista de dança, meio desconcertado, tirou-me para um canto e disse todo sem jeito: "Olha, nós vamos dar uma volta, tudo bem? É que a Lena não está muito legal aqui". Aí eu lembrei de dar o número do meu celular para nos encontrarmos antes de chegar a nossa casa ou a mãe ia comer sua alma se a visse chegar sozinha. Naquele momento, eu pensei: "Agora vai"! — desfechou rindo.

A irmã riu, mas o empurrou de leve, e ele ainda completou:
— E você vem me dizer que só hoje se repararam?
— Para, Miguel! — Logo em seguida admitiu: — Estou um pouco confusa. Não gostaria de alguém na minha vida agora.
— Acho que, muitas vezes, não temos como controlar os sentimentos e algumas situações, mas temos o dever de nos mantermos vigilantes. Namorar, ficar, mas sempre esperta, entendeu?
— Hei! Não aconteceu nada! Nós só nos beijamos. O que você está pensando?
— Exatamente isso! ...espero — disse sussurrando com ar de riso.
— Miguel!

O irmão gostava de vê-la acanhada e continuava a provocá-la.

Enquanto conversavam, na espiritualidade, Nélio estava verdadeiramente revoltado. Furioso pelo que presenciou, ele argumentava muito como se Helena pudesse ouvi-lo. Mas a jovem se achava ainda sob o efeito das emoções recentes, nem de longe se ligava às suas vibrações e sugestões, não se deixando dominar por tristeza alguma.

Porém, ele não desistiria. Iria deixar, de alguma maneira, a situação novamente sob o seu controle.

E foi num momento de descontração, durante uma prosa animada, que se assustaram pela rapidez com que a porta do quarto foi empurrada, provocando um forte barulho.

Mauro entrou e com os olhou cheios de repulsa quase gritou:
— Agora vai dar uma de mulher à toa também? Já não basta uma sem-vergonha aqui em casa?

Mauro estava irreconhecível. Com os olhos injetados, brilhantes e o rosto sisudo. Ele parecia ser uma outra pessoa.

Ao mesmo tempo, na espiritualidade, Nélio instigava enfurecido:

– Corrija-a agora ou vai enfrentar a vergonha da desonra. Ela inclina-se à vileza, talvez pelo dinheiro, pela aparência do rapaz. Vai virar uma mundana!

Miguel, muito surpreso, levantou-se e pôs-se quase em frente ao irmão quando perguntou seriamente:

– O que significa isso, Mauro? O que está acontecendo com você?

– Eu ouvi o que você e essa ordinária estavam falando! – Passando pelo irmão, Mauro se aproximou de Helena encarando-a irado. De seu olhar colérico pareciam escapar raios que feriam silenciosamente a irmã.

Assustada, pálida, Helena ficou imóvel enquanto ele vociferava com voz agastada e enlouquecida:

– Se pensa que vai nos envergonhar como aquela outra vadia, está muito enganada.

A presença de dona Júlia, do senhor Jairo e Carla, que chegaram ao quarto atraídos pelos gritos, não intimidou Mauro, que segurou a irmã pelo braço, levantando-a e agitando enquanto dizia:

– Se eu pegar você com aquele cara, sou capaz de...

Miguel, num gesto rápido, interferiu entre eles puxando Mauro, que passou a agredi-lo após empurrar Helena que caiu.

– Parem com isso! – gritou o senhor Jairo, correndo para separar os dois irmãos que já trocavam socos e tapas.

Dona Júlia também interveio até que, repentinamente, o pai levou Mauro à força para fora do quarto.

A pequena Bianca, que estava dormindo, acordou assustada e chorando, chamando pela tia.

Carla a pegou no colo, levou até Helena, que parecia estar em choque.

Mauro, como que alucinado, conduzido pelo pai, ainda gritava nomes horríveis, mesmo a certa distância.

Pálida e chorando, Helena agora abraçou a pequena criança embalando-a com carinho quase mecânico.

Miguel sentou-se a seu lado. Aturdido, esfregou o rosto com as mãos, deslizando-as pelos cabelos e olhando para a irmã, perguntou:
– Você está bem?
– O que aconteceu, Miguel?! – indagou dona Júlia ainda sob o efeito do susto.
– Não sei, mãe. Até agora não entendi.
Carla, de joelhos sobre a cama, abraçou-se à Helena e reclamou:
– O Mauro está doente. Vocês estão vendo agora? Ele começou a implicar comigo, agora com a Lena... Alguma coisa tem de ser feita, antes que ele cometa um crime.
– Fica quieta, Carla. Não diga besteiras! – alertou a mãe nervosa.
– É! A mim a senhora pede para ficar quieta. Por que não manda o Mauro calar a boca?
Sem se importar com o que a filha falava, dona Júlia se aproximou do filho, tocou-lhe o ombro e perguntou novamente:
– O que aconteceu? Como isso começou?
Miguel olhou para Helena, que parecia transtornada, decidiu então dar uma curta explicação:
– Nós estávamos aqui conversando. De repente, surgiu o nome do Eduardo em nosso assunto. E... – olhando para Helena, ele se calou.
– Eu e o Eduardo estamos nos conhecendo, mãe – revelou a moça com modos tímidos e com a voz embargada pelo choro. – Nem sei se a gente tá namorando.
– Então – tornou Miguel –, acho que o Mauro ouviu e entrou no quarto, de modo irascível, insano, quase levando a porta no peito, e começou a falar um monte de coisas para a Lena. O resto a senhora ouviu.
– O Mauro precisa ser internado! – dizia Carla revoltada. – Isso é doença! Ninguém normal faz o que ele vem fazendo.
Ponderado, Miguel pediu:
– Carla, por favor. Tenha calma.

— Que por favor o quê! Agora você vai ver, Miguel, tudo o que eu passo. Antes não se incomodava porque não era com a sua protegida. Agora ele vai cair matando em cima da Lena! Aí eu quero ver você tomar as dores dela! — falava de modo irritante.

— Por que está dizendo que eu sou a protegida dele? — perguntou Helena quase chorando.

— Vai dizer que nunca percebeu que é a queridinha da família? — disse, levantando-se da cama e andando pelo quarto. — Você sempre foi a menina prodígio! A mais amada!

— Carla, chega! — exigiu a mãe.

— Tá vendo só?! — exclamou a jovem protestando.

Como se não bastasse a situação confusa, Carla, por falta de bom senso, irritava ainda mais a todos.

Dona Júlia pediu que todos fossem se deitar e foi ver como Mauro estava.

A noite foi longa, principalmente para Helena que não conseguiu conciliar o sono. A sensação de bom ânimo com um misto de alegre expectativa que antes a envolvia, agora, transformava-se em tristeza e decepção.

Nélio havia saído vitorioso. Atingiu seu objetivo, que era trazer melancolia para Helena que, por falta de vigilância e ações mais enérgicas em relação aos seus próprios sentimentos, iria se deixar envolver em vibrações tristes e depressivas outra vez, possibilitando uma influência maior daquele espírito ignorante, egoísta e inferior.

CAPÍTULO 13

A influência de Nélio

Aos primeiros clarões da aurora, o sol exibia-se reluzente no imenso céu azul. Não dava para acreditar que havia chovido tanto no dia anterior.

Eduardo, muito tranquilo, fazia o desjejum e não conseguia tirar o sorriso do rosto.

Sua face se iluminava e até seus olhos pareciam sorrir.

— Um pouco mais de café, senhor Eduardo?

— Não precisa me chamar de senhor, Sônia. Por favor. E... não, obrigado. Chega de café! — respondeu brincando e gentil.

— O senhor me desculpe, mas é uma exigência da dona Gilda.

— O que é que você está falando aí de mim?! Ãh?! — intimou Gilda austera, encarando a empregada com rudeza no olhar frio.

— Eu não quero que ninguém me chame de senhor Eduardo, mãe. E estou, mais uma vez, pedindo para a Sônia que não me trate assim.

Aproximando-se e beijando o filho, que ainda estava sentado à mesa, Gilda acomodou-se a seu lado enquanto esclarecia o seu ponto de vista.

— Não gosto de liberdade com os serviçais. Faço questão de que trate a todos com respeito.

— Anteceder um nome com qualquer título não indica respeito. — Quase exigente, tornou a dizer: — Não quero ninguém me chamando de senhor. — Olhando para a empregada, ele sorriu, piscou brincando e perguntou: — Ouviu, dona Sônia?

— Vai, vai, Sônia! Traga logo o meu suco.

— Sim, senhora — concordou saindo rápido.

Virando-se para o filho e moderando o tom de voz, ela comentou, escondendo certa astúcia:

— Chegou tarde, ontem.

— Foi por causa da chuva.

— Mas você não ficou na empresa. Seu pai falou que o viu sair bem antes dele.

— Fui jantar fora.

— Pode-se saber onde e com quem?

Eduardo ergueu o olhar, que antes se prendia em alguma notícia que lia no jornal, encarou a mãe e disse sorrindo:

— É melhor você me dizer o que já sabe. Assim, poupará o nosso tempo — propôs irônico. — Aí eu digo se é verdade ou não.

— A Natália me telefonou ontem à noite. Já era bem tarde e você não havia chegado. Ela esteve em um restaurante e disse que o viu lá.

— Sim, é verdade. Eu disse que jantei fora.

Quando percebeu que o filho se levantava, ela completou sem perder tempo:

— Não pude acreditar que você levou a Helena a um lugar daqueles!

Agora, bem mais sério, Eduardo a encarou firme ao perguntar:

— Por quê? Não me acha capacitado ou competente para sair com uma moça bonita como Helena? Ela é educada, gentil, além de ser uma pessoa extraordinariamente agradável

— falou sorrindo como se quisesse, propositadamente, irritar sua mãe.
— Eu não posso acreditar, Eduardo! — quase vociferou Gilda.
— Não dormi essa noite só pensando nisso!
— Tome um calmante, mãe. Assim vai evitar uma grande enxaqueca. Agora, com licença, preciso ir. Tenho uma reunião agora cedo.

༄༅

Bem mais tarde, na sala que ocupava na grande empresa, Eduardo atendia um telefonema de sua irmã.
— Mas, Érika — justificava —, não posso fazer nada. A mãe fica nervosa por qualquer coisa.
— Você não entendeu, Edu. Ela não estava nervosa, estava insana! Quebrou tudo o que pôde no quarto dela — contou a irmã demonstrando-se assustada com o ocorrido. — Para você ter uma ideia, eu nem ousei fazer minhas ironias!
— Sabe por que ela sempre quebra tudo quando fica nervosa? Porque tem dinheiro para comprar coisas novas. Quem sabe ela não quer mudar a decoração?
— Não brinca, Edu. É sério.
— Olha, Érika, não posso fazer nada. Tenho muitas coisas para resolver e não vou dar atenção aos chiliques da mãe.
— Você é quem sabe.
— Olha, Érika. Agora preciso desligar. Um beijo!
— Outro.
Ao desligar, Eduardo ficou olhando para Paula que, a seu pedido, estava parada em sua frente esperando-o terminar a ligação.
— Problemas, Paula! Problemas! — exclamou ao encarar a secretária, mas logo perguntou: — A Natália está na sala dela?
— Creio que sim. Eu a vi indo para lá logo após a reunião.
— Essa reunião me deixou preocupado. Não contávamos com os defeitos em série naquelas peças. Teremos um prejuízo incalculável! — disse com semblante preocupado.

— Sem contar que isso pode dar margem a quebra de contrato — a secretária lembrou.

— Além de comprometer o nome da empresa — tornou ele, mais apreensivo ainda.

— Tenho anotado que, tempos atrás, em uma outra reunião, o RH salientou a importância do treinamento do pessoal — lembrou Paula.

— Mas treinamento específico depende da demanda da fábrica. O senhor Adalberto acha que a paralisação de uma pessoa para treinamento gera perda de investimento. Que idiotice! — lamentou quase revoltado. — Olha só a perda agora!

— O investimento usado nesse treinamento, Eduardo, é bem menor do que o prejuízo causado por um acidente ou até um defeito em série como foi o caso.

Ele suspirou fundo ao admitir:

— Todos parecem enxergar isso, mas se recusam a pôr em prática. Não entendo. — Logo em seguida, disse bruscamente: — Ah!... Mudando de assunto... Ontem jantei com a Helena num lugarzinho delicioso. — Após um sorriso maroto, contou: — Eu até a levei para casa e...

— Nem precisa dizer — disse Paula animada. — Seus olhos estão contando tudo! E o acusam de Culpado! — brincou sorrindo.

— Ah, mas isso não é tudo! Quero saber, da dona Natália, quem a autorizou a ligar para a dona Gilda e avisar, antes de mim, sobre o que ela viu ou deixou de ver a meu respeito?

— Eu não ia dizer não, mas... Já que estamos conversando... Até eu estou sabendo.

— Como é?! — perguntou surpreso.

— Desculpe-me, Eduardo. Mas acho que você precisa saber. A Natália contou para algumas pessoas que o viu ontem num restaurante de luxo e... Sabe como é, ela falou de um jeito irônico, desprezível. Disse que o viu com uma pobretona. Foi esse o termo usado.

— Desgraçada! — exclamou ao socar a mesa. Levantando-se rapidamente, decidiu: — Vou falar com ela e vai ser agora!

— Calma, Eduardo. Diz o ditado popular que "a raiva é péssima conselheira". Não se deixe levar por esse impulso de raiva.

– Mas eu não posso deixar isso ficar assim.

Afrouxando a gravata, Eduardo saiu de sua sala indo à procura da diretora financeira.

Ao encontrá-la, sem rodeios, perguntou:

– O que você tem a ver com a minha vida, Natália?

– Nossa! Que susto! Poderia ao menos bater à porta antes de entrar?

– Estou aguardando uma resposta– falou austero, olhando-a firme.

– Sobre eu ter falado que o vi ontem? Ora, Eduardo, isso não é motivo para ficar zangado. Eu só brinquei! – disse rindo.

– Primeiro eu não lhe devo satisfação da minha vida. Segundo, não lhe dou o direito de falar sobre mim, sobre quem estiver comigo ou sobre qualquer assunto que se refira à minha vida! – exigiu de modo autoritário. – Aqui dentro desta empresa procure só e, unicamente, falar sobre o seu trabalho que, diga-se de passagem, está deixando a desejar. Mas eu entendo que isso acontece por você se preocupar com a vida alheia.

– Nossa! – exclamou novamente irônica enquanto ria. – Nunca o vi tão irritado. Será que aquela menininha tem tanto poder assim sobre você? Olha só o que uma vadiazinha aproveitadora é capaz de conseguir!

Eduardo sentiu-se esquentar. Um súbito nervoso pareceu correr por todo o seu corpo, e ele, aproximando-se dela, falou veemente:

– Se você não fosse mulher, eu a faria engolir essas palavras. Mas não sou homem de bater em mulher. Porém, nada me impede de dizer que vadia é você e sua filha. – Antes de sair da sala, voltou-se e disse: – Se continuar com esse assunto, cuide-se, senão não sei o que posso fazer. Sei muito sobre você.

Natália sentiu-se gelar. De alguma forma, viu-se ameaçada.

Eduardo, após dizer isso, saiu a passos rápidos e firmes.

Em outro corredor, ele ainda encontrou seu pai que aguardava o elevador.

— Edu! — chamou Adalberto. — O que está acontecendo lá em casa? A Érika me ligou e disse que sua mãe está nervosa e que fez o maior quebra-quebra. Ela brigou com você?! Isso aconteceu mesmo?! — indagou muito surpreso.

— Ela não brigou comigo. Talvez por isso esteja demonstrando sua insanidade. A culpa por esse tipo de reação é sua — disse irritado, pegando seu caminho e deixando o pai com uma grande interrogação na expressão.

Ao entrar em sua sala, pediu à secretária, ao passar por ela:

— Paula, não me passe nenhuma ligação. Não quero ver mais ninguém hoje. Diga que saí para almoçar.

— Como quiser.

Procurando acalmar-se, Eduardo acomodou-se em sua confortável cadeira, respirou fundo e tentou relaxar. Após alguns segundos, pegou o telefone e ligou:

— Miguel? É o Eduardo, tudo bem?

— Oh! Eduardo. Tudo joia. E você?

— Vou indo. Estou ligando para combinar algo para o próximo fim de semana. Sabe, estive pensando... Poderíamos ir à praia. Temos uma casa no Guarujá. O que você acha? O tempo melhorou e eu acredito que vai continuar firme.

— Por mim, tudo bem. Só preciso falar com a Suzi. Ela me disse, dias atrás, que precisava estudar. Chegou o período de provas na faculdade.

— Mas... Se ela não puder, você vai, não é? — perguntou preocupado, pois sabia que, se Miguel não estivesse junto, provavelmente, Helena não iria.

Miguel, muito esperto, entendeu rapidamente, riu e falou:

— Tudo bem, né!... Eu vou. E você fica me devendo essa.

Eduardo riu e avisou:

— Vou combinar com a Érika, com o João Carlos e a Juliana. Será um fim de semana bem animado.

— Já estou ansioso. Será uma pena se a Suzi não puder ir. Mas ela é compreensiva, não vai implicar se eu for.

— Ótimo! Vou ligar para a Lena e avisá-la.

— Valeu, Edu! Obrigado pelo convite.
— Um abraço!
Em seguida, ao conversar com Helena por telefone, Eduardo percebeu sua falta de ânimo e perguntou com jeitinho:
— O que foi? Você parece triste, aconteceu alguma coisa?
— Nada sério. São problemas com o Mauro. Depois eu conto.
— E então?... O que você acha de irmos à praia? Falei com o Miguel e ele, como sempre, está bem animado.
— Para ser sincera, eu não estou com tanta vontade assim.
— Podemos levar a Bianca. Ela vai adorar — propôs ele.
— Sim, claro.
— Que bom! Isso significa que vamos, não é? — falou entusiasmado.
— Está bem. Vamos — concordou Helena, que sorriu sem perceber.
— Ótimo! Vou combinar com os outros.
— Certo. Depois você me avisa.
— Claro. — Então, mais romântico, ele disse: — Estou morrendo de saudade. Quero tanto vê-la. Sabia que eu não dormi essa noite só pensando em você?
— Eu também não, mas...
— Estou tão feliz, Lena — interrompeu amoroso. — Você não pode imaginar.
Ela ia comentar sobre o ocorrido, porém se inibiu diante da declaração. Percebeu que não seria um bom momento para contar o que ocorreu com Mauro.
— Eu queria muito poder vê-la hoje, mas tenho um assunto importante para resolver em casa. Não vai ficar chateada comigo, vai?
— Claro que não.
— É que não posso adiar. Você entende?
— É com sua mãe? Ela ficou sabendo? — perguntou, como se adivinhasse o que se tratava.
— Minha mãe implica com tudo. Com a novidade sobre nós não seria diferente. Mas não se preocupe, eu não me submeto aos seus caprichos.

— Você me liga?
— É claro! — afirmou carinhoso. — Como poderia dormir sem ouvir a sua voz?
— Ficarei esperando.
— Um beijo. Adoro você!
— Eu também. Tchau.

Novamente aquela sensação envolvente de paixão e esperança pareceu abraçar a ambos, trazendo a seus semblantes um brilho todo especial.

༺♡༻

A noite chegou quando Eduardo, entrando em sua casa, encontrou sua tia Isabel que foi lá visitá-los.

— Ah! Ei-lo! — disse Gilda com ironia, gesticulando ao apontar na direção do filho. — Estávamos mesmo falando de você, meu filho. Eu contava para a Isabel o que você me aprontou.

— Oi, tia! — cumprimentou com um beijo e logo perguntou: — E o tio, não quis vir?

— Não deu. Ele ficou lá, analisando os negócios. Como sabe, o Pedro nunca tem tempo.

— E aí, meu filho? — tornou Gilda, afoita para retomar o assunto mais importante para ela. — Espero que tenha voltado mais ajuizado para casa hoje. Eu estava, agora mesmo, contando para sua tia sobre sua insanidade. Mas, é claro — comentou menos fervorosa —, a Isabel sempre o protege e se curva a suas vontades.

— Não é questão de proteger, Gilda. O que é que tem de mais o Eduardo namorar a Helena? É uma moça de família, muito educada...

— Meu Deus do céu!!! Será que só eu tenho discernimento nesta família?! Vocês não percebem que aquela gente está de olho no nosso nome, em nosso patrimônio?

– Não diga isso, Gilda. A Helena é uma ótima pessoa, gosto muito de conversar com ela, que é recatada, modesta, sempre bem comportada...

– Pare, por favor, com essa lista de pieguices! É ridículo não querer enxergar o óbvio!

– Mãe! – interrompeu-a Eduardo, muito firme. – Eu não sou a Lara nem a Érika. É melhor que não tente determinar o meu destino ou declarar o que é bom para mim. Pense nisso. Talvez eu não seja tão pacífico quanto você imagina. Não quero mais ouvir nenhum tipo de recriminação, principalmente da sua parte, que diga respeito à Helena ou à família dela. Vou trazê-la aqui, pois ela vai continuar visitando esta casa normalmente e você vai recebê-la como uma pessoa civilizada e educada, já que esse tipo de representação você sabe fazer muito bem, que eu sei. – Virando-se para Isabel, que ficou boquiaberta com aquela atitude, o sobrinho pediu: – Desculpe-me, tia. Essa conversa não deveria ser no momento de sua visita. Eu ia até deixar para mais tarde, porém minha mãe insistiu. Agora me dê licença, estou exausto e preciso de um bom banho para relaxar.

Gilda sentiu seu sangue ferver. Indignada e perplexa, acompanhou Eduardo com o olhar enquanto ele subia as escadas.

– Você viu só, Isabel?! Meu filho! Meu próprio filho! E tudo isso por causa de uma fulaninha rampeira! Veja o que essas zinhas são capazes de fazer! Aaaah!!!... Mas isso não vai ficar assim não! Não mesmo!

– Gilda, por que você nunca deixa que as pessoas sigam seus próprios destinos? Por que você quer sempre alterar tudo?

– Não é isso! – disse irritada. – Estou defendendo o meu filho! Estão pensando o quê?! Que meu filho vai fazer caridade namorando uma pé-rapada como essa?!

– Deus do céu! Gilda, acorda! – pediu a irmã. – O Eduardo é um homem independente, autossuficiente em todos os sentidos. Ele deve saber o que está fazendo. É um rapaz maduro e bem experiente. Não é do tipo que se deixa enganar por uma qualquer. Deixe-o ser feliz a seu modo. Deixe seu filho viver a vida dele, aprender com os próprios erros, se for preciso. Só porque você, um dia, abandonou a sua felicidade, o seu amor, não significa que os outros devam fazê-lo.

– Do que você está falando?

– Você sabe, Gilda. Pense, talvez você não fosse essa pessoa tão amarga que é hoje se não tivesse posto o dinheiro acima do amor e da felicidade.

– Isabel, por favor! – arregalou os olhos e falou como se exigisse silêncio.

– Vamos mudar de assunto.... Ou acabarei falando o que não devo.

Apesar do clima tenso, as irmãs continuaram conversando.

Já em seu quarto, Eduardo falava ao telefone com Helena.

– Adorei as flores! Muito obrigada! – agradecia, parecendo encantada. – Nunca recebi flores, amei! São lindas.

– Rosas brancas, eu adoro também. Pensei em te fazer uma surpresa, queria que fosse algo agradável e que te fizesse sorrir, pois hoje achei que você precisava de um motivo para sorrir.

– E conseguiu. Fiquei tão emocionada que perguntei ao receber: "Tem certeza de que são para mim?" – Helena riu com simplicidade, depois continuou: – Ainda bem que o Miguel passou lá para me pegar. Assim elas não correram nenhum risco de se estragarem no metrô. Quando cheguei a minha casa, eu as coloquei na água fresca... Estão aqui, na minha frente...

– Gostaria de ser essas flores para estar aí agora...

Enquanto a conversa romântica seguia animada, em outro cômodo da casa Miguel e Mauro conversavam.

– Fiquei louco mesmo. Não sei o que me deu – confessava Mauro, mostrando-se constrangido ao falar com o irmão.

– Até agora não entendi o que aconteceu. Puxa, cara! Se eu não estivesse ali, acho que você faria uma besteira.

– Não sei – dizia Mauro preocupado, andando de um lado para outro. – Não entendo o que senti. Parece que não era eu. Sabe, Miguel, nos últimos tempos, na verdade, desde que a Lara morreu, ando nervoso, confuso. Até no serviço já fiz bobagem. Outro dia, lá na redação, o diretor cortou meu texto. Fiquei angustiado, revoltado mesmo. Fui até a sala dele e disse um monte de coisa.

– E ele?

– Não disse nada. Só ficou me olhando. Em questão de minutos, eu fui ridículo, insano... Deu uma vontade de chorar, gritar. Ele pediu que me sentasse, mandou que me trouxessem água... Nunca me senti tão envergonhado.

– Já pensou em procurar um psicólogo?

Mauro o encarou por um instante, depois perguntou:

– Não seria esquisito?

– Por quê? Se estamos com uma unha encravada não é ridículo procurarmos um dermatologista ou um podólogo para resolver o problema.

– Mas no meu caso o problema sou eu não me controlar, não dominar meu temperamento.

– Meu! Se você tem uma úlcera, se ela dói, tem de procurar um médico! Onde está o ridículo?

Nesse momento, após leves batidas à porta, Helena chamou:

– Miguel!

– Entra!

Ao olhar para Mauro, falou:

– Desculpem-me, não sabia que estavam conversando. Não queria atrapalhar.

– Não está atrapalhando, Lena – disse Mauro com certo constrangimento. – Pode falar.

Voltando-se para Miguel, ela avisou:

– Vamos no sábado bem cedo. O Eduardo combinou com o João Carlos e com a Juliana e pediu para te falar. Está tudo certo.

– Vamos nessa, Mauro? – perguntou Miguel.

– Para onde?

– Para o Guarujá. Vai ser legal. Vamos?

– Não dá...

– Deixa a Bia ir comigo, Mauro? – pediu a irmã com certo receio.

— Lena, não é por nada... Eu até deixaria, mas já assumi um compromisso com a Bia. Sábado acontecerá aquele encontro com os pais, naquele passeio promovido pela escola. Lembra?

— É mesmo!... Eu esqueci! — lamentou a moça.

— Fica para outro dia, está certo?

— Se eu tivesse lembrado, deixaria para a próxima semana, mas...

— Não tem problema, Helena. Vá! Divirta-se.

— Será bom para a Bianca sair com o Mauro, Helena — lembrou Miguel. — Há tempo eles não saem juntos. Normalmente, ela só passeia com você.

— É verdade — concordou Helena com um meio sorriso. — Deixa para a próxima.

༺♥༻

Na espiritualidade, Nélio e Lara acompanhavam tudo o que acontecia.

Revoltado, Nélio se acercava de Helena observando-a com enorme rancor.

— Tu me traíste. Ficaste triste e deprimida por não me ter no passado. Dizias, sempre lamuriosa, ser eterno o teu amor por mim. Mas não é verdade. Trocaste-me impiedosamente pela primeira criatura reles que te cruzou o destino. Por dinheiro ou, talvez, porque te impressionaste pelo belo porte. Admirava-te mais. Nutria mais respeito por ti do que podes imaginar. Ingrata!

Lara, que observava a cena sem se importar, permanecia indiferente, mas sempre lastimosa.

Passados alguns segundos, o espírito Nélio reparou:

— Tu também reclamas o teu lugar ao lado dele?

— Eu morri. Ele não me vê mais.

— Não morreste, sabes disso.

— Estou morrendo a cada dia, a cada hora sou esquecida. Não sou lembrada, respeitada. Não viu que meu marido já pensa em se divertir? Disse que vai deixar o passeio à praia para outro dia. Ingrato. Estou aqui, numa penúria dolorosa, experimentando necessidades inúmeras, e ele... — Depois de chorar, completou: — Jamais pensei em sofrer tanto. Sempre tive o que quis. Passei por um período difícil na vida e por causa dele, mas logo me estabilizei. Fui uma moça fina, rica e com muito estudo e me iludi por esse... Se eu o vir com outra um dia...

— Vivi anos, séculos remoendo-me em remorsos eternos que por minha amada nutria. Agora a vejo inclinando-se de paixão, pela sedução desse moço. E pensar que tanto sofri por arrependimento. Mas creio que está iludida assim como eu no passado. Hei de tê-la comigo em breve. Ah! Hei sim.

— Mas Helena já namorou antes. Por que não implicou com o outro e sim com meu irmão?

— O outro? Ora, mulher! O homem era um imprestável. Não havia romance, desejo ou conquista. Aquele sujeito nasceu agastado, ocioso por índole. Por mim, até poderia ficar ao lado dela por todo o tempo. Errei ao induzir Helena a terminar com ele, que não poderia me incomodar — riu zombando. — Era um impotente, um lasso! — Breve pausa. Mais preocupado, afirmou: — Mas esse aí não. Ele pode conquistá-la. Porém, estou aqui para proteger minha Helena até que nos encontremos novamente e por toda a eternidade.

Lara só ouviu. Ela sentia-se cansada, desanimada demais para qualquer argumentação.

Foi com muita animação que, no sábado, ainda pela manhã, conforme planejaram, todos estavam aproveitando a maravilhosa praia.

Eduardo não saía de perto de Helena, que parecia até constrangida por seus carinhos constantes, por causa da presença de seu irmão.

Érika e João Carlos foram fazer uma caminhada à beira-mar, enquanto Juliana e Miguel conversavam sob um guarda-sol.

Miguel acabou comentando com a colega o que vinha acontecendo em sua família desde a morte de sua cunhada e, com muita atenção, ela ouvia.

— Depois de tudo, no dia seguinte, meu irmão não sabia por que tinha feito tudo aquilo, principalmente, com a Lena, que não deu nenhum motivo. Ele ainda disse que parecia que não tinha sido ele.

— Miguel, você acredita na influência dos espíritos em nossas vidas?

Ele ficou pensativo, demorou um pouco, mas respondeu:

— Eu acredito que haja espíritos. Creio na vida após a morte, mas tenho algumas dúvidas sobre a influência deles em nós. Eu já li livros a respeito, romances principalmente. Só que alguns são um pouco extraordinários. Desculpe minha sinceridade.

— Não tem por que se desculpar. É bom ser honesto. Mas a verdade não está contida apenas nos romances. Eu acho que você deveria buscar conhecimento em outra fonte também. Os espíritos existem e podem nos influenciar mais do que imaginamos. Não quero, com isso, dizer que a culpa do que fazemos de errado deve cair sobre eles.

Miguel riu descontraidamente e falou:

— Já pensou se eu sair por aí assaltando bancos, espancando meus desafetos e, quando me prenderem, eu digo que foi um espírito que me dominou?

— Não há como um espírito dominá-lo assim a seu bel-prazer. Lembre-se de que somos responsáveis por nós mesmos e pelo nosso corpo. Somos responsáveis por toda palavra, por todo gesto e por todos os atos. Se não tivermos agressividade, maldade, ódio em nossa índole, em nossa natureza humana, nenhum espírito pode nos instigar, nos estimular. O que um espírito pode fazer é, primeiro manter-nos bem sensíveis, fragilizados, vulneráveis. Depois ele nos insufla, nos dá ideia do que quer que façamos. Se um espírito nos quer ver brigar, ele nos incita para que vejamos as coisas erradas à nossa volta, coisas que não gostamos, que recriminamos. Essa ideia nos vem, através de pensamentos, como se fosse nossa. Mas se nós somos criaturas pacíficas, compreensivas, sem agressividade, sem ódio no coração, não vamos corresponder ao que o espírito quer. Isso significa ter caráter, boa índole, bom ânimo.

– Então é simples nos livrarmos da influência de um espírito?

– Imagine! Se fosse tão fácil o mundo viveria em paz. O problema é que somos rebeldes, veementes, agressivos, críticos, arrogantes, orgulhosos e sempre nos achamos com razão em tudo. Com a menor gama ou porção desses vícios citados, deixamos de controlar nossos desejos, nossos impulsos e acabamos ficando sob o domínio de um espírito que nos queira controlar.

– Um espírito pode fazer o meu carro quebrar, por exemplo?

– Ele pode ter algum poder sobre a matéria, mas isso seria desgastante e algo raro de ocorrer. É muito mais fácil esse espírito influenciar você, em pensamento, para fazê-lo se esquecer da troca dos amortecedores, se esquecer de uma revisão nos freios, não procurar um mecânico para saber sobre um barulho estranho, coisas que podem provocar acidentes. Uma coisa muito fácil de ser feita por um espírito é deixá-lo distraído ou com muita raiva enquanto dirige para que você não perceba uma sinalização, um sinal no vermelho, podendo provocar um acidente e até machucar outras pessoas. Mas, se é um cara prudente, vigilante, esse tipo de coisa não vai acontecer, com por mais que um espírito tente, pois você domina seus desejos, suas vontades, ou seja, leva o carro ao mecânico, dirige devagar e com atenção...

Helena e Eduardo chegaram a busca de sombra, interrompendo a conversa de Juliana e Miguel. O assunto então mudou e passaram um dia ótimo.

Entretanto, na manhã seguinte, não puderam contar com os lindos raios de sol, porém o dia nublado serviu para que conversassem muito e usufruíssem o grande conhecimento que Juliana possuía sobre o mundo dos espíritos. Ela, por sua vez, não se incomodava de ser perguntada a respeito.

À noite, já em sua casa, Helena atirou-se na cama e comentou com sua irmã:

— Carla, você foi boba por não ter ido. Estava tão gostoso.

— Eu não estava a fim. Ah! A Sueli esteve aqui e dormiu na sua cama. Ela estava chateada, parece que ela brigou com o irmão. Eu não sei direito, só ouvi parte da conversa dela com o Mauro. Eles conversaram tanto!

Helena parecia distante com seus pensamentos e mal ouviu o que a irmã dizia. Carla, então, reclamou e chamou:

— Ei! Estou falando com você!

— O quê?!

— Ah! A tia ligou e avisou que a vó vai ter de operar a vesícula. Aí já viu, né? A mãe já ficou preocupada.

— Com razão, né! Olha a idade da vó!

— Mas isso hoje em dia é comum. A mãe se estressa à toa. Ah! Lembrei! – quase gritou Carla. – A Suzi ligou e... papo vai, papo vem, ela me deu o telefone e o endereço de uma agência de publicidade. Mas ela não quer que o Miguel saiba.

— Por quê?

— Acho que ela já foi lá.

— Veja lá, hein, Carla! Acho bom você dar um tempo nessas coisas, não está ganhando nada com isso.

— Vocês não entendem! É o que eu quero e vou conseguir.

Helena fez uma expressão de descontentamento ao pender com a cabeça reprovando a ideia da irmã.

CAPÍTULO 14

As maldades de Gilda

A semana iniciava tranquila.

Na terça-feira, bem cedo, Érika procurou por seu irmão, que se arrumava para ir trabalhar.

Sentada na cama, ela se mantinha inquieta e falava sem parar, enquanto o seguia com os olhos:

– ...então ela falou: "Pode vir que o emprego é seu". Não é o máximo?! Vou ser vendedora em uma boutique! – dizia entusiasmada.

– Estou gostando de ver! – animou-a Eduardo.

– Só tem um problema.

– Qual?

– Ela quer a minha profissional.

– E... Qual o problema?

– Eu fiquei olhando para ela... Não sei o que é profissional.

Eduardo não suportou e, dando um grito, jogou-se na cama como se desmaiasse.

— Ah! Edu! Não brinca! — disse empurrando-o.

O rapaz ria ao debochar da irmã quando, subitamente, a porta do quarto se abriu e Gilda, altiva e sempre bem-vestida como se estivesse desfilando, entrou sem cumprimentar os filhos e perguntou grosseiramente:

— Eu posso saber quem autorizou vocês dois a irem com aquele bando lá para a minha casa de praia?

Quando Érika respirou fundo preparando-se para responder, Eduardo fez-lhe um sinal e, levantando-se tranquilo, disse:

— A ideia foi minha. — Olhando fixamente para sua mãe, bem calmo, completou: — Bom dia, mãe! Que bom vê-la disposta e animada logo cedo.

— Não estou para brincadeiras, Eduardo. Quero uma resposta.

— Primeiro deixe-me corrigi-la, dona Gilda. A sua casa de praia não. A nossa. Porque não sei se você se lembra, mas somos seus filhos e posso dizer que também ajudei a comprar aquela casa, pois, se não me falha a memória, a aquisição se deu há uns quatro anos. Tempo em que eu já trabalhava e contribuía muito para os negócios da família.

— Ora! Deixe de ironia. Não me desafie, Eduardo — exigiu a mãe andando alguns passos.

— Não estou desafiando. Pare e pense, mãe. Pense em tudo o que você está criando contra você mesma.

— Não vou admitir que pé-rapado algum usufrua o que é meu.

— Isso é muito elegante da sua parte — novamente ironizou Eduardo. Porém, mais sério, falou: — Tenho muito com o que me preocupar hoje. Não quero e não vou me irritar. Agora, se der licença...

— Quem vai nessa sou eu! — avisou Érika que não se deixou envolver na conversa, na qual, certamente, discutiria com sua mãe. A jovem estava utilizando um pouco de sabedoria, graças aos conselhos recebidos de João Carlos e sua família.

Gilda, agora dominada por uma incrível sensação de raiva, sentiu a garganta ressequida pelo ódio que crescia em seu ser. Um suor frio banhou-lhe as mãos quase trêmulas enquanto seu rosto tornava-se rubro. Haveria de dar um jeito naquela situação. Justamente Eduardo, seu filho querido, não seria arrebatado de seus domínios. Encontraria uma maneira de reverter aquilo tudo. Jamais aceitaria uma afronta como aquela sem reagir ou revidar. Já possuía razões de sobra para odiar a família que tirou sua filha Lara de seu poder. Não iria permitir que o mesmo acontecesse com Eduardo. Como se não bastasse, ainda havia Érika, que maculava seu nome e posição social com o namorado que havia assumido.

Com esses pensamentos sombrios, que lhe causticavam as ideias, Gilda retirou-se do quarto, foi para a sala e acomodou-se num sofá, pegando o telefone e ligando para Marisa, a única pessoa que parecia entendê-la.

Semanas se passaram, mas a mãe de Érika não deixava de pensar em uma maneira de afastá-la de João Carlos. Havia se calado sobre o assunto por alguns dias, tentando tramar algo que pudesse destruir o namoro da filha, mas ainda não sabia o que fazer.

Um dia, encontrando-se com a amiga Marisa, Gilda, dirigiu-se a ela e foi logo perguntando:

– Conseguiu o endereço?

– Claro! Aqui está – confirmou Marisa com um sorriso.

– Ótimo!

– O que você vai fazer, Gilda?

– Você será testemunha, queridinha. Venha comigo e verá.

– Mas, Gilda...

– Ora essa, Marisa! Você acha que não sou sensata? Pode ficar tranquila que não vai acontecer nada de mais. – Virando-se para o motorista, pois ambas estavam no interior do carro de Gilda, dando-lhe o papel com a anotação, pediu de maneira arrogante:

– Leve-nos a este endereço.

— Sim, senhora — obedeceu prestativo.

Em pouco tempo estavam as duas amigas em frente a um edifício de três andares, cuja aparência arrojada e moderna indicava um bom gosto jovial.

Descendo vagarosamente do confortável veículo, Gilda olhou à sua volta, tirou os óculos escuros da bolsa e os colocou, depois falou:

— Venha comigo, Marisa. Não quero correr riscos aqui.

— Riscos?!

— É. Risco de me infectar, de me envenenar — disse com ódio nas palavras parecendo saturada. — Venha, vamos acabar logo com isso.

Ao entrarem no edifício de largas portas de vidro, as pessoas não se importaram com a presença das senhoras elegantes, cheias de gestos delicados e cuidados, até porque eram funcionários ou montadores.

Com um gesto, Gilda pediu a atenção de um rapaz que trazia algumas fichas na mão e perguntou:

— Por favor, esta é a academia do João Carlos?

— Sim, senhora. Ele está no segundo andar — avisou indicando ao apontar e explicando: — Pode ir por ali. Tem o elevador e as escadas. Como preferirem.

— Obrigada — agradeceu Gilda que, ao vê-lo longe, desdenhou: — Veja se sou mulher de subir escadas. Que coisa de gentalha.

Marisa somente riu, satisfazendo a amiga com sua aprovação à crítica.

Já no andar de cima, Gilda pôde observar, a certa distância, que João Carlos conversava com outros dois rapazes, explicando algo.

O soar de seus passos ecoaram, naquele piso, chamando a atenção dos três.

Ao se aproximar, Gilda cumprimentou:

— Bom dia!

— Olá! Bom dia, dona Gilda. Que surpresa — retribuiu João Carlos com educada simpatia. — Perdoe por não lhe dar a

mão. É que estamos montando a academia e não estou bem limpo.
– Eu entendo – respondeu secamente, ostentando grande orgulho no olhar.
– Ah! Esse é meu sócio, Cezar.
– Prazer – cumprimentou o moço educada e gentilmente.
Gilda o contemplou de alto a baixo e só depois lhe estendeu a mão dizendo:
– Que olhos lindos, hein! Iguais aos meus. Aliás, você parece alguém da minha família: belo, louro, alto e forte. Você é sócio dele, é? – perguntou como se debochasse.
Muito constrangido, o rapaz olhou para João Carlos e, voltando-se para Gilda, respondeu com educação:
– O João Carlos é como meu irmão. Eu não faria sociedade com outra pessoa. Agora, se me der licença... Foi um prazer conhecê-la, senhora – disse, retirando-se após rápido aceno com a cabeça. Ao mesmo tempo, voltando-se para o outro rapaz que o acompanhava, pediu: – Vamos ali comigo, vou mostrar onde é o lugar das esteiras.
Completamente sem jeito, João Carlos ficou a sós com Gilda e sua amiga. Mudo, ele aguardava por algum tipo de agressão, ofensa, algo que pudesse tentar desonrá-lo, pois daquela mulher era só o que poderia se esperar. Procurando manter a calma, ele a seguia com seus expressivos olhos negros, que ocultavam qualquer sentimento.
Sem demora, ela atacou:
– Você deve saber o que me traz aqui.
– Não. Ainda não tenho certeza. Se bem que imagino.
– Serei direta. Quero brevidade nesse assunto. – Diante do silêncio, continuou: – Quanto você quer para deixar minha filha em paz?
Sentindo um torpor abalá-lo, João Carlos custou a dominar seus sentimentos e reações. Não acreditava no que acabava de ouvir.
Mesmo assim, com atitude respeitosa, esclareceu:

— Não é do meu conhecimento que a sua filha não tenha paz ao meu lado. E quanto a sua oferta, vou ignorá-la. Faço de conta que não ouvi nada. Agora...

Interrompendo-o bruscamente, Gilda inquiriu:

— Você não se enxerga, não é?!

— O que a senhora quer dizer com isso? — perguntou, procurando exibir tranquilidade e ganhar tempo para pensar.

— Ora, rapaz! Não se faça de besta. A Érika é uma menina fina, teve berço, tem família, educação...

— E quer dizer que eu não tenho nada disso? A senhora está extremamente enganada, dona Gilda.

— Você sabe do que estou falando, rapaz. Não se faça de desentendido. Você a está iludindo, está de olho na nossa posição social, no nosso patrimônio. Além do quê... — calou-se, ostentando todo seu orgulho ao examiná-lo de cima a baixo.

— Além de a senhora me ofender, tenho de dizer novamente que não me conhece e não sabe o que está falando.

— Não vim aqui para discutir — decidiu irada. — Vamos direto ao assunto, novamente: quanto você quer para deixar a Érika?

— Não há dinheiro que valha o que me pede. Nós nos amamos, não estamos fazendo nada proibido, até porque sua filha é maior de idade e...

— Tenho isto aqui — disse, exibindo um pacote com uma considerável quantia em dinheiro. — Verdinhas! Dólares! Sem impostos, sem passagem pela Receita... É seu se deixar minha filha, hoje mesmo.

— Suma daqui, dona Gilda! Por favor! — gritou, por não suportar mais tanta ofensa.

— Não aja estupidamente! Todo homem tem o seu preço.

— Nada paga a minha dignidade, honestidade e caráter. Com licença — disse, virando-lhe as costas.

Gilda ficou parada com o pacote de notas nas mãos. Seus olhos coléricos o seguiram enquanto sentia incrível nó preso na garganta. Ninguém nunca lhe fizera aquilo. Desejava gritar, esbravejar por não ter se saído vitoriosa. Sem nem mesmo olhar para a amiga, que ficou em silêncio todo o tempo, Gilda procurou pela saída que nem se lembrava mais onde era.

Só no interior do veículo que a amiga falou:

— Ah, Gilda. Você vai me desculpar, mas tenho de dizer. Nossa! Que homem! Que vigor, que juventude! Alto, forte, bonito. Suado daquele jeito então... Eu nunca o tinha visto assim sem camisa. Lógico que não, ou lá no clube ele seria atacado. Que morenaço!

— Cale essa boca estúpida, Marisa!!! — gritou Gilda com toda a força de seus pulmões.

— Aaaai! Tá, desculpa. É que não aguentei.

Nesse momento, Gilda decidiu:

— De todo jeito vou empregar minhas verdinhas nesse sujeito! Vou acabar com a laia dele!

— Como? — tornou Marisa.

— Com a sua ajuda, queridinha. Com a sua ajuda! — enfatizou. — Vou precisar de outro favorzinho.

Durante o caminho de volta, as amigas passaram a tecer planos daquilo que poderiam fazer para separar Érika do namorado.

O mais inferior dos sentimentos é o preconceito, o racismo, a não-aceitação de alguém por sua cor de pele, raça, naturalidade, falta de beleza e outros atributos que as pessoas julgam ser qualidades. Pelo simples pensamento de recriminar alguém por sua aparência física, pela sua filosofia ou forma de pensamento, estamos não só exibindo a nossa pobreza íntima, mas também, acima de tudo, criticando Deus, o Pai da Vida, que, além de nos criar, deu-nos incontáveis condições para nos apresentarmos com diferentes particularidades, distinguindo-nos uns dos outros.

Temos essa ou aquela aparência que nos é necessária para um aprimoramento. Temos a pele clara e olhos claros, não por favorecimento. Temos a pele negra e olhos escuros, não por demérito ou punição de qualquer espécie. A pele clara e os olhos claros podem muito bem ser um teste para a fragilidade íntima, pois a beleza, muitas vezes, é inimiga da alma displicente. Pode exibir o quanto há de orgulho em uma criatura que ainda tem muito que se harmonizar. Assim como a pele escura e os olhos escuros podem sinalizar uma força íntima e significar que a criatura venceu suas necessidades de não mais expor-se tanto. A pele negra também pode oferecer a oportunidade para a pessoa trabalhar alguma espécie de preconceito que teve no passado, quando espezinhou pessoas por causa da raça. Uma atual encarnação como negro seria uma luta interior para vencer o complexo da sua própria cor, estatura ou características físicas que tenham de se harmonizar em sua consciência.

Isso, indubitavelmente, são débitos e heranças de vidas passadas pela inclinação às más tendências, à palavra que ofendeu, ao pensamento que caluniou, às referências amargas que julgaram, destruíram, criticaram etc. Trazemos muitas bagagens espirituais do passado e não podemos nos julgar superiores por essa ou aquela aparência que acreditamos serem qualidades físicas.

Se nos é ofertada a prova de lindos olhos e bela pele, isso não significa superioridade, podendo ser exatamente o contrário. Tomemos cuidados para não cairmos na indigência espiritual do orgulho, da vaidade. Devemos tratar os outros, até em pensamento, como queremos ser tratados e conceituados. Não nos cabe julgar, isso é falta de controle aos impulsos preconceituosos e inferiores, ou seja, são más tendências. Ainda encarnados, neste planeta, estamos longe de uma vida plena de integração, perfeição e felicidade. Infeliz daquele que, consciente, assumido ou mesmo disfarçadamente tem opiniões preconceituosas sobre o outro. Essa, com certeza, é uma pessoa sem elevação e ainda insatisfeita consigo mesma, por isso, procura nos outros pequenos defeitos para não ver os seus próprios. Nós somos a causa e o efeito de nós mesmos, pois na qualidade de espíritos eternos, certamente, plantamos em nosso passado o que hoje estamos precisando rever, experimentar. Temos liberdade para escolher, hoje, o que, no futuro, queremos ser ou experimentar, equilibrando nosso corpo e nossa consciência.

Devemos refletir muito sobre alguns fatores importantes que nos inclinam ao preconceito, incluindo aquele preconceito secreto, feito silenciosamente em nossos mais íntimos pensamentos. Ele indica o quanto inferiores somos e sinaliza o quanto ainda temos de aprender para evoluirmos.

Deus nos ama independente de como nos apresentamos em aparência. Sempre somos amparados por Suas mãos misericordiosas pela pureza existente em nosso coração.

Naquela tarde, muito amargurado, João Carlos chegou a sua casa com o semblante melancólico. Atirando-se no sofá, respirou fundo, procurando cerrar os olhos para relaxar.

Pelo barulho que fez ao chegar, Juliana foi ao seu encontro com sua típica animação.

— Ah! Desculpe-me, por favor! Hoje, não consegui ir ver como está ficando a academia. Chegou um cliente importante que não pude dispensar. Ele queria um projeto grande e eu tive de dar toda a atenção. Mas sei que a equipe que mandei deu conta. Eles me falaram que o Cezar quer uma iluminação no jardim interno e que... — Juliana se deteve por causa da fisionomia desolada do irmão, que parecia nem ouvi-la. Sem demora, perguntou: — O que foi, João Carlos? Cadê sua coragem?

Imediatamente ele respondeu:

— A dona Gilda me procurou hoje oferecendo dinheiro, em dólares, para eu me afastar da sua filha.

Perplexa, Juliana ficou parada por alguns segundos tentando organizar suas ideias, antes de manifestar qualquer expressão. Acomodando-se em outro sofá, decidiu então brincar para descontrair o irmão:

— E você aceitou, claro! Tomara que tenha sido muita grana, porque a Érika é maior de idade e vocês poderão fazer muitas coisas juntos.

João Carlos sorriu, mas logo anuviou seu semblante, outra vez, quando admitiu:

– Estou tão magoado. Decepcionado...

– Com o quê?!

– Com tudo isso, Juliana.

– Ora, João Carlos, não se permita a uma tristeza que tenha sido provocada por alguém tão pobre de espírito. Tenha piedade de uma pessoa como essa. Os lindos olhos azuis que a dona Gilda tem ficarão para os bichinhos comerem, quando ela partir deste mundo. Todos nós, encarnados neste mundo, estamos evoluindo e temos algo para harmonizar. Precisamos nos despojar do orgulho. Não precisamos adquirir outros débitos como o de ofender alguém que tenha nos magoado. Não vamos cultivar nenhum ódio, nenhum rancor, muito menos o desejo de vê-la na penúria, na miséria ou experimentando o que faz aos outros. Não vamos gerar em nós essas vibrações tão inferiores.

– Não, não estou pensando nada disso. Eu sei que pessoas como ela serão vítimas de si mesmas. Não serei eu a desejar vingança. Longe de mim. Só fiquei magoado com a situação, não gostaria de passar por tudo isso.

– E a Érika? Você contou para ela?

– Não. Nem falei com ela hoje.

– Então, se puder, não diga nada – aconselhou a irmã. – Ela não precisa ficar mais magoada ainda com a mãe.

– Gostaria de que você conversasse mais com ela. Percebo que a Érika ouve e aceita bem o que vem de você.

Juliana ofereceu um generoso e agradável sorriso ao admitir:

– Gosto muito dela. Vejo que ela mudou muito de uns tempos para cá. Mudou para melhor. Está menos criança, mais responsável, preocupada com a vida. Observo que não briga mais com a mãe. Está conseguindo ignorar as implicâncias da dona Gilda.

– A Érika tem um bom coração e aprende rápido. É uma alma generosa, só não aprendeu antes porque ninguém ensinou.

– Ela é inteligente. Mas... Mudando de assunto, o Miguel me telefonou hoje para dizer que já leu aquele livro que emprestei e nos chamou para sair neste fim de semana. O que acha?

– Ah... Acho que estarei tão cansado. Tenho só mais essa semana para montar tudo antes da inauguração que já está marcada, lembra?

Juliana olhou-o com certa melancolia ao dizer:

– Vou ligar para ele avisando que não vai dar.

– O que foi? Ficou esquisita de repente.

– Eu?! Ora... – Em seguida, falou: – Ah! Lembrei. Outro dia, quando fui à casa deles, comecei a falar sobre Espiritismo e a dona Júlia ficou me olhando de modo estranho, mas não disse nada. Achei até que ficou muito curiosa. O Eduardo também ajudou, quando contou o que a sua secretária falou sobre fazer o Evangelho no Lar. Quanto a isso, ela pareceu gostar da ideia, pois entendeu que é, simplesmente, ler e comentar, no lar, os ensinamentos de Jesus.

– Ela falou com você sobre a Suzi? – perguntou o irmão. – A dona Júlia não é de conversa, mas.. Outro dia, sem querer, reclamou dela para mim. Achei estranho ela vir falar disso, justo comigo.

– Eu percebi que ela não gosta muito da moça. A princípio pensei que fosse ciúme do filho, mas, depois, quando conversei com a Suzi, notei que tem algo de errado com ela.

– O quê? – perguntou ele curioso.

– As atitudes da Suzi, o jeito meio desconfiado, camuflado como um disfarce e aqueles modos muito certinhos. Uma pose para cada coisa, um olhar sempre meigo, um sorriso treinado. Ela nunca se mostra à vontade, espontânea. Nunca perde a compostura.

– Júliaaaana!... – ele alertou e riu.

– É sim! Tem algo estranho com ela. O pior é que o Miguel está encantado e não enxerga! – ressaltou inconformada.

– Juliana, você está com ciúme do Miguel? – perguntou subitamente, observando-a atentamente.

A irmã pareceu ter perdido o fôlego, mas logo dissimulou:

— Ora, João Carlos! O que é isso?! O Miguel é só um grande amigo. Nós nos damos bem, conversamos muito, nada mais. Eu gosto dele como de outro amigo qualquer. – Levantando-se, Juliana reclamou enquanto saía da sala: – Era só o que me faltava. Veja só!

―⸺♡⸺―

Dois dias depois dos últimos acontecimentos, João Carlos chegou à academia, que estava montando, e se surpreendeu ao ver, em frente à porta principal, viaturas da polícia. Preocupado, ele estacionou o carro e desceu rapidamente para ver o que acontecia.

Cezar foi ao seu encontro, adiantando as novidades:
– João Carlos, fomos roubados durante a madrugada!
– O quê?! – quase gritou.
– Simplesmente pararam um caminhão aqui, desativaram os alarmes e levaram todos os equipamentos que já haviam entregado!

João Carlos, em choque, foi correndo em direção à porta de entrada, mas o amigo o segurou dizendo:
– O pior é que espalharam, lá no primeiro andar, um pó branco que a polícia está recolhendo achando que é droga. Estão tirando fotos porque, nas paredes e em alguns espelhos, está escrito algo sobre dívida de drogas.
– Você está brincando?! Isso é loucura! – falou nervoso ao correr para dentro do estabelecimento.

Olhando ao redor, João Carlos certificou-se de que a bagunça era geral. O que não levaram, quebraram e espalharam por todas as salas, como plantas, espelhos e terra.

No primeiro andar, onde espalharam certa quantidade de pó branco, havia os seguintes dizeres: "João Carlos não pagou, não vai usar, por isso espalhamos" e "Se não pagar o que comprou, voltaremos".

– Não! Não pode ser! – gritou inconformado. – Ninguém viu quem fez isso?! Nenhum vizinho?

— O segurança da firma ao lado viu, mas pensou que estava chegando algum equipamento. Ele disse que foi por volta das quatro e meia ou cinco da manhã e que tudo foi muito rápido.

— Vocês têm seguro? — perguntou um policial que se aproximou.

— Ainda não. Iríamos fazer o seguro depois de tudo montado. É preciso que seja assim para avaliarem — explicou Cezar.

— Vocês poderiam nos acompanhar até a delegacia, por gentileza? — pediu outro policial.

Perplexos e incrédulos, os dois sócios sentiram-se enfraquecidos depois de tão rude golpe em seus sonhos, seus esforços árduos, não lhes restando mais nada a não ser acompanhar os policiais para as devidas providências.

CAPÍTULO 15

Desarmonia entre irmãos

Bem mais tarde, longe da cena que fragilizou a todos, Gilda e sua amiga conversavam alegres e satisfeitas.

– Marisa, minha querida, fico imaginando aquele lindo moreno com lágrimas nos olhos. É de comover – gargalhou debochando. – Decididamente, a vida está a meu favor. Viu? Encontramos rapidinho quem fizesse o serviço e isso aconteceu mais depressa do que eu pensava. O que o dinheiro não faz, hein?

– Também, você foi louca em ter oferecido tudo aquilo.

– Mas, cá pra nós, o tal João Carlos foi um trouxa. Bem que poderia ter aceitado o que ofereci. Não teria nenhum prejuízo e ainda ficaria com uma boa graninha. Mas isso foi bom pra mim. Na verdade, gastei bem menos.

– Jura?! – admirou-se Marisa.

Após uma gargalhada impiedosa, Gilda continuou:

— Agora quero ver a minha doce e bela Érika dizer que ele é bom, é honesto, é isso e aquilo. Com aquela droga lá na academia, ela vai parar para pensar.

— Mas, Gilda, a droga só foi jogada na academia, não há provas concretas contra o moço.

— Não há no momento, mas é o suficiente, por enquanto, para que todo mundo fique de olho nele. — Levantando-se e caminhando vagarosamente pela sala, falou como se planejasse: — Posso providenciar uma acusação melhor, mais convincente.

— Você é fogo, hein? Quando quer uma coisa...

— Não brinque comigo, queridinha. Pode me odiar, mas seja minha amiga ou será infeliz pelo resto de seus dias. Agora vamos ter de dar um jeito naquela rampeira da Helena. Se esta suburbana pensa que vai levar meu filho de bandeja, está muito enganada.

— Qual seu plano para ela?

— Ainda estou vendo. Mas com ela tenho certeza de que vai ser mais fácil. — Após rir, falou: — Pelo menos vai ser mais barato. Porém, Marisa, temos de tomar cuidado com o Eduardo. Ele não pode desconfiar.

— Então comece a ser boazinha com a moça. Trate-a bem. Se fizer assim, ninguém vai desconfiar.

— E eu já não comecei?! Claro, meu bem, pensa que sou boba? O dia em que soube que usaram minha casa de praia foi o último dia que briguei com meu filho por causa dessa zinha. Senti que ele pode se voltar contra mim e isso eu não vou deixar acontecer.

— Para não ser odiada pelo Edu, você terá que ser bem sensata, gentil e tecer um plano perfeito.

— Até já sei o que vou fazer — anunciou agora com os olhos brilhantes. — Bem, acontece que já faz alguns dias não venho mais falando no nome da Helena nem no tal professor de Educação Física. Todos devem pensar que me acostumei com a ideia. Agora o ideal seria eu me aproximar um pouco mais da Helena, tratá-la bem e me tornar uma pessoa à prova de qualquer suspeita. Serei amável e gentil. – Depois de rir, completou: – Serei sua amiguinha, alguém em quem ela confie, de quem goste. Não serei verdadeira como sempre sou quando digo o que penso, tampouco exigente. Quer saber, Marisa? Vou chamá-la de querida e de meu bem. Sabe quando você se dirige a alguém dizendo com jeitinho amável "Oi, meu bem! Oh, querida, por favor..." ou então "Tchau, meu bem", a pessoa se curva com o ego repleto de satisfação por ser tratada assim. Essa é uma forma de mascararmos nossas verdadeiras intenções. Preciso ser cautelosa, pois notei que meu filho fica balançado por ela e isso eu nunca o vi sentir por mulher alguma. Primeiro, vamos ao plano do meu bem e queridinha, ninguém pode suspeitar.

– Isso funciona mesmo. Aprendi com você, Gilda.

– Tenho certeza de que essa menininha vai cair feito um gatinho mimado aos meus pés. Aí sim será o momento de enxotá-la daqui sem que meu filho perceba. E quer saber? Será ela quem vai sair correndo.

– O Edu tem de ficar do seu lado, hein!

– Claro. Se meus planos derem certo, vou sair correndo atrás dela pedindo para que volte para ele, você vai ver.

– Ai, Gilda! Sinto até uma coisa!... Uma sensação excitante – gargalhou.

– Precisamos experimentar diversos tipos de sensações e emoções enquanto estamos vivas, queridinha, pois assim a vida fica mais saborosa. Ainda vamos rir muito de tudo isso. Gosto do meu poder, do meu dinheiro que a tudo compra, faz e acontece. Gosto mais ainda da minha inteligência, da minha perspicácia, do meu espírito sagaz. Aguarde! Quem viver, verá!

Na casa de dona Júlia, Juliana, Helena e Eduardo reuniam-se na sala conversando um pouco.

— ...de lá pra cá está arrasado. Quase não sai, pouco conversa. A Érika está lá em casa agora com ele, mas o João Carlos está desanimado até com ela – comentava Juliana.
— E a polícia? Ninguém diz nada? Não tem nenhuma pista? – preocupou-se Helena.
— Dizem que estão fazendo investigações, mas, até agora, nada.
Eduardo, que até então só ouvia, lembrou:
— O estranho em tudo isso é o fato de terem escrito aquilo lá nos espelhos e nas paredes. Parece que foi gente que conhecia o João Carlos e queria prejudicá-lo.
Juliana abaixou a cabeça e não disse nada. Em seu íntimo, a bela moça desconfiava de que aquilo tudo realmente poderia ter sido por vingança. Tinha fortes suspeitas que apontavam para Gilda, a mãe de Eduardo, pelo fato de seu irmão não ter aceitado o dinheiro para se afastar de Érika.
É claro que Eduardo não duvidava de sua mãe. Nem poderia.
Nesse instante, Sueli, que até então estava no quarto com Carla e Suzi, chegou à sala e, sem que os demais percebessem, fez um gesto rápido para Helena chamando-a para que conversassem.
A amiga pediu licença e foi ver o que Sueli queria. Já distante da sala, perguntou:
— O que foi, Sueli?
— Olha, se vocês não ficarem ligados, a Carla vai acabar se dando mal. Ela não larga a Suzi e isso não me cheira nada bem.
Dona Júlia se aproximou interrompendo a conversa sem perceber.
— Helena, pega o refrigerante lá para mim, filha.
— Depois eu falo – sussurrou Sueli.
Sem entender, Helena não deu muita importância. Talvez Sueli estivesse com ciúme da amizade entre Suzi e Carla, pois agora ambas quase não paravam de conversar.
Bem depois, todos se reuniam para um lanche preparado por dona Júlia e falavam animados.

— Ei, Suzi — chamou Eduardo, querendo puxar conversa com a moça que quase não falava —, o Miguel falou onde seus pais moram e eu conheço aquela cidade.

— O pai dela é banqueiro lá — disse Miguel sem pretensões.

Parecendo tímida, Suzi argumentou em baixo tom de voz:

— É um banco pequeno. Um banco particular que faz empréstimos ao setor agropecuário da região. Quem vê o Miguel falar assim... — desfechou sorrindo.

Miguel abraçou-a com carinho, beijando-a rápido.

Suzi era uma jovem muito bonita. Tinha longos cabelos lisos, pesados, loiros e de um brilho intenso. Seus olhos verdes eram bem atraentes, principalmente, pelos cílios longos que os contornavam. Sua pele sedosa e alva fazia um bonito contraste com a boca bem-feita e o sorriso generoso.

A cada dia, Miguel parecia mais apaixonado, encantado pela namorada de personalidade tranquila e recatada.

Eduardo, após ouvir a moça, ficou pensativo e quase preocupado. Pensou em perguntar algo, mas Helena atraiu sua atenção quando o tocou no ombro ao pedir:

— Diga para a Bia que a peça teatral não é infantil. Que ela não vai gostar.

Aturdido pela rápida troca de assunto, ele quase gaguejou ao explicar:

— É, é sim. A tia Lena tem razão.

— Mas eu queria ir — falou com jeito mimado, fazendo biquinho.

— Prometo te levar num outro dia, quando estiver passando uma peça infantil. Dessa você não vai gostar e acho que nem pode entrar — explicou Helena novamente.

— E não pode entrar mesmo — tornou Eduardo que, voltando-se para a namorada, pediu: — Vamos, senão chegaremos atrasados.

— Bia! — chamou Sueli animada. — Fica comigo que eu trouxe um quebra-cabeça pra gente montar.

— Oba! — alegrou-se a garotinha que desceu às pressas do colo da tia e foi à direção de Sueli, querendo saber: — Você vai dormir aqui hoje de novo?

– Acho que sim.
– Então, não vai mesmo ao teatro, Sueli? – perguntou Helena.
– Não. Obrigada. Se a dona Júlia deixar, vou ficar por aqui. Aliás, acho que vocês já me adotaram, pelo menos nos finais de semana.
– Então vamos? – pediu Eduardo apressado.

⁓❦⁓

Sueli já estava de bruços no tapete do quarto junto com Bianca, montando o brinquedo, quando Mauro entrou e ficou observando-as.
Depois de algum tempo, a garotinha começou a ficar sonolenta, enquanto Sueli e Mauro começaram a conversar.
– Meu irmão está fanático por estudo. Não dá pra ficar perto dele. É um tédio.
– Todos os japoneses e descendentes gostam de estudar.
– Então sou uma exceção – brincou ao rir com gosto.
– Pensei que fosse com os outros ao teatro.
– Não estou com tanto ânimo. Acho que tédio é contagioso. Cuidado.
– Não me fale em tédio nem em falta de ânimo. Nos últimos tempos...
– A Bia dormiu... tadinha... – disse Sueli, quase sussurrando ao ver a menina debruçada sobre os braços. – Vou levá-la para a cama.
Cuidadosa, tomou Bianca em seus braços e a colocou jeitosamente sobre a cama, cobrindo-a após tirar suas sandálias.
– Vamos lá pra fora? – sugeriu Mauro.
Já na área que ficava na frente da casa, eles se acomodaram nas cadeiras em meio a algumas plantas viçosas.
– O que você ia dizendo, Mauro?
– Ah! Sim... que, nos últimos tempos, está sendo difícil para mim, por causa de um tipo de tédio, uma espécie de depressão...

— É que tudo aconteceu bem rápido na sua vida.
— Foi mesmo. Eu acordei e, o que seria um dia de festa, acabou sendo um dia de pesadelo. Pesadelo que dura até hoje.
— Você já vendeu a casa?
— Por incrível que pareça, ainda não. Abaixei até o preço e... nada. Quanto à escola que foi da Lara, estamos em negociação. Uma das professoras está interessada e pretende fazer um financiamento.

Naquele momento, na espiritualidade, próximo a Mauro, Lara chorava dizendo:
— Você quer me esquecer. Quer vender as coisas para não se lembrar mais de mim.

Sentindo um nó na garganta, Mauro tinha os olhos brilhando pelas lágrimas que quase rolaram. Com voz embargada, falou:
— Já pensei em tanta loucura. Se não fosse minha filha...
— Você é jovem, Mauro. Tem muito pela frente.
— É que sinto uma coisa. Uma dor no peito... Eu te disse, outro dia, sobre aquele desespero, aquela vontade de chorar, gritar, quebrar tudo... Isso me dá sempre.

Lara, agora abraçada a ele, recostando a cabeça em seu ombro, lamentava:
— E eu na penúria, nesse sofrimento sem fim. Angustiada por ter acreditado em minha mãe. Ela é a culpada por tudo isso. Eu estaria ao seu lado se não fosse por minha mãe.
— Sueli, como é triste perder alguém. Eu não imaginava o quanto necessitaria de forças para continuar a viver. Há dias que me desequilibro. Acabo descontando nas minhas irmãs a revolta que sinto. Nem com minha filha tenho a paciência que deveria. Você deve saber que já bati na Carla, que tentei agredir até a Lena...
— Mauro, eu estive conversando muito com a Juliana a respeito da vida após a morte. Não entendo muito, aliás, não entendo nada, mas será que a Lara não está ainda apegada a você, em vez de seguir o caminho que deveria?

Mauro ficou pensativo enquanto Lara, furiosamente, atirou-se sobre Sueli como se quisesse atacá-la. Investida sobre a moça, ela segurou em seu pescoço como se quisesse enforcá-la.

– Desgraçada! – esbravejava o espírito Lara. – Você quer me ver longe! Infeliz! Eu te odeio! Odeio!

Sem imaginar o que acontecia na espiritualidade, Sueli sentiu algo estranho e empalideceu, quando disse:

– Nossa! Acho que minha pressão caiu.

Mauro, prestativo, levantou-se rápido e, ao seu lado, tocando-lhe o braço, perguntou:

– Você está gelada e pálida. Está bem?

– Desculpe-me – disse a moça, constrangida. – Fiquei tonta de repente e meus ouvidos estão esquisitos. Mas não deve ser nada.

– Quer que eu pegue um pouco d'água pra você?

– Não, Mauro – disse gentilmente. – Não é nada. Vai passar.

Voltando a sua cadeira, Mauro falou:

– Será que minha mulher, após a morte, não teve ajuda? É possível ela estar entre nós? Você acredita nisso?

– Acredito sim. A própria Bianca disse tê-la visto chorando, várias vezes, perto de você.

– Agora, com a cabeça mais fria, lembro que todas às vezes que perdi o controle e fiz o que fiz, a Bia havia dito que viu a Lara junto de mim. Sabe, pensei que fosse coisa de criança para chamar a atenção, entende?

– Eu adoro as conversas que tenho com a Juliana – comentou Sueli. – Lamento tanto quando não a encontro aqui. Estou pensando em ir a um centro espírita. Como ela diz, um centro espírita sério que fale sobre o Evangelho de Jesus nas palestras e ensine sobre a vida após a morte.

– A Juliana fala sobre umas coisas interessantes. Gosto quando ela explica sobre aquelas coisas da gente ter de harmonizar o que fizemos de errado.

– Chama-se Lei de Causa e Efeito – lembrou a moça.

– Isso mesmo! Gosto de ouvir sobre isso. Somente essa tal lei pode explicar a vida que levamos, os sofrimentos que experimentamos.

– Se eu for, você vai comigo a um centro espírita? – ela convidou.

– Não!!! – irado, exigia o espírito Lara que, novamente, tentava algo contra a moça.

Porém, naquele instante, algo aconteceu que impressionou Lara incrivelmente. Ela passou a ver uma luz mesclada com fumaça que parecia paralisá-la, sem conseguir identificar o que era.

Tamanha surpresa a intimidou, fazendo com que recuasse. Lara acuou-se a um canto e em seus pensamentos vinham frases vivas como: "Afasta-te. Não vais poder mais nada contra eles. Teve a sua oportunidade de socorro e a recusou. Agora está só. O máximo, e o melhor, que podes fazer por ti mesma é acompanhá-los e aprender com o que eles vão ouvir." Amedrontada, ela aquietou-se sem chorar e testemunhou Mauro dizer animado:

– Vou, vou com você sim. Quem sabe consigo trabalhar esse meu lado hostil que vem despertando incontrolavelmente. Acho que essas palestras podem me ajudar a mudar os pensamentos, as atitudes. Conte comigo.

– Ah! Que legal! Eu estava louca para arrumar companhia, porque a Lena, agora, por causa do namoro com o Edu, nem lembra que tem uma amiga.

– Vou te fazer companhia. Conte comigo, Sueli! – repetiu com alegria espontânea.

– Vou pedir à Juliana o endereço e o horário do centro que ela frequenta. Tomara que tenha aos finais de semana. Assim arrumo alguma coisa para fazer nesses dias.

– Será bom para mim também.

A conversa entre eles seguiu por bastante tempo, só que agora mais animada. Coisas corriqueiras foram lembradas, alegrando e dando mais vida a Mauro que passou a dar gargalhadas ao ouvir os casos pitorescos que Sueli contava com seu jeito engraçado.

Lara, ainda muito nervosa, assustou-se ao ver Nélio chegar e a intimar:

— Levanta-te, mulher! Por que diabos estás aí acuada?

— Aconteceu algo estranho — explicou timidamente. — Eu vi uma coisa que não sei explicar. Algo que me impressionou, me dominou como se tirasse minhas forças. Não pude mais continuar com o que fazia e comecei a pensar em certas coisas...

Desconfiado, o espírito Nélio a olhou com preocupação e avisou:

— Um dos dois tem proteção. Sei do que tu falas. É bom não te envolver com eles ou vão te imprimir ideias, vais começar a te sentires culpada, poderás até ver coisas de um passado distante. Isso não é bom.

— Mas como não ficar perto do meu marido?

— Primeiro ajuda-me. Preciso de ti. Depois veremos o que fazer com os teus.

— Ele confessou que andou pensando em alguma loucura. Acho que pensou em se matar. — Com olhar perdido, a pobre Lara sorriu ao dizer: — Se assim fizesse, ficaria comigo eternamente. Poderei ter meu Mauro novamente ao meu lado.

— Venha mulher! — exigiu Nélio. — Não podemos demorar!

Em fração de segundos, Nélio e Lara encontraram Helena, Eduardo, Miguel e Suzi que acabavam de sair do teatro e estavam no estacionamento pegando seus carros.

— O que vocês acham de irmos a um barzinho? — propôs Eduardo. — Um lugar tranquilo onde dê para conversar, trocar ideia...

Abraçado à namorada, Miguel avisou:

— Temos outros planos. Vão vocês.

Após se despedirem, Miguel e Suzi já estavam no interior do veículo quando a moça admitiu:

— Não gosto muito do Eduardo.

— Ora, por quê, Suzi? — surpreendeu-se o namorado. — Ele é um cara tão bacana. Não tenho nada contra ele.

— Também não tenho nada contra ele, ou melhor, não tenho nada para apontar favoravelmente, no momento. Mas, sabe, ele parece esconder um lado arrogante, orgulhoso.

– Ah, meu bem, você terá outra opinião quando conhecê-lo melhor. Ele é uma ótima pessoa.

– Você não se importa se não sairmos mais com eles, não é? – pediu com mimos.

– Sério?

– Desculpe-me, eu...

– Tudo bem, se você se sente desconfortável, não tem problemas. Sairemos só nós dois – disse beijando-a rapidamente.

– Vamos mudar de assunto? – propôs a bela jovem bem mais animada agora. – Você foi lá ver o apartamento que me falou?

– Fui sim. Bem, eu gostaria de fazer surpresa, mas... não consigo.

– Ah! Conta! Estou ansiosa.

– Já pedi o contrato para analisar. Vou procurar um amigo, que é advogado, e pedir que dê uma olhada antes que eu assine. Já fiz o pedido das certidões negativas...

– Ah! Que legal! Eu te amo, Miguel!

– Ficou feliz?!

– Lógico! Como não poderia? – exclamou a moça eufórica.

– Amanhã passamos lá para você dar uma olhada. Acho que vai gostar.

– Tenho certeza de que vou – afirmou com grande alegria.

– Se der certo, podemos até começar a pensar em uma data para o casamento.

Suzi calou-se boquiaberta e logo o abraçou e o beijou muito.

Longe dali, Eduardo e Helena estavam em um barzinho. Eles conversavam enquanto trocavam gestos de carinho e olhar terno.

Irritado, o espírito Nélio os rodeava, sendo observado por Lara, que o acompanhava também.

Ela não se importava em saber que Eduardo era odiado por Nélio, primeiro por achar que o irmão não lhe dera a devida

atenção quando o procurou para falar sobre seu marido e as dúvidas que tinha, depois porque Nélio prometera ajudá-la com Mauro.
— Desgraçado!!! Afasta-te dela! — esbravejava Nélio. O casal não podia ouvi-lo, muito menos percebê-lo, mas Nélio não desistia. — Não és digno, desgraçado! — vociferava o espírito envolto em desejos sombrios, deixando o rapaz sob a mira de seu olhar odioso.
Eduardo começou a se incomodar com o lugar. Até o que pediram para comer parecia não estar a seu gosto.
— Esperava canapés melhores — reclamou.
— Pra mim estão bons — afirmou Helena.
Tocando-lhe o rosto com carinho, afagou-lhe os cabelos ao pedir:
— Vamos sair daqui?
— Mal acabamos de chegar! — estranhou a jovem sorrindo.
— Você está bem? — preocupou-se.
— Estou, mas é que... gostaria de ir embora.
— Está falando sério?
— Se você não se importar.
— Então vamos — ela concordou.
Após pagar a conta, Eduardo passou-lhe o braço sobre o ombro para que saíssem dali. Chegando ao estacionamento, no interior do veículo, eles trocaram beijos e carinhos, até que ele propôs:
— Vamos para um lugar tranquilo?
Nélio, que os acompanhava, estava inquieto, quase alucinado tamanho era o seu ódio.
Esbravejando, xingando, ele esmurrava Eduardo, mesmo sabendo que não poderia ser percebido.
Helena, parecendo surpresa com o convite, hesitou e murmurou indecisa:
— Não sei, Edu. Talvez não seja o momento.
Envolvendo-a num abraço, depois de beijá-la, sussurrou amoroso:
— Precisamos de um lugar tranquilo, só nós dois... Eu te amo tanto.

– Eu sei, também te amo, mas é que...
– Eu tomo cuidado, toda precaução, não haverá problemas. Não terá com que se preocupar.

O espírito Nélio, enfurecido, vociferou para Lara:
– És tu que poderás fazer algo. Abraça-te a ela.

Lara obedeceu e Nélio prosseguiu mais brando, fazendo-a recordar:
– Lembra-te de quanto gostaria de estar com teu esposo? Tu o amas e querias muito o carinho, o abraço de que agora careces. Tu careces de amor, Lara. – Enquanto falava, Nélio sugeria imagens nos pensamentos de Lara que começou a se lembrar do marido: – Veja o quanto te sentes pequena, pois teus sonhos acalentados agora não passam de dolorosos pesadelos. Estás só, insegura e abandonada. Não tens amor nem paz, não descansas e só sofres. – Lara chorava e Nélio prosseguiu, sempre sugerindo lembranças: – Vives com medo nem podes mais tocar a filha querida, não podes dispensar teus cuidados à pequenina e pensas no quanto sofrerás caso teu marido, carente de amor, a substitua por outra.

Lara, por não ter opinião firme nem fé, abraçada à Helena chorava compulsivamente.

Após alguns minutos recebendo aquelas vibrações, afastou o namorado de si e pediu firmemente como se repudiasse seus beijos e carinhos:
– Pare, Eduardo! Por favor.

Surpreso, praticamente assustado, perguntou com voz branda:
– O que foi?

Chorando, agora, ela secava as lágrimas que rolaram por sua face.

Aproximando-se novamente da namorada, ele acariciou seu rosto com cuidado, dizendo:
– Desculpe-me, eu...
– Não é culpa sua – respondeu com voz ainda embargada e chorosa.

Carinhoso, Eduardo perguntou:

— O que foi? Por que reagiu assim, ãh?

Helena escondia o rosto por entre os cabelos quando ele a puxou para si e abraçou-a meigamente ao pedir:

— Não chore. Desculpe-me por tê-la pressionado. Eu não deveria.

— Vamos embora — disse com a voz abafada pelo abraço, escondendo o rosto em seu peito.

— Claro. Vamos sim. — Curvando-se para olhá-la, ainda perguntou: — Você está bem?

— Estou. Desculpe-me por isso.

— Lena, por favor, me perdoa. Eu... — tentou se desculpar, carinhosamente, enquanto a abraçava novamente contra si.

— Você não tem porque pedir desculpas. Sou eu que talvez esteja acostumada a impor limites. Mas é que eu não queria que fosse assim. Sempre tive planos... sonhos... Sei lá, acho que toda moça os tem.

— Então me desculpa. Fui muito precipitado — reconheceu arrependido.

— Tudo bem. Mas, se você não se importa, gostaria de ir embora.

— Claro. Vamos sim — disse agora forçando um sorriso e beijando-lhe rapidamente o rosto antes de se acomodar melhor para irem embora.

No caminho para casa, eles conversavam descontraídos sem mais nenhum comentário sobre o ocorrido.

Nélio, irritado, acompanhava-os junto com Lara que, chorosa, sentia ainda um grande sofrimento por suas lembranças.

Ao chegarem, Eduardo e Helena decidiram não entrar, preferindo ficar na área sem serem vistos, pois a iluminação da rua era bem fraca onde as plantas sombreavam.

Após algum tempo, Miguel os surpreendeu ao se aproximar.

— Ai! Que susto, Miguel — reclamou a irmã. — Não faça mais isso!

— Puxa, fiz o maior barulho. Coloquei o carro na garagem, fechei o portão, fui tentar entrar pelos fundos, mas a porta estava trancada com ferrolho. Então eu tive que voltar.

— Você chegou cedo, hein — reparou a irmã.
— É que vou levantar cedo. Prometi à Suzi levá-la para ver o apartamento. Queremos ir bem cedo para sobrar tempo à tarde.
— Está pensando em casamento, Miguel? — perguntou Eduardo.
— Estou mesmo. E se prepare para ser o padrinho!
— Opa! Gostei da ideia. Nunca subi em um altar.
— Ainda bem, né, Edu? — brincou Helena.
— Então... Até amanhã! — decidiu Miguel.
— Até! — respondeu Eduardo.

Vendo-se, novamente, a sós com Helena, Eduardo também resolveu:
— Bem, já está tarde. Preciso ir.
— Amanhã você almoça aqui com a gente?
— Eu estava pensando em levá-la para almoçar lá em casa. Eu viria pegá-la bem cedo com a Bianca. Ela gosta de brincar lá, mesmo que não esteja bom para pegar uma piscina. Apesar que, amanhã, eu acho que o dia estará bom.
— Ah, Edu... e a sua mãe? — preocupou-se Helena.
— Sabe, eu a percebo mais calma ultimamente. Acho que se acostumou com a ideia. Não disse mais nada e só fica perguntando da Bianca e reclamando pelo fato do Mauro não deixar o motorista vir buscá-la. Acho que a solidão está dando um jeito na dona Gilda. — A seguir, propôs: — Então fica assim, eu venho pegá-las, está bem?

Não querendo decepcioná-lo mais uma vez, Helena sorriu e aceitou.
— Tudo bem. A Bia vai adorar.
— Ótimo!

Eles ainda ficaram por mais alguns minutos se despedindo. Depois, Helena entrou. Um barulho na cozinha a atraiu e, ao encontrar Miguel, a irmã perguntou brincando:
— Então você é o assaltante da geladeira?
— Não me denuncie e eu dividirei o produto do furto com você.

– Não, obrigada. Só quero água.

– Falando em furto, até agora estou chocado com o que aconteceu na academia do João Carlos – admirou-se Miguel.

– O pior é que ele havia agendado a seguradora para ir lá três dias após o furto.

– E pensar que, por causa de três dias, ele ficou sem seguro e sem nada...

– A Juliana disse que ele está arrasado.

– Amanhã à tarde vou dar uma passadinha lá para falar com ele, isto é, se a Suzi quiser.

– Você não acha que a Suzi se isola um pouco? – comentou a irmã com simplicidade.

Miguel repentinamente se sentiu estremecer. Ele, por algum motivo, não gostou do que ouviu.

Havia tempo que, na espiritualidade, Nélio se acercava de Miguel, passando-lhe opiniões em forma de pensamentos para que recriminasse a irmã pelo namoro com Eduardo. Nélio sabia que Helena era bem apegada ao irmão e que talvez se deixasse influenciar por suas opiniões.

Helena continuava falando sem querer ofender Suzi ou Miguel.

– ...e ela sempre se tranca lá no quarto com a Carla e, quando a gente chega, ela fica quieta, não se envolve na conversa, não participa de nada...

– Ei! Qual é, Helena? – indagou, demonstrando insatisfação.

Surpresa, a irmã silenciou, acreditando ter falado demais.

– Bem, desculpe-me. Não tive a intenção de...

– Não teve a intenção, mas não parou de falar. Puxa, eu nunca reclamei do Eduardo, nunca procurei seus defeitos ou coisa assim. Já basta a mãe falar o tempo todo.

– Tá bem, Miguel. Já pedi desculpa – falou Helena enquanto saía da cozinha, quando ouviu:

– Acho bom você tomar cuidado.

– Cuidado com o quê? – perguntou, voltando-se para o irmão.

– Não venha se fazer de ingênua.

– Do que você está falando? – insistiu a irmã sentindo-se aquecer.

Agora, quase amargo, Miguel parecia deixar de ser o amigo de sempre e falou com certa frieza:

– Estou falando do senhor Eduardo. Estou achando esse seu namoro um tanto...

– Um tanto o quê? – irritou-se Helena.

– Um tanto acelerado.

– Ora, Miguel, por que me diz isso? Sou responsável. Não sou nenhuma menininha boba e ingênua, não senhor. Por que com os outros namorados que eu tive você nunca disse isso? Por que só agora vai pegar no meu pé?

– Pelo que eu estou vendo entre vocês – disse em baixo e grave tom de voz, encarando-a.

– Vê o quê? O que você viu? – tornou exasperada.

– Não sou bobo, Helena. Nunca lhe disse nada antes porque percebia que o Vágner era uma pessoa inerte, sem ânimo. Bem diferente do Eduardo, que está excessivamente apaixonado. Se é que me entende.

– Por que está falando assim comigo, Miguel? Sempre foi meu amigo, sempre fomos parceiros em tudo.

– Estou só alertando. O Eduardo é muito bacana, muito legal, mas eu não sei com que tipo de relacionamento ele está acostumado. É um cara que tem dinheiro e talvez ache que possa pagar tudo. Fique esperta.

– Você está me ofendendo.

– Quem está ofendendo quem? – perguntou dona Júlia, entrando repentinamente.

Quase chorando, Helena olhou para a mãe e, sem dizer nada, saiu apressada após pedir:

– A bênção, mãe.

– A bênção, mãe – repetiu Miguel.

– Deus abençoe vocês.

Helena se foi. E, esperando por uma resposta, dona Júlia ficou olhando para o filho que logo dissimulou:

– Eu estava falando para a Lena não chegar tão tarde. É isso.

— Miguel, foi isso mesmo?
— Claro, mãe. Foi só isso e ela pensou que eu a estava chamando de ingênua e se ofendeu. Bem, vou deitar, já é tarde. Bênção, mãe.
— Deus o abençoe, filho.

Dona Júlia, não satisfeita, sentia que algo acontecia. Miguel e Helena, desde pequenos, sempre foram muito unidos, cúmplices em tudo. Deveria ser algo bem sério para eles se desentenderem. Decidiu que ficaria atenta.

CAPÍTULO 16

Momentos de angústia

    O dia seguinte estava convidativo para algumas horas na piscina. O sol radiante iluminava o céu azul com esplendorosa alegria, contagiando a todos que o apreciavam.
    Bianca brincava animada na água, enquanto Helena, a certa distância e acomodada em uma cadeira sob a sombra de um guarda-sol, vigiava seus passos silenciosamente.
    – Ora, meu bem, não se preocupe com a menina – recomendou Gilda aproximando-se da moça. – Divirta-se também. A Bianca é esperta. Além disso, está com boias nos braços.
    – Eu sei, dona Gilda – respondeu com simplicidade e um sorriso gentil –, só estou olhando.
    – Onde está o meu filho? Já fugiu?
    – A Érika o chamou. Acho que estão conversando lá dentro.
    – Esses dois... Ah! Conte-me e sua família, como vai? Faz tempo que não os vejo. Estão todos bem?
    – Sim. Todos estão bem. Somente a minha avó que teve um problema de vesícula. Mas já foi operada e passa bem.

— Preciso, qualquer hora, ir lá fazer uma visitinha — dizia sempre sustentando um sorriso falso e uma fala hipócrita, fazendo tudo para maquiar sua verdadeira opinião. — Agora, principalmente, preciso me aproximar de vocês. Afinal de contas, nossas famílias vão se unir ainda mais, não é, meu bem? — perguntou sorrindo.

Helena ofereceu simples sorriso sem nada argumentar. Percebia que algo estava errado, que Gilda escondia, naquelas palavras gentis, alguma coisa que ela não sabia o que era. Tomada por um súbito desconforto, Helena não podia imaginar que, na espiritualidade, Nélio, ao seu lado, observava, transmitindo-lhe suas ideias como se fossem seus próprios pensamentos.

— Imagina-te convivendo com alguém assim como essa criatura? Decerto não merece te entregar a este antro fraudulento que vive na impostura, na perversidade das ilusões. Neste lugar, jamais seria amada como merece.

E, em pensamento, Helena se perguntava:

"Meu Deus, olha só a família em que estou me metendo?"

Enquanto isso, Gilda não parava de falar:

— E não deixe o Eduardo se enterrar no serviço quando estiver com você, viu? Porque, senão... Aaaah, minha filha, ele vai levar seus relatórios para analisar até quando forem ao cinema. O Edu é obsessivo por trabalho.

Helena somente olhava para a elegante senhora sustentando um sorriso constante, mecânico e se questionando em pensamento:

"Será que o Edu é isso mesmo? Não vou suportar."

— Ooooi! — exclamou Eduardo, que acabava de chegar. — Do que estão falando?

— Do meu filho querido, claro! — expressou-se Gilda exageradamente. Logo, porém, avisou: — Vou deixar os dois pombinhos à vontade. Mas vejam lá, hein! A Bianca está ali pertinho — riu ao sair na direção da casa.

Virando-se para Helena, Eduardo comentou:

— Viu como ela aceitou bem? Era questão de acostumar com a ideia do nosso namoro.

— É... Parece que sim — concordou a namorada sorrindo e escondendo sua verdadeira opinião. — Sem demora, Helena se interessou: — Diga-me, o que a Érika falou sobre o caso do João Carlos?
— Nenhuma novidade. Ele ainda está arrasado. Pensei em ajudá-lo, mas é um valor considerável. Além disso, ele tem um sócio. É preciso analisar muito bem a situação.
— Entendo.
— O pior é que ele já havia pegado dinheiro emprestado com a irmã. Não sei o que posso fazer. Preciso pensar.

Helena decidiu não opinar. Era uma situação delicada e, apesar de gostar muito de Juliana e seu irmão, não sabia o que fazer ou como poderia ajudar.

O resto da tarde foi demasiadamente calmo. Gilda, repleta de gentilezas e atenções, calculava cada palavra, cada gesto, mascarando seus verdadeiros sentimentos, sua autêntica intenção.

Eduardo sentia-se satisfeito. Não esperava que sua mãe cedesse tão rapidamente assim. Pensou até que haveria mais alguns atritos entre eles por conta de seu namoro com Helena. Mas não, tudo acontecia com relativa tranquilidade para todos.

෴

Passadas algumas semanas, num dia qualquer que se seguiu, dona Júlia, após um telefonema de sua irmã, procurou pelo marido e, bem aflita, falou:
— Jairo, a minha irmã ligou e disse que minha mãe teve de ser levada às pressas para o hospital agora cedo. Contou que ela gritava, queixando-se de dores abdominais. Talvez seja por causa da cirurgia da vesícula. Estão fazendo vários exames nela.

Aproximando-se do marido, expressando nervosismo no olhar, dona Júlia o tocou nas mãos como se implorasse:

— Eu gostaria de ir até lá. Quero ver minha mãe. Estou tão preocupada.

— Não acha melhor esperar? Sua irmã vai ligar e talvez tenha mais notícias.

— Você se importa se eu for? Pego o ônibus aí na rodoviária e...

— Eu te levo — interrompeu prestativo. — Vou com você. Dê-me só um tempo para ajeitar umas coisas. — Beijando a esposa, ele a abraçou com carinho e disse: — Vai dar tudo certo. Não se preocupe.

Após as devidas providências, o senhor Jairo e dona Júlia se arrumaram para a viagem inesperada. Avisando o filho Mauro, pois Helena e Miguel já haviam saído para trabalhar, a mãe decidiu:

— Não telefone para eles. É melhor que cheguem aqui primeiro, depois você conta. Não quero que fiquem preocupados. Talvez, até a noite, já tenhamos alguma notícia. Quanto à Bianca, já falei para a Carla e ela vai cuidar direitinho do lanche e de colocá-la na perua para a escola.

— Acho que nem vou trabalhar hoje.

— Deve ir sim, filho. Tudo está sob controle. Seu pai já avisou os moços da oficina e não há mais nada para fazer. Amanhã ou depois a gente já deve estar de volta.

Mauro ficou pensativo e decidiu:

— Tudo bem. Temos de confiar na Carla ao menos uma vez.

— Não diga isso, Mauro — repreendeu dona Júlia.

Nesse instante, o senhor Jairo chegou.

— Já abasteci o carro e calibrei os pneus. Vamos?

— Fica com Deus, filho.

— Vão com Deus também — disse ao abraçá-los e beijá-los com carinho.

À noite, ao chegar a sua casa, Helena se surpreendeu com a notícia.

— A mãe deveria ter me ligado no serviço.

— Ela achou melhor você saber aqui em casa, Lena. Disse que não havia necessidade de deixá-la preocupada lá no trabalho — falou Carla.

— Ela já telefonou dando alguma notícia?
— Não. Liguei para a casa da tia, mas ninguém atendeu.
Miguel, que chegou naquele instante, ficou sabendo da novidade e também, muito chateado, reclamou:
— Caramba, nem pra telefonarem pra nos avisar!
A espera foi angustiosa, pois todos eram apegados à avó.
Helena arrumou o jantar para a sobrinha enquanto seu pensamento estava longe, mas foi surpreendida por Bianca que disse:
— Minha mãe falou que a bisavó Amélia não vai morrer não. Ela vai ficar boa. Agora tão operando ela.
Assustada, a tia insistiu:
— Sua mãe disse isso?
— Disse sim. E falou que a vó e o vô não ligaram ainda porque choveu muito lá e eles tão sem telefone.
Em baixo tom de voz, ela pediu, com cautela, para a sobrinha:
— Não diga isso perto do seu pai, está bem?
Quando Helena ergueu o olhar, viu Miguel parado à porta, a certa distância, mas suficiente para ouvir tudo. Agindo como se nada tivesse acontecido, Miguel sentou-se à mesa, descascou uma fruta e perguntou para Bianca com naturalidade:
— A sua mãe sempre está sozinha, Bia?
— Eu não vejo ninguém com ela, mas, sabe tio, às vezes, ela fala com alguém que eu não vejo.
— Ah, é?
— É.
— Miguel!... — repreendeu Helena, sussurrando.
Olhando para a irmã, ele lembrou:
— A Juliana já me falou sobre essa sensibilidade. É preciso muita fé, muita oração para auxiliar aqueles que se foram, mas que ainda estão presos entre nós.
— Isso me assusta — falou a irmã, incomodada com a situação.
Por causa da presença de Bianca, ambos acreditaram que a conversa não deveria prosseguir e logo mudaram de assunto.
— E o apartamento? — perguntou Helena com curiosidade.
— Estive lá com a Suzi.

— Tio — interrompeu Bianca —, eu não gosto da Suzi.
— Ora, Bia! Por quê? Ela gosta tanto de você.
— Sabe, ela tá sempre... tá sempre escura.
Miguel gargalhou gostoso e falou:
— Ela é loira, olhos claros. Como é que você a vê escura?
— Eu não sei. Mas é tão feio olhar pra ela — confirmou a garotinha.
— E pessoas negras, como a tia Juliana e o João Carlos, como você os vê? — perguntou interessado, achando que fosse uma impressão da criança.
— A tia Juliana brilha. Ela é tão bonita, é tão limpinha. O João Carlos também. Não tô falando da cor da pele deles, tio. Olha, a minha vó Gilda! É loira e também é tão feia, cheia de gosma.
Meio sem jeito, Miguel olhou para Helena, que parecia segurar o riso e, desconfiado, perguntou:
— O que foi, Lena? Do que está rindo?
— Nem a Bia deixou de encontrar alguma coisa para perseguir a pobre Suzi. Essa Suzi escura foi de lascar! — Rindo, completou: — E imaginar que a dona Gilda, tão elegante, é cheia de gosma!
— Tem sim, tia — falou a menina. — E ainda tem cheirinho.
— Cheirinho?! — Miguel e Helena perguntaram ao mesmo tempo.
— Elas têm sim. Não adianta passar perfume, eu sinto um cheiro nelas sim.
Helena caiu na gargalhada, enquanto Miguel, meio enfezado, deixava a cozinha quando o telefone tocou.
Todos correram para a sala quase se trombando.
Mauro, mais rápido, atendeu:
— É ligação a cobrar — avisou enquanto esperava. — Oi! A bênção, pai! E aí? Como a vó está? — Atento a tudo o que o senhor Jairo dizia, Mauro, com um semblante mais tranquilo, perguntou: — Então ela está bem? — Após um pouco mais de conversa, ele se despediu. Em seguida, contou: — A vó teve de ser operada. As dores que sentia eram de apendicite. Não

teve nada a ver com a cirurgia da vesícula que fez. Agora ela está bem.

— E por que não telefonaram antes? — perguntou Helena.

— Caiu o maior temporal lá e eles ficaram sem telefone. Como viram que nem a energia elétrica nem o sinal telefônico voltavam, pegaram o carro e saíram para telefonar em um orelhão no outro bairro. Parece que um poste foi atingido por uma árvore.

— Viu! — disse Bianca em pé próxima à porta.

Miguel procurou Helena com o olhar que, sem dizer uma palavra, levantou-se e foi à direção da sobrinha, propondo:

— Vamos escovar esses dentinhos e ir para a cama. Já passou da hora da senhorita ir dormir.

Miguel ficou perplexo. Já viu a sobrinha falar coisas sobre ter visto a mãe que morreu, mas nunca presenciou tamanha previsão. Ele não ficou só surpreso, ficou também preocupado. Lembrou-se do que Bianca falou sobre sua namorada ser escura. O que ela queria dizer com aquilo? Incomodado com o ocorrido, ele esperou que os irmãos fossem para o quarto e, sem hesitar, telefonou para Juliana.

— Acordei você?

— Oi, Miguel! Que surpresa! Você não me acordou não. Estava aqui quebrando a cabeça com um projeto que não quer nem entrar no papel, quero ver só na hora de sair.

Ele riu e, após perguntar sobre dona Ermínia e João Carlos, comentou meio sem jeito:

— Sabe, Juliana, eu estou ligando porque não tenho a quem recorrer. Estou com um nó no peito, parece que levei um soco.

— O que está acontecendo, Miguel? — preocupou-se a amiga.

— Você sabe que eu gosto da Suzi. Tanto que estamos pensando em casamento.

— É isso que o incomoda?

— Não. Não exatamente. Acontece que meus pais precisaram viajar às pressas e... — Miguel contou todo o ocorrido

enquanto Juliana, pacientemente, ouviu-o com muita atenção.
– Então foi isso. Agora estou intrigado. O que a Bia quis dizer quando se referiu à Suzi falando que ela sempre está escura e que tem cheirinho?

Cautelosa, ela tentou explicar com jeitinho:

– Bem... Miguel, pelo que eu pude notar, a Bianca consegue ver algumas coisas, refiro-me a coisas que nem todos podemos ver. Sabemos que ela vê a mãe, mas não vê com quem Lara conversa. Tudo depende de vibração, de sintonia e afinidade. Não é porque alguém é médium, é vidente que, só por isso, consegue ver todo e qualquer espírito ou consegue falar e ouvir todos os espíritos. É preciso muita afinidade. O médium é como um rádio: quando a antena é potente, ele sintoniza várias estações, quando não, só sintoniza algumas. No caso da Bianca... Veja, ela é criança, talvez isso desapareça, talvez não. Em todo caso... – ofereceu breve pausa. Procurava um jeito de deixar claro, mas sem chateá-lo.

– Deixe-me explicar melhor... Para que uma pessoa ou um médium tenha afinidade com espíritos bons, nobres e superiores é preciso que tenha elevado nível moral, pensamentos e práticas no bem, é necessário evangelização, muito estudo e conhecimento. Ligar-se constantemente a Deus, em agradecimento e orações, é fundamental. E, ao contrário, para se ter afinidade com espíritos inferiores, brincalhões, sofredores e de pouca moral, basta a pessoa médium ou não, não ter um comportamento digno, frequentar lugares de baixo nível, ofender, xingar, desejar o mal em pensamentos, palavras ou ações e assim por diante. Quem leva esse tipo de vida não está ligado, de forma alguma, a espíritos bons, nobres, instruídos e elevados. É a lei da afinidade.

– Entendi, mas me diga o que a Bianca pode ter visto na Suzi? Será que minha sobrinha percebeu um espírito sofredor próximo a ela?

– Creio que não, Miguel. Desculpe-me falar assim. Sei que até corro o risco de perder sua amizade, mas penso que a Bia viu o que envolve a Suzi em termos de aura, energia que circunda o corpo.

– Não consigo entender. A Suzi é tão bacana.
– Precisa ver que tipo de pensamentos a Suzi tem, o que ela pratica ou já praticou...
– Ela é uma moça gentil, educada, recatada. Você a conhece.
– Não muito. Não posso falar bem nem mal da Suzi. Mal conversamos.
– Não vai você também me dizer que ela se esconde e que não se mistura com os outros?

Juliana ficou calada, não queria dizer o que realmente pensava e, ao mesmo tempo, não queria mentir. Acreditou que o silêncio seria sua melhor resposta.

– Juliana? Ainda está aí? – perguntou diante do silêncio.
– Sim, Miguel. Estou pensando.
– O que você acha da Suzi?
– Acho melhor não conversamos sobre isso por telefone.
– Agora fiquei preocupado.
– Olha, Miguel, pode ser algo bobo, sem importância. De repente a Suzi não estava em um bom dia com seus pensamentos e a Bia não a viu bem. Deve ser isso.

Esperto, Miguel perguntou:
– Juliana, você está querendo me enrolar, não é?
– Não. Só não acho que deva sofrer por algo que talvez nem exista.
– E como posso saber se existe ou não? – insistiu o amigo.
– Tirando suas dúvidas com ela. Conversem, conheça-a mais. Vejo que você não está bem seguro quanto à Suzi.
– Não há muito que saber sobre ela. A Suzi é tão pacata, tranquila.
– Mas você tem dúvidas ou não estaria perguntando a opinião dos outros nem se impressionando com o que sua sobrinha disse ter visto. Você conhece os pais dela? Já os visitou? Por que não começa por aí?
– Vou pensar.
– Seria bom... – Juliana mordeu os lábios arrependida do que iria falar.
– Seria bom o quê?

– Nada. Não é nada.
– Juliana, pensei que fosse minha amiga. O que você ia falar?

Arriscando perder a amizade, Juliana completou:
– Acho que está pensando muito rápido em casamento e ela aceitando mais rápido ainda. Você é experiente e deveria conhecê-la melhor, conhecer melhor a família dela, o passado para, depois, pensar em casamento.
– Oh, Juliana, a Suzi não tem nada para esconder. Eu me sinto tranquilo com ela.
– Desculpe-me, Miguel. Foi você quem perguntou.

Agora, parecendo insatisfeito, ele se despediu:
– Tudo bem. Não se preocupe comigo. Vou deixá-la descansar. Eu também preciso levantar cedo amanhã. Agora, sem minha mãe por aqui, o café não estará à mesa logo cedo.

Ela riu forçada e respondeu:
– Até amanhã.
– Até amanhã, Juliana. Obrigado.

Pensativo, Miguel tentava decifrar aquele enigma. Suzi era perfeita, mas sua mãe, sua irmã e até a sobrinha implicavam com ela de alguma forma. Ele sentia-se apaixonado. Nunca havia gostado assim de alguém. Estava a ponto de dar um passo importante em sua vida e precisava ter certeza do que iria fazer.

Desalentado, decidiu ir dormir. Já era tarde e deveria acordar bem cedo.

Na manhã seguinte, o clima estava tempestuoso entre Mauro e Carla que, bem cedo, brigavam na cozinha.
– Você já deveria ter feito! – exigia o irmão nervoso.
– Você é o pai, por que não levantou mais cedo e veio fazer o lanche dela?! – defendia-se Carla irritada.
– Por que você disse à mãe que faria algo e não tem competência?! Sua incapacitada!

— Gente! O que é isso? — admirou-se Helena que chegou à cozinha enrolada em uma toalha de banho e outra torcida na cabeça. — A perua está aí fora buzinando! Vocês não estão ouvindo?

— É que a incompetente da Carla não aprontou a Bia, não fez o lanche da menina, não fez nada!

— E agora? — perguntou Helena. — Ela não pode ir assim! — disse apontando para a sobrinha que, ainda de pijama, começou a chorar.

— Vou ter de mandar a perua embora — decidiu Mauro irritado. — A mulher do transporte escolar não pode se atrasar mais por causa dessa aí — completou apontando para Carla.

— Por que você não levantou cedo?! A filha é sua! — tornou ela.

Bianca, chorando sentida, foi pega no colo por Helena, que a acariciava dizendo:

— Não chore, meu bem. Não fique assim não.

Depois de alguns minutos, Mauro retornou irritado e falou para Carla:

— Agora ela vai ficar em casa! E ai de você se não cuidar da Bia direito!

— Eu?!!! — gritou Carla. — Só porque você quer! Tenho umas fotos para fazer daqui a pouco. O problema é seu.

— Eu não vou faltar ao serviço por causa da sua irresponsabilidade!

— Eu não tenho filha, queridinho! — retrucou Carla com deboche.

— Ei! Ei! O que está acontecendo aqui? — perguntou Miguel, que chegava bem no meio da confusão. — Já estamos atrasados e vocês ficam brigando?

Insatisfeita e com a sobrinha debruçada em seu ombro, Helena foi para o quarto enquanto os irmãos se entendiam.

A sós com a sobrinha, pediu:

— Bia, ajuda a tia, vai. Vem cá — pediu indo até o banheiro. — Vamos tomar um banho rapidinho. Rapidinho mesmo, senão a titia perde a hora, tá bom? Enquanto você se seca, eu me troco correndo.

— Com quem eu vou ficar, tia? Eu não quero ficar com a tia Carla.

— Eu vou pegar um carro e deixo você na escola. Depois eu ligo para a tia da perua avisando para que traga você de volta. Vai dar tudo certo, você vai ver.

— E meu lanche?

— Seu lanche?... Ah! Vamos passar na padaria, pegar aquele pãozinho que você gosta e um refrigerante, está bem? – dizia enquanto se arrumava.

— Aquele de queijo? – indagou mais animada.

— Isso mesmo! Aquele lá.

— Oba! – a garotinha sorriu, ficou feliz com a ideia.

Após alguns minutos, Helena chegou à cozinha onde a confusão ainda continuava e disse:

— Miguel ou Mauro, preciso de um carro.

Todos pararam de falar e ela prosseguiu:

— Ainda dá tempo de deixar a Bia na escola. Eu a deixo lá e depois ligo para a tia da perua pedindo para trazê-la.

— Mas ela nem tomou café! Nem fez o lanche! – lembrou Mauro.

— Já está tomando o leite – indicou Helena para a sobrinha. –, e vai comer o pão no caminho. Vou passar na padaria e comprar o lanche. Pronto! Está resolvido.

Mauro observou melhor a filha e só então verificou que Bianca já estava arrumada e de uniforme.

Helena, vendo que ninguém reagia, insistiu:

— Gente! Preciso da chave de um carro!

— Toma! – decidiu Mauro. – Pegue o meu. Eu vou até o metrô com uma carona do Miguel.

Helena rapidamente saiu com a sobrinha, seguindo seus planos.

Aquele dia começou agitado logo nas primeiras horas da manhã. Quanta falta dona Júlia fazia a todos, principalmente à pequena Bianca, que era muito dependente.

Apesar de todo o esforço, Helena chegou atrasada ao serviço, enfrentando o olhar irritadiço de sua encarregada, que a esperava mais cedo. Sem demora, entregou-se ao serviço a fim de recuperar o tempo perdido. Na hora do almoço, diante do convite dos colegas, recusou fazer a refeição para poder adiantar o que fazia.

– Não vai almoçar, Helena? – perguntou a encarregada.
– Não. Vou resolver isso aqui antes.
– Algum problema em casa?
– Meus pais viajaram, minha vó teve de ser operada e hoje cedo não tinha quem arrumasse minha sobrinha que perdeu o transporte escolar. Então tive de deixá-la na escola. Estou um pouco sobrecarregada, mas vou dar um jeito.
– Tomara que não tenha de ir buscá-la.
– Ah, não! Já liguei para a tia da perua avisando. Pode ficar tranquila.
– É que precisamos implantar esse sistema ainda hoje.
– Vai dar tempo. Fique tranquila. Ele está quase rodando.

Quando se viu a sós na seção, Helena sentiu-se mais aliviada. Agora seu serviço começaria a render. Porém, pouco tempo depois, o telefone da sua mesa tocou e, mesmo contrariada, precisou atender:

– Mauro? O que foi?
– A tia da perua me ligou dizendo que não tem ninguém lá em casa pra ficar com a Bia. Onde está a Carla?! – gritou nervoso.
– Mauro... eu não sei. Estou no serviço, lembra?
– Eu mato a Carla! Quem vai ficar com a Bia agora?! Onde a mulher vai deixar minha filha?! – irritou-se vociferando.
– Calma, Mauro. Vamos pensar.
– Pensar em quê?! Além de estar sem carro, não posso deixar o serviço agora. Estou com uma matéria importante pra ontem!
– Aqui também está complicado. Estou sem o café da manhã e vou ficar sem o almoço.
– Se pegar a Carla, eu a farei em pedaços! Aquela irresponsável!
– E se pedirmos para a vizinha, a dona Antônia? Ela pode...

— Não tem ninguém na casa da dona Antônia nem na dona Isaura. A tia já chamou lá.

Helena começou a ficar aflita, teria de ser ela a deixar o serviço e ir receber a sobrinha.

Sem alternativa, resolveu:

— Olha... Eu vou até lá e pego a Bia. Só que preciso voltar para o trabalho. Tenho um sistema para entregar hoje e não posso atrasá-lo de forma alguma.

— E o que vai fazer com ela?

— Vou trazer a Bia pra cá. Ela me obedece e vai ficar quietinha. Vai dar certo. Vai ter de dar certo.

— Não estou gostando disso.

— Com um pouco de sorte, e se o trânsito estiver bom, eu vou e volto em uma hora, mais ou menos.

— Vai atrapalhar seu serviço. E o almoço dela?

— Eu dou um jeito. Comemos um lanche. Não há outra coisa a se fazer, Mauro. Tchau, ligo depois.

Helena mal desligou o computador, pegou sua bolsa e se foi.

A caminho de sua casa, ficou satisfeita com o trânsito tranquilo.

Enquanto isso, a senhora que fazia o transporte escolar aguardava, preocupada, em frente da casa de dona Júlia com Bianca no interior do veículo. Novamente, ela telefonou para Mauro que avisou que Helena estava a caminho, era questão de minutos.

Porém, um bom tempo depois, a mulher ligou de novo para Mauro:

— Seu Mauro — disse por telefone —, sua irmã não chegou até agora. O problema é que tenho outras crianças para pegar na escola e não posso me atrasar. Vou levar a Bianca comigo. Se sua irmã ligar dizendo que não me encontrou, diga que eu volto aqui para entregar a Bia primeiro.

— Tudo bem, dona Rosa — aceitou contrariado, pois sabia que Helena não poderia esperar muito tempo. — Faça isso, por favor. A Helena deve estar presa no trânsito.

As horas foram passando e mais uma vez dona Rosa telefonou:

– Seu Mauro, sua irmã não está aqui. O que eu faço?

– Desculpe-me, dona Rosa, mas eu não sei. A Helena não me ligou. Estou preocupado.

– Então vou fazer a entrega das outras crianças e depois levarei a Bianca para minha casa. Já é tarde e ela está com fome. Não posso ficar aqui esperando que alguém chegue.

– Obrigado, dona Rosa. Eu vou à sua casa buscá-la quando eu sair do trabalho. Desculpe-me, mas... não posso mesmo ir até aí agora.

– Eu entendo, seu Mauro. É caso de serviço, de doença... eu entendo. Não se preocupe.

Assim que se despediram, Mauro telefonou para Miguel e reclamou:

– Puxa! Esse seu celular vive desligado!

– Não me culpe. O problema é com a operadora.

– Liguei para você no serviço e ninguém atendeu – disse Mauro ainda irritado.

– Eu estava almoçando. O que você queria?

Mauro contou sobre o ocorrido e o irmão opinou:

– Deve ser o trânsito. Tem dia que São Paulo está intransitável até sem carro.

– Estou preocupado, Miguel. Já liguei pro celular da Lena e nada.

– Deve estar fora de área ou ela desligou para dirigir. Você sabe como a Lena é toda certinha.

– Estou sentindo uma coisa... – avisou Mauro temeroso.

– Eeeeh! Não começa. Não gosto disso.

– Nem eu. Mas, deixe-me desligar, de repente ela tenta falar comigo e está ocupado.

– Mantenha-me informado, não esquece.

Minutos após desligar, Mauro quase não se conseguia conter. Um aperto no peito misturado com certa angústia o dominava. Suas mãos trêmulas começaram a suar frio.

– Meu Deus! O que é isso? – falou sozinho.

Atordoado, não lhe restava o que fazer, a não ser tentar se acalmar. Foi nesse instante que o telefone o surpreendeu.

– É ela! – murmurou antes de atender.
– Mauro?
– Quem é?
– É a Maria, a encarregada da Helena.
– Oi, Maria. Eu esperava uma ligação da minha irmã. Estou nervoso, ela não ligou e...
– Mauro, não há como dizer de outro modo, mas...
– O que aconteceu?!
– Um caminhão desgovernado bateu contra o carro de sua irmã e... – a voz de Maria embargou e ela quase não conseguia continuar. Mesmo assim, completou: – Ligaram do hospital aqui para o serviço, ela está internada.

Mauro emudeceu. Ele não sabia o que dizer. De imediato, lembrou-se da morte de sua esposa e ficou transtornado. Aquilo não poderia acontecer de novo.

– Mauro?
– Estou aqui... – murmurou.
– Disseram que ligaram para sua casa e não tinha ninguém, então telefonaram aqui para o serviço e a Sueli me deu o seu telefone.
– Como ela está? – perguntou quase que mecanicamente, ainda aturdido pelo choque.
– Eles não dão informações por telefone. Disseram que ela está sendo atendida e pediram para alguém da família ir até lá.
– Onde é o hospital?
– Perto da sua casa. Anota o endereço.

Mauro revivia o acidente de Lara. Estava amargurado e não sabia o que fazer.

Após ligar para Miguel, encontrou-se com ele e ambos foram para o hospital. A demora por notícias era angustiosa. Os irmãos mal conversavam, apenas trocavam olhares preocupados. Quando receberam informações de que a irmã estava sendo atendida e que precisariam aguardar, Miguel resolveu:

— Vamos ligar para o Eduardo.
— Preciso pegar a Bianca, a dona Rosa está com ela.
— Pega as chaves e vai com meu carro. Vou telefonar para o Eduardo e aguardá-lo aqui.
— Qualquer coisa você me liga, Miguel?
— Pode deixar.

Com o coração apertado e aflito, Mauro foi até a casa de dona Rosa pegar a filha.

CAPÍTULO 17

Regras da vida

Tempo depois, com os pensamentos ainda atormentados, Miguel reconheceu, a certa distância, Eduardo, que parecia procurá-lo no meio de tantas pessoas.

Uma expressão aflita figurava no rosto do namorado de Helena, que não conseguia disfarçar seu desespero.

– Miguel, como ela está? Onde ela está?

– Disseram que estava sendo atendida. Pediram para aguardar. Não tenho mais nenhuma notícia.

Olhando ao seu redor, Eduardo não ficou satisfeito com o que via.

Tratava-se de um pronto-socorro que, aparentemente, não parecia ser muito bom. Na opinião dele, Helena não estaria sendo bem atendida.

– Miguel, eu vou entrar lá para vê-la.

– Pediram para esperar, mas... Sabe, a espera está sendo longa demais. Não sei o que fazer.

– Eu sei – falou Eduardo decidido. – Não posso deixá-la ser socorrida aqui. Veja esse vaivém, parece que ninguém se importa com nada. Funcionários brincando, batendo papo, enquanto um monte de gente espera por atendimento. Fico preocupado com a higiene. Você viu?
– É. Vamos entrar.
Aproveitando a distração do segurança que brincava com uma atendente, Miguel e Eduardo entraram no setor de emergência sem serem questionados.
Por nunca terem estado em um lugar como aquele, ficaram assustados ao verem tantas pessoas feridas, doentes e machucadas aguardando aflitas para serem atendidas.
Por meio de um pequeno vidro em uma porta, Miguel olhou e chamou:
– Eduardo, olha!
Eles reconheceram Helena sobre uma maca. Inerte, machucada. Ainda usando alguns dos protetores que o resgate empregou para o seu socorro.
– Calma! – pediu Miguel quase sussurrando ao segurá-lo fora da sala. – Não seja impulsivo ou vamos perder a razão aqui.
– Vou tirá-la daqui! Ela não está sendo atendida.
– Temos de conseguir uma ambulância, talvez uma UTI móvel e um médico. Senão...
– Vamos lá fora, vou telefonar – resolveu Eduardo nervoso.
Sem perder muito tempo, Eduardo entrou em contato com o médico conhecido da família e conseguiu que uma UTI móvel fosse até o pronto-socorro para fazer a remoção de Helena para um hospital de sua confiança. A transferência foi realizada sem muita burocracia, mediante a responsabilidade do médico que acompanharia a remoção.
Horas depois, ainda nervosos, eles aguardavam, só que em outro hospital.
Mauro foi avisado sobre o procedimento e agora já se encontrava ao lado do irmão e de Eduardo aguardando por notícias.
Eduardo caminhava de um lado para o outro, parecendo imerso em profundas preocupações.

— E a Bianca? — perguntou Miguel falando baixinho.

— Contei para a dona Rosa e ela foi muito prestativa e se ofereceu para cuidar da Bia até amanhã, se for preciso. Mas à noite, mesmo que seja tarde, eu avisei que passo lá para pegá-la.

— E a Carla?

— Nem sombra. Olha, Miguel, se a Carla aparecer na minha frente agora, sou capaz de lhe dar a surra que merece. Tudo isso aconteceu por culpa dela.

— Não posso tirar a sua razão — desabafou Miguel. — Nunca vi alguém tão desmiolada, irresponsável.

O eco de alguns passos atraiu a atenção de todos que, prontamente, foram à direção do médico que se aproximava.

— Como ela está, doutor? — perguntou Eduardo imediatamente.

— A Helena não sofreu fraturas, graças ao cinto de segurança e ao *airbag*. O que é muito bom. Num acidente desses, a preocupação maior é com a coluna e com a cabeça. Mas existem vários hematomas, arranhões... Ela não responde a estímulos externos e também não há atividade motora.

— Traduzindo?... — indagou Miguel desconfiado.

— Helena está em coma — disse brandamente para não assustá-los, mas não adiantou.

— Meu Deus! — inquietou-se Mauro em desespero, afastando-se alguns passos.

— Calma — pediu o médico. — Vamos lembrar que ela acabou de sofrer um acidente. Podemos até dizer que esse estado costuma ser comum. Mas temos de realizar alguns exames mais rigorosos e verificarmos se houve alguma lesão cerebral. Porém, posso adiantar que suas funções vitais estão estáveis e ela não necessita de aparelhos. Agora a estão levando para uma tomografia axial do cérebro e teremos de aguardar.

Eduardo, sem dizer nenhuma palavra, parecia mais pálido a cada minuto. Virando-se para o médico, recomendou com voz fraca:

— Por favor, doutor, não poupe esforços.
— Você está bem, Eduardo? — perguntou o médico.
— Sim. Estou.
— Quanto tempo o senhor acha que... — tentou perguntar Miguel que, confuso, não sabia nem o que dizer.
— Vamos fazer o exame e ela voltará para o CTI. Não tenho previsão. Acho bom irem para casa. Descansem. Não adiantará ficarem aqui. Só iriam se desgastar ainda mais. Nós telefonaremos caso haja qualquer novidade ou, então, amanhã vocês poderão ter mais informações. Se chegarem cedo, poderão me encontrar aqui e pessoalmente lhes darei notícias.
— Podemos vê-la? — perguntou Eduardo.
— Vamos deixar para amanhã. Hoje ela inspira cuidados — pediu o médico gentilmente. — Vão para casa, descansem. É o melhor a fazer.
— Obrigado, doutor — agradeceu Miguel.
Sentando-se em um sofá, Mauro cobriu o rosto com as mãos e apoiou os cotovelos nos joelhos.
Eduardo sentou-se a seu lado e disse:
— Eu vou ficar aqui.
Mais sensato, Miguel lembrou:
— Não vai adiantar nada ficarmos aqui. Será nos próximos dias que ela precisará mais da nossa presença.
Erguendo o rosto, Mauro estava chorando ao dizer:
— Tudo por minha causa.
— Pare de falar assim, Mauro. Não vai adiantar se torturar — advertiu o irmão. Em seguida, chamou-o: — Vamos embora, podemos telefonar mais tarde para ter notícias. Além do que, precisamos pegar a Bianca. — Virando-se para o namorado de sua irmã, recomendou: — Você também, Eduardo, é melhor que descanse.
Nesse instante, Érika entrou na sala de espera à procura do irmão. Após se inteirar dos acontecimentos, recomendou:
— Vamos, Eduardo, estará descansado amanhã para vê-la.
Com muito carinho, Érika o convenceu a ir para casa.

Miguel e Mauro fizeram o mesmo.

Depois de pegarem Bianca com dona Rosa, eles chegaram a casa ainda atordoados, incrédulos com o que havia acontecido. Mauro, nitidamente abatido, parecia exaurido quando se acomodou no sofá. Miguel, de mãos dadas com a sobrinha, levou-a até o quarto das tias, com quem a pequena dormia, e perguntou:

— Onde fica guardado o seu pijaminha?

— Aqui, ó — indicou a menina.

Ele abriu o armário, pegou a roupa e avisou:

— Bia, o tio precisa da sua ajuda. Olha, como eu já expliquei, a tia Lena está doente e vai ter de dormir no hospital. A tia Carla não chegou, por isso eu quero que você tome um banho e coloque este pijama... Espera aí, você sabe tomar banho sozinha?

— Sei sim, tio. A vó Júlia não deixa, mas eu sei sim.

— Tá vendo como você é inteligente! Eu acredito em você, por isso enquanto toma o seu banho, o tio vai lá à cozinha preparar alguma coisa gostosa para o jantar, tá legal? — perguntou, forçando-se para parecer animado.

— Pode deixar, tio — falou sorrindo, com a inocência que lhe era peculiar.

— Então vai logo.

Ao sair do quarto, Miguel ouviu os gritos de Mauro que parecia insano. Acelerando seus passos, chegou rápido à sala surpreendendo o irmão segurando Carla pelos braços e agitando-a com força ao esbravejar:

— Imbecil! Cretina! Irresponsável! Por sua culpa ela está lá em coma. O que você tem na cabeça, Carla?!!

— Solte-a, Mauro! — pediu Miguel colocando-se entre eles.

Vendo-se livre do irmão, Carla demonstrou-se nervosa e começou a gritar também:

— Irresponsável é você!!! Eu avisei que ia sair!!! A Bianca não é minha filha e você nem deveria morar aqui!!!

— Carla, vamos parar com isso! — exigiu Miguel com firmeza.

Agora, mais brando, Mauro continuou a reclamar:

— Nunca vi criatura igual a você, Carla. Egoísta! A culpa por tudo isso ter acontecido é sua!

— Minha, não! — defendeu-se a irmã. — Quem atrai desgraça aqui é você! Cadê a sua mulher?!

— Carla! — gritou Miguel com seriedade.

— É isso mesmo! Acho que a Lara se matou porque não aguentava mais esse cara! Tá pensando que eu não sei?! Eu ouvi muito bem a Juliana e a Helena conversando e dizendo que o presente da Bianca estava lá na sua casa no dia do acidente e que a Lara não precisava ter saído para ir buscar nada! A Lara mentiu! Mentiu por algum motivo! Ela estava estranha, muito estranha alguns dias antes de se matar e fazia muitas perguntas sobre você, idiota!!!

— Que história é essa?! — exigiu Mauro.

— Ah! Meu filho! — falou irônica. — Você deve saber melhor do que eu!

— Cale a boca, Carla! Você não sabe o que está falando! — pediu Miguel nervoso.

— De uma coisa eu tenho certeza — tornou Carla irritada —, se a Lena morrer está provado que a desgraça mora ao seu lado! Como se não bastasse fazer a mulher morrer, agora faz com que a irmã também...

Num impulso, Mauro investiu-se contra a irmã agredindo-a antes que Miguel pudesse separá-los. Enquanto Miguel tentava apartá-los, Carla xingava repetidas vezes aos gritos:

— Seu infeliz! Vai se arrepender disso! Desgraçado, você nunca mais vai me ver. Quero que você morra!!!

Dizendo isso, Carla saiu correndo pela porta principal sem que Miguel pudesse alcançá-la.

Totalmente esgotado, ele retornou e ficou observando Mauro que, sentando no sofá, estava chorando ao perguntar:

— O que eu fiz?

— Foi precipitado! Como sempre!... — reconheceu Miguel num desabafo.

Um clima nebuloso, carregado por uma aura triste e pesada, pairava naquela casa. Miguel parecia o mais consciente de todos e se preocupava com o que iria dizer aos pais.

Nesse instante, o telefone tocou e os irmãos se entreolharam. Miguel levantou para atender. Era dona Júlia.

– Oi, mãe. Bênção. Tudo bem?

– Deus o abençoe. Aqui está tudo bem, Miguel. Graças a Deus sua vó está ótima. Foi mais um susto. Olha, filho, eu e o seu pai estamos pensando em ficarmos aqui mais uns dias. Talvez uns dez ou quinze dias. Não passeamos há anos. Será que vocês vão aguentar aí sozinhos por esse tempo? – perguntou a mãe, com jeitinho no tom de voz.

Miguel suspirou fundo, silenciou por alguns instantes e falou:

– Mãe, seria bom que a senhora e o pai voltassem o quanto antes.

Mauro, ainda sentado no sofá, fitava-o com olhos arregalados como se prendesse o fôlego aguardando o resultado da conversa.

– O que foi, Miguel? Aconteceu alguma coisa, não é? – preocupou-se a mãe.

Miguel sentia o coração apertado. Sua voz não queria sair e também não conseguia pensar em uma frase mais suave para avisar seus pais. Então, com a voz trêmula, contou:

– Mãe, estamos precisando da senhora e do pai aqui. É que... bem, a Lena está internada. Aconteceu um acidente.

Dona Júlia ficou nervosa e começou a perguntar várias coisas ao mesmo tempo sem esperar por uma resposta. O senhor Jairo, que estava ao seu lado, percebeu seu modo aflito e pegou o telefone para falar com o filho, que explicou:

– Pai, houve um acidente. A Helena estava sozinha e com o carro do Mauro. Um caminhão, parado em uma descida, perdeu o freio e a atingiu no cruzamento. A culpa não foi dela. Segundo as testemunhas, o semáforo estava aberto para que a Lena passasse. Foi o caminhão que perdeu o freio e até atropelou mais uma pessoa.

— E sua irmã?
— Está internada. Ela precisou ficar em observação. Não houve fraturas, mas...
— Mas o quê? — exigiu o pai.
— Ela ficou inconsciente e o médico resolveu deixá-la internada. O senhor sabe como é.
— Estamos indo para São Paulo agora. Amanhã cedo estaremos aí.

Ao desligar, Miguel ficou olhando para o irmão, que disse:
— Eu pedi a Helena que fosse pegar minha filha e a mandei para esse acidente. Bati na Carla e a mandei embora... O que vou dizer pro pai e pra mãe?

Miguel ficou em silêncio e ao olhar para a porta, viu Bianca que esperava sorridente a fim de ser vista já de banho tomado e penteada.
— Oi, meu anjo! Você já está aí? O tio nem fez o jantar — disse indo à direção da menina. — Vamos lá que eu vou precisar novamente da sua ajuda.

Aquela noite trouxe longas e amargas horas para aqueles que aguardavam alguma notícia sobre a recuperação de Helena que, no hospital, em estado de coma, um estado em muitos aspectos semelhante ao sono, via-se agora em desdobramento pela emancipação da alma. O corpo adormecido da jovem ficava inerte sobre o leito, enquanto sua alma se ligava a ele pelos liames que agora se afrouxavam. Nesse estado, ela tinha nova consciência, mesmo que parcial, de estar em outro plano. Um pouco atordoada, podia perceber a presença de espíritos com imagens confusas, mas, mesmo com a visão turva, reconhecia Lara. Enfraquecida, Helena se dirigiu admirada à cunhada:
— Lara? É você?
— Sim, Lena. Não acabei com a morte.

— Mas o que está acontecendo?... Eu me sinto cansada... Um tanto confusa... – dizia como se estivesse sonolenta.

— Você sofreu um acidente – explicou Lara. – Seu corpo está inconsciente.

Nélio se aproximou com expressão satisfeita e, acomodando-se ao lado de Helena, ele a envolveu com um abraço.

— Até que enfim, minha querida. Tê-la-ei comigo em breve pela eternidade.

Helena sentia como se o conhecesse, mas não sabia de onde. Sua memória parecia trair-lhe naquele instante. Passou, então, a ter recordações parciais, lembranças remotas de Nélio.

Reconheceu-se, em sua tela mental, como uma jovem muito triste, profundamente amargurada pelo abandono e percebia Nélio como seu algoz, a criatura cruel que a levou a duras penas.

— Você me fez sofrer, me subjugou... – murmurou a jovem encarnada.

— Não sabes o quanto sofri pela cobrança amarga para a qual minha consciência condenou-me.

— Você me traiu.

— Bem sei que errei. Mas a partir de agora haverei de oferecer-te toda a felicidade que neguei um dia. Serei teu escravo, se assim o quiseres. És minha. – Envolvendo-a em suas vibrações, Nélio a abraçou e admitiu: – Amo-te. Eternamente te amarei. Não penses nos outros agora. Pensa na nova vida que terás comigo como, um dia, num passado distante, tu querias ter.

Lara sentiu algo estranho, uma espécie de repulsa ao que ouvia.

As circunstâncias pareciam forçadas demais e a atitude de Nélio a incomodava agora.

— Lena – chamou a cunhada, atraindo-lhe a atenção –, pense em seus verdadeiros sentimentos. Lembre-se do Eduardo, da sua família. Somente isso vai fazê-la retornar, acordar em seu corpo.

— O que queres, mulher?! Afasta-te daqui! — ordenou Nélio irritado.

Um sono intenso pareceu dominar Helena, que se entregava cerrando os olhos e largando-se sem reagir.

Colérico pelas palavras de Lara, Nélio vociferou:

— Não te dou o direito de atrapalhar-me! Quero-a longe de mim!

— Você não compreende que a está forçando? Helena não sabe quem você é realmente. Está confusa. Sofreu um choque, um trauma e recebe as vibrações do corpo doente. Não pode fazer isso com ela. Helena não pertence a você e, pelo que entendi, o que você sente é um grande remorso pela crueldade que praticou no passado. Se continuar a envolvê-la, ela acabará se desligando totalmente do corpo e, consequentemente, morrerá.

— Cala-te!

— Não! Acredita que só você tem razão? Ou que só você é o dono da verdade? — reagiu Lara ignorando até então a força interior que possuía. — Gosta de mandar, ordenar e ser obedecido. Vive num mundo ilusório que pensa dominar, mas, se dominasse tudo, realmente, não seria tão inferior como é — nesse instante, afastou-se dele.

Havia pouco tempo que Lara, mesmo em outro plano, acompanhava o esposo às palestras evangélicas em um centro espírita. As reuniões assistidas, deram-lhe algumas noções sobre ensinamentos básicos. Isso a fez pensar e refletir diferente. Por essa razão que, somente agora, ela começava a reagir às imposições de Nélio. Enxergando-o como um espírito inferior e pseudossábio, que acreditava ter razão em tudo. Além disso, na espiritualidade, naquele mesmo instante, espíritos superiores e mais sábios faziam-se presentes e amparavam Lara que, mesmo sem percebê-los, era capaz de sentir-se revigorada de alguma forma para reagir e colocar-se contra as atitudes de Nélio, mesmo com o pouco conhecimento que possuía. Agora, inconformada, Lara sentiu grande vontade de afastar-se dele que, furioso, parecia ter intenção de agredi-la.

"Isso está errado! Não pode acontecer" – pensava Lara. – "As pessoas não podem ser donas das outras, não podem impor a sua vontade. Isso é falta de respeito, no mínimo. Helena é livre e deve seguir a sua vida. Falaram naquela palestra que Jesus disse que nós somos o sal da terra e, se o sal for insípido, sem gosto algum, para nada prestará senão para ser jogado fora. Eu tenho de fazer alguma coisa. Não posso ficar aqui sem atuação alguma. Jesus falou que somos a luz do mundo e que não se pode esconder a candeia debaixo do alqueire..."

Caminhando de forma negligente, Lara surpreendeu-se ao se deparar com outro espírito que parecia resplandecer à sua frente e, sorrindo, ele perguntou ao estender suavemente a mão:

– Quer vir comigo?

– Quem é você? – perguntou ela.

– Um amigo. Talvez não se recorde de mim no momento, mas as lembranças, na espiritualidade, são como relâmpagos: fortes e rápidos.

– Estou preocupada com minha cunhada, a Helena. Ali tem alguém que tenta prejudicá-la.

– Helena não está só, espiritualmente.

– Está sim! Somente Nélio está com ela.

– Você não pode ver no momento, mas há perto dela o seu espírito protetor.

– Mas ele não está fazendo nada! Não está protegendo.

– Existem situações que são permitidas para o desenvolvimento pessoal de cada um. Os bons espíritos jamais praticam o mal, jamais desejam o mal.

– Então como permitem que alguém como Nélio fique ao lado dela e faça aquilo?

– Os bons pensamentos que os anjos da guarda sugerem aos seus protegidos nem sempre são ouvidos. Então, o anjo da guarda se afasta quando vê que a vontade do protegido é igual à vontade do espírito inferior que o acedia, em razão de suas tendências. Os espíritos protetores se afastam, mas não abandonam. Mesmo à distância, inspiram e vibram por aquele que protegem. Imediatamente, retornam quando solicitada à ajuda ou ao perceber vibrações nobres, desejos e pensamentos elevados ou preces sentidas. – Breve pausa e explicou: – É permitido que Nélio aja assim para que Helena adquira força no decorrer dessa experiência desagradável pela qual está passando. Somente assim, ela terá autoconfiança, fé e esperança por meio da prece e muito mais. Se o seu mentor interferir, jamais irá progredir como espírito.

– Mas veja, ele vai matá-la, ou melhor, matar o seu corpo. Está convencendo-a a desistir da vida. Envolvendo-a para que fique na espiritualidade!

– Ele não tem esse poder. O que tiver de acontecer com Helena, nesse estado, acontecerá. Somente Deus tem o poder de nos dar a vida e somente Ele nos concede o tempo entre uma existência e outra. Ninguém mais. Por isso, no caso do suicídio, a pena é terrível, os sofrimentos são indizíveis, longos, porém não eternos, até que haja arrependimento e seja corrigido e harmonizado o que se fez de errado. E também nos casos de homicídio, as dores de quem o praticou são inenarráveis, os tormentos são funestos, porém também não são eternos.

– Mas eu ouvi, em uma palestra, que Jesus disse que devemos agir, que devemos resplandecer nossa luz no mundo para que vejam as nossas boas obras e para isso devemos agir para o bem.

– Você está corretíssima – afirmou alegre. – É bom que esteja interessada em ajudar, em fazer o bem. Por que não me acompanha?

– Preciso ficar perto da minha cunhada, da minha família. Preciso ajudá-los.

– Minha querida, vejo que tem um coração muito generoso, que gosta de ajudar, mas já reparou que, de certa forma, age igual ao Nélio?

– Não! Não faço isso.

– Nélio acredita que pode fazer as regras da vida, acredita que pode ordenar, dominar toda e qualquer Lei da Natureza, que são as Leis de Deus. Ele crê que é o dono da verdade, como você mesmo disse.

– Mas eu não quero dominar, nem ordenar. Não estou vivendo de maneira ilusória como ele – defendeu-se Lara.

– Veja seu estado – expressou-se com bondade. – Apresenta-se com aparência sofrida, triste. Seu estado perispiritual é carente. Faltam-lhe energias vigorosas que não encontrará aqui junto aos encarnados, falta-lhe conhecimento e aceitação. Quer ficar perto dos seus e é por isso que se apresenta assim. De certa forma, quer forçar a Natureza, as Leis de Deus. – Lara ficou pensativa e o amigo continuou: – Aqui, junto aos encarnados, além de passar por necessidades e sofrimentos, ainda interfere e faz sofrer aqueles entes queridos que deixou. Se fosse para continuar perto deles, estaria encarnada.

– Morri antes da hora. Minha mãe me traiu, mentiu para mim, o que me levou a um acidente fatal. Se ela não tivesse mentido, eu não estaria naquele lugar, naquela hora.

– Ninguém revoga as Leis de Deus – tornou benevolente. – Elas são imutáveis, eternas e justas. Se você desencarnou, minha querida, é porque chegou o seu momento. Ninguém tem o poder de invalidar o destino. São regras, leis poderosas e imutáveis.

– Nunca ouvi falar de tais normas. Onde estão essas regras da vida?

– Nas Leis de Deus – respondeu com doce sorriso.

– E onde estão registradas essas Leis?

– Na consciência[1]. – Após uma pequena pausa, continuou: – Tudo o que te acontece não foi por castigo, foi sua consciência que te cobrou. Você atrai para você tudo o que pensa, critica e deseja para os outros. Devemos ser eternos vigilantes de nossas ações, palavras e pensamentos se quisermos felicidade, prosperidade e paz. – Observando a surpresa de Lara, novamente perguntou: – Quer me acompanhar? Você deseja melhorar, aprender e ajudar. Conheço um bom lugar

---

1 N.A.E. Essa consiste na resposta mais curta de *O Livro dos Espíritos*, pergunta 621

para tudo isso. Se você ouviu as palavras de Jesus e concordou que devemos agir, que somos a luz do mundo, então deve concordar que, antes de qualquer coisa, devemos nos munir de instrução, melhorar, ganhar conhecimento, força interior e muito mais.

— Nunca mais vou ver minha família?

— Ora, imagine... — respondeu com um suave sorriso. — Claro que sim e poderá, até mesmo, ajudá-los.

Nesse instante, Lara se sentiu renovada. Algo de muito bom acontecia. Aceitando a mão que se estendeu, ela sorriu ao experimentar imenso alívio em seu ser.

Eles se foram.

Era o princípio de um aprendizado e a conquista de novos ideais.

―――※―――

Na manhã seguinte, em desespero, dona Júlia e o senhor Jairo chegavam ao hospital acompanhados por Miguel.

Eduardo já estava lá e foi recebê-los com expressão de tristeza no rosto abatido e pálido.

— Como ela está? Posso ver minha filha?

— Ela ainda está na CTI, dona Júlia — respondeu Eduardo com pesar. — O médico esteve aqui a cerca de uma hora atrás. Disse que ainda está em coma. Só nos resta aguardar.

— Ela vai ficar bem — acreditou o senhor Jairo. — Deve estar assim pelo susto, pelo choque. Não é nada grave, vocês vão ver.

— Eu quero vê-la — insistiu a mãe, chorando sentida.

— Daqui a pouco, dona Júlia. Consegui que abrissem uma exceção. Vão permitir que entremos um de cada vez. Falei com o médico, amigo da minha família e vão deixar todos entrarem hoje, apesar de só poder entrar dois visitantes por dia.

— Eduardo, obrigado. Muito obrigado — agradeceu o senhor Jairo abraçando-o. — O Miguel, no caminho, nos contou o que você fez por ela.

— Por favor, não me agradeça.

Dona Júlia, sem conseguir dizer uma palavra sequer, somente o abraçou acarinhando-lhe o rosto como sinal de agradecimento.

Um a um foi ver Helena. Eduardo contentou-se em ser o último, talvez planejando ficar mais tempo ao seu lado.

No entanto, logo ao entrar no CTI viu Helena inerte e pálida sobre a cama. Seu olhar anuviado ainda observou o corte sobre o hematoma na testa, a face arranhada na lateral e as mãos, finas e delicadas, inchadas e com alguns cortes. Ele respirou fundo para tentar controlar as lágrimas. Em vão. Teimosas, elas rolaram em sua face abatida. Aproximando-se de Helena, sussurrou-lhe ao ouvido com voz triste:

— Lena, volta pra mim. Eu te amo tanto. Temos muito o que fazer. — Ele acariciou-lhe o braço e o rosto por algum tempo, com extremo cuidado, enquanto falava: — Não faça isso comigo. Não gosto desse tipo de brincadeira, ouviu? — disse tentando rir em meio ao choro. — Acorda logo. Não durma tanto, tá? — Em seguida, silenciou. Alguns minutos depois, observando o sinal que a enfermeira lhe fez a certa distância, dizendo que o tempo estava esgotado, Eduardo voltou-se para Helena e afirmou, depois de beijá-la: — Eu te amo muito. Você é a pessoa mais importante que surgiu na minha vida. — Ainda emocionado, com um sorriso triste, comentou: — Sei que é um momento delicado, mas... Preciso saber: você quer se casar comigo? — lágrimas correram em seu rosto, porém ele continuou sorrindo e sugeriu: — Não precisa responder agora. Pode pensar. Amanhã estarei aqui. Lembre-se de que eu amo você.

Lágrimas copiosas rolaram e o rapaz precisou se forçar para sair de perto da namorada que, em desdobramento, pôde ouvi-lo e sentir a força das palavras verdadeiras carregadas de nobres emoções.

Apesar disso, ela experimentava uma sensação de entorpecimento causada pelas vibrações de Nélio que a queria prender ali consigo.

Agora, com um travo de revolta, Nélio observou o sentimento de amor e carinho que um nutria pelo outro. Precisando de todo seu controle para dissimular a raiva que sentia por Eduardo, ele argumentou procurando expressar brandura:

– Não te impressiones com o que ele diz. É irreal o que acreditas sentir. Fica comigo e saberás verdadeiramente o que é ser feliz.

– Sinto-me tonta, estranha. Mas sei que amo Eduardo. Quero voltar para ele, para minha família. Não posso ficar aqui.

– Não digas isso – pediu ao mesmo tempo em que cedia energias que a deixavam ainda mais zonza.

Helena, enfraquecida, não resistia, entregando-se àquela espécie de letargia. Isso acontecia por causa de sua afinidade com Nélio, que se deu por ela se entregar à sua influência como uma espécie de fantasia, influência que o referido espírito lhe passava em pensamento e em sonhos.

Quando nos entregamos a fantasias, principalmente, criamos fortes vínculos com os desencarnados de baixa moral ou ignorantes que nos querem ver à sua disposição. Devemos lembrar que um espírito evoluído não nos envolve para nos seduzir, fazer-nos sonhar com situações irreais ou duvidosas, muito menos fora dos padrões morais elevados.

Por isso, Helena se deixava escravizar por Nélio.

No saguão do hospital, abraçada ao marido, dona Júlia ainda tinha lágrimas correndo pela face.

– Eu nem tenho cabeça para ir trabalhar – confessou Miguel desalentado.

– Acho que nenhum de nós – concordou Eduardo.

– Penso que não há o que fazer por aqui – considerou o senhor Jairo. – Seria bom voltarmos para casa e aguardarmos. Nós chegamos de viagem e nem sequer entramos em casa.

Viemos direto para cá. A Júlia precisa descansar, está abatida. Vamos lá para casa, Eduardo?

– Obrigado, seu Jairo, mas eu vou dar uma passadinha lá em casa e, à tarde, quero voltar aqui novamente.

– Será que vão liberar para que possamos vê-la no horário normal de visitas na parte da tarde? – interessou-se o senhor.

– Não sei não, senhor. Isso é o que vou ver.

– Eu gostaria de vê-la novamente – comentou a mãe. – Foi tão rápido.

– Eu a trago, Júlia. Mas vamos para casa agora, está bem? – pediu o marido.

Novamente, ela deu um abraço apertado, repleto de terno agradecimento, em Eduardo que, com lágrimas nos olhos, retribuiu com carinho.

Depois disso, todos se foram.

CAPÍTULO 18

A energia de uma prece

Na volta para casa, o senhor Jairo e dona Júlia teciam alguns comentários sobre o lamentável acidente, enquanto Miguel, ao volante, sentia-se aflito pelo fato de seus pais ignorarem que Carla havia brigado com Mauro e que não havia dormido em casa aquela noite. Seria mais uma tristeza e problema para aquele casal que já estava sendo tão maltratado pelas circunstâncias.

Ao chegarem a casa, Mauro, que não foi trabalhar, experimentava uma angustiosa expectativa para saber a reação dos pais.

Trocando olhares com Miguel, que também carregava um sentimento amargo, esperou que os pais entrassem e se acomodassem no sofá da sala.

Parecendo enfraquecida pelo rude golpe, dona Júlia perguntou:

– E a Bianca?

— Resolvi mandá-la para a escola, mãe — respondeu Mauro. — Não adiantaria deixá-la em casa hoje.

— Fez bem. E a Carla? Cuidou de tudo direitinho? — tornou a senhora.

Miguel e Mauro se entreolharam e, ao perceber que o irmão se intimidou, Miguel ia falar quando o pai perguntou:

— Mas o que a Helena estava fazendo com o carro do Mauro naquela hora da tarde, ali naquela avenida? Ela não deveria estar no serviço?

— Aconteceu assim — decidiu Miguel, tentando buscar coragem.

Ele contou tudo o que havia ocorrido na manhã do dia anterior.

— Onde está a Carla?! — exigiu o pai com firmeza, muito zangado.

— Esse é outro problema, pai — tentou dizer Miguel, mas foi interrompido pelo irmão.

— Ontem — contou Mauro com voz trêmula —, depois que chegamos do hospital e pegamos a Bianca na casa da dona Rosa, eu estava revoltado. Na minha opinião tudo poderia ter sido evitado se a Carla, no mínimo, estivesse em casa.

— E então? — perguntou o pai que já estava em pé, exigindo uma explicação rápida.

— A Carla chegou logo depois da gente e começamos a discutir. O senhor sabe como ela é malcriada e respondona.

— O que aconteceu, Mauro?! — quis saber a mãe. — Conta logo!

— Nós discutimos muito, perdi a cabeça e acabei dando alguns tapas na Carla. Ela me unhou, arranhou o Miguel também e... foi embora. Não voltou e não dormiu em casa.

— Saiu só com a roupa do corpo?! — tornou a senhora assustada.

— É mãe... Mas a gente acha que ela está na casa da Cristina — disse Mauro.

— Não... — murmurou Miguel. — Eu liguei para lá hoje cedo. Liguei também para a casa de outras amigas e... nada.

— Era só o que me faltava! — exclamou o pai, muito contrariado. — Onde essa menina se meteu?!

— Não sabemos — Miguel respondeu.

Demonstrando nítida insatisfação, o senhor Jairo disse:

— Você errou, Mauro! Por mais que a Carla tenha tomado decisões impensadas e não cumprido o combinado, você errou! Ajudar você e sua filha é diferente de assumir responsabilidades suas! Quem deveria ter acordado cedo e cuidado da Bianca é você! Quem deveria tê-la levado à escola, devido ao atraso, é você e não a Helena! Suas irmãs podem ajudar, mas o dever é seu! Receber sua filha aqui, quando o transporte escolar vem entregá-la, é obrigação sua! — Breve pausa e prosseguiu: — Agora, gritar e agredir sua irmã foi uma atitude inadmissível! Não foi isso o que eu e sua mãe ensinamos! Dentro desta casa, eu exijo respeito! Sou capaz de entender que passou por problemas inesperados e difíceis nos últimos tempos, mas isso não te dá o direito de ser exigente com aqueles que estão te ajudando, de não assumir seus deveres e obrigações que são suas, muito menos de agredir ninguém! Está na hora de tomar consciência da sua nova realidade e ter novas atitudes! Ninguém aqui é culpado por tudo o que vive! Lembre-se de que sua família está te ajudando, apesar de não ter nenhuma obrigação! Por isso, pare de exigir e de passar suas obrigações a todos nós!

Discretamente, dona Júlia fez sinal para o marido, com o intuito de que ele parasse de falar.

Transtornado, Mauro estampava no rosto os sentimentos pesarosos da culpa que carregava e, diante do silêncio, pediu:

— Desculpem-me por tudo o que causei. Se não fosse por mim, a Helena não teria de sair do serviço e não teria sofrido esse acidente. Se eu não tivesse brigado e agredido a Carla, ela estaria aqui também.

— Essa é a pura verdade! — ainda disse seu pai.

Cabisbaixo, Mauro se retirou para o quarto.

— Precisamos ter paciência, Jairo — disse a esposa.

— E não tivemos, até agora?! Não o ajudamos, até agora?! É o Mauro quem precisa ter consciência de suas obrigações, deveres e ser grato pelo que recebe! Estamos ajudando o quanto conseguimos e fazendo o melhor que podemos. Mas, para ele, isso não é suficiente! Todos, nesta casa, têm seus afazeres, suas ocupações e, mesmo assim, procuram auxiliá-lo! E é dessa forma que ele retribui?! Passando-se por vítima e transferindo sua obrigação para a Helena! Sendo exigente e autoritário com a Carla e agredindo a irmã! O Mauro é ingrato! Todo ingrato se faz de vítima! Todo ingrato culpa os outros! Todo ingrato transfere seus problemas!

Algumas horas depois, Juliana e sua mãe chegaram à casa de dona Júlia prestando sua solidariedade. Recebidas com carinho, elas conversavam tentando consolar o coração aflito daquela mãe.

— E como se não bastasse, a Carla ainda nem apareceu — desabafou dona Júlia ao final de toda a história.

— Tenhamos fé, Júlia — disse dona Ermínia. — Peça a Deus que lhe dê forças nesse momento.

— Dona Júlia — interrompeu Juliana cautelosa —, nós somos religiosas. Acreditamos muito nos ensinamentos de Jesus e Ele disse: "Pede e te será dado". Por isso, se a senhora e o senhor Jairo permitirem, nós gostaríamos de nos reunir aqui em sua casa para uma prece. Nós chamamos isso de Evangelho no Lar. O certo é se ter, durante o Evangelho no Lar, só as pessoas da família, mas esse seria um caso especial. Pediremos fervorosamente pela saúde e animação de Helena.

— O que é, exatamente, esse Evangelho no Lar? — interessou-se a anfitriã com um pouco de desconfiança.

— Nós faremos uma prece, abriremos o Evangelho de Jesus e leremos um trecho, nada muito extenso. Depois faremos um breve comentário. Por fim, vibraremos e rogaremos para que a Lena se recomponha e terminaremos com outra prece. Não levaria mais do que uns quinze minutos. Além disso, ninguém precisa ler em voz alta, gritar durante a rogativa ou se alongar muito em qualquer explicação, pois Jesus ensinou que "quando orares, não sejais como os hipócritas, pois se comprazem em orar em pé para serem vistos pelos homens"[1], estes não precisam de Deus, pois já receberam sua recompensa, que é o prazer de serem vistos pelos outros, e "orando, não useis de vãs repetições como os gentios, que pensam que, por muito falarem, serão ouvidos"[2].

– É que eu já ouvi você falando de espírito e eu não gostaria de ver essas manifestações na minha casa. Perdoe-me a franqueza.

– No Evangelho no Lar não se deve trazer a comunicação de espíritos. Ele consiste em só aprendermos sobre os ensinamentos de Jesus, em conversarmos sobre o que o Mestre quis nos ensinar com aquelas palavras. E as vibrações de amor chegarão à Helena, certamente, como um bálsamo, um lenitivo para a sua recuperação. Pediremos pela Carla também. Para que Deus ilumine seus pensamentos a fim de que ela pense melhor e volte para casa o quanto antes.

Depois da explicação, a senhora sorriu ao dizer:

– Então se é só isso, pode começar, Juliana. Quando quiser.

– Vamos nos reunir todos... – propôs a moça.

– Vou chamar meus filhos.

⁕

Enquanto isso...

Longe dali, Eduardo estava trancado no quarto. Abalado demais para ir trabalhar, ele preferiu se recolher sem querer ver ninguém.

Gilda, certificando-se de que o filho estava deitado, conversava com sua amiga a respeito dos últimos acontecimentos.

– Você viu como Deus é justo? A suburbana está lá, aproveitando, num ótimo hospital, alguns centavos do meu dinheiro. E

---

1 N.A.E. Mateus cap. 6 vv.5
2 N.A.E. Mateus cap. 6 vv.7

tenho certeza de que não vai passar disso – falava com arrogância, alçando o queixo com explícito orgulho no olhar.

– Gilda, quero morrer sua amiga – disse Marisa sorrindo. – Acho que suas rezas são bravas mesmo.

– E olha que eu nem fiz rezas, meu bem. Isso só aconteceu com a força do meu pensamento. Essa zinha acreditou que fosse invadir a vida do meu querido filho e se sair bem? Ah! Ah! Ah! – exclamou como se estivesse rindo. – Tá pensando o quê? Não mexa comigo nem com as minhas crias, que eu viro fera e rogo-lhe uma praga!...

– E você vai lá visitá-la? – interessou-se Marisa, sorridente, na expectativa de ouvir outras maldades.

– Não gostaria de perder o meu precioso tempo. Como só podem entrar duas pessoas no CTI, acredito que vou usar isso como desculpa.

Marisa gargalhou sarcasticamente e comentou:

– Se você entrasse sozinha para vê-la, duvido de que não apertaria algum botãozinho para desligá-la de vez do seu filho!

– Sabe que não é uma má ideia! – Gilda exclamou e riu alto.

Um barulho as intimidou de prosseguir com a conversa. Era Eduardo, que descia as escadas lentamente.

– Oi, meu filho! – exclamou a mãe com mimo no tom de voz, indo a sua direção. – Descansou um pouquinho, meu bem?

– De que jeito?

– Oh, meu Deus. Se eu pudesse fazer alguma coisa... – expressou-se com voz de tristeza.

O rapaz parecia desgastado pela tristeza e preocupação. Seu rosto estampava melancolia pelo passar das horas sem notícias.

– Estou indo até a casa da dona Júlia. O Miguel me ligou. A dona Júlia quer ir até o hospital comigo.

– Meu filho – pediu ao segurar com delicadeza o seu braço –, fica em casa e descansa. Você está tão abatido!

– Não. Eles vão se reunir para fazer uma prece para a Helena e eu quero estar lá. Estão me esperando.

Gilda sentiu-se enervar. Algo pareceu correr-lhe por todo o corpo, mas conteve seus sentimentos para não contrariar seu filho.

Dissimulando, disse:

— Por mim, você descansaria um pouco.

— Sinto-me pior quando fico parado pensando. Junto deles acho que vou me sentir melhor.

Ele se despediu e se foi.

Após a saída do rapaz, Gilda mostrou toda a sua irritação:

— Era só o que me faltava! Você viu?! Estão convertendo o meu filho! Agora só falta transformar o Eduardo em um beato velho! Veja se tem cabimento!

Marisa colocava a mão na boca para rir, divertindo-se com a situação.

Após a reunião do Evangelho no Lar, Eduardo e dona Júlia foram para o hospital e conseguiram ver Helena, que se encontrava do mesmo jeito.

Só poderiam entrar duas pessoas e o senhor Jairo não foi. Cedeu sua vez ao rapaz, até porque, de certa forma, devia-lhe um imenso favor por sua filha ser tão bem assistida num hospital como aquele.

Após os breves instantes de visita, o espírito Nélio, que ainda mantinha Helena sob seu domínio, estava irritado com o que percebia. Os visitantes pareciam portar energia salutar de refazimento, repleta de esperança, que beneficiava a jovem, de alguma forma.

Espíritos superiores se fizeram presentes, pois foram solicitados por meio da prece dos familiares que se reuniram, momentos antes, em sagrada oração para intervir no restabelecimento de Helena.

Depois de trocar saudações com esses espíritos, o mentor da jovem argumentou com os amigos queridos:

— Creio que é o momento de interferir. Não acredito que seja justa essa subjugação, uma vez que Helena, espiritualmente falando, não tem forças nem conhecimento para lidar com o que ocorre no momento.

— A vibração recolhida dos encarnados, no instante da prece, servirá para nós como energia, mais material, para a reanimação da jovem. Entretanto, uma vez restabelecida, só a ela caberá escolher e decidir — esclareceu um dos espíritos socorristas que, endereçando à Helena generoso olhar de compaixão, comoveu-se diante da tormentosa angústia que ela sofria. — Observando Nélio melhor, considerou piedosamente após alguns segundos: — O pobre irmão traz, há séculos, a consciência dolorosa pela imprudência na ganância. Esteve por muito tempo em seu sepulcro tomado de torturas indizíveis pelo arrependimento do que fez a essa jovem e padeceu horrores ao sentir-se devorado pelos vermes. A custo, libertou-se do corpo pútrido e peregrinou por zonas inferiores, buscando o motivo dos dolorosos padecimentos que experimentava. Amigos de esferas superiores não tiveram êxito ao tentar ajudá-lo, pois Nélio bloqueava sua mente a toda ideia de socorro, de esclarecimento oportuno. Até que ele acreditou que toda a sua penúria advinha do sofrimento que a fez passar quando, ao abandoná-la, não se incomodou em vê-la em grande tortura íntima. Além disso, o pobre Nélio, por não conseguir fazê-la pactuar do adultério, difamou-a para todos da região onde viviam, escarnecendo sua moral com as mais indignas injúrias. Cabe lembrar que, nesse passado distante, a difamação de uma jovem trazia dolorosas consequências para toda a sua vida. E, por causa das mentiras inventadas por Nélio sobre a moral da moça, um outro rapaz, muito interessado nela acabou se afastando.

— Esse rapaz era Eduardo — objetou o mentor de Helena, que já conhecia a história.

— Sim, era Eduardo — continuou o espírito bondoso. — E por cobrar-se intensamente pela maldade que fez, pois como consequência disso, a moça sucumbiu depressiva até o desencarne, Nélio acredita piamente que se livrará da culpa limpando sua consciência ao fazê-la feliz. Ele crê que isso lhe trará dias melhores, harmoniosos e sem sofrimentos íntimos.

Valendo-se da breve pausa, o mentor de Helena lembrou:

– Sempre há os que auxiliam as vítimas, porém menos dor haveria se os algozes fossem socorridos, amados e perdoados.

– Então vamos, queridos companheiros. É chegado o momento de desanuviar as densas sombras que Nélio, o pobre irmão de pouca elevação, endereça à jovem Helena.

Colocando-se em posição de prece, o mentor da moça prostrou-se em oração, valendo-se de extrema fé. Das mãos dos amigos que chegaram jorravam luzes cintilantes em direção à Helena que, lentamente, revolvia-se como que despertando de um sono indesejável.

Clarões intensos e de origem desconhecida, que se projetavam, assustaram Nélio, que não conseguia ver as elevadas entidades. Temeroso, ele se afastou da moça e não sabia o que fazer.

A interferência dos benfeitores dissipou as densas energias que prendiam a jovem sob o domínio e a vontade nefasta daquele espírito.

Helena não registrava a presença das entidades, porém, movendo-se suavemente, sentia-se agora mais revigorada a cada segundo, ganhando consciência de seu estado.

Cessados os passes magnéticos, totalmente lúcida, ela ganhou ânimo. Ainda em desdobramento, indagou:

– O que estou fazendo aqui? O que você faz aqui?

Aproximando-se com certa desconfiança, pois sabia que havia influência de espíritos das esferas superiores, Nélio respondeu:

– Esperando-te para que encontremos a eterna felicidade.

– Eu não quero ficar aqui! – falou espantada. – Quero ir embora. Minha mãe... Eu lembro de ter visto minha mãe... O Eduardo... Onde está o Edu?

– Acalma-te. Terás uma nova vida. Se ficares só mais um pouco, hás de desligar-te definitivamente de teu corpo. Ficarás eternamente comigo.

– Não! Tenho muito de viver ainda. Meu Deus! – gritou em desespero. – Jesus, me socorra! – implorou com tocante inflexão na voz. – Eu me vejo ligada ao meu corpo, não posso ficar assim! Jesus Cristo, me socorra! Mãe do Céu, me ajuda! – Apesar da aflição, orou fervorosamente: – Ave Maria cheia de graças, o Senhor é convosco. Bendita sois vós entre as mulheres. Bendito é o fruto do vosso ventre: Jesus. Santa Maria... – prosseguiu em prece. Sua fé fervorosa atraiu ainda mais energias sublimes e, vagarosamente, foi capaz de animar seu corpo.

Uma enfermeira que monitorava o CTI ouviu um murmúrio e se aproximou.

– Mãe... mãe... mãe... – dizia Helena, movendo-se suavemente ao sussurrar como quem acorda de um sonho profundo.

– Bem-vinda, Helena! – disse a enfermeira com extrema alegria.

A jovem abriu os olhos e, ao ver a senhora a sua frente, chamou:

– Minha mãe...

– Você está num hospital – avisou. – Está sendo bem-cuidada. Vou chamar o médico e logo verá sua mãe, seu irmão... Todos estão ansiosos para vê-la. Só um minuto. Eu já volto.

– Deus – murmurou confusa. – Ajude-me, Senhor. Minha cabeça dói. Dói tudo...

Helena não parava de falar, mesmo que sussurrando. Parecia ter medo de dormir e experimentar aquele sono angustioso, novamente. Apesar de não se lembrar de nada do que lhe ocorreu durante sua estada no hospital, até aquele momento.

Com o passar dos dias, a jovem Helena já estava em sua casa rodeada de todo carinho, cuidado e atenção.

Somente uma tristeza pairava no ar pela ausência de Carla, que ainda não havia retornado para casa.

Era fim de semana e as visitas se fizeram presentes e animadas.

Juliana, em pé atrás de Helena, fazia uma linda trança nos cabelos da amiga, que parecia feliz, apesar da saudade que sentia de sua irmã.

– Pronto! Ficou linda! – disse Juliana alegre. – Agora você ajeita aqui e coloque assim, aqui na frente – concluiu ao pôr a bela trança no ombro e no peito da amiga.

– Obrigada, Juliana. Ficou ótima. Assim não vai embaraçar tanto – agradeceu sorridente.

Sem demora, a outra reparou:

– Puxa! Quantas flores, hein! Um arranjo mais lindo do que o outro. Ainda bem que a minha mãe te mandou um bolo e não flores – riu com gosto.

– E estava uma delícia! As flores foram trazidas pelo pessoal do serviço, pelo Eduardo... Aquelas ali – mostrou apontando –, são da dona Gilda.

– A dona Gilda veio visitá-la? – interessou-se curiosa.

– Não. – Com olhar atravessado, curvando a boca para baixo, Helena expressou uma fisionomia engraçada ao falar: – Ela só mandou as flores. Disse que vai esperar que eu fique melhorzinha – disse imitando a mulher.

– Pelo jeito você não gosta muito dela, não é?

– Olha, Juliana... Sabe, sinto uma coisa que não dá para explicar. É como se eu tivesse de ficar preparada para tudo de ruim por parte dela. Sei que não é correto pensar assim, mas... Não dá para ser diferente.

– A dona Gilda vive em um mundo muito pequeno.

– Ela é uma mulher pobre, preconceituosa e intolerante – afirmou Helena.

– Meu irmão que o diga! – fez expressão de insatisfeita ao exclamar.

– Mas não é só com o João Carlos que ela implica. O Mauro passou por poucas e boas antes e depois que se casou com a Lara. Isso só porque não era rico.

– Falando no Mauro, e ele?

– Na primeira chance que pegou minha mãe sozinha, foi logo perguntando sobre o que a Carla contou a respeito da Lara ter mentido quando disse que ia buscar o presente da Bia.

— E aí?

— Minha mãe se viu obrigada a contar, né — respondeu encolhendo os ombros. — Pior é que acho que nunca vamos saber o que aconteceu. Creio que isso será um eterno mistério.

— Não diga nunca — afirmou Juliana. — A verdade sempre aparece. Nem que seja na espiritualidade. Quando desencarnamos, os segredos deixam de existir e a realidade impera. Todos sabem de tudo.

— Já imaginou encontrarmos com alguém de quem falamos mal e essa pessoa nos olhar e saber, exatamente, tudo o que falamos e pensamos dela?

— Mas é exatamente isso o que acontece, Helena! — expressou-se com graça. — Você se encontra com todos e eles sabem, exatamente, como você é de verdade. Não existem segredos nem mistérios. Todos ficam sabendo de tudo — riu.

Eduardo, que estava em outro cômodo junto com os demais, retornou ao quarto perguntando:

— Posso entrar?

— Claro, por favor! — consentiu Juliana com expressa alegria. Voltando-se para Helena, falou: — Agora que já tem companhia, vou atrás do meu irmão e da Érika, que sumiram.

— Eles estão lá na copa com a Suzi e o Miguel. A dona Júlia preparou um lanche e estava nos servindo — Eduardo contou.

— Seu traidor! — acusou Juliana com as mãos na cintura. — E você nem para me chamar para esse lanchinho! — exclamou saindo logo em seguida.

A sós com Eduardo, que se sentou a seu lado na cama, Helena, procurando um carinho, recostou-se em seu ombro com um jeito afetuoso.

Suspirando profundamente, ele esboçou lindo sorriso, aninhou-a nos braços e, após beijá-la, perguntou:

— Sente-se bem?

— Ótima.

— Mesmo?

— Não. — Depois de rir, ela disse: — Preciso de mais carinho. Vocês me acostumaram mal nos primeiros dias e eu acho que não vou me recuperar nunca mais – brincou com modos mimosos.

– Da minha parte, terá seus mimos por toda a vida. – Após poucos segundos, perguntou: – Você não se lembra de nada?

– Não. Não me lembro nem do acidente. Só recordo que saí do serviço, peguei o carro... Não sei dizer nem que caminho fiz. Ah! Lembro a música que estava tocando! Depois, só sei que acordei no hospital toda dolorida. Não podia me mexer.

– Que incrível!

– Foi como se eu tivesse acordado de um sono bem pesado.

– Você dormindo enquanto nós passávamos pelo maior apuro, hein! – brincou ele.

– Imagino – considerou ela, ainda entregue ao abraço afetuoso.

Com um jeito maroto, Eduardo perguntou rindo:

– Mas você não se lembra de ter ouvido nada no hospital, nada mesmo?

– Não. Por quê? – indagou curiosa, remexendo-se para encará-lo.

– Por nada – dissimulou com ironia, esperando que ela reparasse. – É que falei algo que achei bom você não ter ouvido.

Sentando-se melhor na cama, curiosa, Helena perguntou, desconfiada:

– O que você falou? Agora eu quero saber! – animou-se toda e ficou na expectativa.

– Aliás, eu fiz uma pergunta e você não respondeu. – Sob a mira de um olhar inquieto, continuou: – Perguntei se gostaria de se casar comigo. Mas, você demorou tanto para responder que até fui embora.

Helena ficou parada, em choque.

Eduardo a fitou por um longo tempo até que, ainda sob o efeito da grande surpresa, ela comentou:

– Mas nós estamos namorando há tão pouco tempo!

– E o que isso importa? Qual a diferença? Para mim, nenhuma. Eu te quero tanto – confessou romântico, encarando-a com carinho no olhar. – Quando vi que poderia perdê-la para sempre, fiquei desesperado. Arrependo por...

– Edu, não se deixe levar por uma situação de pressão, medo e angústia provocada por um acidente. Você pode...

– Nós nos conhecemos há anos, há mais tempo do que namoramos. Sei como reage, sei dos seus gostos, da sua personalidade, dos seus objetivos... Sei de tudo isso e muito mais do que pensa. Aliás, não entendo como não me interessei antes por você. É lógico que não nos casaremos daqui a dois ou três meses. Precisamos ver a casa, os móveis e um milhão de outras coisas, por isso pode ser para daqui a três meses e meio – falou com ar de graça. Ela riu e ele a encarou sério, perguntando novamente: – Você quer se casar comigo?

– Sim, eu quero – sorriu. – Eu te amo muito – murmurou, entregando-se a um beijo repleto de amor.

Longos minutos se passaram até que ouviram a tosse forçada de Miguel, que falava rindo:

– Estou vendo que a recuperação está ótima!

– Por mim, eu já estava lá na rua. Mas vai dizer isso para a dona Júlia. – disse a irmã.

– O repouso foi recomendado pelo médico. Até porque o efeito dos remédios é um pouco forte – lembrou o namorado.

Miguel puxou uma cadeira e, ao vê-lo se sentar, ela lamentou:

– Eu ia pedir para que me trouxesse um pouco de água. Essa aí da jarra está morna.

– Deixa que eu pego! – disse Eduardo prestativo.

Após vê-lo sair, Miguel observou:

– É difícil imaginar que ele tem empregadas pra isso e aquilo, uma casa que ostenta todo tipo de luxo, riqueza e mordomia e fica enfiado aqui servindo até de mordomo.

Helena riu e, não se contendo, contou para o irmão sobre o pedido de casamento.

A caminho da cozinha, Eduardo encontrou Suzi.

– Procurando pelo namorado? – perguntou ele sem pretensões.

– O que você acha? – respondeu, fingindo simpatia.

– A propósito, Suzi – lembrou-se Eduardo que não queria perder a oportunidade, pois quase nunca a via sozinha –, voltando àquele assunto sobre o seu pai ser um banqueiro... Como eu disse, conheço bem a sua cidade. Sabe, trabalhamos também com vendas de peças e ferramentas para agropecuária e fizemos grandes negócios por lá. Agora, só para tirar uma dúvida, qual o nome do Banco de seu pai?

Para súbita e desagradável surpresa de Eduardo, Suzi respondeu de maneira áspera, quase agressiva:

– Qual é o seu problema, Eduardo?! Você acha que só o seu pai pode estar bem de vida?!

– Suzi... Não é nada disso, eu... – gaguejou tentando explicar, mas foi interrompido.

– Eu não tenho de lhe dar satisfação. Se quiser detalhes da minha vida, contrate um investigador.

Dizendo isso, Suzi virou as costas, deixando o rapaz chocado e, de certa forma, envergonhado.

Dona Júlia, que ouviu o final da conversa sem ser percebida, aproximou-se e, cautelosa, perguntou:

– O que aconteceu, filho?

– Nem eu sei dizer, dona Júlia. Recebi uma agressão gratuita e perdi até o rumo. Eu ia pegar água para a Lena...

– Vem cá... – falou a senhora levando-o para uma sala que os filhos usavam para estudar, guardar os livros e o computador. Após entrarem, encostou a porta e se explicou:
– Eduardo, sei que vai me entender, sou mãe e me preocupo com meus filhos. Já me basta a Carla estar sumida. Estou em desespero com isso. Não durmo, não tenho paz em pensar por onde essa menina anda. Mas sei que, se tivesse acontecido algo de ruim, a notícia já teria chegado.

– Oh, dona Júlia, a Carla é maior de idade, é esperta...

– Se fosse esperta, teria voltado pra casa e não nos deixaria nessa aflição. Mas não foi por isso que te chamei aqui. Sabe, tenho reparado que essa Suzi não tem passado, não tem história pra contar. Tudo o que nos fala é muito... muito sem emoção, é muito superficial. Ela é boazinha, educada...

Mas tem algo nela, que me deixa preocupada. Você não imagina como me espantei agora quando a vi responder daquele jeito.

— Também fiquei surpreso.

— O que você queria saber, para ela reagir assim?

— Eu conheço a cidade onde os pais dela moram. Fizemos negócios lá e eu só queria saber o nome do banco do pai dela. É que fiquei intrigado com uma coisa que não se encaixa nessa história. Então fui tirar uma dúvida.

— Tem algo errado com ela, não tem?

— Bem... Com ela eu não sei, mas que tem algo errado sobre o que ela contou... Ah! Isso tem mesmo!

— E o meu filho pensando em se casar com essa moça... Comprou até apartamento! — falou, suspirando fundo e se demonstrando contrariada. Logo, completou: — Parece que ele está enfeitiçado. Eu gostaria tanto que alguém falasse com ele. Será que você não poderia tentar?

Notando que sua grande preocupação, Eduardo pensou um pouco e explicou:

— Não tenho muitos argumentos para expor ao Miguel. Posso até acabar perdendo a amizade dele.

— Desculpe-me por pedir isso. Mas não vejo como abrir os olhos do meu filho. Não quero que pense que estou com muito zelo ou ciúme dele. Se fosse outra moça...

— Eu entendo, dona Júlia. Vou ver o que posso fazer. Talvez eu consiga algumas informações, mas primeiro quero ter certeza. — Após alguns segundos de silêncio, considerou: — Quanto à Carla, acredito que ela esteja na casa de alguma amiga. Alguém que não conhecemos ainda.

— Tenho medo desse tipo de gente que minha filha começou a conhecer. Quando essa história de foto, modelo e manequim começou, eu sentia que não ia dar em boa coisa. Sabia que minha filha poderia seguir por caminhos duvidosos.

— Não fique assim. Na hora em que ela começar a enfrentar as primeiras dificuldades, voltará correndo pra casa.

Dona Júlia sorriu com os olhos rasos de lágrimas e ele não disse nada. Dificilmente encontraria palavras para tranquilizar seu coração de mãe.

Um toque suave à porta, que já foi se abrindo, interrompeu-os:

— Se a Helena dependesse só de você para levar um copo d´água... — brincou Miguel ao vê-lo.

— Nossa! Esqueci completamente!

— Não se preocupe, Eduardo. Deixa, filho. Eu mesma vou levar — decidiu dona Júlia, saindo às pressas.

Desconfiado, Miguel voltou-se para Eduardo, perguntando:

— É por causa da Carla que ela está assim?

— É... Coitada, está sofrendo tanto.

Miguel não disse nada, mas em seu íntimo sentia muita pena de sua mãe e lamentava a ausência da irmã.

Eduardo achou que não era o momento de falar com ele a respeito de Suzi. Precisava de mais informações sobre a moça. Antes disso, conversar, seria inútil.

CAPÍTULO 19

Acusações injustas

Já era início da madrugada quando as visitas, amigos de Helena, resolveram ir embora.

Dona Júlia e o senhor Jairo não se incomodavam com o movimento, pois estavam acostumados com a casa cheia de gente.

No momento em que saíam, João Carlos pediu à Érika que fosse embora com seu irmão, visto que ele havia vendido seu carro para saldar dívidas adquiridas para a montagem da academia que acabou nem sendo inaugurada por causa do roubo dos equipamentos.

Érika agora parecia uma pessoa mais madura e sem caprichos extravagantes. Talvez a convivência com a família do namorado a tenha feito observar outras necessidades mais importantes na vida.

No caminho de casa, a jovem conversava com Eduardo a respeito das mais recentes novidades:

— O João Carlos está dando aulas em uma academia para ganhar algum dinheiro, mas está sendo muito difícil. Você viu, ele teve até de vender o carro e a moto. Quem está segurando as pontas é a Juliana.

— Mas a Juliana não vai conseguir bancar tudo por muito tempo — ponderou ele.

— É, eu sei e eles também sabem. O João Carlos contou que estão vendo a possibilidade de fazer um empréstimo.

— E o sócio dele, o Cezar?

— Está com as mesmas dificuldades. Ele também investiu tudo o que tinha. O Cezar pegou um empréstimo com o pai para montar a academia, assim como o João Carlos fez com a Juliana. Você nem imagina como eles estão.

— Imagino sim. De negócios eu entendo. — Depois de uma pausa, Eduardo decidiu perguntar: — Amanhã o João Carlos estará em casa?

— Sim, acho que sim. Não fizemos planos. — Depois de rir, Érika lembrou: — Nem dinheiro para irmos ao cinema nós temos.

— Eu ia falar com ele hoje, só que achei que na casa da Helena não seria um bom lugar para conversarmos. Mas amanhã vou à casa dele.

Curiosa, Érika indagou desconfiada:

— Por quê? Quais são os seus planos?

Eduardo sorriu e perguntou:

— Érika, quanto você ganha lá na loja como vendedora?

— Dá licença! Sou promotora de vendas! — brincou sorridente. — É mais chique.

— Quanto você ganha?

— Ah, Edu! Não me faça passar por mais essa vergonha...

— Penso que o seu salário não dá nem para pagar os seus cremes.

— Ah, isso dá. Mudei de marca e estou economizando — brincou rindo. Depois perguntou: — O que você pretende?

— Não comente nada ainda. Primeiro eu quero ver como estão os negócios e os compromissos assumidos pelo João Carlos e pelo Cezar. Verificar as despesas, o investimento próprio, os empréstimos que fizeram... Depois vou analisar a aplicação do capital necessário para colocarmos aquela academia para funcionar.

Uma surpresa mesclada de felicidade invadiu Érika, que não resistiu e logo foi abraçando e beijando freneticamente o irmão.

– Ah! Edu! Eu não acredito!!!
– Calma, calma – pediu sorrindo. – Eu disse que primeiro vou estudar os gastos, os danos causados pelo furto e o empreendimento todo. Nem sei se tenho capital suficiente para investir, além do que: não sei como eles poderão me saldar o valor empregado. Só vou conhecer o negócio.
– Mas já é alguma coisa. Não imagina a angústia que ele está vivendo. Mas só de imaginar você como um possível sócio...
– Negativo. Não serei sócio. Primeiro porque não entendo nada de academia. Entendo de administração, de economia... Vou ver qual é o projeto e quais as perspectivas. Depois, conforme o valor, vou falar com o pai para que liberemos capital suficiente para você ser a sócia do João Carlos. Mas... Veja bem – avisou com ênfase –, amores de um lado e negócios à parte. Vou administrar isso tudo bem de perto, tá?
– Rindo, avisou: – Você deixará de ser vendedora e passará a ser empresária!
– Ai! Que maravilha! Nem posso acreditar. – Com uma ponta de orgulho, falou: – Quero ver a dona Gilda ir lá para me demitir!
– Por quê? Ela já tentou isso?
– Sem dó! Daí eu expliquei para a dona da loja todo o caso e ela não me demitiu porque disse que tem uma mãe igualzinha a minha. Em todos os sentidos.
– Infelizmente, preconceito, racismo, intolerância, arrogância e orgulho não são coisas raras hoje em dia.
– Estou tão feliz, Edu!
– Mas não pense que vai ser fácil. Teremos muitos terremotos em casa.
– Eu sei – riu. – Estarei preparada. Aliás, estou acostumada.

SEM REGRAS PARA AMAR

– Não me refiro só a isso. Veja, eu vou ficar noivo da Lena e...
– Jura?! Ai! Que legal!!!
– Então penso em procurar uma casa ou um apartamento... A mãe está bem diferente com a Helena. Começou a tratá-la muito bem, penso que até se acostumou com a ideia ou, então, pensa que ela é só mais uma namorada. Não confio na mãe totalmente, você sabe. Sou bem tolerante, acho que é por isso que não brigamos. Mas não sei qual será a reação da dona Gilda quando souber que eu quero me casar com a Helena.
– Acho que teremos terremotos, seguidos por furacões e erupções vulcânicas com lavas quentes se espalhando pelo espaço aéreo sobre a nossa casa – exagerou rindo.
– Não diga nada para a mãe agora, certo?
– Por mim, jamais contarei mais nada pra ela. Comecei a ter paz depois que deixei de falar as coisas pra mãe e de bater de frente com ela. Mas cuidado. Você sabe que a dona Gilda demonstra pela Helena uma falsa aceitação, não é?
– Nem gosto de pensar nisso. Eu ignoro, mas sempre me preparo para alguma coisa.
– E quando ela souber que quer se casar, não acho que continuará assim tão mansa.
– Tem horas que não aguento ficar em casa. Se bem que a mãe melhorou um pouco, mas eu detesto ironia, sarcasmo, gritos e isso nós sempre temos lá. Sabe, uma das coisas que mais me cativou na Lena foi a sua personalidade tranquila. Ela não é exigente e imediatista. Ao contrário, é ponderada, tem personalidade firme e é inteligente... Às vezes, é difícil imaginar o que ela está pensando, mas com jeitinho eu descubro.

Os irmãos ainda conversaram bastante até chegarem a casa.

Érika não cabia em si de tanto contentamento.

Após beijar o irmão com mimos de agradecimento, a jovem foi para o seu quarto e, atirando-se sobre a cama, pensou por longos minutos nos planos que seu irmão lhe contou. Ela não tirava o sorriso do rosto, imaginando como tudo poderia acontecer.

Após algum tempo, ainda com uma expressão alegre estampada no rosto, Érika se levantou para tomar um banho quando observou, sobre um móvel, um envelope médio, de cor parda, em seu nome e timbrado pela agência do correio e sem remetente. Abriu-o e, para sua surpresa, o conteúdo eram fotografias comprometedoras, obscenas, de João Carlos com outros rapazes e moças.

Érika sentiu-se gelar. Um torpor a dominou e precisou sentar-se na cama. Olhando novamente o material, ela o repassava sem poder acreditar no que via.

– Deus, o que é isso? – murmurou ofegante enquanto lágrimas copiosas corriam-lhe pela face pálida.

Quis gritar, mas não podia. Pensou em sair correndo do quarto e procurar pelo irmão, mas depois achou que não deveria. Aquilo tudo era muito vergonhoso, decadente e decepcionante.

Érika sentia-se arrasada, pois pensamentos torturantes a faziam sofrer. Como aquilo estaria acontecendo sem que percebesse? Jamais poderia imaginar que João Carlos fosse capaz de algo tão baixo, tão vil assim. Chorando em desespero, ela examinou as fotos incontáveis vezes.

"Quem me mandaria isso?" – pensava. – "Também se me contasse jamais acreditaria. São perfeitas, não vejo nenhum vestígio de montagem..."

Érika chorou indignada até amanhecer sem conseguir conciliar o sono.

Com os primeiros raios da manhã, ela tomou um banho, arrumou-se e saiu.

Algum tempo depois, Érika se achava com o carro estacionado na frente da casa do namorado relutando para se anunciar, pois ainda não sabia o que ia fazer. Depois de breves segundos, pegou o telefone celular, ligou para a casa do rapaz e, ao ser atendida por ele, pediu que fosse ao seu encontro no portão.

Próximo ao carro, com modos simples e jeito de quem ainda estava com sono, João Carlos perguntou:

— Por que não quer entrar? Venha, entre!

Quando foi beijá-la, Érika se afastou negando-se, e pediu:

— Entra no carro, por favor.

Estranhando seu jeito amargo, ele obedeceu e, bem mais próximo da moça, observou seus olhos inchados e vermelhos. Sério, indagou:

— O que aconteceu?

— Ontem chegou a minha casa este envelope — disse sem rodeios. — Veio pelo correio como você pode ver e em meu nome, sem remetente.

O rapaz pegou o invólucro com grande tranquilidade e, sem nenhuma preocupação, foi abrindo-o, ignorando a desagradável surpresa que justificaria o comportamento de sua namorada que sequer o encarava.

— Deus do céu! O que é isso?! — assustou-se, escandalizado com o que via. — O que é isso, Érika?! — repetiu várias vezes.

— Sou eu quem pergunta, o que é isso? — respondeu com grande frieza, parecendo exaurida de exclamações.

Assombrado com o que via, revendo novamente foto por foto, João Carlos não se conformava.

— Eu nunca fiz isso! Jamais tiraria essas fotos! — Olhando para Érika, falou aflito: — Jamais passou pela minha cabeça qualquer tipo de trabalho pornográfico. Nem se eu recebesse todo dinheiro do mundo para fazer isso, não aceitaria! — Segurando-a firme, ele parecia implorar ao dizer: — Você não vai acreditar nessas fotos, vai? Quem se deu ao trabalho de montar isso quer nos separar, Érika! Isso é uma montagem!

Lágrimas copiosas corriam nas faces de ambos.

Dominado pelo desespero, o rapaz queria provar sua inocência, enquanto ela nada dizia.

— Você me conhece bem, conhece minha família, sabe dos conceitos morais que cultivamos... — procurava lembrá-la angustiado. — Sempre a respeitei. Sempre me respeitei. Isso é uma montagem por computador. Acredite em mim!

Após longo silêncio, Érika o encarou firme e, com os olhos vermelhos, falou friamente:

— Jamais pensei que alguém pudesse chegar a um nível tão baixo. Acreditei que isso só acontecesse em filmes e novelas, não na vida real.

— Isso é uma montagem!!! — exclamou o rapaz desesperado.

— Pelo amor de Deus! Acredite em mim! Nós vamos procurar alguém que entenda desse tipo de trabalho e provar que... A Juliana deve conhecer quem mexe com fotos, quem...

— Não fique assim — pediu ainda chorando. — Eu acredito em você — admitiu, abraçando-o com força.

João Carlos a apertou junto a si enquanto chorava.

Érika recostou em seu ombro acariciando-lhe o rosto com carinho e beijando-lhe vez e outra.

— Da forma que falou, eu pensei que você... — disse sentido.

Afastando-se do abraço e secando-lhe o rosto com as mãos, Érika forçou o sorriso e falou com sensível inflexão na voz:

— Seu bobo. Sabe, quando vi isso tudo pela primeira vez, cheguei a pensar que estava sendo enganada por você. Mas, depois, fiquei pensando, pelo resto da noite, em tudo o que vi, o que aprendi com você e sua família sobre os valores da vida, sobre o respeito ao próximo e a si mesmo. Tenho de confessar que fiquei confusa, desesperada e cheguei a duvidar por alguns segundos, mas depois...

— Contou ou mostrou para o seu irmão?

— Não.

— Tenho certeza de que o Eduardo iria dizer que isso é uma montagem. Ele é sensato e, quem não está envolvido num assunto sempre pensa melhor.

— Fiquei tão louca, tão irascível na hora que só depois comecei a pensar em montagem computadorizada. Então, eu decidi lhe mostrar e observar suas reações sem dizer o que eu pensava.

Sensibilizado, ele a abraçou e a beijou novamente com todo o amor.

Apesar de mais calmo, João Carlos estava transfigurado pelo susto com o que havia ocorrido. Depois de dar uma risada nervosa, revelou:

– Na hora em que abri este envelope, eu até passei mal. Pensei que fosse ter algum tipo de colapso.

– Você tem alguma ideia de quem possa ter feito isso? – perguntou ela.

O rapaz abaixou a cabeça e, sem encará-la, respondeu com voz tímida:

– Acho que sim.

– A dona Gilda? – perguntou a jovem. Seus olhares se encontraram por alguns segundos, mas ele não disse nada. – É... Quem cala consente.

– Não temos certeza, Érika. Vai devagar.

– Não há alguém mais interessada em nos separar do que ela. E se foi a minha mãe quem mandou montar essas fotos, pode bem ter sido ela quem pagou para roubar os aparelhos da academia, querendo que você falisse antes mesmo de começar, porque a falta de dinheiro abala qualquer relacionamento. – Ele não disse nada e, após alguns segundos, ela acrescentou: – É bem possível que a minha mãe seja capaz de lhe oferecer algum dinheiro para que me deixe, principalmente agora, pois ela sabe que você precisa para pagar as dívidas da academia, não é?

– Jamais eu aceitaria.

– Então ela já o procurou? – perguntou firme, pois Érika era esperta e reparou na reação do namorado, enquanto conversavam sobre o assunto.

João Carlos a olhou nos olhos e, decidido, admitiu:

– Sua mãe me procurou sim. Ofereceu um grande valor em dólares para que eu me afastasse de você. Ela foi lá na academia, junto com aquela amiga de quem não larga...

– A Marisa – disse Érika, interrompendo-o.

– Acho que sim. Lembro-me de que já a vi no clube, mas não tenho certeza do nome. Só sei que é uma mulher sem moral, sem princípios, porque vivia dando em cima de mim e outros educadores físicos.

– Isso você nunca me contou!

– Para quê? – Em seguida, continuou: – Então foi isso, sua mãe me procurou antes do furto lá na academia e me ofereceu dinheiro para que eu me separasse de você. E quer saber? Eu e a Juliana desconfiamos de que possa ter sido ela a mandante desse furto. Agora, diante de tudo o que já aconteceu, não posso mais ficar de braços cruzados, alguém tem que fazer alguma coisa. Não posso esperar que algo mais grave aconteça. Já basta terem jogado droga no chão da academia para me incriminar. Não quero correr novos riscos. Vou falar com seu irmão e preciso dessas fotos.

– Vai mostrar para o Edu? – perguntou surpresa.

– Sem dúvida alguma! Não são minhas. Não tenho o que temer. Vou contar tudo e mostrar as fotos para provar do que a dona Gilda é capaz. Vou contar e mostrar isso até para a minha irmã, só não quero que minha mãe saiba, por respeito, entende?

– Claro. – Depois de pensar um pouco perguntou: – E como ela conseguiu essas imagens suas? Temos de admitir que são montagens bem feitas.

– Há muita gente que tira foto na academia. Já trabalhei em vários lugares e não seria difícil pegarem fotos minhas, que outras pessoas tiraram, recortarem graficamente só o rosto e fazerem uma boa montagem com o corpo de outro cara.

Nesse momento, Juliana, já no portão, chamou:

– Ei! João Carlos, telefone pra você! É o Edu.

– Vamos lá dentro falar com ele – pediu o rapaz.

Érika aceitou o convite e ambos entraram.

Juliana percebeu um clima diferente entre eles, mas achou melhor não perguntar nada.

Pouco mais tarde, Eduardo chegava à casa de João Carlos. Dona Ermínia recebeu o rapaz, como sempre, com extrema cortesia.

– Entra, Eduardo, eles estão lá na copa. Vamos lá que vou passar um cafezinho para nós.

– Não se preocupe comigo, acabei de tomar café em casa.

Ao chegar à copa onde todos estavam, Eduardo foi recebido com entusiasmo pela irmã.

— Eduardo, você não se importa se formos ali ao meu quarto? É que eu preciso falar com você — pediu João Carlos.

Vendo-se a sós, João Carlos começou a contar, em detalhes, tudo o que Gilda já havia feito, como lhe propor dinheiro para que se separasse de Érika, sua suspeita pelo furto na academia e, por último, mostrou as fotos.

Eduardo ficou perplexo, incrédulo ao ouvir tudo aquilo e ver as fotografias.

— Meu medo é o seguinte, Eduardo, quem foi capaz de fazer isso tudo, é capaz de algo ainda pior. Não tenho provas concretas contra sua mãe, mas, se me permite dizer, não tenho inimigo ou alguém que me queira tão mal e de quem eu possa desconfiar. Vamos lembrar que sua mãe me fez até perder o emprego no clube. Agora eu temo que aconteça algo mais grave, pois, no roubo da academia, escreveram frases que podem colocar em dúvida o meu caráter, além de jogarem drogas no chão, por isso, antes que eu seja acusado por um crime que não cometi, decidi falar com você. Talvez, juntos, possamos pensar melhor em alguma coisa.

Eduardo, sentado na cama, apoiava os cotovelos nos joelhos e segurava o rosto com as mãos, ainda sob o efeito da desagradável surpresa. Diante do silêncio, ele esfregou o rosto, passou as mãos pelos cabelos num gesto nervoso, suspirou fundo e falou em tom grave:

— É inacreditável, mas tenho de admitir que isso é coisa da minha mãe sim. Nunca pensei que chegasse a tanto.

Valendo-se da pausa, João Carlos acrescentou:

— Não gostaria que essa nossa conversa fosse motivo de discussão ou de brigas na casa de vocês. Eu venho sempre falando para a Érika que nenhum tipo de agressividade, seja ela cometida em ações ou palavras, fará alguém entender o que é correto.

— Eu também penso assim — confessou Eduardo, nitidamente transtornado.

— Só quero que fique avisado. Sei lá, eu penso até que, se a dona Gilda deixar de implicar comigo, vai começar a implicar com a Helena.

— É, eu sei. Mas vamos ao que interessa — decidiu Eduardo. — Primeiro temos de ressarcir os seus prejuízos. Depois...

— Não! De jeito nenhum! Eu não contei tudo isso pra você por causa de indenização.

— Eu sei. Mas é que eu tenho alguns planos que terão de ser refeitos por conta do prejuízo que você levou por causa da minha mãe e...

Suaves batidas à porta anunciaram Érika, que decidiu participar da conversa.

— Eu estava começando a falar para o João Carlos sobre os meus planos. Preciso estudar o investimento feito na academia, o empréstimo que fizeram, o prejuízo e tudo que diz respeito à administração, aos empreendimentos.

— Eu pensei o seguinte — opinou Érika —, se eu e o João Carlos fingíssemos que tivéssemos terminado tudo entre nós, por consequência dessas fotos, claro, a dona Gilda iria se dar por vencida e nos deixaria em paz até que montássemos a academia novamente e a situação melhorasse. O que acham?

— Isso a deixaria mais calma, com certeza — acreditou Eduardo.

— Por mim... — disse João Carlos que sorriu ao propor: — Desde que você dê uma fugidinha para nos vermos...

— Posso sair sempre com meu irmão, não é Edu? Ela não vai desconfiar.

— Então está combinado — decidiu Eduardo muito prático. Logo sugeriu: — João Carlos, vamos ao que interessa: todos os aparelhos roubados foram comprados em nome da empresa?

— Sim, foram.

— Então vou precisar de uma cópia do contrato social da sua empresa, cópia do Cadastro Nacional de Pessoa Jurídica com as notas fiscais das compras dos aparelhos e também o comprovante do que você já pagou.

— Pra quê?

— Confia em mim — pediu, olhando-o firme nos olhos enquanto ostentava um sorriso largo.

— Como não tenho mais nada a perder, vou providenciar tudo junto ao contador. Quando tiver tudo em mãos, eu entrego.

— Só quero estudar o capital empregado na empresa e ver o melhor jeito de resolver essa situação.

— Eduardo, não sou orgulhoso, mas...

— Não vou fazer nenhuma doação — interrompeu-o. — Vou analisar o prejuízo que minha mãe causou. Você me desculpe, mas... Isso terá que ser ressarcido sim. Só que na medida do possível, pois não sei se terei, de imediato, todo esse capital. Agora, se você me permitir, penso em fazer um investimento. Primeiro, deixe-me dar uma olhada na documentação. Não quero nem que meu pai saiba disso, viu Érika?

— Mas você não iria ver com ele se dava pra...

— Não mais. Mudei de ideia, Érika. Por enquanto deixe assim. Mais tarde, talvez eu lhe peça ajuda.

— Tudo bem.

Após aquela conversa, Eduardo decidiu ir à casa de Helena.

Ao chegar, encontrou Mauro e Sueli conversando na área da frente e Bianca, próxima a eles, brincando com um jogo de montar.

— Oi, tio!!! — animou-se a garotinha ao vê-lo.

Abraçando-a com carinho, Eduardo ajoelhou-se e admirou:

— Já montou tudo isso?!

— ... e acho que pela décima vez — disse Sueli, sorrindo.

— É que cada vez que a gente começava a montar — contou Bianca com seu jeitinho todo especial —, a vó tinha que arrumar o quarto e tirava tudo do chão, da mesa... Então, hoje a tia Sueli trouxe essa tábua para montar em cima e levar para onde quiser.

— Que bom! Bem inteligente! — concordou o tio.

— Eduardo — chamou Mauro —, temos boas novas. A Sueli veio nos contar que a Carla está em sua casa há dois dias.

– Que ótimo! A dona Júlia deve estar mais tranquila.

– E como! – exclamou Mauro. – Não imagina o peso que carreguei todos esses dias por ser o responsável por ela ter ido embora.

– A Carla não quer que eu conte que ela está lá em casa, mas não posso guardar segredo de uma situação como essa. Ela falou que, primeiro, ficou na casa de uma amiga que conheceu quando foi tirar algumas fotos. É uma moça como ela, que vive sonhando em ser modelo, manequim. Elas não enxergam que, para cada uma que consegue esse objetivo, umas mil se dão mal.

– Essas meninas pensam que tudo é fácil, simples... – disse Mauro. – Quantas não têm de se exporem ao ridículo para conseguirem algo, quantas não têm até de se prostituírem para aparecerem um pouco. E vai dizer isso a elas! – lamentou, protestando. – Pensam que a vida é fácil e começam a agredir a família dizendo que vão embora de casa.

– Teve um dia em que a Érika, toda revoltada – contou Eduardo –, disse que iria embora de casa também. Não sei o que me deu, mas falei tanta coisa para ela. Primeiro, perguntei do que iria viver. Depois, disse um monte de coisa que a fez pensar e acordar para a realidade e para as necessidades da vida.

– Já falamos tudo isso para a Carla, mas ela não aceitou.

– Não mesmo – afirmou Sueli. – Pelo jeito, ela ainda acha que a família está errada em não apoiá-la.

– Infelizmente, ela só vai mudar de ideia quando se der mal, quando ninguém mais quiser apoiá-la – opinou Mauro.

– Vamos aguardar, Mauro. Quem sabe a Carla muda de ideia quando perceber que lá na minha casa vivemos dando um duro danado para nos mantermos. Não penso em deixá-la de braços cruzados, entende? Eu e meu irmão trabalhamos muito. Nada é de graça e ela vai ter de colaborar.

Mauro e Sueli começaram a conversar sobre Carla e Eduardo decidiu deixá-los, porque queria ver Helena.

CAPÍTULO 20

Implacável perseguição

Helena já estava bem recuperada e voltando às suas atividades, para a alegria de todos menos de sua futura sogra, que gostaria de que tudo corresse conforme os seus desejos.

Em sua luxuosa residência, Gilda estava na companhia da inseparável amiga Marisa, acomodada confortavelmente em um sofá, acompanhando com o olhar a anfitriã, andando de um lado para outro da sala, cadenciando os passos lentos e fazendo soar no assoalho o estalo de seu salto. Inquieta, a anfitriã confabulava:

— Pelo menos agora a Érika se aquietou.

— Também, depois daquele trabalho todo!

— Mas ainda não estou tranquila. Tenho de tirar essa Helena do caminho.

— Por que não prepara outras fotos?

— Não, isso não seria viável. Não posso menosprezar a inteligência do meu filho. Eduardo logo perceberia que se trataria de uma montagem. Ele tem muitas informações, muito conhecimento. Diferente da Érika.

— E da Lara também — lembrou a amiga.

Gilda ficou em silêncio por alguns minutos, depois anunciou:

— Já tenho um bom plano. Só que vou precisar da ajuda de outra pessoa.

— Huuumm...! Cuidado, hein! Você deve ser bem seletiva com as suas amizades. Não deve confiar em qualquer uma.

— Pode deixar comigo, queridinha. Nessa eu sei que posso confiar tanto quanto em você. — Agora, parecendo mais tranquila, Gilda deixou-se cair entre as fofas almofadas do sofá, suspirou e alterou a voz chamando: — Sônia! — Diante do silêncio, insistiu mais alto: — Sônia!!!

— Chamou, dona Gilda? — perguntou a moça tímida que entrou às pressas na sala.

— Não, meu bem! — ironizou a patroa — Eu estava cantando. — Mais enérgica, exigiu: — Onde estava que precisei chamar duas vezes?

— Eu...

— Ora! — interrompeu abruptamente sem dar chance para a empregada se explicar. — Será que não sabe quais são suas obrigações?! Já era para ter vindo aqui nos servir! Vamos! Traga-nos um suco bem gelado e sem açúcar.

— Sim, senhora.

— Essas serviçais... — reclamou para a amiga ao envergar a boca para baixo em sinal de insatisfação. — Oh! Gentinha imprestável.

— Nem me diga. São burras...

— Não ofenda o bichinho — disse, gargalhando a seguir. — Ah! Lembrei! — Marisa mudou de assunto. — Você vai ao chá beneficente que será realizado para arrecadação de cestas básicas?

— Lógico que não, né, meu bem! Veja se eu tenho paciência de me prestar a essas chatices! Porém não pense que eu sou má. Já mandei os meus donativos. Aliás, mandei só duzentas e cinquenta cestas básicas bem reforçadas. Essa é a minha caridade e pronto. Porque você sabe, todos os meses eu desembolso duzentas e cinquenta cestinhas e, como esse chá beneficente chegou depois de eu já ter feito minha doação mensal, só neste mês, já doei quinhentas cestas ao todo.

— Você é muito bondosa, Gilda.

— Sou mesmo. Ninguém pode dizer que não faço caridade, que não ajudo os outros...

— Por isso é que Deus a abençoa tanto.

— Abençoa a nós, meu bem. Somos criaturas privilegiadas por Deus que acredita que somos merecedoras de tanta abundância. Veja, Ele nos deu uma vida boa, tanto que temos até condições de doarmos um pouco do que nos sobra.

— A você Ele privilegiou até demais — riu Marisa ao terminar.

— E privilegiou mesmo! Nasci branca, loura, olhos azuis, rica e inteligente. Deus deve me amar mesmo! Agradeço a Ele todos os dias por isso tudo. Acredite. É por isso que não temo nenhum pouco quando espezinho as criadas, os negros, os nordestinos, os pobres e muitos outros, pois se Deus os amasse não os faria nascer como gentalha. Para mim, esse povo não é gente.

A conversa entre Gilda e Marisa prosseguiu por um longo tempo. Essas pobres mulheres admitiam acreditar em Deus, assumiam que tinham inteligência. Isso permitia que agissem, pensassem e falassem deliberadamente sobre suas crenças preconceituosas, opiniões e sentimentos dos mais avassaladores e deprimentes. Exerciam seu livre-arbítrio.

Porém, nada justifica, nas Leis de Deus, que alguém cultive ou estimule qualquer tipo de preconceito ou intolerância, pois querendo ou não estaremos todos diante de novos projetos reencarnatórios mais cedo ou mais tarde. Poderemos nascer brancos, ou negros, ou mestiços, ou amarelos, pobres, ricos, bonitos ou feios, normais ou deficientes, de acordo com o que nossa própria consciência atrair para nós mesmos. Deus não nos pune ou castiga. Suas Sagradas Leis estarão cravadas em nosso espírito, centro da nossa consciência, estarão sempre vivas pulsando em busca de harmonia, apesar de não podermos ainda entendê-las. Todos, sem exceção, como espíritos que somos criados para a eternidade, buscamos a perfeição, desejamos a harmonia íntima, verdadeira, mesmo sem saber. E o único caminho que nos leva a perfeição e aquisição da paz é o amor a tudo e todos. As alegrias mundanas e as riquezas materiais, que proporcionam sensações de falsa felicidade, são tão passageiras quanto a vida terrena. Desencarnada, a criatura encontra-se no mundo real que criou e atraiu para si. Se cultivou riqueza, vai se sentir despida dos atrativos luxuosos que a mascaravam a aparência e o conforto. Se viveu orgulhosa e arrogantemente, essa criatura vai se deparar com grandes e dolorosos sentimentos aflitivos, verdadeiramente desesperadores, culpando-se incessantemente e se condenando impiedosamente a grandes torturas íntimas. Desencarnada, ignora o novo modo de vida como espírito e experimenta extremas necessidades como se ainda tivesse o corpo de carne, exigindo-lhe suprimentos de toda espécie e natureza.

Quantos ainda, apegados ao excessivo cultivo da beleza física, submetendo-se até a cirurgias imprudentes e desnecessárias de embelezamento, não se voltam para o campo moral e espiritual, tão importantes ao espírito. Alguns até veem-se ligados ao corpo físico por muito tempo após o desencarne, sentindo cada instante de sua decomposição interminável e um horror inenarrável ao ver-se envolto por vermes.

Os cuidados com o corpo são importantes, pois a ociosidade, a preguiça ou qualquer outro tipo de acomodação é prejudicial, em todos os sentidos, principalmente à saúde. Os cuidados com a saúde e as cirurgias necessárias para uma boa qualidade de vida física e mental, incluindo as cirurgias plásticas reparadoras após acidentes que provocam deformidades, são essenciais para termos bom ânimo para o bem, em busca de tranquilidade, pois o contrário pode ser negligência.

Contudo, a busca de elevação moral e espiritual é imprescindível e inevitável para que conquistemos a harmonia íntima e que possamos refletir sobre as Leis de Deus, as quais nos propõem regras para vivermos bem, apesar dos ajustes que, muitas vezes, temos de fazer.

O preconceito e a intolerância são opiniões que devem ser combatidas pela própria pessoa no nascedouro de cada pensamento imprudente. Lutar contra as impiedosas opiniões intolerantes, racistas e preconceituosas é um sinal de perseverança, de obstinação constante, e isso deve ser feito também pela pessoa que possui o vício do preconceito quando procura diversão ou incentiva a falsa alegria com piadas, anedotas opressoras e mordazes que difamam o outro por sua raça, religião, cor, naturalidade e muito mais. Mesmo não sendo racista, aquele que cultiva o hábito ou difunde diversão por meio de ditos engraçados como piadas, atrai para si uma gama muito grande de miasmas inferiores, vibrações malévolas, além de espíritos desencarnados maldosos, irresponsáveis, brincalhões e vis. Haverá de prestar contas a sua própria consciência por tudo o que fez e divulgou como ofensa a outro irmão, tão filho de Deus quanto ele próprio.

Toda opinião é criada por nós mesmos e ela pode se enraizar em nós de tal modo que seja difícil vencê-la, mas seja qual for o seu tamanho, se criamos algo monstruoso só nós temos o potencial, a força necessária para vencê-lo e destruí-lo. Por mais que isso seja difícil, devemos nos conscientizar de nossas opiniões agora e combatê-las antes que tenhamos de experimentar sofrimento, quantas vezes forem necessários, para sentirmo-nos em paz com nossa própria consciência. Assim como nos lembrou Jesus: "Até que o céu e a Terra passem, nem um jota ou um til se omitirá da lei sem que tudo seja cumprido. Qualquer um, pois, que violar um destes mais pequenos mandamentos e assim ensinar aos homens, será chamado o menor no reino dos céus"[1]. Não adianta crer em Deus e fazer caridade, com o coração contendo uma única gota de sentimento vil. "Deixa ali diante do altar a tua oferta e vai reconciliar-te primeiro com o teu irmão

---

1 N.A.E. Jesus - Mateus cap. 5 vv 18 e 19.

e depois vem e apresenta a tua oferta. Concilia-te depressa com teu adversário enquanto está no caminho com ele, para que não aconteça que o adversário te entregue ao juiz e o juiz te entregue ao oficial e te encerre na prisão. Em verdade te digo que, de maneira nenhuma, sairás dali enquanto não pagares o último centil."[2]

Enquanto Gilda e sua amiga desperdiçavam grandes oportunidades de harmonização, outros acontecimentos importantes invadiam a vida dos demais.

Juliana, em seu estúdio de decoração, não conseguia se conciliar com o serviço. Ora falava sozinha como se resmungasse, inquietando-se no lugar onde sentava, ora suspirava fundo fazendo gesto enfadado.

Bete, sua amiga e sócia de trabalho, após observá-la a distância, sorriu, levantou-se e, ao tocar suavemente seu ombro como se lhe fizesse uma massagem, perguntou com voz generosa:

– Está complicado aí, amiga?

Juliana relaxou o corpo para trás, entregando-se ao contato reconfortante por alguns segundos. Com o rosto voltado para o teto, ela fechou os olhos e, procurando se tranquilizar, disse à amiga com voz suave:

– Não é o trabalho que está complicado. Sou eu.

– Quando o coração reclama carente, acreditamos que o simples ato de assumir o amor é coisa complicada.

Juliana, de súbito, arregalou os olhos que mais pareciam duas raras e lindas pérolas negras, virou-se de sobressalto para a amiga e perguntou:

– Por que disse isso?

Divertida, Bete sorriu e se colocou diante da amiga, debruçando-se à mesa e apoiando o rosto nas mãos com o olhar maroto, disse:

---

2 N.A.E. Jesus - Mateus cap. 5 vv. 24 a 26

— É que você está com uma carinha de apaixonada.
— Ora, Bete! Pare com isso — tentou sorrir, mas ficou séria em poucos segundos.
— Por que negar? — indagou desconfiada.

Juliana suspirou fundo, tentando disfarçar, e acomodou-se melhor na cadeira. Ainda um pouco impaciente, ajeitou os cabelos cacheados, sedosos e bem-tratados, procurando, num gesto quase nervoso, algo para prendê-los.

Rindo, Bete apanhou o que ela procurava e ofereceu-lhe ao dizer:

— Aqui está, olha! Na sua frente.
— Você está me constrangendo, Bete.
— Ai! Que bom! Isso mostra que você é uma pessoa normal! Sensível! — brincou a amiga com ênfase.
— Oh, Bete! Vai procurar o que fazer, vai. Temos dois projetos grandes para entregarmos esta semana.

Subitamente, a amiga perguntou:
— E o Miguel?

Juliana parou, fitou-a por alguns segundos em silêncio, depois deu um sorriso tímido parecendo se desarmar. Então admitiu:

— Não sei o que está acontecendo comigo. Sempre fui uma pessoa segura, consciente...
— Como ele é?
— Ah... Não insista nisso, minha amiga — pediu com jeito meigo. — É algo impossível. Ele é inacessível.
— Por quê?
— Para começo de conversa, o Miguel só me enxerga como amiga, nada mais. Para encerrar, ele adora a namorada e até já comprou um apartamento para eles. Já devem até ter marcado a data do casamento.
— Mas é com aquela moça que a mãe dele não gosta, não é?
— A mãe dele não aprova, mas ele adora a menina. Além do que, ela é linda, diga-se de passagem.
— E daí? Você é muito bonita, minha amiga! Não se subestime! Além disso, a beleza física não é o mais importante. O que conta é a beleza da alma.

— Ah, é? Então vai lá dizer isso pra ele — desafiou Juliana brincando.

— Desculpe-me, Ju.

— Não. A culpa não é sua. São meus sentimentos, entende? Eu gostaria de ficar mais tempo perto dele conversando ou ficar, simplesmente, olhando para ele deslumbrada por muito tempo. Estou com o coração despedaçado. Estou brigando dia e noite comigo tentando me convencer, mas não estou tendo sucesso.

Aproximando-se, Bete recostou a cabeça da amiga em sua barriga, já bem avolumada aos seis meses de gravidez, e aconchegou Juliana tal qual mãe que conforta uma filha querida, afagando-lhe num gesto amigo.

Juliana, tristonha e agora chorosa, entregou-se ao agrado quando o telefone tocou.

Bete afastou-se para atender, e depois falou sorrindo:

— Toma. É pra você.

Num gesto mecânico Juliana atendeu a ligação e, para sua surpresa, era Miguel que, atento, percebeu algo diferente na voz da amiga.

— O que você tem?

— Nada. Estou nervosa com algumas coisas aqui. É isso.

— Pensei que seu serviço só fosse alegria! Decorar é algo alegre.

— Nem sempre, Miguel.

— Estou achando você muito pra baixo, Juliana. Quer almoçar comigo hoje?

— Bem, eu...

A moça se atrapalhou então ele decidiu:

— Passo aí para irmos juntos, ao meio-dia, está bem?

— É... Está — aceitou, um tanto confusa.

Ao desligar, Bete, com seus belos olhos verdes arregalados e grande expectativa, perguntou curiosa:

— E aí?!

— Ele vai passar aqui para irmos almoçar — murmurou lentamente quase incrédula.

Bete deu um grito animado, rodopiou sozinha no centro da sala festejando:

— Aaaah!!! Que legal! Vou até ligar para o meu benzinho — modo carinhoso como tratava seu marido — e avisar que só vou almoçar mais tarde. Tenho de conhecer o Miguel!

Horas depois, Juliana mostrava-se um tanto aflita, pois parecia não querer se encontrar com o amigo.

Animado, Miguel entrou no estúdio e, após cumprimentar e conhecer Bete, chamou:

— Vamos, Juliana?

— Sim, claro.

Já no restaurante, eles conversavam amigavelmente até que Miguel perguntou:

— E você, está melhor?

— Tenho de estar — dissimulou e sorriu.

— Estranhei quando ouvi sua voz. É difícil imaginá-la triste e deprimida.

— Como disse minha sócia, sou uma pessoa normal e sensível, por isso também choro. — Após rir, rapidamente tomou a iniciativa de mudar de assunto ao perguntar: — Acredito que tenha algo importante para conversarmos, não é?

— Bem... — o amigo titubeou, um tanto constrangido. Depois decidiu: — Acho você uma pessoa muito franca, sincera e a considero uma grande amiga, alguém a quem muito estimo e respeito.

— Puxa! Estou lisonjeada — respondeu com simplicidade e timidez.

— É verdade — ele prosseguiu. — Respeito muito suas opiniões, suas ideias e é por isso, principalmente, que decidi vir conversar com você.

Juliana ficou em silêncio e, após um gole de água, Miguel continuou parecendo um tanto preocupado:

— Você sabe que eu conheci a Suzi quando estava a serviço na Suíça. Ela passeava com um grupo de brasileiros, próximo de um ponto turístico. Foi uma atração forte, simultânea e, quando retornamos, começamos a namorar e... bem, tenho fortes sentimentos por ela. Estou pensando em algo sério, como você sabe.

— Por que está me contando tudo isso novamente? Está em dúvida, Miguel?

— Acho que não. Pretendo me casar com ela, sossegar na vida, entende? Vou fazer trinta e três anos e acho que é hora de pensar em algo mais sério.

— Ainda não consegui entender. Se você gosta dela, não vejo onde está o problema, a não ser...

Interrompendo-a com modos educados, ele prosseguiu:

— A minha dúvida é quanto a ela. E eu não sei se essa indecisão está sendo causada pela opinião dos outros. Você sabe que minha mãe implicou com a Suzi desde que a viu pela primeira vez. A Helena também já falou uma coisa aqui, outra ali... meu pai idem e até a Bianca implicou com ela. Eu não vejo nada de errado com a Suzi. Ela é meiga, carinhosa, doce. É uma pessoa muito simples, simples mesmo. Não liga para o luxo, apesar de ter um pai banqueiro. É educada, recatada e sempre sabe como se apresentar, como se colocar diante de uma situação. Só que, de uns tempos pra cá, todos andam implicando com ela. Outro dia mesmo, ela estava magoada com o Eduardo, que começou a fazer um interrogatório como se estivessem num tribunal.

— Você viu?

— Como assim?

— Você viu? Estava junto deles quando ele a interrogou?

— Não. Foi a Suzi quem me falou, porque eu perguntei o motivo de ela estar triste. Como se não bastasse, ela vem me contando que minha mãe anda jogando aquelas indiretas, sabe?... A Helena sai quando ela chega ao quarto e até a Bianca anda falando coisas.

— Espere um pouco, Miguel — pediu Juliana com jeitinho. — Quero saber de você, o que pensa da Suzi?

— Eu disse, ela é educada...

— Não, não — interrompeu. — O que você sabe dela? De onde ela vem? O que já fez? O que faz? O que pretende? E o que você sente por ela?

Miguel parou e ficou pensativo, mas logo defendeu:

— Como eu disse, ela é uma pessoa modesta, não tem o que contar.

— Mesmo as pessoas mais modestas já fizeram algo, têm uma origem, falam sobre coisas que já fizeram, têm perspectivas na vida, têm ambições...

— Às vezes, eu fico um pouco invocado por ela adiar tanto a me apresentar à sua família. Na verdade, só conheço uma irmã, que é casada e mora aqui em São Paulo e a mãe que, outro dia, estava na casa dessa filha.

— Mas ir à casa dos pais dela, isso você não fez ainda?

— Não. Outra coisa que não me agrada são os dias em que ela faz parte de um grupo de estudo e não podemos nos ver. Mas isso eu até entendo, é questão de tempo, pois uma hora essa faculdade terminará.

— O que você quer exatamente que eu diga ou aconselhe?

— Juliana, eu confio em você. Gosto da forma como pensa, da sua filosofia... O que você acha dessa situação? Sinceramente, o que você acha da Suzi?

Tomada por uma forte energia, Juliana pareceu não ter raciocinado no que ia dizer e começou:

— Primeiro, eu acho que você se apaixonou por ela porque estava com saudade de casa e ela foi a primeira brasileira que surgiu na sua frente. Você não me parece um cara que, realmente, está amando alguém. Quer uma mulher fiel, decente, que tenha aqueles princípios de família, de lar, alguém para ser a mãe dos seus filhos. Isso porque é um homem de família, decente e que pretende ser fiel. Além disso, morre de medo de se envolver com uma qualquer, como você mesmo disse, um dia. Só que, por acreditar ter encontrado a mulher ideal, pensa também que essa admiração é amor.

Miguel ficou surpreso, não esperava por tanta sinceridade e, apesar de não concordar com a opinião da amiga, silenciou. Ela prosseguiu:

— Segundo, eu sou muito observadora, costumo estudar as pessoas e... sabe, minha opinião sincera é que a Suzi sempre se apresenta muito certinha, excessivamente comportada, sensata, discreta, meiga, educada. Eu já flagrei a Suzi torcendo o nariz por alguma situação e, logo em seguida, ela se mostrou a favor da mesma situação. Para mim isso não é normal, as pessoas têm que assumir suas opiniões. Ninguém é tão perfeito! – ressaltou. – Não existe o símbolo perfeito da raça humana, pelo menos não encarnado. Eu acho que é isso que sua mãe percebe, pela experiência de vida que a dona Júlia tem. Ela sente algo que talvez nem saiba explicar o que seja, e você acha que ela está implicando.

– Ei, espere aí...

– Espere você – pediu educada, porém firme. – Deixe-me terminar, Miguel – disse agora olhando nos olhos dele. – Essa moça esconde alguma coisa. Pelo que a conheço, pelo que me contou... Tem algo estranho com ela sim. Repare que todos da sua família a magoaram, deixaram-na tristinha de alguma forma. Por que será que ela não é adulta ou firme o suficiente para chegar a sua mãe ou à Helena, ou sei lá mais em quem e perguntar: o que você não gostou em mim? O que estou fazendo de errado? Se fosse comigo, eu perguntaria, não ficaria chorando pelos cantos ou jogando você contra a sua família.

– Ela não está me jogando contra a minha família – defendeu Miguel. – E também não queira comparar a Suzi a você, que tem uma personalidade bem firme e segura do que faz.

– Então você reconhece que ela não tem uma personalidade firme, e se assim for, talvez ela não seja tão meiga, tão recatada, tão perfeita assim como você a enxerga?

– Você está ofendendo a Suzi – reclamou irritado.

– É uma pena ela não estar aqui para eu dizer tudo o que penso a respeito do seu cinismo.

– Ei! Espere um pouco. Não fale assim – retrucou agora bem ofendido. – Eu pedi sua opinião, mas não lhe dei o direito de falar assim dela.

Juliana, agora nervosa e parecendo transtornada, tirou o guardanapo do colo, colocou-o sobre a mesa e falou em tom baixo e irritado:

– Como dizer a verdade de uma maneira diferente, Miguel? Você parece que gosta de ser enganado. Se tem uma coisa que eu não sou, é falsa. Você pediu a minha opinião sincera e eu dei. Agora faça o que quiser com ela, mas lembre-se, mesmo que me odeie daqui por diante, serei honesta ao afirmar que a Suzi não te merece. Ela é hipócrita, planeja cada gesto, cada sorriso. É venenosa e você não enxerga isso. Fora o resto que deve acontecer por aí e nem sabemos. Cuidado para não descobrir a verdade tarde demais, porque ela está usando você de alguma forma. Agora, com licença!

Juliana se levantou com determinação, pegou sua bolsa e saiu com elegância do restaurante tentando enxergar a saída, pois seus olhos estavam cheios de lágrimas persistentes que rolavam por seu rosto.

Miguel parecia em choque. Ali parado, ele não conseguia organizar as ideias. Não entendeu o que havia acontecido e não gostou das opiniões fortes da amiga. Sem terminar sua refeição, ele pagou a conta e se foi insatisfeito. Em seu íntimo, fervilhavam indagações curiosas misturadas ao tormento de opiniões conflitantes.

"Juliana foi muito atrevida em dizer tudo aquilo de forma fria e seca." – pensava. – "Aliás, todos que me rodeiam parecem contra a minha escolha, a minha opinião pessoal quanto à Suzi. Quem são eles para pensar assim? Nunca opinei dessa forma na vida de ninguém. Não critiquei Helena quando namorava um rapaz que não queria saber de nada com a vida, nem falei nada quando começou a namorar o Eduardo, que vem de uma família arrogante e orgulhosa. Ao contrário, dei o maior apoio e até viajei, contra a minha vontade, para que ela pudesse passear com ele. Tenho certeza de que foi a Helena quem falou para a Juliana essas coisas sobre a Suzi. Ah! Só pode ser isso! Minha mãe e a Helena devem falar muito com a Juliana, pois, sabendo que ela é minha amiga, imaginaram que teria uma oportunidade para tentar mudar minha opinião sobre a Suzi. Droga! Gosto tanto da Juliana, pensei que fosse mais sensata, que tivesse bom senso. Não posso acreditar em mais ninguém. Puxa, até ela está participando de um complô contra mim e a Suzi!"

⁂

O tempo passava célere. Dias, semanas...
Miguel, um tanto revoltado com a opinião de todos sobre sua namorada, assumia um comportamento muito diferente em casa. Quase não conversava, perguntando ou respondendo o essencial. Não levava mais Suzi para visitar sua família. Ele mesmo quase não parava em casa nos finais de semana.
Todos perceberam e sofreram com essa mudança, principalmente Helena, que era tão apegada a ele. Ela, que sabia da discussão entre Juliana e seu irmão, observou que a amiga não ia mais a sua casa e, triste com os últimos acontecimentos, resolveu procurá-la.

– Conversar por telefone não é o suficiente, Ju. Estou sentindo tanto a sua falta. – A amiga a abraçou com carinho e sem palavras. – Por que não foi mais em casa, hein?

– Ah, Helena, você sabe... Estou sem jeito.

– Mas você não é só amiga do Miguel. É amiga da família, esqueceu?

– Não. Nunca esqueci vocês. Mas acho que não ficaria bem, depois de tudo o que falei a ele, você sabe...

Helena percebeu que Juliana trazia seus sentimentos feridos. Chegou até a pensar que ela gostava de seu irmão, mas quando decidiu, sutilmente, entrar nesse assunto, Juliana, alegre, mudou o rumo da conversa:

– Diga-me, e você, como está?

– Bem. Eu e o Eduardo estamos pensando em casamento... – sorriu tímida.

– Puxa! Que legal!!! – Mas observando a falta de ânimo da amiga, perguntou: – Ei, não estou vendo animação nenhuma. Que carinha é essa, hein, moça?

– Ai, Ju. Precisava mesmo falar com você – resolveu desabafar. – Estou feliz, estou animada, mas... não sei. Adoro o Eduardo, não consigo viver sem ele, mas... sinto um vazio, uma falta não sei do quê. Pensei que fosse pela ausência da Carla, que ainda está lá na casa da Sueli e nem quer falar comigo, ou então pelo comportamento do Miguel, mas... Não sei o que tenho nem o que sinto.

– Você precisa orar, Helena.

– Mas eu rezo toda noite.

– Sabe, aprendemos no Espiritismo que a prece é mais agradável a Deus quando é sentida, quando as palavras vêm do seu coração e com muita fé e sinceridade, ao contrário daquelas preces lidas ou decoradas em que, às vezes, podemos não prestar atenção no que falamos.

– Como assim?

– A prece é pensar em Deus, é ter humildade e arrependimento, é o agradecimento fervoroso e o pedido simples, aceitando sempre que, acima de tudo, seja feita a vontade do Pai.

– Já cheguei a duvidar do efeito da prece – comentou Helena, um tanto desalentada.

– Mas é claro que ela tem poder! – prosseguiu Juliana explicando: – Quando oramos, com fé e confiança em Deus, por mais que a situação seja difícil, Deus nos envia espíritos iluminados para nos assistir e fortalecer. Jamais o Pai da Vida nos nega essa providência. Mas cuidado para não fazer da prece uma ocupação de tempo como Jesus disse: "Quando orar, não o faça como os hipócritas que se comprazem em orar em pé nas sinagogas e nas ruas para serem vistos pelos homens. E orando, não useis de vãs repetições como os gentios que pensam que por muito falarem serão ouvidos".

Helena riu e comentou:

– Sinagogas são para os judeus. Acho que nem podemos entrar.

– Vamos lembrar que Jesus falava por parábolas. Ele usou a palavra sinagoga por se tratar de um templo de oração bem conhecido naquela época. Hoje podemos entender que Jesus se refere a igrejas, centros espíritas, mesquitas ou qualquer outra casa de oração. Veja, Helena, Deus sabe de todas as nossas necessidades. Mas é por meio da prece que mostramos o que temos no coração. Não é preciso palavras bonitas, arrojadas, ditas como se estivéssemos declamando um poema, pois isso pode ser hipocrisia, uma vez que uma pessoa orgulhosa, ciumenta, arrogante e egoísta pode ser dona de um lindo repertório de palavras sem ter o sentimento autêntico do amor incondicional. A verdadeira oração é aquela com palavras sentidas, simples e sinceras. É como uma conversa com Deus. A prece nos aproxima do nosso anjo da guarda, ela nos religa a Deus e isso é a verdadeira religiosidade.

— Então acho que não rezo há muito tempo. Mas anjo da guarda eu creio que tenho.

— Ah, sim. Nunca ficamos sem um espírito protetor amigo.

— Ju, já que você é tão inteirada nesse assunto, deixe-me perguntar, existem almas gêmeas?

A amiga pensou um pouco, depois explicou:

— Almas gêmeas no sentido de gemelar, que nascem juntas, não. O Livro dos Espíritos[3] explica que Deus criou cada espírito individualmente, mas há espíritos que têm grandes laços de afeição. Esse tipo de estima se cria à medida que, juntos, vão se ajudando, vão crescendo moral e espiritualmente. Pode-se dizer que são almas afins, que simpatizam muito uma com a outra, que se comprazem em viver juntas e felizes. Mas por que essa pergunta?

— É que... — Helena ofereceu sorriso sem graça e, um tanto constrangida, respondeu: — Sabe, outro dia eu estava conversando com a Sueli e ela disse que algumas vezes pode nos chegar em forma de pensamento a sugestão do nosso mentor e... — Olhou para a amiga que não se manifestava e se mostrava interessada no assunto. Sem demora, continuou: — Eu tenho um sentimento forte por alguém que não conheço. Já te contei sobre aqueles sonhos, né? Não sei quem é e me vem à mente palavras lindas, românticas... Sinto como se eu

---

[3] N.A.E.: Em *O Livro dos Espíritos*, pergunta 291 a 303-a, há explicações mais completas a respeito desse assunto.

estivesse sendo abraçada, amada, beijada... dominada por ele. Mas é tudo em pensamento. Eu não o vejo nem o ouço.

— Helena você tem um namorado e...

— Sim, mas não é o Edu. Eu não vejo o rosto, não sei quem é, mas eu sinto uma paixão muito grande por ele. Acho que é o meu mentor. O que você acha?

— Lena, é importante conhecermos bem o que o Espiritismo ensina e para isso é essencial fazermos cursos, grupos de estudo da Doutrina. Por causa de uma conversa informal e incompleta, como essa que você teve com a Sueli, que está conhecendo o Espiritismo agora, acho que acabou tendo uma ideia completamente imperfeita da realidade.

— Como assim? Os mentores não nos inspiram?

— Sem dúvida que sim! — ressaltou. — Mas um obsessor também. Um espírito sem esclarecimento, inimigo do passado ou zombador também é capaz de fazer o mesmo, ou seja, nos inspirar.

— Mas não é esse o caso. Ele me fala de amor. É como um sonho, entende? É algo que vem à minha imaginação. Palavras lindas, cenas românticas... — revelou como se sonhasse, enquanto perdia o olhar no alto.

— Você parece apaixonada! — estranhou Juliana, intrigada.

— E estou.

— Apaixonada por um espírito?! Helena!

— Ora... Você não entende, Ju.

— É você quem precisa entender. Os espíritos superiores são unidos entre si por um amor verdadeiro e não por um amor preferencialista, sedutor, que desvia seus pensamentos da realidade para um sonho.

— Esses pensamentos não me desviam da realidade.

— Como não? Você deve sentir atração, carinho, afinidade pelo seu companheiro de hoje, mas se vive sonhando com as sugestões que te afastam da vida atual, real, posso garantir que está tendo a inspiração de um espírito bem imperfeito, impuro, que está é a fim de retardar a sua evolução. Pense comigo: Deus enviaria para ser seu anjo da guarda um espírito que possui desejos mundanos? Mesmo que fale de maneira sensata, ele está se inclinando à baixeza de sentimentos carnais, vis, degradantes.

– Também não é assim – reclamou Helena, mesmo vendo a amiga falar com jeitinho.

– Um mentor evoluído proferindo palavras românticas e lindas e você se sente como se estivesse sendo abraçada, beijada, dominada por ele! Esse espírito não passa de um obsessor leviano e ignorante que está te prejudicando, não te deixa viver sua vida e ainda te ilude. Um espírito elevado é prudente e possui qualidades morais, coisa que está faltando a esse irmão.

Nesse instante, na espiritualidade, Nélio estava encolerizado contra Juliana, que trazia luz e esclarecimento à Helena que, a princípio, parecia confusa, mas começava a refletir e comparar o que sentia com os ensinamentos prudentes da amiga. O espírito Nélio, por causa de seu baixo grau de evolução, não podia ver, mas os mentores, amigos de Helena e Juliana, entre outros companheiros espirituais de relativa elevação, estavam ali presentes inspirando e amparando para que aquela conversa acontecesse.

Revoltado, Nélio esbravejava e tentava agredir Juliana como se ela pudesse senti-lo e ouvi-lo.

– Espírito leviano, eu?! – vociferava irritado. – Helena é minha! Minha! Entendeste?! Experimentei sofrimentos abomináveis por tê-la feito sofrer e só me recompus quando a consciência acusou-me de que deveria amá-la e ficar com ela para reparar meu erro. Não venhas falar-me de ignorância ou ilusão. Sempre a amei, mas, no passado, a ganância sucumbiu minha felicidade verdadeira. Agora, ninguém há de atrever-se a interferir. Ficarei com ela para ser feliz e para não me arrepender mais. Afasta-te de minha amada agora, infeliz! Maldita!

Verdadeiramente irritado, Nélio perdia o controle, esbravejando continuamente.

As moças não podiam percebê-lo e continuavam com aquela conversa saudável e instrutiva.

— Juliana, tenho de admitir que estou surpresa — disse Helena. — Dentro do meu pequeno entendimento, pensei que esse tipo de... de...

— ...envolvimento.

— ...que esse tipo de envolvimento, por meio de pensamentos, que para mim pareciam agradáveis, não trouxessem problema algum.

— É por isso que precisamos de escolas doutrinárias espíritas sérias, no espiritismo, para deixar claro situações como essa. É um grande engano pensarmos que toda ideia ou pensamentos que nos é agradável é correto. Vamos comparar com o seguinte: todo usuário de drogas ou qualquer outro dependente químico, no começo o faz por prazer, por ser algo agradável, mas, no momento de se livrar dos vícios, quando não quer mais ficar entorpecido, padece imensamente e não se livra tão facilmente dessa dependência. Assim é nossa ligação com um espírito inferior. Toda ideia ou proposta que nos chega dele em pensamento é agradável porque sempre nos satisfaz o ego, nos engrandece de alguma forma e acaba nos envolvendo de um jeito que não percebemos o quanto estamos nos distanciando da realidade. O problema é que, se não percebermos isso com rapidez, vamos nos desinteressando pelo cotidiano, pelo que é bom e saudável. Ficamos enfadados com aqueles que nos rodeiam, no seu caso o namorado, amigos e parentes. Ficamos estressados, deprimidos, até que chegamos ao ponto de somatizarmos, ou seja, desenvolver em nosso corpo doenças por causa desses problemas psicológicos, emocionais e depressivos. São pensamentos pequenos, ideias bobas que nos farão sofrer imensamente se não os interrompermos no nascedouro imediatamente.

— E como distinguir uma inspiração, um pensamento elevado, com valores morais, de uma ideia enganosa ou que se camufla de boas intenções?

— Compare com o que Jesus ensinou. Conheça o Evangelho de Jesus e verifique se, em algum lugar, Ele ensinou ou incentivou aquele tipo de pensamento. O Mestre nunca disse nada de sensual, jamais falou de amor que não fosse fraterno e não individual. Ele sempre combateu a hipocrisia, a maledicência, a falta de respeito, o adultério. Por isso, para nós espíritas, indicamos ler o Evangelho e estudar *O Livro dos Espíritos*, porque Jesus falou "Vinde a mim todos os que estais cansados e oprimidos e eu vos aliviarei". Somente indo até Jesus, aprendendo sobre os Seus ensinamentos, é que compreenderemos como separar o joio do trigo, pois eles crescem juntos em nossos pensamentos até a ceifa, que é o nosso discernimento, aí arrancamos o joio e atiramos para queimar e o trigo ajuntamos no celeiro da nossa consciência.

— Tenho de confessar, Ju, que estou com certo medo. Penso que criei, para mim mesma, uma fantasia da qual fiquei dependente.

— Se algo foi criado, o seu Criador é o mais apto e capacitado para destruí-lo. — Diante da amiga silenciosa, Juliana argumentou ainda: — Ore. Peça a Jesus para livrá-la dessas fantasias perigosas que são verdadeiras emboscadas, armadilhas para atravancarem seu crescimento, sua evolução. Se você não acredita que isso pode atrapalhar sua elevação espiritual, pense então que esse tipo de ilusão, de fantasia, que é se apaixonar por um espírito desencarnado, pode trazer e trará imenso desgosto, muita apatia, insatisfação na sua vida pessoal, podendo até mesmo deixá-la em profunda depressão e, ainda, doente.

— Vou pensar muito, muito mesmo nessa conversa — disse ao sorrir levemente, talvez um tanto decepcionada.

Juliana, para não vê-la tristonha, perguntou:

— E todos lá em sua casa? Como estão? Nem deixei que me contasse todas as novidades! E a Carla?

— Estão todos bem. Minha mãe está chateada por causa das atitudes do Miguel como eu já falei e também por causa da Carla que reluta em voltar. Não sabemos mais o que fazer com ela.

— Puxa, é lamentável. Uma menina tão jovem e bonita como a Carla...

— A Sueli nos conta que seu irmão, o Felipe, vive conversando com a Carla sobre suas atitudes. Mas a minha irmã é cabeça dura mesmo. Porém parece que ela anda se decepcionando muito. A Carla não consegue se soltar totalmente para fazer o que quer, entende? Talvez pelo tipo de criação que nós tivemos. Acho mais é que está envergonhada de voltar para casa, pois nada está dando certo.

— Mas vocês não a procuram? Não tentam falar com ela?

— Claro que sim. O Mauro foi lá e ela nem quis vê-lo. Teve um dia que, enquanto ele estava lá na sala da casa da Sueli, ao ouvir a sua voz, ela saiu pela janela. O Miguel também já falou com ela muitas vezes. Eu já perdi até as contas do quanto tentei. Você sabe como a Carla é arredia, mal-educada. Na última vez que nos vimos, ela acabou até me ofendendo com aquela história de eu ser a queridinha da família e ela a rejeitada. Também disse a mesma coisa para os meus pais. Sabe, meus pais estão ajudando a Sueli e o irmão com as despesas, claro. Minha mãe vai lá quase toda semana. Às vezes, acho que a Sueli e o Felipe deveriam colocá-la pra fora de casa, quem sabe ela volta pra nossa casa, mas aí fico pensando: E se ela não voltar? — Depois de uma breve pausa, comentou: — O que acontece é que a Carla sempre teve opiniões fortes, gênio difícil e, por essa razão, a nossa mãe, principalmente, sempre a repreendia com firmeza. Nunca apanhamos dos nossos pais, mas sempre tivemos muita orientação por parte deles. Não sei explicar por que a Carla tem esse jeito tão diferente se fomos criados da mesma maneira.

— Somos criaturas individuais e com grau de evolução diferente.

— Acho que estou começando a acreditar nisso mesmo — afirmou Helena sorrindo. — O Mauro e a Sueli estão empolgados com o Espiritismo. Adoram as tais palestras evangélicas.

Juliana sorriu com satisfação e, com um jeito maroto no olhar, perguntou:

— É impressão minha ou aqueles dois estão enamorados?

— Nenhuma amizade pode ser daquele jeito. Os dois não se largam! A Sueli não deixou de ser minha amiga, mas, quando chega lá a minha casa, vai direto procurar o Mauro e, quando arruma algum programa para sair, sempre é para ela, para a Bianca e?... para o Mauro, claro! – expressou-se rindo com gosto.

– Tomara que sejam felizes!

– Tomara mesmo. Acho que o Mauro mudou tanto, para melhor, claro, depois que começou a conversar mais com a Sueli e a saírem juntos. Os dois estão mais alegres, mais... Ah... Não sei dizer. Tudo está melhor. Além do que, minha mãe gosta muito dela. Acho que vai ficar bem satisfeita se tudo der certo.

– E a Bianca, ela parou de dizer algo sobre as visões?

– Ela disse que, um tempo atrás, a mãe apareceu em sonho e disse que iria ter de deixá-la um pouco. Ainda contou detalhes: que a Lara estava com uma aparência melhor, sorrindo, e que entregou flores lindas a ela! Pegou-a no colo e tudo mais.

– Que bom! Você sabe que isso é mediunidade, não sabe?

– Mas a Bianca diz que só vê a mãe.

– Isso é por causa da afinidade que ela tem com a mãe. Não pense que os médiuns conseguem ver tudo o que se passa na espiritualidade. Eles enxergam o que lhes é permitido. Além do mais, tem de haver uma compatibilidade entre espírito e médium e condições propícias para que se possa haver um intercâmbio, vamos dizer assim.

– Graças a Deus tudo está mais calmo agora. Principalmente, com o Mauro, que passou por grandes tormentos, claro, depois que a Carla contou aquilo sobre a Lara ter mentido no dia do acidente, quando ela disse que iria à escola buscar o tal presente. Acho que ele se acalmou só depois que foi lá ao centro. Você não imagina como o Mauro se sentiu com essa história que, até agora, quase dois anos depois da morte da Lara, ainda não sabemos direito como aconteceu. De resto... Tem o Miguel se envolvendo com essa Suzi...

– Eu acabei me arrependendo de ter dito tudo aquilo para ele. Perdi um amigo – lamentou Juliana.

— Eu sinto pela amizade de vocês, mas o Miguel precisava ouvir aquelas verdades. Ao menos não poderá alegar ignorância quando descobrir algo sobre a Suzi. Não queremos julgar, mas... Ali tem coisa. – Após alguns segundos, comentou admirada: – Ju, parece que o Miguel está enfeitiçado por essa moça. Tá na cara que ela é falsa! Faz carinha de tímida, ingênua, mas é uma cobra treinada! Na frente do Miguel ela é uma coisa, por trás é outra.

Juliana abaixou a cabeça e, entristecida, suspirou fundo como um lamento. Sentia o peito oprimido e uma verdadeira dor latejava em seu coração amoroso. Não sabia o que dizer, por isso se calou.

— Você acredita, Ju, que o Miguel não nos chamou para conhecer o apartamento que ele comprou? Ele só faz os gostos dela! O pior é que soubemos, por um outro colega dele, que já marcaram o casamento. Minha mãe ficou tão chateada por ele não ter nos avisado. – Juliana, ainda cabisbaixa, não disse nada, e Helena continuou: – Ah, Ju... Bem que você poderia ser minha cunhada no lugar da Suzi, né? – sorriu com jeitinho.

— Ora!... O que é isso, Lena. – ficou sem jeito. Para fugir do assunto, perguntou mudando totalmente o rumo da conversa: – Você não quer ir, um dia desses, lá ao centro comigo para assistir a uma palestra?

— É uma boa ideia. Vou falar com o Edu para irmos juntos. Acho que ele vai gostar.

A conversa continuou animada entre as amigas, que ficaram ainda por bastante tempo juntas, mas, certamente, Helena haveria de refletir muito sobre a interferência espiritual que podemos receber de um irmão desencarnado que não tem evolução e isso a ajudaria demais daqui por diante.

CAPÍTULO 21

A verdadeira Suzi

Era uma reunião informal na sala da presidência da empresa de Adalberto, onde Eduardo e um outro membro da diretoria discutiam a portas fechadas.

— Pai, isso foi um absurdo! Não poderiam ter demitido dois gerentes tão competentes como o Fonseca e o Félix. O que querem? A falência da empresa?!

— Eu também não achei essa decisão sensata — comentou o outro diretor. — Já temos situações delicadas demais para resolver, multas pesadas do sindicato por acidentes de trabalho. Temos também a série de peças de microligados defeituosa, que gerou quebra de contratos com clientes consideráveis, investimentos que só geraram prejuízos e...

— Chega! Chega, vocês dois! — atalhou Adalberto insatisfeito.

— O Fonseca e o Félix tinham mais de quinze anos de serviço só nesta empresa — avisou Eduardo inconformado.

— Eles vinham nos cobrando pela falta de treinamento do

pessoal, o que gerou os acidentes. Falavam sobre a falta de manutenção das máquinas, o que terminou com incontáveis séries de laminados defeituosos e justamente as que foram para a construção civil de países no Oriente Médio e no México também. Como estará o nosso nome no mercado estrangeiro hoje, hein? Posso imaginar, pois já perdemos em três licitações!

Mostrando-se insatisfeito, Adalberto reclinava-se na cadeira da presidência enquanto se balançava inquieto.

– Como conselheiro – tornou o outro diretor –, avisei que as negociações com os principais países do mercado europeu...

O barulho da porta, que foi aberta abruptamente, interrompeu-os e a voz estridente de Gilda soou aguda ao avisar:

– Pode deixar, querida Paula, eu mesma me anuncio!

A secretária, constrangida, entrou logo atrás de Gilda e de sua amiga Marisa e, ao olhar para o presidente da companhia, encolheu os ombros e gesticulou com as mãos querendo dizer que não pôde fazer nada.

Ao ver todos reunidos e atordoados pela brusca interrupção, ela falou com certa ironia:

– Bom dia, meus queridos! Nossa, como estão pasmados! Parece até que viram um fantasma! – exclamou com riso irônico.

Marisa, sorridente, também cumprimentou a todos, mas ficou recatada logo atrás da amiga.

– Pode deixar, Paula – pediu Eduardo. – Obrigado.

– Essas secretárias... Parece que até se esquecem de que eu também sou dona disso aqui tudo!

– Se você não percebeu, Gilda – argumentou o marido quase irritado –, estamos discutindo sobre serviço. Você não pode entrar assim.

– É melhor conversarmos outra hora, Adalberto – decidiu o diretor que, após pedir licença, despediu-se e se foi.

Irritado com a situação, Eduardo reclamou:

– Você não está na cozinha da sua casa, mãe! Como pode se achar no direito de fazer isso?!

– Porque esta companhia também é minha! Ou você esqueceu? – Virando-se para a amiga, indicou-lhe um lugar

para que se sentasse e, depois de se acomodar, anunciou:
— Preciso é vir aqui mais vezes!
　　Eduardo, ainda nervoso, respirou fundo e pediu licença ao sair.
　　— Esse é o filho que criei com tanto amor! — queixou-se debochada. — Nem para me dar um beijo. Ingrato!
　　— O que você quer aqui, Gilda? — perguntou Adalberto.
　　— Estou visitando a minha empresa. Por quê? Não posso?
　　— Fique à vontade — respondeu o marido, ficando em pé e saindo, deixando-as na sala da presidência.
　　— Acho que ele não gostou da nossa visita — considerou Marisa rindo.
　　— Isso pouco me importa — falou mais séria levantando-se imediatamente. Caminhando até a mesa do marido e anunciando: — Consegui o que eu queria, ficar a sós com a sala cheia.
　　— Cheia?!
　　— Cheia, recheada de provas, meu bem.
　　— Provas do quê? Não entendi.
　　Enquanto Gilda abria pastas e gavetas, falou irônica:
　　— Espere só.
　　— Ai, Gilda. Você ficou louca? — perguntou a amiga.
　　— Não, mas daqui a pouco vou ficar. Quando achar o que procuro.
　　— E o que você procura? — indagou rindo.
　　— Provas de traição. Quando um homem, principalmente, na posição do Adalberto, diz que os negócios estão indo mal, é porque está dividindo o lucro com a amante. Uma empresa como esta nunca vai mal, a não ser se o dono quiser. — E ao abrir uma pasta, alegrou-se ao dizer: — Aqui estão! Notas, notas e mais notas! O Adalberto tem uma excelente secretária, tenho de admitir. Ela organiza tudo para ele. — E, mexendo nos papéis, exclamou: — Veja, Marisa! O meu querido esposo comprou uma joia! Um caríssimo colar de pedras que não chegou as minhas mãos, ou melhor, ao meu pescoço. — Após alguns segundos, transformando o semblante e o olhar irônico em feroz, disse irada: — Desgraçada! Olha aqui, veja!

Outra... agora um anel! Aaaah!!! Você me paga, Adalberto! Vou esfolá-lo vivo!

— Menina! Não é que é verdade mesmo! — admirou-se enquanto olhava os papéis. — Você vai falar com ele, Gilda?

Irritada, colocando nervosamente as notas de volta à pasta, murmurou com os dentes cerrados:

— Claro que não. Primeiro, eu quero saber quem é e, para isso, tenho de encontrar os canhotos dos talões de cheque, os extratos dos cartões de crédito...

— Perdoe-me, Gilda, não consegui acompanhar seu raciocínio audaz. Para que esses canhotos e extratos?

— Para saber os lugares frequentados e os valores gastos com restaurantes, perfumes, motéis...

— Eu acredito que isso é coisa à toa. Homens, nessa idade, viram lobos babões. Deve ser uma menininha qualquer lá do clube.

— Aí é que você se engana, meu bem. Uma menininha qualquer não iria ser inteligente para escolher ou fazer o Adalberto entender que merece joias desses valores. Isso é coisa de mulher feita, esperta e que sabe o que quer. Menininhas, no máximo, iriam querer um carro popular zero. — Após alguns segundos refletindo, Gilda revelou: — Não estou nem aí que o Adalberto dê suas puladas de cerca, só vivemos juntos mesmo. Mas daí a envolver o patrimônio da nossa família!... Ele não sabe o vespeiro que cutucou!

— Gilda, sua frieza me assusta! — admirou-se.

Rindo sarcasticamente Gilda encarou a amiga ao dizer com deboche:

— Você vai se assustar com o que sobrar dessa espertinha depois que eu puser as minhas mãos nela. Aaaah!!! Você vai ver só!

Dando outro rumo à conversa, Gilda decidiu:

— Agora que já consegui o que queria com a minha visitinha surpresa, vamos atacar outras paragens. Marquei com a minha sobrinha no *shopping*.

— A Verinha, filha da Isabel?

— Claro! Quem mais poderia ser? Vamos conversar para ver se ela concorda com o meu plano ou se tem ideia melhor. Você sabe que a Verinha vem tentando de tudo com o Eduardo e não está obtendo êxito. Aquela Helena é mais esperta do que eu imaginava. A Verinha diz e faz cada coisa na frente dela e ela nem aí, se faz de desentendida.

— Vai ver que, no acidente, ela bateu com a cabeça e esse jeito retardado é uma das sequelas — disse rindo.

— Antes fosse. De retardada, a Helena não tem nada. Na verdade, o meu filho é um idiota por não enxergar que será assaltado com o maior amor do mundo.

— Não me conformo como você está tão calma com essa história de casamento. Pelo que eu vi, o Eduardo está decidido mesmo.

— É como eu falei, posso parecer conformada, mas estou agindo e tenho certeza de que minha sobrinha vai ajudar muito.

— A Isabel sabe?

— Ela nem sonha! Você já viu como a minha irmã é certinha, puritana... A Verinha deveria ter sido minha filha.

— Falando em filha, ainda bem que a Érika deu sossego.

— Estou até estranhando não ter mais de brigar com minha filha, pelo menos, uma vez por dia. Depois que ela arranjou esse curso de inglês pela manhã e informática à noite, a Érika anda tão compenetrada que estou desconfiando. Se bem que, nos finais de semana, ela se enfia na casa de alguma amiga ou atrás do Eduardo com a Helena.

— Também você não gostaria de que ela ficasse só em casa, não é?

— Estou com alguns planos para a Érika. Lembra-se dos Magalhães? — Sem esperar que a amiga respondesse, continuou: — O filho deles, o Otávio, voltou dos Estados Unidos, médico e pós-graduado, especialista em não sei o quê.

— E você está pensando em?...

— Fazer com que, casualmente, a Érika e o Otávio se encontrem, claro!

— Ofereça um jantar ou uma recepção em volta da piscina para aproveitar os últimos dias quentes do verão — Marisa sugeriu.

— Noites quentes, meu bem — corrigiu Gilda. — Já estou pensando nisso. Uma recepção à noite é sempre mais acolhedora. Os jovens ficam mais à vontade para conversar pelos cantos do jardim... O que você acha? — Sem esperar pela resposta, disse: — Agora vamos! Não quero perder tempo. Temos de nos encontrar com a Verinha.

⁙

Em um outro dia qualquer...
Miguel ia saindo de sua casa para se encontrar com Suzi, a fim de decidirem alguns detalhes sobre o casamento.

No portão, ao encontrar Eduardo, que acabava de chegar, Miguel não conseguiu esconder sua animação e, após cumprimentá-lo, falou:

— Qualquer hora gostaria de que você e a Lena fossem ao meu apartamento para ver como está ficando.

— A Lena comentou que já marcaram a data do casamento.

— É verdade. Marcamos para daqui a dois meses.

Sem qualquer empolgação, Eduardo comentou:

— Estamos sentindo sua falta, Miguel. Você sempre esteve junto nos passeios, nos programas...

— Você sabe bem o porquê da minha atitude, não é, Eduardo? — falou, fechando o sorriso. — Não aceitam a Suzi e eu não entendo o motivo. — Agora, com o semblante mais sisudo, disse: — Com licença, eu preciso...

— Espere um pouco, por favor. Eu gostaria de que estivéssemos em um lugar melhor para conversarmos, mas nunca o encontro à disposição e... Preciso falar com você, Miguel. Preciso de alguns minutos de seu tempo, pode ser agora?

— Tudo bem... — respondeu um pouco contrariado.

Sério, Eduardo disse:

— Você sabe que nossa companhia produz peças, em geral, para máquinas pesadas para agricultura, como tratores e ferramentas manuais também.

— Sim, eu sei — respondeu Miguel insatisfeito, sem entender aonde aquele assunto chegaria.

— Temos negócios em várias cidades, principalmente no interior paulista, e eu lembro muito bem quando fui para a cidade onde moram os pais da Suzi. Fiquei intrigado quando soube que o pai dela é banqueiro, que esse banco pequeno é só para clientes jurídicos e cooperativas da agropecuária.

— Sim, é isso mesmo — confirmou Miguel, questionando em seguida: — Qual é o problema, Eduardo?

— Não se ofenda, por favor. Só queria saber se eu estava tão enganado assim. Porque lembro que, naquela cidade, os contratos de financiamento para a venda dessas peças pesadas para os agricultores foram feitos pelo BNDES, ou seja, o Banco Nacional do Desenvolvimento Econômico e Social, que é uma instituição federal onde os juros são muito mais baixos. Perdoe-me dizer, Miguel, mas onde existe um BNDES, os bancos particulares voltados só para clientes pessoa jurídica e cooperativas de agropecuária não resistem, não existem. Entendeu?

Miguel sentiu-se gelar. Ele parecia ainda organizar as ideias quando perguntou:

— E se esse pequeno banco, antes com carteira pessoa jurídica, ou seja, empresas, se voltar para clientes pessoa física? — muito atento, quis saber.

— Aquela cidade deve ter cerca de seis mil habitantes, eu calculo. Grande parte trabalha nas lavouras. A maioria é gente humilde, não há tantos lojistas e alguns armazéns trabalham com as famosas e antigas cadernetas de anotações. Não creio que todos tenham conta corrente em banco e, mesmo se tivessem, não são tantos correntistas assim e com grandes valores aplicados para manter um banco. Um banco voltado para pessoa física, ali, não sobreviveria. — Após breve pausa em que Miguel cabisbaixo refletia, Eduardo revelou: — Tomei a liberdade de mandar investigar essa história.

Como tivemos de enviar um representante para aquela região, por causa de alguns problemas em peças com defeito, pedi a ele que procurasse por alguma notícia. – O outro ficou com grande expectativa e Eduardo revelou: – Sandoval Chaves, o pai da Suzi, foi um granjeiro naquela cidade e perdeu tudo em um jogo de cartas. Ele tem três filhos: a Suzineide, que é a Suzi, veio trabalhar como pajem em São Paulo, a Marileide, que também veio para São Paulo como pajem, e o filho Vanderlino, um rapaz condenado à revelia porque está foragido pelo assassinato de encomenda de um fazendeiro rico daquela região. A Marileide parece que se casou ou juntou. O senhor Sandoval, pai da Suzineide, é banqueiro de jogo de bicho em uma outra cidade vizinha. Sabe-se ainda, por um compadre do senhor Sandoval, que a mãe da Suzi morreu, diz-se que foi de desgosto quando soube que o dinheiro que as filhas mandavam para casa era duvidoso.

– Como assim?! – exigiu Miguel muito nervoso. – Eu conheci a mãe da Suzi!

– Você deve ter conhecido uma outra mulher a quem ela e a irmã chamam de mãe.

– Espere! Explique melhor! – exigiu novamente.

– Elas trabalham com... prostituição... e é muito comum terem uma mulher mais velha a quem chamam de mãe – Eduardo praticamente sussurrou.

Miguel empalideceu. Um torpor o fez cambalear na calçada na direção do carro de Eduardo.

– Miguel, você está bem? – perguntou o amigo preocupado, tentando ampará-lo.

– Isso não pode ser verdade – murmurou incrédulo.

– Você já conhece a família da Suzi?

– A irmã e os dois filhos... e a mulher que ela me apresentou como sendo sua mãe. – Pensando em voz alta, ainda falou: – Conheci essa mulher quando cheguei de surpresa... Lembro que elas reagiram de forma muito estranha... Um pouco assustadas...

– Você já foi à faculdade onde a Suzi estuda?

— Não. Ela estuda pela manhã e... e nunca nos vemos em alguns dias da semana — falou baixinho. — O rosto alvo de Miguel estava gotejado de um suor frio. Suas mãos fortes se apertavam trêmulas pelo nervosismo causado por aquelas revelações. — Se isso for verdade, eu mato a Suzi — ameaçou com um brilho estranho no olhar perdido. — Mato aquela desgraçada.

— Calma, Miguel. As coisas não são assim. Apesar das informações recebidas serem de fontes seguras, seria bom revelar tudo isso na frente da Suzi e observar a sua reação. Depois você verá que não vale a pena estragar a sua vida por uma pessoa tão vil, tão desprezível.

Miguel empalidecia a cada segundo, parecendo nem ouvir o que o amigo falava. Então, disse com a voz rouca e quase sussurrando:

— Vou me encontrar com ela agora.

— Não! — reagiu Eduardo, segurando-o firmemente. — Não vai mesmo. Não quero me sentir culpado por uma atitude sua num estado desse. Vem cá, entre no carro e vamos dar uma volta.

— Por que não me contou antes?

— Eu suspeitava, mas queria ter certeza primeiro. Somente há dois dias, o nosso representante chegou com essas informações e eu não consegui ver você até hoje.

— Vou tirar isso a limpo agora mesmo!

— Não, Miguel! Seja sensato, cara! Aja com inteligência! Pegue-a no flagra! — Observando que o amigo estava atordoado pelo choque sofrido, Eduardo insistiu: — Vamos, entre no carro. Daremos uma volta até o clube, quem sabe você pensa em algo melhor.

Confuso e sem alternativa, Miguel acabou aceitando. Durante o percurso, seu telefone celular tocou e, depois de olhar no visor, ele avisou:

— É a Suzi.

— Não atenda. Desligue e fique frio — aconselhou Eduardo.

Ele desligou o aparelho e confessou:

— Ainda não acredito. Você tem certeza mesmo, Eduardo? Não há nenhum engano?

— Não. Jamais eu arriscaria dizer para alguém uma coisa tão grave como essa sem antes ter uma confirmação.

— Estou furioso por causa da mentira sobre o pai ser um banqueiro, mas ainda não consigo acreditar que ela se prostitua.

— Você sabe que existem casas, bares e clubes noturnos bem finos, de alto estilo, onde garotas de programa trabalham. São moças lindíssimas, algumas até estudantes universitárias, futuras médicas, advogadas, administradoras e muito mais, que se prostituem por um valor altíssimo, com certa porcentagem para as casas, claro. Esses lugares são frequentados por empresários de alto nível, que precisam ter muito dinheiro para bancar um programa com elas, porque o preço é bem caro. Fora isso, alguns as solicitam como companheiras para viagens a passeio ou a negócio, entre outras coisas.

— Foi isso o que me veio à mente, pois a Suzi é muito bonita, bem elegante e sabe se comportar bem, atitude típica de uma prostituta fina, como são chamadas. — Passados alguns minutos, voltou a duvidar: — Não consigo acreditar, mas no fundo sinto que isso é verdade, pois estou me lembrando de alguns acontecimentos, de algumas coisas... detalhes... Por que ela mentiu?

— Talvez... — Eduardo silenciou, detendo as palavras.

— Talvez o quê?

— Talvez ela tenha gostado de você e, por isso, tentou esconder a verdade.

— Eu perdoaria tudo, menos uma mentira. Menos uma vadia mentirosa! — gritou furioso esmurrando o painel do carro enquanto exibia a respiração alterada pela irritação. — Sempre me esquivei de mulheres aproveitadoras, sem moral, sem pudor... Pensei ter encontrado uma moça de família, criada como as minhas irmãs. Se bem que a Carla anda pisando a bola... — lembrou desalentado. — Mas teve uma boa educação. Meus pais sempre a orientaram.

Eduardo deixou que Miguel desabafasse acreditando que era preciso.

Após alguns outros comentários, ele olhou para o amigo e pediu:

— Eduardo, me leve até a casa da Juliana, por favor.

— Claro. Preciso mesmo falar com o João Carlos — disse achando que Juliana seria a melhor companhia para o amigo naquele momento. Ele temia que Miguel tomasse qualquer atitude drástica por conta do nervosismo provocado por aquelas notícias. A amiga saberia orientá-lo. Ela era bem sensata e tinha o dom de exercer influências positivas sobre as pessoas.

Quando chegaram, dona Ermínia os recebeu como sempre: com imensa alegria e satisfação.

Após os cumprimentos, eles entraram e Eduardo perguntou:

— E o João Carlos?

— A sua irmã passou aqui agora há pouco e eles foram à academia — afirmou Juliana que acabava de chegar. De imediato, ela disfarçou a surpresa de ver Miguel, ali, o amigo com quem havia discutido, parado e olhando-a fixamente.

Indo à direção de ambos, ela os beijou, cumprimentando como sempre.

— Acho que vou dar uma passadinha lá. — Olhando sério para Juliana, como se quisesse falar com o olhar, Eduardo perguntou: — Oh, Juliana, você vai sair?

— Tenho um casal de clientes para visitar hoje. Por quê?

— É que eu ia pedir para você dar uma olhadinha nesse nosso amigo aqui — disse brincando, mas a moça entendeu que havia algo no ar. — Ele está precisando de companhia, de ser ouvido...

— Tenho essa casa para ver lá em Alphaville. Imagine se vou perder um serviço que passará dos azulejos do lavabo até os jardins! O casal vai viajar para a Europa e, quando voltar, daqui a quatro meses, quer entrar em uma casa novinha.

— E vai dar tempo de terminar tudo? — perguntou Eduardo.

— Vamos mudar toda a decoração, do rodapé ao teto, e não reformar a casa, espero — brincou Juliana com seu jeito

alegre e irreverente. – Mas... se você quiser, Miguel, pode vir comigo. Acho que não vou demorar lá.
– Posso mesmo? – perguntou com certa aflição no olhar.
– Sim, claro – ela sorriu.
– Então eu vou indo – decidiu Eduardo se despedindo.

Miguel, bem sério e parecendo nervoso, despediu-se de dona Ermínia e acompanhou Juliana à visita aos clientes. Depois do compromisso, foram a um restaurante.
– Que casa, hein! – admirou-se Miguel.
– Linda! Realmente linda. Mas tenho certeza de que, depois da Juliana passar por lá, ficará divina! – brincou Juliana rindo gostoso. Ele riu junto e ela prosseguiu: – O casal é exigente. Gostei por serem diretos, objetivos. É mais fácil trabalhar com pessoas que sabem o que querem. Você não imagina como é quando alguém não sabe dizer nem a cor de que mais gosta.

Até então, a moça não sabia o motivo de Miguel estar em sua companhia e esperava pacientemente que ele comentasse algo.
– Desculpe-me, Juliana – interrompeu Miguel subitamente com um tom sério na voz. – Primeiro quero que me perdoe por tudo e...
– Perdoar o quê?
– Por eu não tê-la procurado antes. Sei que não te tratei como deveria naquele almoço. Acho que você é a única pessoa com quem posso contar neste momento. – Olhando-a nos olhos, confessou: – Ju, preciso da sua amizade...

Miguel começou a relevar tudo o que ficou sabendo por intermédio de Eduardo, enquanto Juliana o ouviu atentamente.

∽◦♡◦∾

Já era quase final de tarde e Eduardo apressava Helena para que não chegassem atrasados à recepção que Gilda ofereceria.
– Estou com um pouco de dor de cabeça e tão indisposta... Prefiro ficar aqui. Gostaria de conversar com você.

— Ah, Lena — pedia com jeitinho, para convencê-la —, não vamos fazer essa desfeita. São amigos antigos e o filho deles está voltando dos Estados Unidos. Será agradável. Vamos, vai. Será algo simples. Eu gosto muito do Otávio.

— Um luar, com tochas, flores por todo lado, até mesmo boiando na piscina com música ao vivo, e você me diz que é algo simples, Eduardo? — perguntou com desânimo.

— Eu quis dizer divertido. — Abraçando-a pelas costas, o rapaz beijou-lhe os cabelos, embalou-a levemente e propôs: — Poderíamos fazer uma surpresa e anunciar nosso noivado. O que você acha?

Helena se virou, deu um sorriso simples e perguntou:
— Sem ninguém da minha família presente?

Eduardo a abraçou contra si e disse arrependido:
— Desculpe-me. Esqueci. Não foi de propósito... — Segurando seu rosto com carinho, ele a beijou com amor e propôs: — Então precisamos marcar um almoço! Um grande almoço para anunciar nosso compromisso, certo?

— Isso me preocupa. Minha família é simples e sua mãe não gosta de coisas simples. Será difícil conciliarmos tudo.

— Faremos o seguinte: nem na minha casa nem na sua. Podemos almoçar num restaurante. Assim ninguém reclama nem damos trabalho para a dona Júlia.

— Edu... eu não sei — disse parecendo aflita.

— O que está acontecendo, Helena? — perguntou mais sério. — Você, nos últimos dias, anda inquieta, parece que nada está bom.

— Precisamos conversar, Edu. Mas aqui não é um bom lugar — disse com sensibilidade e olhar suplicante.

— Você está me deixando preocupado. Não gosto de me sentir inseguro. — Firme, segurando-lhe o queixo para que olhasse em seus olhos, perguntou: — Você está indecisa quanto a ficarmos noivos ou quanto ao casamento que quero marcar?

— Não — respondeu de imediato. — Não é isso não.

Sem deixar que ela terminasse, ele a abraçou com ternura, respirando aliviado. No momento em que ia beijá-la, Bianca entrou correndo na sala interrompendo-os:

— Tia! Meu pai disse que você vai na casa da vó Gilda, eu também vou!

Dando toda atenção para a pequena, Eduardo a fez sentar no sofá, acomodou-se a seu lado e explicou:

— Hoje não será muito divertido lá na casa da vó Gilda. Vai haver um monte de gente grande falando de negócios e mais negócios. Você não vai gostar. Amanhã...

— Tio — interrompeu com jeitinho —, não precisa falar comigo como se eu fosse criancinha, já tenho sete anos.

— Ah, tá... Esqueci — disse sem graça e rindo ao olhar para Helena.

— Tudo bem — tornou a menina. — Vamos deixar pra semana que vem, porque amanhã eu vou passar o dia na chácara de uma amiguinha da escola. A mãe dela me convidou e meu pai deixou.

— Então está bem. Semana que vem eu te levo. Prometo. — Bianca saiu correndo depois de beijá-lo e, após rir da situação, Eduardo voltou-se para Helena e pediu: — Vamos logo, vai, ou chegaremos atrasados. — Percebendo seu jeito estranho, ainda perguntou: — Você parece preocupada.

— Tudo bem. Depois conversamos num lugar melhor, onde não haja tanta interrupção e gente andando pela casa. Não deve ser nada importante e eu não quero estragar a nossa noite.

— Quer me dizer o que é? Vai, fala.

— Não. Dá para esperar até amanhã. Temos de treinar nossa paciência e ansiedade — falou rindo e logo lembrou: — Só vou avisar, não sei até onde vou aguentar a Vera, sua prima. Ela não se toca e vive dando em cima de você, além de me provocar.

E indo para o carro, continuaram o assunto:

— Já falei para não se importar com a Verinha. Ela não tem juízo.

— Ah! Olha só, Verinha... — falou criticando e como se arremedasse. — Você não me chama de Heleninha!

— Veja quem está com ciúme! — exclamou quase gargalhando.
— Não é ciúme, Eduardo! — zangou-se.
— Então o que é?
— Estou cheia da Vera! Ela é presunçosa, intrometida, repleta de ironias inconvenientes. Eu finjo que não ligo, mas não estou aguentando. Se ela começar a agarrá-lo, abraçá-lo daquele jeito, eu não respondo por mim.

Eduardo ria intimamente. Sentia-se satisfeito e até vaidoso pelo ciúme de Helena que pareceu desabafar, de uma vez só, todo o sentimento represado.

Minutos depois, percebendo que ela realmente estava nervosa, ele procurou mudar de assunto e decidiu contar o que havia descoberto sobre a Suzi e revelado ao Miguel. Isso a deixou muito surpresa.

Já na casa de Gilda, Helena deu pouca importância à descontraída, mas requintada recepção à beira da piscina.

Tudo foi caprichosamente decorado com muito arrojo. Flores espalhadas pelo jardim e frutas distribuídas por mesas bem-decoradas tinham um toque todo especial. As tochas flamejantes davam um tom de luminosidade interessante e agradável. Garçonetes com roupas típicas havaianas e cabelos longos iam e vinham sorridentes, servindo a todos ao som da música típica das ilhas.

Alguns convidados já haviam chegado e, entre eles, o homenageado.

Érika sorria de maneira forçada enquanto conversava com Otávio Magalhães, o médico, filho dos amigos de seus pais, que, recentemente, havia chegado de viagem.

Helena se achava mais preocupada com seu irmão, pois soube tudo sobre a Suzi por Eduardo durante o trajeto. Ela gostaria de estar com ele, acreditando que não estivesse bem.

Acomodada a uma mesa, rodava o abacaxi enfeitado que servia de copo para o suco tropical, sem perceber que já se encontrava só, pois Eduardo afastou-se para cumprimentar alguém e ficou conversando.

Gilda, aproveitando a oportunidade, sentou-se na cadeira a seu lado e perguntou:

— Parece que não está gostando da festa, meu bem!
— Está linda! Ótima! Parabéns por tanto capricho e bom gosto — falou Helena, forçando o sorriso.
— Obrigada. Gosto de ser reconhecida, principalmente, por alguém assim, tão sincera quanto você. Mas percebo que não está tão feliz. Aconteceu alguma coisa, Helena?
— Não. Nada sério.
— Se o Eduardo não estiver se comportando, me avise, hein! — E olhando na direção do rapaz, que estava a certa distância, disse com um brilho prazeroso e impetuoso no olhar: — Já falei para o meu filho dar um basta nesse comportamento da Vera.
— Como? — perguntou Helena não acreditando no que ouvia.
— Não gosto quando a minha sobrinha se comporta assim.
Helena virou-se para a direção em que Gilda olhava e viu Vera enlaçada no braço de Eduardo, recostando-se em seu ombro e, num instante depois, fazendo-lhe um carinho no rosto, enquanto conversavam numa rodinha de amigos.
— Já disse para o Eduardo que isso não fica bem. Afinal de contas, vocês têm um compromisso sério. Estão falando até em noivado e casamento!
Helena, agora perplexa por ser provocada pelas palavras de Gilda, ficou observando-os enquanto gargalhavam por alguma razão, deixando crescer em si uma forte indignação.
— Não se preocupe, meu bem. Vou acabar com essa história agora mesmo! — decidiu Gilda com cínica representação, o que deixou a jovem convicta de que a mãe de Eduardo realmente não aprovava aquele comportamento do filho.
O rapaz nem imaginava o que estava acontecendo e, por ter gostado de ver a namorada enciumada, não se importou com a prima ao seu lado. Ingenuamente, pensou em provocá-la um pouco mais. Mas algo mais grave iria acontecer em consequência dessa atitude.
A anfitriã caminhou firme até o filho e conversou poucas palavras com ele, tirando-o da companhia dos amigos, inclusive da prima que já sabia o que fazer. Levando-o para

outro canto do jardim, Gilda conversou como se o advertisse, só para que Helena visse.

Helena só observava a cena com olhar dardejante. Deliberadamente Marisa, a melhor amiga de Gilda, sentou-se ao seu lado e comentou:

— Bem que a Gilda me falou que iria repreender o filho na frente de quem quer que fosse. — A outra permaneceu em silêncio e ela prosseguiu: — De fato, é desagradável esse casinho do Edu com a Verinha.

— Que casinho?! O Eduardo é meu namorado! — exclamou a moça com uma forte entonação de descontentamento na voz. — Que eu saiba, ele não tem caso com ninguém.

— Bem... — titubeou Marisa fingindo-se constrangida ao revelar: — É que todos sabem que o Eduardo e a prima não se largam. Ora estão juntos, ora se separam. Os amigos mais íntimos até acreditaram que isso mudaria depois que vocês começaram a namorar, mas, ultimamente, temos visto os dois juntos novamente.

— Eu acho que você está enganada, Marisa — afirmou Helena segura de si.

— Posso ser o que for, mas detesto traição. Já fui traída uma vez pelo meu ex-marido e tenho nojo, trauma disso! — revelou com impressionante convicção. — Gostaria de que não dissesse nada para a Gilda sobre o que estou contando, acho que quer corrigir o filho e me parece que ela gosta de você.

— Do que você está falando? Seja mais direta, por favor. Não gosto de meias-palavras — pediu Helena tentando controlar as emoções.

— Se você colaborar, eu posso ajudá-la a dar um flagrante no Eduardo e na prima. Não estou falando de braços dados ou beijinhos não. Vou levar você para ver os dois na cama.

— Você o quê?!...

— Helena, seja esperta! Só você não quer admitir que o seu namorado tem um caso, e bem antigo, com a prima! Tenha dó! Não entendo como você se conforma. Como é que o Edu te convence? Por acaso ele diz para você não se preocupar

com o que ela faz? Para ignorar os assédios da Vera? Que ela sempre foi assim, meio louca, sem juízo? – Helena tinha os pensamentos fervilhando de dúvidas e Marisa ainda insistiu:
– Você quer pegá-los juntos?
– Você não está brincando, está?
Olhando-a bem firme nos olhos, Marisa avisou séria:
– Não. É só me dar o seu telefone e eu vou avisá-la de onde e quando poderá dar um flagrante nesses dois. Só que tem uma condição...
– Qual?
– Não diga nada para ele ou para a Gilda. Não posso me complicar.
O silêncio de Helena respondeu afirmativamente à proposta e Marisa voltou a sorrir descontraidamente quando percebeu a aproximação de Gilda e Eduardo de braços entrelaçados.
A jovem não conseguiu mais sorrir pelo resto da noite.
Ele, percebendo algo errado, perguntou várias vezes, mas a namorada dissimulou e não quis falar.
Antes de ir embora, Helena deu um jeito de entregar à Marisa o número do telefone sem que ninguém percebesse.

CAPÍTULO 22

Nas malhas da traição

Ao chegar a sua casa, Helena não conseguiu conciliar o sono, pois havia dúvidas suficientes para que chorasse muito.

Bem cedo, o telefone tocou. Era Marisa à procura de Helena.

Dona Júlia entrou no quarto da filha com modos delicados pensando em não assustá-la, pois ignorava que havia ficado acordada e a chamou sussurrando:

— Lena — diante do gemido que anunciou uma resposta, dona Júlia avisou: — Toma — disse estendendo-lhe o aparelho sem fio. — Telefone pra você. A moça disse que é importante.

Helena pegou o telefone e quando percebeu que a mãe ia acender a luz, pediu:

— Mãe, não abra as janelas nem acenda a luz, por favor. Estou com dor de cabeça.

Dona Júlia não viu que a filha estava com os olhos inchados e avisou baixinho:

— Vou fazer um chazinho para você.

Após ver a mãe sair do quarto, ela atendeu identificando-se:
— É Helena. Quem fala?
— É a Marisa. Desculpe-me por ligar tão cedo, mas promessa é dívida. Depois que o Edu te deixou em casa, ele voltou para a festa, claro. Eu fui uma das últimas convidadas a sair e tenho certeza de que a Verinha dormiu lá na casa da Gilda.
— O quê?! Mas...
— Preste atenção, Helena — falou firme. — Vá imediatamente até lá agora mesmo! — reforçou convicta. — Não se deixe anunciar, diga que não precisa, pois você é conhecida e os seguranças vão te deixar entrar sem problemas. Também não deixe que a Gilda a segure lá embaixo te impedindo de subir. Entre e vá direto ao quarto do Eduardo. Tenho certeza de que ele estará lá com a prima, é isso o que acontece sempre e eu sei porque a Gilda já me reclamou dessa história. — Helena ficou em silêncio, assustada com o que ouvia. — Você está aí, Helena?
— Sim, estou — murmurou sem força na voz.
— Então seja rápida. Eu sei que é um golpe duro, mas a melhor coisa na vida é não se deixar enganar por esses homens sem escrúpulo. Não perca tempo. Chegue lá antes que a Vera vá embora.
— Certo — respondeu mecanicamente.
Mesmo confusa, Helena levantou, arrumou-se às presas e, incrédula, foi até a casa de Gilda e fez tudo conforme as orientações de Marisa.
O segurança do condomínio a conheceu e não anunciou sua chegada, até porque ele já havia recebido recomendações para isso.
Entrando na sala, Gilda, que já a esperava, agiu como se estivesse surpresa e aflita. Deslizando pelo recinto, a dona da casa foi à direção da moça, cumprimentando-a com espanto:
— Helena! Você aqui, tão cedo, filha? — A jovem não disse nada e, olhando-a firme, foi à direção das escadas. — Espere... — pediu como se estivesse preocupada. — O Edu ainda não se levantou!

— Não tente me segurar, dona Gilda. Eu já sei o que está acontecendo.

Dizendo isso, rapidamente Helena subiu e foi até o quarto do namorado sem olhar para trás e ver o largo sorriso de vitória que a outra sustentava.

Nervosa, deteve-se por alguns segundos diante do quarto, mas uma súbita coragem invadiu-lhe a alma e, tomando a maçaneta com cuidado, vagarosamente, abriu a porta.

No recinto havia suave iluminação que entrava pela janela graças às cortinas mal fechadas, o que facilitou com que ela visse, nitidamente, Eduardo que, deitado de bruços, mal se cobria com um fino lençol e tinha um braço sobre Vera, que também cobria parcialmente o corpo despido.

Helena ficou em choque, parada por algum tempo observando a cena e tentando acreditar no que via. Transtornada, estava ofegante enquanto as lágrimas copiosas rolavam em sua face cada vez mais pálida. Tentou falar, talvez gritar, mas sua voz não saía. Independentemente do namorado acordar ou não, nada poderia mudar aquela situação. Trêmula, sem conseguir sair do lugar, ela sentiu como que golpeada por um punhal que rasgou seu coração frágil.

Aquilo doía nas entranhas da alma e, com os olhos transbordando de lágrimas, num gesto forçado, virou as costas e voltou para a sala.

Gilda a aguardava e, com um cinismo sem igual, falou comovida:

— Oh, meu bem... Fique calma, filha. Vem aqui – pediu segurando seu braço, tentando conduzi-la –, sente-se que vou pegar uma água pra você.

Helena estava transtornada e, sem sequer ouvir o pedido ou pronunciar qualquer palavra, procurou pela porta e se foi.

Passados poucos segundos, Gilda deu uma gargalhada e subiu correndo as escadas indo até o quarto do filho.

Ao entrar, sussurrou:

— Vamos, Verinha, venha logo antes que ele acorde. — A moça obedeceu e ela aconselhou: — Traga suas roupas e se vista lá no meu quarto.

⸻♡⸻

Antes do almoço, Miguel e Juliana conversavam na garagem, que ficava na lateral da casa e dava acesso à porta dos fundos. Ele ainda falava de sua decepção e, junto com a amiga, planejava um jeito de ele não se encontrar com Suzi, pois queria pensar melhor no que fazer.

Um vulto se aproximou do portão de grades bem fechadas e chamou a atenção de Miguel que, curioso, foi ver quem era.

– Helena!!! – assustou-se ao ver a irmã com um machucado no rosto, o vestido sujo com um pequeno rasgo e os joelhos sangrando.

Ela chorava copiosamente.

– O que aconteceu?! – perguntou Juliana aflita, indo ao seu encontro.

Abraçando o irmão como se nele procurasse segurança, ela gaguejou em meio ao choro.

– Miguel...

– O que aconteceu?! – exigiu, preocupado.

– Fui roubada, me ajude...

– Calma, agora está tudo bem – aconselhou, envolvendo-a com carinho. Logo se irritou: – Se eu pego esse desgraçado!

Helena, enfraquecendo, foi lentamente soltando-se do abraço enquanto deslizava.

Miguel a pegou no colo e, com rapidez, carregou-a para dentro de casa.

– O que aconteceu? – gritou dona Júlia ao vê-los.

O irmão a levou para o quarto, colocando-a sobre a cama e pensando no que fazer.

Helena parecia retomar levemente os sentidos e começou a chorar novamente procurando abraçar sua mãe, que se sentou ao seu lado, apavorada.

– Filha! O que aconteceu?! – perguntou a senhora aflita, que a acariciava, tentando tirar os fios de cabelo da frente de seu rosto.

— Ela disse que foi roubada — avisou Miguel. — Acho melhor ir a um médico, hospital...

— Não! — implorou a irmã em pranto. — Eu só caí... estou assustada. Só isso.

— Filha do céu! O que fizeram com você?

— Eu corri e caí, mãe. Não aconteceu mais nada.

— Essa menina saiu cedo, logo depois do telefonema de uma colega — contou dona Júlia olhando para Miguel e Juliana. — Fiquei preocupada, pois ela disse que estava com dor de cabeça e eu fui fazer um chá, quando voltei ela já havia saído.

— Onde você foi, Helena? — perguntou o irmão sério e desconfiado.

— Na casa do Eduardo — respondeu timidamente.

— E por que ele não te trouxe como sempre faz? Ele mora longe — insistiu Miguel.

— Ele... — depois de chorar um pouco, falou: — Nós brigamos.

— É melhor descansar um pouco — sugeriu Juliana com bondade. — Depois ela nos conta direitinho o que aconteceu.

— Tem certeza de que não está mais machucada do que isso? Não é melhor irmos a um médico? — insistiu Miguel.

— Não. Eu estou bem. Só os joelhos doem.

— Vou buscar um remédio — avisou dona Júlia, saindo do quarto.

— Quero tomar um banho — disse Helena, sentando-se na cama. — Depois quero dormir. Só isso.

Miguel, parecendo controlar o nervosismo, sentou-se ao lado da irmã e, acariciando-a, perguntou:

— Lena, estou achando que não foi isso. O que aconteceu?

Com olhar choroso, ela o encarou ao dizer lamentando:

— Estou bem. Só estou muito magoada com o Edu. Esses machucados não são nada.

— Ele deveria tê-la trazido e...

— Fui eu que não deixei. Nem o deixei se explicar, na verdade. Mas eu não quero falar sobre isso agora, por favor.

— E quanto ao roubo? Vamos dar queixa na delegacia e... — tentou dizer Miguel.

– Não! Por favor! – quase gritou implorando. – Quero descansar, só isso – falou começando a chorar novamente.

– Deixe-a, Miguel – aconselhou Juliana. – Vá, Helena. Tome um banho pra relaxar. Será melhor assim. Depois ela conversa com calma.

O irmão estava preocupado com a situação, mas não havia muito o que fazer.

Juliana ajudou Helena a pegar uma roupa e a conduziu até o banheiro. Depois voltou e pediu a Miguel.

– Ela está assustada, nervosa. Agora não é hora de insistir. Mais tarde ela conta o que houve.

– Não estou engolindo essa história de roubo.

– Eu sei. Eu também não. Ela está com a correntinha de ouro no pescoço, com anel, o relógio e a pulseira, além da bolsa.

– Será que o Eduardo a agrediu?! Eu mato...

– Calma, Miguel! – pediu firme. – Não dê asas à imaginação.

– Vou ligar para ele.

– Mas não diga nada sobre a Helena nem que está machucada ou que foi roubada. Ouça primeiro o que ele tem a dizer.

Miguel respirou fundo e, decidido, foi até a sala telefonar.

Para sua surpresa, Eduardo pareceu feliz com sua ligação e quis saber como ele estava.

– E aí? Está mais calmo, Miguel?

– É... Estou.

– Tomei a liberdade de contar pra Lena sobre a Suzi, espero que não se zangue comigo.

– Quando contou a ela, hoje? – perguntou Miguel muito esperto.

– Ontem. Ainda não nos vimos hoje. Por quê? Ela está vindo para cá?

– Pensei que tivesse ido... nem sei se minha irmã saiu...

– Acordei quase agora. E com a cabeça pesada, um mal-estar estranho...

– Você virá aqui mais tarde, Eduardo?

– Vou! Vou sim. Por quê? Quer conversar?

— Seria bom conversarmos. Mas se tiver outro compromisso...
— Não. Eu e a Lena não marcamos nada para hoje.
— Ótimo! Venha aqui mais tarde e conversaremos. Valeu!
— Miguel?
— Oi?
— Há algo errado? Você está diferente.
— É que ainda estou inconformado com a história da Suzi. Você entende, né?
— Ah, sim, claro. Havia até me esquecido. Mais tarde conversamos.

Após desligar, Miguel virou-se para Juliana e falou:
— Ele estava muito natural e disse que não viu a Helena hoje. Minha irmã está mentindo e eu vou descobrir o que está acontecendo agora mesmo.

Ao se levantar rápido e ir à direção do quarto da irmã, Juliana tentou detê-lo com jeitinho.
— Miguel, pensa comigo, se a Lena não disse a verdade, talvez seja por estar sofrendo e por causa da sua mãe. Calma. Não a intimide com sua presença ou com suas perguntas. Dê um tempo...
— Você conversa com ela? Talvez com uma amiga ela se abra.
— Vou sim. Espere aqui.

Quando chegou ao quarto de Helena, dona Júlia estava levando um chá para a filha que, muito pálida, permanecia sentada na cama e ainda chorava.
— Tome isso e deite, filha — disse a mãe que, voltando-se para Juliana, pediu: — Tenho de ir terminar o almoço. Dá uma olhadinha nela pra mim?
— Pode deixar, dona Júlia. Fique tranquila.

Após vê-la sair do quarto, Helena tirou da boca o comprimido que sua mãe havia lhe dado e, ao ver a estranheza de Juliana, explicou constrangida:
— Eu disse que estava com dor de cabeça, mas não estou. Não quero tomar isso.
— Lena, o que está acontecendo? Pode me contar? — sugeriu bondosamente a amiga. Nova crise de choro se fez.

Olhando-a se deitar e secar o rosto com as mãos, perguntou:
— Tentaram te roubar mesmo?
— Não... — murmurou chorosa. — Não posso contar para os meus irmãos.
— Por quê?
— Não conta para ninguém, Ju... Por favor.
— Claro. Confie em mim.
— Foi meu ex-namorado, o Vágner — revelou chorosa. — Ele me agrediu, me bateu. Quer que eu volte para ele... Se eu contar aos meus irmãos, temo que uma desgraça aconteça, entende? O Vágner anda armado, drogado. Soube até que está roubando para sustentar o vício.
— Oh, Helena... — lamentou a amiga compreendendo seu medo e sua angústia. — Vamos achar um jeito de resolver isso, não fique assim. — Após uma pequena pausa, contou: — O Miguel ligou para o Eduardo e soube que vocês não se viram hoje. Seu irmão está preocupado. O Edu disse que virá aqui mais tarde e vão saber que...
— Não! — Helena reagiu. — Não quero ver o Eduardo na minha frente nunca mais!
— O que é isso, Helena? Não poderá sacrificar sua vida inteira ou terminar seu namoro por causa das ameaças do Vágner.
— Você não sabe o que aconteceu. Hoje, bem cedinho, eu fui até a casa do Eduardo e o peguei com a prima. Dormindo os dois, juntos, abraçados e no quarto dele — contou chorosa e enfurecida. — Ele nem sabe que eu estive lá. Saí antes que acordassem. — Juliana, sem palavras, ficou chocada. E a amiga continuou: — Saí de lá sem rumo, nem sei o quanto andei. Quando dei por mim, estava lá na rua do metrô com o Vágner na minha frente. Você sabe como aquele lugar é ermo, principalmente, em um domingo de manhã sem movimento.
Helena teve outra crise de choro e Juliana a abraçou tentando consolá-la.
— Procure se acalmar.
— Não... — falou chorando. — Eu quero morrer, Ju! Quero sumir! — exclamava sussurrando. — Como alguém pode ser tão cínico, tão falso como o Eduardo foi?!

— Fique calma. Não fale assim.

Na espiritualidade, Nélio sugeria a Helena pensamentos deprimentes e tristes.

— Tu nunca mais serás feliz. Ingrata! Traidora! Tu me traíste. Não foste fiel ao meu amor, agora só te resta a tristeza, a dor! Abra mão de tua vida decadente e amarga. Haverás de sofrer penas eternas por não me ter sido fiel!

— Nunca mais quero ver o Eduardo. Ele acabou com a minha vida... — disse Helena em pranto.

— Não fale assim. Ouça primeiro o que ele tem a dizer e...

— Dizer o quê?! Eu mesma vi. Eles estavam lá, dormindo abraçados e despidos. Não há desculpas para isso! Você não concorda?

— Mas não é o fim do mundo, minha amiga — tentava dizer para acalmar.

— Para mim é — continuou em pranto. — Confiei tanto nele...

— Procure ficar mais calma. Tente conversar com ele mais tarde.

— Não... e você nem sabe o pior — falava com voz rouca e embargada pelos soluços.

— E o que mais pode ter acontecido? — indagou meiga e paciente, afagando-lhe a cabeça.

Sem trégua, Helena avisou:

— Eu acho que estou grávida.

Juliana, tomada pelo susto, suspirou rápido, mas logo tentou controlar as emoções e insistiu em ouvir novamente:

— Você acha que está grávida?!

— É o modo de falar. Eu fiz um teste ontem, quero dizer, nessa madrugada, depois que cheguei a minha casa, e deu positivo. É um desses testes que se compram em farmácia.

— Você contou para o Eduardo sobre o resultado?

— Não. Ele nem imagina. Nem contei que estava com a menstruação atrasada. Comprei o teste ontem à tarde e não deu para fazer antes de sairmos. O Eduardo estava me apressando para irmos àquela maldita festa e... não tive coragem.

— Helena, só quero pedir que não pense em fazer nenhuma loucura, como um aborto por exemplo.

— Não. Nunca. Isso é um pecado mortal.
Juliana olhou para o alto e murmurou:
— Abençoada seja toda religião que condena o aborto.
Chorando novamente, Helena perguntou acometida por uma nova crise de desespero:
— O que vou fazer? E os meus pais?
— Lembre-se de que os testes de farmácia têm pouca margem de erro, mas não são infalíveis. — Diante do silêncio da amiga, Juliana perguntou: — Mas vocês não usavam preservativos ou algum método contraceptivo? Porque as informações estão aí, não podemos alegar ignorância e a AIDS está aí também, não se pode descuidar.
— O preservativo rompeu. Pensamos que, por ter sido só uma vez, não seria fácil eu engravidar.
Juliana não tinha o que dizer. Temia deixá-la mais nervosa ainda.
— Ainda bem que você não tomou aquele analgésico que sua mãe te deu.
— Foi por isso mesmo que eu não tomei.
— Procure ficar calma, Helena.
— Como? O que vou dizer aos meus pais? Como vou contar que terminei com o Eduardo e espero um filho dele? E os meus irmãos? O Miguel é compreensivo, mas o Mauro é capaz de matar o Edu!
— Agora você está nervosa. Não é o momento ideal para pensar no que vai fazer. Não acha melhor descansar um pouquinho?
— Não quero que o Eduardo venha aqui.
— Descanse, Lena. Não pense em mais nada.
Juliana ficou ao lado da amiga acariciando-lhe por um longo tempo.
Helena, com soluços compulsivos e copiosas lágrimas, abraçou-se ao travesseiro, deitou-se encolhida até adormecer. Percebendo que ela dormia, silenciosamente, a amiga se retirou do quarto.
Ao encontrar-se com Miguel, que a esperava inquieto na área da frente da casa, Juliana o encarou com um meio sorriso.

— E aí? O que ela contou? — perguntou o irmão aflito.

— Venha, sente-se aqui — pediu olhando para os lados a fim de certificar-se de que ninguém os ouvia. Então falou: — Veja, Miguel, eu prometi para a Lena que guardaria segredo. Mas posso lhe afirmar que ela não mentiu. Só usou meias verdades.

— Você quer me enlouquecer? Como meias verdades? Ela não foi à casa do Eduardo, não foi roubada...

— Não é bem assim — esclareceu com tranquilidade. — Ela foi até a casa do Edu, sim, mas ele não a viu, pois estava dormindo. Houve um problema que, depois, ela mesma vai contar. Aí, quando saiu da casa do Eduardo, desceu do metrô e pegou aquela rua ao lado e lá, realmente, alguém a agrediu tentando algo. Ela estava desorientada, correu, caiu e, por fim, acabou chegando aqui.

— Você não vai me contar? — indagou impressionado e sério.

— Ela mesma vai contar a você. Por favor, Miguel, compreenda. A Helena está muito nervosa e precisa do apoio, do carinho de vocês.

Ainda incrédulo com a fidelidade de Juliana, interrogou inquieto:

— Estou sentindo que o problema é bem maior do que isso que você conta, não é?

— Miguel, você tem de aprender a esperar — disse, com um jeito calmo.

Extremamente ansioso, Miguel pensou rápido e perguntou num impulso:

— A Helena está grávida?

Juliana, agora pega de surpresa, mostrou-se ligeiramente apreensiva. Mesmo assim o encarou com seu olhar firme e, engolindo seco, silenciou.

Miguel levantou-se, esfregou o rosto com as mãos e alinhou os cabelos num gesto nervoso. Depois, respirou fundo e falou de modo mais brando:

— Vou falar com a Helena.

— Não — pediu segurando-lhe o braço. Com suavidade na voz, justificou delicada: — Por favor, não vá. Ela está dormindo.

Não dormiu a noite toda. Está preocupada, nervosa... Deixe-a descansar.

Ele aceitou o pedido da amiga e lembrou:

— Minha mãe vai ter uma coisa. Hoje o mundo é mais moderno, tudo é muito avançado, mas... Isso pode ser comum na família dos outros, na nossa ainda é um escândalo. Fomos criados diferentes dessa modernidade. Minha mãe não vai aceitar isso numa boa. — Logo, perguntou: — E o Eduardo, ele está sabendo?

— Não. Ela ainda não contou nada e... Bem, quando ela acordar poderá explicar melhor.

— Bom, pelo menos ele é um cara bacana, vai assumir numa boa. Ele gosta muito dela — considerou Miguel ignorando os últimos acontecimentos. — Juliana não disse nada. Sem perceber a preocupação da amiga, não conteve sua ansiedade e, sustentando um leve sorriso de felicidade, decidiu: — Vou ao quarto só dar uma espiadinha nela. Afinal, vou ser tio novamente, não é?

A amiga não conteve o riso. Sabia que, apesar do primeiro impacto que a notícia causaria, aquela criança seria bem-vinda e muito amada por todos.

Indo logo atrás de Miguel, eles entraram no quarto e, para a surpresa de ambos, ouviram os gemidos de Helena.

Na espiritualidade, aproveitando-se da fragilidade da moça, que estava em estado de sono, Nélio a atacava e a agredia com palavras. Agitando-a, insuflando-lhe ideias tenebrosas, aproveitando-se principalmente da angústia que Helena trazia como sequela do passado misturada à sua aflição atual, Nélio imprimia-lhe medo. Suas palavras, repletas de pesadas energias magnéticas, penetravam-lhe na alma como algo aterrorizante, inexprimível.

Uma substância de consistência leitosa, só que de cor amarronzada, parecia envolver Helena. Eram energias densas materializadas na espiritualidade pelo desejo odioso, pelas vibrações funestas que Nélio, pobre espírito revoltado, criava sem saber, impregnando a jovem em desdobramento pelo estado de sono.

A prece é a mais forte redoma de defesa da alma e cada qual constrói para si o abrigo que acredita ser necessário para se proteger. E por não criar para si mesma a necessária proteção por meio da prece sincera e da fé verdadeira, o que seria uma força viva que a envolveria como um escudo constante, Helena entregava-se aos vingativos caprichos de Nélio.

Transmitindo ao próprio corpo seus tormentos aflitivos, ela movia a cabeça de um lado para o outro balbuciando palavras incompletas ao mesmo tempo em que franzia o rosto pálido.

— Helena, o que foi? — perguntou o irmão preocupado ao vê-la revolver-se entre os lençóis. — Acorda! — pediu, segurando-a logo que se sentou na cama.

A moça abriu os olhos chorosos enquanto as lágrimas corriam-lhe pelo rosto e, mesmo sem forças, abraçou-se a Miguel. Ele percebeu que sua face estava molhada por um suor frio.

— Miguel, eu acho que ela não está bem. Seria melhor levá-la ao médico. — sugeriu Juliana.

Helena não reagiu e, soltando-se do abraço do irmão, balbuciou:

— Eu não sei... dói, acho...
— O que você está sentindo?!
— Meus rins doem... é uma dor nas costas... no abdome, não sei direito. Parece que...

Sem demora, o irmão a pegou no colo e pediu:
— Juliana, pegue a bolsa dela e procure a carteirinha do plano de saúde e a identidade. Venha comigo, por favor. Vou levá-la ao hospital.

Já no pronto-socorro, enquanto falavam com o médico, Juliana avisou-o sobre a suspeita de gravidez.

Helena foi atendida e o médico pediu que aguardassem, pois ela receberia soro e ficaria em observação por algum tempo para avaliarem melhor seu estado.

Na sala de espera, Juliana procurou por Miguel:

– Ligou para sua mãe?

– Nem precisei. Ela já me telefonou enquanto você não chegava. – Logo lembrou: – Só quero ver quando ela souber... – disse ele, olhando sério para a amiga.

– Ela pode ficar brava na hora. Mas depois... Você vai ver. Sua mãe tem um coração bom. Não há ninguém com generosidade e amor que não se enterneça com uma criança.

– Minha mãe disse que o Eduardo está vindo para cá.

Ela não disse nada. Ambos se sentaram, pois só restava aguardar.

Algum tempo depois, Eduardo, bem assustado, chegou ao saguão do hospital procurando por Miguel e Juliana.

Uma atendente indicou-lhe a sala de espera onde deveriam estar e lá o rapaz entrou com expressão preocupada.

– Miguel, o que aconteceu?! Sua mãe me disse que ela foi roubada, agredida... que passou mal! O que houve?!

– Ela foi até sua casa hoje, mas você estava dormindo e ela voltou – contou Miguel um pouco desinformado. – Perto de casa houve uma tentativa de roubo. Nada grave, mas o suficiente para uma crise de nervos, eu acho.

– Mas por que ela não me acordou?! – reclamou, ainda surpreso. – E agora, o que estão aguardando? Podemos vê-la?

Miguel trocou olhares com Juliana como se pedisse sua opinião para contar os demais detalhes.

A amiga encolheu os ombros em um gesto singular de quem não tinha uma opinião formada.

Então Miguel, com uma expressão quase sorridente no olhar brilhante, comunicou sem rodeios:

– Tudo indica que a Lena está grávida.

Eduardo demorou alguns segundos para reagir tamanha foi a surpresa que o tonteou por breves instantes. Em seguida, seu rosto se iluminou com um largo sorriso ao mesmo tempo em que respirava quase ofegante. Com explícita felicidade, ele abraçou Miguel estapeando-lhe com força e depois Juliana a quem embalou de um lado para outro. Então perguntou sorridente:

– Sério? Sério mesmo?

– Um teste de farmácia acusou positivo. Agora o médico pediu para aguardar, pois ela estava recebendo soro e logo iria fazer uma ultrassonografia para ter certeza. A Juliana estava até agora lá com ela e só veio aqui para trazer essa notícia.

Virando-se para Juliana, Eduardo, sorridente, procurou por seu abraço novamente e comentou:

– Tomara que seja positivo. Tomara mesmo! – desejou com os olhos brilhantes, quase chorando de emoção. – Mas por que ela não me contou?

– Ela soube só nessa madrugada, depois que chegou à casa dela – explicou Juliana.

– Mesmo assim deveria ter me ligado... Comentado alguma coisa até antes de fazer o teste.

– Não se esqueça de que vai ter de enfrentar a dona Júlia e o senhor Jairo – brincou Miguel com sorriso engraçado.

– Com o maior prazer! Eu adoro a sua irmã e você sabe disso. Por mim, casaríamos hoje mesmo. Nossa! Que maravilha, gente... Nem sei o que dizer! – exclamava emocionado.

Juliana ficou intrigada ao observar a reação de verdadeira felicidade e satisfação que Eduardo apresentava. Jamais tinha visto um pai, diante de uma gravidez não planejada, agir com tanto entusiasmo. Era difícil acreditar no que Helena havia contado sobre ele dormindo ao lado da prima. Aquilo não deveria ser verdade, mas, se a própria namorada viu, como provar o contrário? Sentia vontade de contar ao rapaz o que ela dizia ter presenciado em sua casa naquela manhã, porém havia prometido para a amiga que não diria a ninguém. Não poderia quebrar sua promessa, pois isso seria traição e não gostaria de perder sua amizade.

CAPÍTULO 23

O império da mentira

Algum tempo depois, a enfermeira veio chamar um acompanhante para ir com Helena até o outro andar a fim de realizar o exame de ultrassonografia.

Empolgado, Eduardo se prontificou imediatamente quando Juliana, por saber de tudo, disse:

— Não quer que eu vá, Edu?

— Não. De jeito nenhum! — afirmou já caminhando ao lado da enfermeira sem dar chance para que a amiga pedisse novamente.

"Quem sabe se, ao vê-lo, Helena não converse e o deixe explicar o que ela viu" – pensou Juliana.

Minutos depois, o rapaz retornou com um semblante assustado e Juliana foi chamada para acompanhar a enfermeira até Helena, que pedia sua presença.

— Não sei! Não entendi o que aconteceu!

— O que foi, Eduardo? — perguntou Miguel.

— A Helena teve uma crise nervosa quando me viu — contou com lágrimas quase rolando pelo rosto. — Ela gritou comigo, disse que eu a traí, que me odiava... Não entendo. Quando tentei me aproximar, ela perdeu o controle e me mandaram sair.

— O que será que deu na minha irmã? Aliás, é estranho. Ela chegou a nossa casa dizendo que havia brigado com você hoje cedo e que estava muito magoada por isso.

— Como? Nós nem nos vimos hoje!

— Só depois ela disse que você estava dormindo... Tem algo errado nisso tudo!

— O pior é que eu nem sei o que está acontecendo. Ela me ofendeu. O médico e a enfermeira tiveram de segurá-la!

Juliana retornou do quarto avisando que Helena já estava mais calma, mas o exame teria de ser realizado no dia seguinte.

— Ela não terá alta hoje? — surpreendeu-se Eduardo.

— Só por precaução, ficará internada em observação por esta noite — informou Juliana que se virou para Miguel e avisou: — Ela quer falar com você e o médico também.

Ao ficar a sós com a amiga, Eduardo comentou com tristeza:

— Até agora não entendi a reação da Helena. Você sabe me dizer o que está acontecendo?

— Bem... Estou comparando o que ela me contou com o que observo em você e quem está achando tudo isso muito estranho sou eu.

— Como assim? — perguntou com simplicidade.

Com o consentimento da amiga, com quem havia conversado minutos antes, Juliana revelou:

— Hoje, bem cedo, a Helena foi até sua casa, entrou e, chegando ao seu quarto, ela o viu dormindo... Dormindo com sua prima e muito à vontade, abraçados...

— O quê?! Isso é loucura! — gritou.

— Fale baixo — pediu sussurrando. — Estamos em um hospital.

– Isso não é verdade, Juliana! Ou eu enlouqueci ou a Helena não está bem mesmo!

– Foi isso o que ela me contou. Disse também que ficou atordoada depois de vê-los abraçados na cama e que não tinha como se enganar. Era você mesmo. Depois saiu e nem sabe dizer como voltou para casa e, antes que chegasse, foi abordada nessa tentativa de furto, sei lá.

– Espere, que história é essa? Deixe-me concatenar as ideias – pediu nervoso. – A Helena foi a minha casa hoje cedo e me viu dormindo com a minha prima?

– Foi o que ela me contou – falou Juliana bem calma. – Creio que isso justifica sua reação hostil há pouco, quando foi vê-la.

– Impossível! Isso é loucura, meu Deus! Isso não é verdade!
Olhando-o bem nos olhos, ela perguntou sensata:

– Você acha que a Helena mentiria?

– Ela seria incapaz de inventar algo tão insano assim, mas isso não é verdade! Você acha que eu mentiria?! – indagou exaltado.

Nervoso, ele passou a andar de um lado para outro, balançando a cabeça negativamente.

– Calma, Edu...

– Eu preciso falar com a Helena – disse ao parar e encarar Juliana. – Isso não é verdade!

– Ela jura que o viu junto com a Vera. Como podemos dizer que não?

– Helena está vendo coisas. Ela não foi a minha casa, os empregados me avisariam.

– Pergunte a sua mãe. A Helena me contou que foi a dona Gilda quem a recebeu na sala e que nem queria que ela fosse vê-lo no quarto. Tentou até detê-la. – Juliana revelou esse detalhe encarando-o propositadamente a fim de fazê-lo pensar.

Desconfiado, Eduardo a olhou firme ao franzir a testa e indagar:

– Minha mãe a recebeu?!

— Sim. Sua mãe a recebeu antes que ela subisse para o seu quarto e fosse vê-lo com a Vera. Quando ela ia saindo, a dona Gilda ainda lamentou o fato e queria que ela ficasse, mas a Helena foi embora antes de qualquer coisa.

— Vou esclarecer isso agora mesmo. Chega de palhaçada! Agora ela foi longe demais! — decidiu com raiva.

Sem esperar qualquer argumentação da amiga, Eduardo se retirou imediatamente sem se despedir.

Juliana ainda tentou detê-lo, mas não conseguiu. O rapaz, muito nervoso, estava decidido e não atendeu ao seu chamado.

A chegada de Miguel, que soube por Helena de todo o ocorrido, fez com que Juliana revelasse a reação de Eduardo.

— Tudo isso é muito estranho — afirmou Miguel preocupado.

— Pela forma como o Eduardo reagiu, eu acredito nele. Ele gosta muito da sua irmã e...

— Pensar assim é dizer que a Helena está mentindo, não acha?

— Não. Acho que a dona Gilda pode ter armado isso tudo.

— Será?! Mas ela até demonstra gostar da Helena...

— Sente-se aqui. Deixe-me contar a história da dona Gilda ter ido à academia antes daquele roubo e das fotos montadas.

— Que fotos?

Eduardo, muito agitado, chegou a sua casa fazendo muito barulho. Irritado, procurou pela empregada e perguntou secamente, quase exigindo:

— Lourdes, onde está a dona Gilda?!

— No quarto, seu Eduardo. Mas ela pediu...

Não esperando que a mulher terminasse, ele subiu as escadas, dois degraus por vez e foi direto para a luxuosa suíte.

Enfurecido, entrou no quarto de sua mãe sem esperar consentimento.

Gilda, envolta em fino robe de seda, estava largada sobre a cama.

A súbita entrada do filho a fez se sobressaltar e reclamar moderadamente ao tirar a máscara de pano escuro que tinha sobre os olhos para inibir a claridade:
– Ai, que susto, Eduardo!
Sem trégua, o filho exigiu:
– A Helena esteve aqui hoje! Por que você não me chamou?!
– Sim, ela chegou aqui bem cedo. Eu estava lá embaixo, fui procurar um remédio para minha enxaqueca que até agora, como pode ver, não passou...
– Não enrole, mãe! – gritou. – Por que você não me chamou?!
– Calma, meu filho. Foi assim: ela chegou e disse que iria vê-lo. Eu ainda pedi para que esperasse, pois mandaria chamá-lo, mas ela não quis e subiu direto. Então eu fui até a cozinha tomar meu remédio e, quando voltei, a Helena estava descendo as escadas feito uma louca. Não esperou quando eu a chamei e foi embora. Pensei que haviam brigado e... Bem, eu estava com tanta dor que vim me deitar e pensei em falar com você depois, mas quando levantei soube que já havia saído. Então achei que estava tudo bem e voltei para a cama.

Eduardo, furioso e ofegante, caminhava pelo quarto enquanto a ouvia, até que, no final do relato de Gilda, perguntou irritado e com agressividade:
– E que história é essa da Vera estar aqui em casa pela manhã?!
– Ah! Essa é outra história – falou a mãe cinicamente. – Pra variar, a Verinha brigou com sua tia. Como sempre, essa menina me ligou e... Deveria ser umas cinco da manhã, eu acho... Nem sei o motivo da briga. Não lembro o que me contou. Só sei que a mandei vir para cá e pedi que se acomodasse no quarto de hóspedes. – Após uma breve pausa, Gilda, com extrema desfaçatez ao entoar, na voz, generosa preocupação, perguntou em tom aflito: – Por que, meu filho? A Helena ficou com ciúme ao saber que a sua prima dormiu aqui?

Forte torpor obrigou-o a se sentar em frente ao leito de Gilda. O rapaz experimentou um suor frio no rosto pálido, enquanto montava, em pensamento, suposições do que poderia ter acontecido, imaginando o que Helena sentiu com o que sua prima simulou. Isso explicaria aquela reação agressiva no hospital.

Apertando os punhos com força, sentia suas mãos gelarem ao mesmo tempo em que sua ira aumentava. E, num gesto aflito, respirou fundo, alinhou os cabelos e esfregou o rosto levantando-se rápido em direção à porta.

– Filho! O que foi que aconteceu? – disse Gilda detendo-o.

Eduardo parou, encarou sua mãe com firmeza e, trazendo no olhar um brilho de revolta e indignação, avisou com voz grave e quase embargada:

– Fique sabendo que eu adoro a Helena. E que eu vou até o inferno para tirar essa história a limpo. A Helena espera um filho meu e se algo acontecer a ela ou ao meu filho, eu mato a Vera e juro que não vou perdoar quem mais estiver envolvido nessa história, mesmo que seja você – encarou-a e saiu.

Gilda ficou perplexa. Não esperava por aquela novidade.

"Desgraçada!" – pensou colérica. – "Ela soube direitinho como enganá-lo. Helena é mais espertinha do que eu imaginava. Mas eu saberei como agir. Ah! Como saberei!"

Rapidamente, Gilda se atirou para o outro lado da cama a fim de alcançar o telefone, o qual manuseou com agilidade e aguardou aflita os breves segundos para ser atendida.

– Verinha?! É a tia. Escuta, acho que o Edu está indo até aí. Preste bem atenção...

Em pouco tempo, Eduardo chegou ao apartamento de sua tia, irmã de Gilda.

– Oi, Edu, entra! – Isabel o recebeu com alegria.

– Oi, tia – respondeu o rapaz, nitidamente alterado.

– Que bom vê-lo, meu querido. Deveria vir mais vezes aqui. – Observando-o um pouco mais, percebeu seu nervosismo. Fechando o sorriso, perguntou: – O que foi que aconteceu? O que você tem?

Com os pensamentos fervilhando, sem rodeios, disse:
— Tia, preciso esclarecer algumas coisas. É muito importante.
— Espera... — pediu educadamente, interrompendo-o. — Não vamos conversar em pé aqui. Venha, vamos nos sentar.

Nervoso, o rapaz se acomodou no sofá, diante da jovem senhora e respirou fundo para tentar se acalmar.

— O que aconteceu para você ficar assim, menino? Eu nunca te vi desse jeito!

— Como eu disse, tia, preciso da sua ajuda.

— Fale! Por favor — pediu aflita, pois gostava muito do sobrinho.

— Preciso saber se a senhora e a Vera brigaram de madrugada.

Balançando a cabeça afirmativamente, Isabel esboçou uma feição de aborrecimento ao admitir:

— Depois que chegamos da sua casa, sim, nós discutimos. Eu chamei a atenção dela por causa do comportamento durante a festa. Sabe, não gosto quando ela fica fazendo aquilo. Não fica bem e a Helena...

— Depois da discussão, a Vera ligou para minha mãe e?...

— Como sempre, não pude fazer nada. Ela ligou para a Gilda e pediu para ir ficar lá. Como posso segurar em casa uma moça maior de idade? Só se eu bater, espancar e amarrar... — lamentou Isabel, dando um profundo suspiro em sinal de aborrecimento.

Eduardo esfregava as mãos suadas num gesto aflitivo quando falou:

— Tia, estou tentando ser racional para resolver um problema sério. É algo muito, muito importante para mim. Eu preciso falar com a Vera — disse com o olhar brilhante por causa das lágrimas que quase caíram.

— O que está acontecendo, Edu? Por favor, me conta! Não estou gostando de vê-lo assim.

— Hoje cedo a Helena foi a minha casa. Disse que foi até o meu quarto e me viu dormindo.

— E o que tem isso de estranho?

— ...dormindo abraçado com a Vera e muito à vontade.

Eduardo chegava a tremer pelo misto de nervoso e ódio.

Isabel, perplexa, ficou paralisada por alguns minutos, mas depois tornou a perguntar:
— Como é?
Com voz grave, exibindo-se aflito, ele contou pausadamente:
— A Helena disse que me viu abraçado à Vera, na minha cama, hoje de manhã. Ela não me acordou, ficou chocada com a cena e saiu correndo de lá. Antes de chegar a casa dela, foi agredida por um ladrão que tentou roubá-la. Eu acordei, não vi ninguém no meu quarto e nunca poderia imaginar que algo assim pudesse ter acontecido. Mais tarde, soube que a Helena passou mal e foi internada. Fui até o hospital e ela teve uma crise de nervos quando me viu. Só então eu soube de tudo e estou aqui tentando esclarecer bem essa história.
A voz de Eduardo estava trêmula. Ele parecia não suportar mais aquela situação.
— E agora, como a Helena está? — interessou-se Isabel comovida.
— Internada, em observação.
— Internada?! Por isso?
— A Helena está grávida, tia. E eu quero muito esse filho. Eu amo a Helena; e se algo acontecer por causa disso?
— Ah!!! Mas não vai acontecer nada mesmo! — exclamou Isabel muito enérgica, levantando-se rapidamente. — Nós vamos esclarecer tudinho e agora mesmo. — Falou indo à direção do quarto da filha e pedindo: — Vem comigo!
Vera, usando fones de ouvido, estava deitada sobre sua cama e balançava-se ao som de uma música agitada, enquanto folheava uma revista.
Abrindo a porta abruptamente, Isabel entrou enfurecida seguida por Eduardo e, aproximando-se da filha, puxou os fios arrancando-lhe os fones e exigindo em tom grave de voz:
— O que foi que você aprontou na casa da sua tia, hein?!
A moça esboçou um leve sorriso ao olhar para Eduardo e perguntou com voz melosa:
— Oi, Edu! Tudo bem?
— Estou falando com você, Vera! O que você fez lá?! — exigiu a mãe.

— Ei! Qual é? Tá pensando que meu quarto é sala de interrogatório de delegacia, é?

— Não estou brincando, menina! Você...

Interrompendo a tia, Eduardo perguntou, tentando permanecer calmo:

— Por que você fez isso, Vera?

Com um sorriso no rosto, a prima respondeu:

— Porque eu amo você. Porque você é irresistível e não aguento vê-lo com outra.

— Por acaso — prosseguiu o rapaz —, tem ideia do que fez?

— Vera, a Helena está no hospital por causa do que aconteceu — falou Isabel nervosa. — Você vai ter de esclarecer essa história e dizer que o Eduardo não sabia nem soube que você esteve no quarto dele, senão!...

— Senão o quê?! — reagiu quase agressiva. — A Heleninha teve um chilique e eu sou remédio, calmante, é?! Se ela não acredita nele, é porque não o merece!

Irritada, Isabel a pegou pelo braço e avisou:

— Eu tive uma filha e não um monstro! Quem trama uma coisa dessa não pode ser considerado ser humano! Você vai àquele hospital explicar tudo isso sim!

Vera puxou o braço que a mãe segurava, desvencilhando-se com agressividade e, voltando-se para o primo, falou:

— Se não me queria, por que me encheu de esperança?

— Do que você está falando?! Ficou louca?! Nunca tivemos nada!

— Ah, não?! — respondeu com ironia. — Quantas vezes saímos, nos abraçamos... nos beijamos... — Após uma gargalhada, argumentou: — Não pense que eu esqueci.

— Nunca tivemos nada! — gritou Eduardo irritado. — Se você foi tão fácil a ponto de se jogar nos meus braços como uma mulher à toa, por que eu não deveria tratá-la como tal?!

— Então confessa que ficou comigo!

— É difícil nos livrarmos de algo peçonhento, que gruda!...

— O que está acontecendo aqui? — perguntou Pedro, marido de Isabel, que foi atraído até o quarto pela discussão acalorada que acontecia.

— Mais uma vez a sua filha aprontou! – mãe exclamou nervosa.

— O que você fez, Vera?! – perguntou o pai enérgico.

— Pode deixar que eu mesma conto – pediu Isabel, interpondo-se e contando exatamente tudo o que soube, minutos antes, pelo sobrinho.

Quando a viu terminar, Vera ironicamente falou, agredindo com seu jeito:

— Quer dizer então que a Helena, muito esperta, ficou prenha, é?!

Eduardo, num ato quase insano, foi à direção da prima para agredi-la.

— Ora, sua!... – exclamou revoltado.

Rápido, Pedro colocou-se na frente do sobrinho, segurando-o e pedindo quase gritando:

— Calma! Calma, Eduardo! Não perca sua razão!

— Será que o filho é mesmo seu, Edu? – Vera continuou provocando.

Um duelo de palavras agressivas iniciou-se entre os primos e, à força, Pedro levou Eduardo para fora do quarto.

Já na sala, o rapaz andava nervosamente de um lado para o outro enquanto o tio aconselhava.

— Não posso tirar sua razão, mas não vou permitir nenhum tipo de agressão entre vocês.

— Desgraçada! – gritava o moço. – Se a Vera não explicar essa situação para a Helena, sou capaz de uma loucura.

— Agora você está de cabeça quente, Eduardo. Vamos resolver isso, mas com diplomacia, como pessoas civilizadas. Você sempre foi ponderado e...

— Você não entende, tio! A Helena está internada!

— Entendo sim. Entendo que minha filha foi irresponsável, que essa situação tem de ser resolvida o quanto antes, mas não é desse jeito que vamos conseguir alguma solução.

Nesse instante, Isabel chegou à sala e foi à direção do sobrinho, afagando-lhe as costas num gesto de apoio.

— Oh, Edu! Você está bem?

— Não, tia! Não estarei bem até que isso se resolva! Já terei dificuldade quando a família dela souber da gravidez! Não bastasse isso, quando souberem que a Helena me viu dormindo com minha prima!... O que vão pensar?! Por mais que eu tente explicar, como vão acreditar em mim?! Se me contassem essa história, eu não acreditaria.

— Talvez a família dela acredite em você. São pessoas boas. Eles vão entender a insanidade da Vera. Eu mesma posso falar com eles, se você permitir — a tia propôs.

— Eduardo, agora já é tarde — interferiu Pedro com sensatez. — Vá para casa e descanse. Amanhã, eu prometo que a Vera vai explicar tudo o que aconteceu. Acho que já chega, por hoje. — Olhando para a esposa, completou: — Desta vez nossa filha ultrapassou todos os limites.

— Não sei explicar por que isso acontece. Não é por falta de orientação e conselho. Não sei mais o que fazer... — desabafou Isabel.

— É sem-vergonhice, mesmo! — disse o marido. — Falta de uma boa surra! Falta de ter com o que se preocupar! Se a Vera passasse dificuldades e tivesse de lutar na vida para ter o que comer, não teria tempo para fazer o que faz. Mas agora já basta! Ela foi longe demais.

Eduardo, ainda transtornado, foi à direção da porta e falou:

— Acho melhor eu ir agora.

— Edu, amanhã cedo iremos lá falar com a Helena — prometeu a tia comovida pelo estado do sobrinho. — Ligarei pra você antes.

Eduardo despediu-se e saiu.

Ao chegar a sua casa, Eduardo foi direto para o quarto da irmã. Tomado por uma forte angústia, desabafou com palavras embargadas e choro nervoso, contando à Érika tudo o que havia acontecido.

Sentados sobre a cama, a irmã procurou envolvê-lo com carinho, entendendo sua dor.

Com voz abafada pelo abraço apertado, ele confessou:

– Eu adoro a Helena. Se isso tudo não se resolver...

– Vai se resolver sim.

– Não consigo me imaginar sem ela. Ainda mais agora, sabendo que espera um filho meu. Nós nem nos falamos. Nem pude abraçá-la, beijá-la... E ainda soube da gravidez pelo Miguel, nem por ela foi.

Érika afagava-lhe os cabelos sem saber o que dizer.

– Meu coração está apertado. Sinto uma coisa, Érika... maus presságios, entende?

– Tudo vai se resolver, Edu. Amanhã eu vou falar com ela.

– E a dona Júlia e seu Jairo? O que vão pensar de mim?

– De repente, eles nem ficam sabendo dessa história da Vera ter sido vista no seu quarto.

– Eu gostaria de estar lá com ela agora.

– Amanhã...

– Não sei se consigo esperar até amanhã. – Depois falou: – Maldita Vera! Desgraçada!

– Será que a mãe também não tem algo a ver com essa história?

– Quando falei com a mãe, ela ficou surpresa. Não acredito que possa ter feito isso comigo. Mas... não tenho motivo para confiar nela. Entende? É complicado.

– Edu, talvez esse não seja o momento, mas lembra que uma vez você me passou um sermão e acabou dizendo para tomar cuidado, pois preservativos furavam?

– Lembro. Lembro sim. E minha situação agora prova tudo o que te falei, mas pelo menos foi com a pessoa certa. Não terei de me obrigar a aceitar uma situação indesejada, com uma mulher que não amo. Esse filho não foi planejado, mas eu o quero muito. Eu amo a mãe dele.

Com pensamentos fustigados pela incerteza, envolto por tristes pressentimentos, Eduardo levantou-se e Érika propôs:

– Dorme aqui comigo. Vai se sentir melhor. Podemos conversar a noite inteira, se você quiser.

– Não sou boa companhia. E gostaria de tomar um banho e pensar. Preciso ficar sozinho.

Em seu quarto, Eduardo telefonou para Miguel. Ficou menos preocupado ao saber que Helena estava bem e havia se acalmado. Eles conversaram longamente, pois Eduardo desejaria, a qualquer custo, provar sua inocência.

Após se deitar, ele não conseguiu conciliar o sono e rolou de um lado para outro na cama até ver as primeiras luzes da manhã.

CAPITULO 24

O desespero de Eduardo

Pela manhã, Eduardo não se conteve e novamente ligou para Miguel que avisou já estar no hospital, pois Helena acabava de receber alta.

Ela já tinha feito um exame e logo iriam para casa.

Apressado, Eduardo foi até o quarto de Gilda, acordando-a com sobressalto:

– Mãe, preciso de você agora.

– Mas, Eduardo – respondeu com voz lenta e rouca –, é tão cedo!

Acomodando-se em sua cama, o filho pediu firme:

– Preciso que vá comigo até a casa da Helena. Quero que fale com ela e explique tudo o que aconteceu. Se você não estiver envolvida nisso, dirá somente a verdade.

– Calma, Eduardo. Nem acordei ainda.

– Pois acorde. Você vai dizer pra ela que só sabia que a Vera dormiu aqui e que o resto foi planejado por aquela louca!

— Tudo bem. Calma — pediu sentando-se na cama com gestos lentos —, vou acordar ainda, tomar meu banho, um café...

— Vamos rápido, mãe!

— Espere lá embaixo. Peça para a Lourdes arrumar meu café que já estou descendo.

Afoito, o rapaz saiu do quarto e, ao certificar-se de que estava só, Gilda riu e falou sussurrando:

— Vou falar com a Helena sim. Pode deixar.

⁂

Já na casa de dona Júlia, Helena acabava de chegar do hospital em companhia de Miguel.

Preocupada, a mãe estava repleta de cuidados para com a filha.

— Não foi nada, mãe. Já estou bem.

— Se estivesse bem, o médico não te deixaria em observação, Helena — argumentou o pai.

— É melhor que descanse um pouco — aconselhou Miguel, trocando olhares com Juliana que os acompanhava.

— Vou preparar alguma coisa pra você comer, filha. Não deve ter se alimentado direito desde ontem.

— Mãe, eu preciso falar com vocês — afirmou Helena, com os olhos úmidos.

— Não é melhor deixar para depois, Lena? — sugeriu Miguel.

— Não — respondeu já chorando.

— Mas o que foi, filha? — comoveu-se o pai, sentando-se na cama e afagando-lhe. — O que você tem?

Receosa, ela apertava as mãos gélidas num gesto aflitivo e, sem suportar mais, começou a chorar forte quando revelou:

— Eu estou grávida.

Um choro compulsivo se fez quando Miguel, parado ao seu lado, acariciou-lhe os longos cabelos, recostando-a em si.

O senhor Jairo abaixou a cabeça pensativo, enquanto dona Júlia parecia ainda não ter entendido plenamente o que Helena acabava de dizer.

Logo após um suspiro, a mãe perguntou muito séria:

– Você tem certeza?

Rápido, em defesa da irmã, Miguel interferiu firme:

– Não vá começar com a sessão tortura, mãe. Nós não brincaríamos com uma coisa dessas. Ela acabou de fazer um exame lá no hospital.

Contrariada com a situação, dona Júlia passou a mão pela testa escaldante e exclamou quase murmurando:

– Não é possível, meu Deus! Não é possível! – saindo em seguida sem dizer nada.

O senhor Jairo olhou para a filha, suspirou fundo, dando um leve sorriso enquanto esfregava-lhe a mão. Logo, porém, perguntou com simplicidade:

– E o Eduardo, como reagiu? Ele já sabe?

– Já sim, pai – respondeu Miguel novamente em socorro da irmã. – Fui eu quem contou para o Eduardo e posso afirmar que ele ficou muito feliz com a notícia.

Imediatamente, mostrando imensa repulsa, Helena o atalhou:

– Quero que o Eduardo morra! Não quero vê-lo nunca mais!

– O que está acontecendo? – preocupou-se o pai, que não conseguia entender a situação.

Helena atirou-se nos travesseiros escondendo o rosto ao chorar, enquanto Miguel explicava:

– Essa é uma outra história, pai. Nem sabemos direito a verdade.

Juliana foi para perto da amiga, confortando-a com carinho.

– Estou confuso e não gosto de me sentir assim. Não admito ser enganado – falou o pai agora mais enérgico. – O que está acontecendo?! – exigiu.

– Vamos para a cozinha, pai – pediu o filho. – Lá conversaremos melhor.

Juliana ficou com Helena enquanto Miguel e seu pai foram para o outro cômodo.

Na cozinha, sentada à mesa, dona Júlia chorava descontroladamente.

– Oh, mãe! O que é isso? – perguntou o filho preocupado com seu desespero. – Gravidez não é o fim do mundo...

– Não é o fim do mundo?! Ela não é a primeira nem será a última! Isso hoje em dia é normal! Antes isso do que uma doença séria ou até a morte! O que mais você vai me dizer, Miguel? – perguntou nervosa. – Não é o fim do mundo, mas pode ser o início de uma série de problemas e dificuldades. Ela não é a primeira, mas será mais uma a ter uma série de encargos que poderiam ser adiados. Gravidez não é doença nem representa a morte, mas, dependendo da posição do Eduardo, a Helena pode ter arranjado para si uma série de problemas e dificuldades, inclusive com a sua dignidade – a senhora era muito conservadora e sofria por isso.

– Ora, mãe! Estamos no terceiro milênio. Essa mentalidade era do século XVIII. Além disso, o Eduardo ficou imensamente feliz. Ele...

– Ficou feliz porque não é a irmã dele! – retrucou dona Júlia, nervosa, levantando-se irritada. – Isso pode ser comum na casa dos outros, mas na minha não! A Helena é minha filha e...

Mais tranquilo, Miguel a interrompeu dizendo:

– É sua filha, mas não é sua propriedade, mãe.

– Não me responda, Miguel! – exigiu enérgica. – Já basta a Carla ter saído desta casa! Fico noite após noite acordada imaginando como ela estará. Só falto enlouquecer de preocupação. Não adianta só saber que ela está na casa da Sueli. Às vezes, tenho vontade de ir lá e trazê-la à força, só não faço isso por... E como se não bastasse, agora tenho de me preocupar também com a Helena! O que vai ser dela agora?!

– O Eduardo adora a Helena, mãe.

– Então por que não pensou um pouquinho na dignidade dela?! Por que não esperou até o casamento?! Não estavam falando em casamento? Ou será que disse isso só para iludi-la?

– Calma, Júlia – pediu o marido mais ponderado. – O que está feito não pode ser mudado e esse desespero não vai ajudar em nada. – Virando-se para Miguel, o senhor Jairo perguntou: – Por que a Helena não quer ver o Eduardo?

— O quê?! — surpreendeu-se a mãe.

— É que aconteceu o seguinte — explicou Miguel já exausto daquela situação. — Como vocês sabem, o Eduardo tem uma prima que vive querendo atrapalhar o namoro dele com a Helena. Acontece que ontem, pela manhã, a Lena foi até a casa dele e... parece que foi tudo armado... e ela os viu juntos.

— Como assim? — interessou-se o pai.

— A Vera foi dormir lá na casa do Eduardo. Achamos que, quando ela viu a Helena chegando lá, ontem cedo, ela deve ter corrido para o quarto do Edu e, quando a Helena entrou, encontrou-o dormindo ao lado da prima.

— E o que a Helena foi fazer lá no quarto dele?! — exigiu a mãe num grito.

Sem dar atenção, Miguel continuou:

— Quando a Helena os viu, ela não disse nada e o Edu sequer acordou. A prima foi embora e ele só soube o que aconteceu ontem, lá no hospital. Mas vejam, isso é questão de tempo, eles vão se entender.

— Meu Deus do céu! Onde nós estamos?! — reclamou dona Júlia inconformada com tudo. — Vou agora mesmo falar com a Helena.

— Não, Júlia — pediu o marido. — A Helena já está nervosa o suficiente!

— E deixar tudo como está?!

— O que você pretende dizer a ela vai resolver o problema?! — tornou o marido.

— Olha, Jairo, você é muito compreensivo com suas filhas. Talvez se você fosse mais enérgico...

— O que você quer que eu faça? Se eu tivesse tomado alguma atitude com a Carla, talvez vocês estivessem me culpando, talvez ela tivesse saído de casa antes! Quantas vezes eu conversei, falei, expliquei sobre a vida... Nada adiantou. Agora você me cobra uma atitude com a Helena?! Quer que eu brigue?! Que eu a ofenda?! Agrida?! — não houve resposta. Com um tom mais baixo na voz, disse: — Não, Júlia. Não vou fazer isso e ter remorso pelas consequências. Amo minhas filhas e, apesar de não estar satisfeito com tudo isso, de não estar de acordo com o que aconteceu, eu sei que a consciência da Lena já a está punindo o suficiente. Não vou fazer nada que venha a me arrepender depois. E você não vai dizer mais nada. Lembre-se de que ela acabou de chegar de um hospital e está grávida.

Por ser severa demais, a mulher estava amargurada com aquela situação inesperada. Já sofria diante de tudo o que experimentava com a Carla. E agora aquela notícia sobre a gravidez de Helena havia sido mais um trago de fel. Depositava muita confiança na filha e o fato foi uma grande decepção. Não pensava na possibilidade de deixar Helena assumir suas próprias responsabilidades e encargos. Júlia sempre desejava, inconscientemente, controlar tudo a sua volta, o que lhe causava grande sofrimento.

Não podemos controlar as decisões dos outros, muito menos, assumir as responsabilidades que só cabem a eles. Precisamos controlar somente os nossos pensamentos, palavras e ações, cuidar da nossa vida e das nossas obrigações.

Sentando-se novamente, a senhora escondeu o rosto com as mãos sofridas e chorou.

Comovido, o marido se aproximou, esfregou-lhe as costas e a puxou para um abraço.

Nesse instante, o soar da campainha anunciou a chegada de Eduardo e Gilda. Com nítido nervosismo e muito apreensivo, o rapaz cumprimentou a todos.

Dona Júlia, magoada, mal o encarou.

Gilda, por sua vez, alardeou seus cumprimentos de forma chamativa e logo perguntou:

— E a Helena, está mais calma?

— Ela está lá no quarto com a Juliana — avisou Miguel. — Mas penso que não seria um bom momento para vê-la.

— Ah! Mas a mim ela vai querer receber — anunciou Gilda. E olhando-os, avisou: — Pelo jeito de vocês, já dá pra adivinhar que sabem de tudo sobre a Vera. Pois bem, minha sobrinha é terrível! Tenho certeza de que ela fez isso de propósito. A

Helena está nervosa, sensível, deve ter entendido tudo errado. Isso é questão de tempo, depois que souber da verdade... Posso ir falar com ela para esclarecer tudo?

Miguel titubeou, depois decidiu:

– Venha. É por aqui.

– Sente-se, Eduardo – pediu o senhor Jairo. – Fique à vontade.

Impaciente, quase transtornado, o rapaz aceitou o convite ao mesmo tempo em que exibia forte angústia e temor, pois teria de aguardar.

No quarto de Helena, suaves batidas à porta anunciavam a chegada de Gilda e Miguel.

Envolta em uma manta, Helena estava encolhida sobre a cama trazendo ainda o rosto rubro pelo choro.

Ao encarar Juliana, que intuitivamente percebeu que se tratava da mãe de Eduardo, Gilda a olhou de cima a baixo como se tivesse uma aversão imediata pela moça. Cumprimentando-a com leve aceno de cabeça, Gilda não perdeu tempo e se aproximou de Helena, sentando-se na cama ao seu lado.

– Oh, Helena! O que é isso, minha filha? – Sem demora, virando-se para Miguel, pediu extremamente gentil: – Posso ficar sozinha com ela?

Sem dizerem nada, Juliana e Miguel se retiraram, garantindo a privacidade para ambas.

Acariciando-lhe a face e os cabelos, Gilda, com extrema polidez, disfarçando suas verdadeiras intenções, perguntou com certo sorriso e um tom agradável na voz:

– Então é verdade que vai me dar um netinho?

Ao fechar os olhos e balançar a cabeça afirmativamente, Helena deixou rolar duas lágrimas quentes que correram em sua face pálida.

– Eu vim aqui, minha filha, para pedir a você que escute o Eduardo. Ouça o que ele tem pra dizer.

– Eu peguei o Edu e a Vera dormindo abraçados – respondeu com a voz rouca. – Não há o que explicar.

— Eu sei. Mas o Eduardo ama você e não a prima.

— Que fique com ela.

— Helena, não é assim. Pense bem, você está grávida e ele quer ter direito a esse filho. Direito que a própria lei garante.

— Isso é o que veremos.

— Sabe, eu pensei que o que houve entre ele e a Verinha já havia acabado. Acreditei que fosse coisa da juventude, coisa de adolescente. São primos... você entende. — Ainda acariciando a moça com ternura na voz, explicou: — Quando você e o Edu começaram a namorar, dei graças a Deus. E, do jeito que ele se comportava, pensei que tudo estivesse terminado com a Verinha. Como fui tola. Como disfarçaram bem. A minha sobrinha, como a própria mãe afirma, não tem um pingo de juízo! — ressaltou. — É uma menina irresponsável, inconsequente... Mas você, Helena, é bem sensata para perdoar o romance dos dois. Acho que foi uma recaída. Converse com o Edu. Perdoe. Aceite a explicação que ele der e esqueça tudo isso.

— E começar uma vida a dois na mentira? Nunca! — respondeu chorando.

— Ele pediu para que eu viesse aqui falar com você, mas eu não consegui falar da forma como ele queria. Prefiro ser honesta, mas também quero que perdoe meu filho, dê-lhe uma nova oportunidade.

— Por favor, dona Gilda, não quero ver o Edu.

— Ah, Helena, Helena... Imagino o quanto está sofrendo. Se eu pegasse o Adalberto com uma ex, nem sei o que faria. Porém, pense bem, pelo menos, ouça o que ele tem a dizer.

— Pra quê? Pra ele dizer o mesmo que falou ao meu irmão? Que nem sabia que a prima estava dormindo lá? Isso é ridículo!

— Não posso dizer que não tentei.

Após ficar longos minutos no quarto, Gilda, com imensa satisfação íntima que tentava disfarçar por trás de um semblante aborrecido, foi para a sala onde todos aguardavam apreensivos.

— Juro que tentei. Implorei para que Helena, ao menos, ouvisse-o, Eduardo. Mas ela está irredutível.

Levantando-se ligeiro, o rapaz se alterou.

– Não, ela não pode fazer isso!

Sem que ninguém esperasse, Eduardo foi à direção do corredor que levava até o quarto.

Preocupado, Miguel o seguiu.

Entrando sem avisar, Eduardo disse afoito:

– Helena, pelo amor de Deus, me escuta!

– Saia daqui! Não temos nada pra conversar – respondeu em pranto.

– Temos sim! E muito!

– Vá embora, Eduardo! – pediu num grito.

– Não, enquanto você não me ouvir. Aquilo tudo foi armação da Vera. Eu nem sabia que ela estava lá em casa. Eu juro!

– E não acordou abraçado a ela?

– Não! Ela deve ter estado lá e saído enquanto eu dormia. Acredite em mim, por favor!

– Não minta! Isso é ridículo! Vocês têm um caso há muito tempo. Pensa que eu não sei?

– Não foi nada sério! Nem foi um caso. Eu juro. Eu havia bebido e a beijei. Isso foi há anos.

O rapaz ajoelhou-se ao lado de Helena e, com o rosto banhado em lágrimas, expressando verdadeiro desespero, pediu implorando:

– Acredite em mim, eu juro.

Agora Helena tinha ainda mais certeza de que existiu algo entre eles, pois ouviu do próprio Eduardo que ele havia beijado a prima.

Juliana, aproximando-se com rapidez, segurou Helena enquanto Miguel erguia Eduardo e aconselhava:

– Isso fará mal a vocês. Venha, Eduardo. Outro dia você conversa com ela.

Inconformado, o rapaz retornou até a sala onde o senhor Jairo observou sua aflição.

Legitimamente desesperado, Eduardo implorou:

– Seu Jairo, pelo amor de Deus, acredite em mim. Eu não vi a minha prima. Até chegar, ontem, ao hospital nem sabia que ela havia dormido em minha casa. Explique isso à Helena, por favor.

— Calma, meu filho — pediu Gilda. — Vamos embora, amanhã ou depois a Helena estará melhor e irá ouvi-lo.

— Sua mãe tem razão, Eduardo — aconselhou o senhor, diante do drama. — Numa outra hora vocês se entenderão melhor. Tudo é muito recente.

— Não pense que sou um irresponsável, seu Jairo — afirmou mais recomposto. — Jamais faria qualquer coisa que a magoasse.

Interferindo, dona Júlia, ainda sentida, disse:

— Não quer magoar a Helena, mas a engravidou e acabou com a vida da minha filha!

— Perdoe-me, dona Júlia, mas não creio que um filho acabe com a vida de alguém, principalmente quando há amor e eu amo sua filha. A Helena não terá esse filho sozinha. Quero me casar com ela.

— Diz que a ama hoje — revidou nervosa com seus conceitos conservadores —, mas, um dia, vai jogar na cara dela o erro que cometeu por ter se entregado a você.

— A Helena não engravidou sozinha, dona Júlia — respondeu educado. — Não se esqueça de que eu sou o pai e tenho certeza disso. Além do que, não considero um erro um ato de amor. Esse filho não foi planejado, mas já é muito querido por mim. Não vivemos na Idade Média onde se condenava uma moça pelos atos que os homens também praticavam e sem sentimento de culpa. Creio nos direitos iguais. Quero esse filho mais do que tudo na vida e quero a Helena também. Não duvide da minha integridade. Não sou cafajeste e tenho fé em Deus que essa situação será esclarecida. Nem que para isso eu mate a minha prima para que ela diga a verdade.
— Olhando para o dono da casa, pediu como se implorasse: — Por favor, seu Jairo, eu sinto que o senhor acredita em mim, mesmo que tudo me acuse como culpado, fale com a Helena. Ela confia muito no senhor, eu bem sei. Fale com ela e peça para que me escute.

O anfitrião estapeou-lhe as costas afirmando:

— Vou falar com ela, mas não agora. Fique tranquilo, Eduardo.

— Desculpe-me por tudo. Nunca tive a intenção de desrespeitar sua casa ou sua filha. Há tempos venho falando de casamento com a Helena. Ela pode confirmar isso e quero levar isso adiante. Não gostaria de que fosse assim, eu juro. Mas vou corrigir tudo isso. Não vou decepcioná-los.

— Vamos, meu filho — chamou Gilda insatisfeita com aquela declaração de Eduardo.

Eles se despediram e se foram sem aguardar que alguém os acompanhasse. Já na calçada, enquanto Eduardo dava volta para entrar no veículo, Gilda, parada esperando que a porta fosse aberta, observou a aproximação de um casal alegre, descontraído e de mãos dadas. Para sua surpresa e susto, a mulher identificou a filha Érika e João Carlos que, vagarosamente, diminuiu os passos ao vê-la.

Eduardo, apesar de ainda estar transtornado, reconheceu que a irmã estaria novamente em uma situação delicada.

— Érika?!

— Oi, mãe — disse ao se aproximar.

— Olá, dona Gilda — cumprimentou o rapaz meio sem jeito.

Gilda, pasmada e com os olhos assombrados, encarou a filha como se expelisse dardos incandescentes em sua direção.

Virando-se abruptamente para o filho, pediu exigente:

— Abra logo essa porta! Quero ir embora daqui!

Depois de cumprimentar a irmã e João Carlos, Eduardo atendeu o pedido de sua mãe e se foi.

Ao chegarem a casa em que morava, Gilda estava revoltada com o ocorrido. Caminhando pela luxuosa sala da mansão, esbravejava ofendida:

— E você, Eduardo, em quem eu pensava poder confiar, sabia de tudo!

— Não vejo nenhum motivo para a Érika não estar com o João Carlos. Eles se gostam. Deixe a Érika em paz.

— Não mesmo! Não criei uma filha para que se envolva com uma raça inferior da sociedade e jogue o nome da nossa família na lama. Prefiro vê-la morta! Já basta a burrada que a Lara fez ao se casar com o Mauro e se envolver com aquela família pobre, aquela gentalha!

Raciocinando rápido, Eduardo perguntou-lhe num impulso:

— Se ainda é tão contra a Lara ter-se unido àquela família, por que não implica comigo por namorar a Helena?

Gilda se sobressaltou, não esperava cair em contradição. Procurando desculpar-se de maneira astuciosa, respondeu quase embaraçada:

— Não queira comparar a Helena com o irmão. Ela é fina, frequenta nossa casa, comporta-se bem em qualquer recepção. Agora, o Mauro sempre quis nos afastar da Lara. Ele é bem diferente.

Aproximando-se, Eduardo disse em um tom quase ameaçador:

— Mãe, se eu descobrir que está ou esteve ajudando a Vera para me indispor com a Helena, não sei do que sou capaz. Todos sempre me consideraram uma pessoa mansa, ponderada, prudente, só que me controlo muito. Creio que ninguém me conhece bem. Tomara que você não esteja envolvida nisso.

Quando Gilda olhou para o lado, viu a empregada parada observando-os e gritou nervosa:

— O que você está fazendo aí, estrupício?! Não basta ouvir atrás das portas?! Agora prefere ver ao vivo e em cores?!

— Desculpe-me, dona Gilda. É que tenho um recado para o seu Eduardo.

— Vai, desembucha logo! — exigiu Gilda, sem nenhuma classe.

— É que a dona Isabel telefonou para ele seis vezes. Ela estava nervosa e pediu para o seu Eduardo retornar a ligação assim que chegasse.

— Se alguém tivesse morrido, a Isabel teria dito o nome e o lugar do velório. Como não é o caso, não deve ser tão importante assim – quase gritou Gilda. – Agora, vai! Vai, vai, vai!...

Eduardo, sem dizer nada, subiu os dois degraus do *hall* da porta principal quando Gilda o interpelou:

— Aonde você vai?

— À casa da tia. Quem sabe...

Sem esperar por outra pergunta, ele saiu e se foi.

⁂

Pouco tempo depois, no apartamento de Isabel, Eduardo, ainda muito amargurado, ouvia a tia explicar:

— Depois que ela se negou a ir falar com a Helena, dizendo que, se nós a obrigássemos, ela iria dizer que foi você quem a seduziu, o Pedro perdeu a cabeça. Pela primeira vez ele bateu na Vera. Foi horrível. Se quiser, Eduardo, eu mesma vou lá conversar com a Helena e admitir que minha filha não tem juízo.

— Nem sei se isso adiantaria, tia. Minha mãe foi até lá, conversou por mais de uma hora, mas a Helena foi irredutível. Num acesso de loucura que me deu, invadi o quarto, falei um monte de coisas, mas ela ficou mais nervosa ainda e a situação piorou.

— Só quem poderia reverter isso é a Vera. Estou decepcionada e revoltada com minha própria filha. A Vera nunca foi minha amiga nem companheira. Eu sempre quis ser mãe, perdi quatro bebês, quase enlouqueci e depois de tanto tratamento tive a Vera que vem me decepcionando a cada dia. Há momentos em que acho que minha filha é insana para fazer o que faz.

— Se eu tentasse falar com ela novamente, tia, será que conseguiria?

— Será que você está preparado, Edu?

— Tenho outra alternativa?

Os dois se entreolharam e, minutos depois, Eduardo bateu à porta do quarto da prima. Vera pediu que entrasse e ele assim o fez.

Tentando manter-se calmo, o rapaz perguntou para puxar conversa:

– Você está bem?

– Acho que já deve saber o que meu pai fez.

– Por que não diz a verdade, Vera? Seria bem melhor e mais fácil. Você não precisa disso.

– Quer saber por quê? É porque eu te adoro, Edu. Não vivo sem você. Não aguento ver a Helena do seu lado e sou capaz de tudo, tudo para tê-lo, nem que seja só por um minuto como agora.

– Não passa pela sua cabeça que eu posso odiá-la por isso? – perguntou calmo, mas magoado.

– Não. Você não é capaz de odiar ninguém. Pode ficar um pouquinho triste, mas logo esquece tudo. Você não se irrita nem com a sua mãe, a quem todos odeiam.

– Eu amo a Helena, estamos esperando um filho que eu quero muito e...

– Será que é seu?

Tentando se controlar, ele suspirou fundo, ponderou o tom de voz e respondeu:

– Helena não é uma qualquer. Ela não fica com um e com outro.

– Não na sua frente, claro. Talvez ela tenha dúvidas sobre quem é o pai do filho que espera, por isso não quer nem ouvir o que você tem a dizer.

– Por que você fala isso, Vera?

– Nenhuma mulher é honesta. Se ela te amasse de verdade, você poderia aprontar todas que Helena estaria a seus pés. Com um filho seu na barriga, eu beijaria o chão que você pisa. Agora, preste atenção, se ela não o quer por perto só porque nos viu juntos, pode ter certeza de que encontrou um motivo para se afastar e, como falei, talvez o filho não seja seu.

– Vamos parar com essa história. Não preciso provar nem pra você nem pra ninguém que esse filho é meu. Se eu tive uma mulher que foi minha, ela é a Helena, certo. Agora quero saber por que você não me ajuda, já que beijaria até o chão que eu piso?

— Se eu engravidasse de você, eu faria isso.

— Por favor, Vera. Não brinque com essa situação.

— Não brinque você comigo. O que está pensando? Que pode me usar e jogar fora?

— Nunca tivemos nada, Vera. Nós nos encontramos só uma vez numa boate, nos beijamos, sim, mas lembre-se de que eu havia bebido... Pelo amor de Deus. Admita que nunca tivemos nada. Não passou disso.

— Nos meus desejos secretos sim — falava mansamente e com um suave sorriso. — Sempre tivemos algo, sempre dormimos juntos. Além disso, essa não foi a primeira vez que dormi no seu quarto. Eu adoro vê-lo dormir, beijá-lo dormindo, acariciá-lo, abraçá-lo...

Indignado, mas tentando manter a calma, Eduardo disse:

— Você é louca. Só isso pode explicar sua atitude. Você é louca, Vera.

— Sabe, eu vou anunciar pra todo mundo que estou esperando um filho seu.

— Isso é burrice! — respondeu agora mais firme. — Mesmo porque existem exames infalíveis para a comprovação de paternidade, até antes do nascimento.

Ela gargalhou ao avisar:

— Mas até que se prove o contrário!...

Eduardo sentia crescer imensa raiva em seu íntimo. Estava enojado diante de tanta sordidez. Para não se descontrolar, cometendo algum ato agressivo do qual pudesse se arrepender, virou-se para sair.

Quando estava próximo da porta, quase fora do quarto, Vera o chamou dizendo:

— Já telefonei para a Helena avisando que vou ter um filho seu.

Ele virou-se e, num ato de loucura, foi à direção da prima, agredindo-a.

Isabel, que a certa distância se mantinha na expectativa, escutou o barulho e correu até o quarto pedindo:

– Eduardo, não! Pelo amor de Deus! – implorou, tentando segurar o sobrinho.

A muito custo, a tia conteve o rapaz que, violento, só parou com o que fazia.

– Venha, Eduardo! Saia daqui! – pediu a mulher já chorando.

– Não adianta me bater não! Vou contar pra todo mundo que dormi com você e que é o pai do meu filho! – gritava Vera descontrolada. – E olha! Ainda vou dizer que perdi essa criança porque você me agrediu!

Já fora do quarto, estonteado, ele explicou:

– Tia! Você está ouvindo? Eu não pude suportar!

– Deixa, Eduardo. Venha, sente aqui.

– Não. Tenho de ir embora ou vou matar a Vera hoje mesmo.

– Foi por isso que o pai bateu nela também. Não sabemos mais o que fazer.

– Isso é mentira, tia! Tudo isso é mentira!

– Eu sei, Edu! Infelizmente conheço a minha filha e... Além de já ter visto a Vera fazer isso antes, acho que ela está usando algo, você me entende?

Quando Vera percebeu que o primo ainda estava em sua casa, começou a gritar novamente, ameaçando-o.

Para evitar outro confronto, Isabel pediu:

– Vai, Eduardo. Prometo que vou ajudá-lo de alguma forma. Quero você como a um filho.

– Tchau, tia.

O rapaz se foi desorientado, vendo crescer em seu íntimo uma revolta sem igual. Imerso em profundas ideias causticantes, planejava meios de se vingar de Vera. Ficava imaginando como agredi-la, até mesmo como matá-la, mas fazendo-a admitir, segundos antes da morte, que ele era inocente. O que Eduardo não sabia era que o espírito Nélio o atormentava com planos em pensamentos, descontrolando-o cada vez mais. E ele acabou se afinando com esse obsessor, aceitando suas sugestões, por não se desvencilhar daqueles pensamentos negativos. Era o intuito de Nélio vê-lo descontrolado, insano, pois, se Eduardo cometesse qualquer desatino, seria mais fácil separá-lo definitivamente de Helena.

CAPÍTULO 25

Érika vai embora

Naquela mesma tarde, Gilda, bem animada, recebia algumas amigas para um chá.

Todas as mulheres, senhoras elegantes da alta sociedade paulistana, acomodavam-se elegantemente na sala de estar, rindo e contando suas experiências em alguma situação que para elas era interessante.

Subitamente, Érika chegou, entrou e, aproximando-se um pouco, cumprimentou todas de um modo geral. Quando ia saindo, uma das amigas de Gilda a chamou, perguntando:

— E o namorado, Érika? Está firme?

Não resistindo à ironia, a moça se voltou e sorriu ao falar:

— É difícil alguém com um metro e noventa e cinco de altura, pesando cem quilos de puro músculo não estar firme, não é? Tenho certeza de que o seu marido, com cento e trinta quilos e seu um metro e sessenta de altura é que não está nada firme. Cuidado, hein! Ou ele ainda se desmancha!... —

ressaltou em tom de sarcasmo. Antes de se retirar ainda disse:
— Ah! Eu sei que ele tem um metro e sessenta porque é a minha altura, tá queridinha? Agora, com licença.
— Érika!!! — advertiu Gilda num grito.
— Oi, mami? Quer que eu fique para conversar mais um pouco com suas amigas? — disse sorridente e com uma pitada de cinismo.
Gilda temeu que a filha prosseguisse com algum outro tipo de comentário inconveniente e não disse mais nada, mas a olhou furiosa por alguns segundos.
Érika, descontraída e esbanjando felicidade, retirou-se sem dizer mais nada.

Bem mais tarde, Gilda adentrou de modo violento no quarto da filha, quase colérica.
— O que deu em você, Érika?!
— Em mim? Ora, mãe! O que deu em você para trazer essas peruas aqui pra casa. Por acaso vai escolher alguma para o Natal? — gargalhou.
— Não brinque comigo! Quem você pensa que é para falar assim? Pensa que vou deixar barato as suas mentiras?! Você vem enganando a todos dizendo que está estudando, mas não passa de uma enganação para ficar com aquele negro!
— Sim, mãe — respondeu, agora, com tranquilidade. — Ele é negro, e daí?
— Prefiro que morra a vê-la com um negro!
— Aliás, mãe, quem não segue seus conselhos e sugestões você sempre quer que morra, não é? De você eu espero tudo. Não pense que vai me manipular como fez com a Lara. Não acreditei naquelas fotos feitas com uma montagem computadorizada que, diga-se de passagem, foram bem-feitas. E quanto ao prejuízo que nos deu na academia, já recuperamos. E quer saber? — dizia Érika tranquilamente, sem o intuito de

desafiar. – Recuperamos a academia com o dinheiro da sua própria empresa. O papai pagou o prejuízo e investiu muito mais.
– Do que você está falando?!
– Acho que já é hora de saber de tudo isso. O Edu cobriu os prejuízos que tivemos com o furto encomendado por você. Eu estou trabalhando na academia, junto com o João Carlos, somos sócios. O Edu ainda investiu mais dinheiro, o que ajudou a ampliarmos tudo e abrir outra filial. – Após alguns segundos observando o choque que aquela notícia causou, pediu: – Mãe, deixe de viver nesse mundo de ilusão. Acorde enquanto é tempo. Aprenda a ser feliz, a amar sem se preocupar que alguém seja branco ou negro, rico ou pobre. Ame acima de tudo, ame sem regras, sem...
– Quem você pensa que é?! Não fale assim comigo! – interrompeu-a num grito.
– Vamos conversar, mãe. Diga por que você é assim tão preconceituosa, racista, cheia de valores tão inúteis e temporários? Por acaso nunca amou alguém? Nunca se sentiu amada? – perguntou com simplicidade e um toque de comoção na voz.
Num gesto impulsivo e violento, tomada por imenso ódio, Gilda esbofeteou Érika várias vezes até que a filha, num momento inesperado, segurou-a pelos pulsos e, com lágrimas no rosto, encarando-a e falou:
– Cheguei a odiar meu irmão pensando que você só fazia isso comigo porque o amava mais do que a mim. Hoje tenho pena de você, que chegou a ponto de me agredir porque eu sempre, de alguma forma, digo as verdades que você não quer encarar. Pobre Edu que, bondoso por índole, apesar de não confiar em você, ainda não enxergou quem está por trás dessa história nojenta e sórdida que houve entre ele e a Vera. Não é, mãe? Tenho certeza de que você, ao falar com a Helena, deve ter dito que o caso do Edu com a Vera é antigo, que eles não se separam e que, apesar disso, ela deveria perdoar... Não foi? Não perguntei nada disso para a

Helena. Hoje ela não estava bem. Nem conversamos direito, mas, conhecendo você, mãe, posso imaginar que foi até lá para garantir que ela nunca perdoe ao seu filho, nem pense em voltar para ele. – Gilda permaneceu calada, em choque com o que ouvia e encarando-a. Largando os pulsos de sua mãe, calmamente, Érika continuou: – Já tive raiva de você. Agora tenho dó. Foi capaz de trair seu filho querido por causa de seus caprichos. Que amor é esse que tem exigências? – Após alguns segundos em que o silêncio reinou, desfechou: – Quero que saiba de uma coisa: a verdade sempre aparece. E eu só fico preocupada em imaginar como o Edu vai reagir quando souber de tudo o que você fez com ele e com a Helena.

Com lágrimas brotando nos olhos, Gilda falou baixo, mas exigente:

– Saia desta casa. Você não é minha filha. Saia daqui.

– Você nunca soube ser mãe de nenhum de seus filhos.

– Suma daqui!

– Só vou pegar minha bolsa. Não se irrite.

Gilda saiu do quarto da filha indo para sua suíte a passos firmes. Ela caminhou enfurecida com a situação.

Tranquilamente, como se já esperasse que aquilo fosse acontecer, Érika pegou algumas coisas, juntou tudo em uma pequena bolsa de viagem e deu uma última olhada em seu quarto, como uma despedida.

Ao chegar às escadas, encontrou com seu pai que ia chegando.

– Onde está o Eduardo que não deu as caras nem ligou lá para a empresa hoje?

– Ele teve sérios problemas com a Helena. Ela ficou internada e...

– Puxa! Custava avisar?! – reclamou Adalberto, sem deixar que a filha prosseguisse.

– Já que ele não avisou – disse Érika sorrindo, beijando-o como sempre fazia –, deixa que eu faço isso. Acontece que o senhor vai ser avô novamente. – Quando viu o pai arregalar os olhos observando-a de cima a baixo, Érika riu e esclareceu: – Hei! Não olhe pra mim assim não! É a Helena que está grávida.

– A Helena?! – admirou-se sorridente. – Quem diria, hein? O seu irmão também!... Não perdeu tempo.

– Só que ele está com alguns problemas, pai – avisou mais séria. – Sabe, ontem...

Érika contou detalhadamente tudo o que aconteceu, e Adalberto falou irritado no final:

– A Vera é uma insana! Uma demente! A Helena não pode levar em consideração qualquer coisa que venha dessa louca.

– Mas a Helena viu os dois juntos, abraçados na cama. Como dizer o contrário?

– Eu vou lá falar com a Helena. Gosto muito dessa menina. O seu irmão é um tolo por não me avisar. Vou só tomar um banho.

Érika sabia que o pai era entusiasta momentâneo, que se inflamava com uma notícia no primeiro instante, mas após algum tempo ele já se esquecia e nem queria apoiar mais. Mesmo assim, ela decidiu falar, quem sabe o pai resolvesse tomar alguma atitude e ajudar:

– Pai, eu acho que isso tudo foi trama da mãe.

Olhando melhor para a filha, Adalberto a viu com a mala e perguntou:

– Vai viajar?

– Não. Agora há pouco, quando eu disse algumas verdades para a mãe... Falei sobre ela estar por trás dessa armação contra a Helena... Ela me expulsou de casa. Estou indo embora – avisou com tranquilidade.

– A Gilda ficou louca?!

– Acho que sempre foi, nós é que não percebemos, pois para alguém fazer o que ela já fez...

– Filho meu não sai de casa! Além disso, se ela estiver por trás dessa história toda, hoje esta casa cai.

– Não estou preocupada comigo. Chegou a hora de eu ir, pai. Estou cansada desta casa mesmo. Mas esse caso do Edu não pode ficar assim. Entretanto, não temos como provar. Arrancar a verdade da dona Gilda ou da Vera é exigir um milagre na Terra.

— E para onde você vai?
— Vou para a casa do João Carlos.
— Não estou gostando disso, Érika. Não quero que minha filha...

Interrompendo-o com um jeito meigo, disse sorrindo:
— Mas gostou de saber que a Helena vai te dar um neto, não é?
— É diferente. O Eduardo é responsável. Sabe o que quer.
— E eu não? — retrucou, ainda sorrindo.
— Quero dizer que seu irmão vai assumir o que fez. Tenho certeza disso.
— Isso se a Helena se convencer de que ele e a Vera não tiveram nada.

Nesse instante, Eduardo entrou na sala fazendo um grande barulho ao bater a porta.
— Edu! E aí? — interessou-se a irmã que, com a proximidade, observou sua camisa rasgada. — O que é isso, Edu? Você andou brigando?!
— Rasguei quando estava batendo na Vera — revelou irritado.
— Você está brincando?! — preocupou-se o pai.
— Só não matei a desgraçada porque a tia entrou no meio. — Jogando-se no sofá, esfregou o rosto num movimento nervoso e esbravejou antes de desabafar: — Ah!!! Que ódio! Nunca senti tanto ódio de alguém! Vocês não imaginam que a Vera ainda disse que ligou para a Helena avisando que está esperando um filho meu!
— E é verdade?! — assustou-se Adalberto.
— Que absurdo, pai! Claro que não! Nunca tive nada com essa vadia, sem vergonha! — gritou.
— Ela ligou mesmo, Edu? — perguntou Érika preocupada.
— Pior que ligou. Telefonei pro Miguel e ele disse que a Helena está inconformada.
— Não se preocupe. Depois que eu tomar um banho, eu vou lá falar com a Helena. Vamos resolver isso tudo, você vai ver — disse o pai, como sempre, com a sua empolgação momentânea.
— Pai, hoje a Helena não está bem. Além disso, já é bem tarde para uma visita — Érika considerou, ponderada.

Eduardo estava esgotado. Com o olhar perdido, envolvia-se em pensamentos transtornados que o abatiam profundamente.

– Edu, não fique assim. Você...

– O que aconteceu? Aonde você vai com essa mala? – surpreendeu-se ao olhá-la melhor.

– A mãe me expulsou de casa.

– E você vai?

– Já fui – afirmou sorrindo, abaixando-se para beijá-lo. – Afinal, Edu, você sabe que já está tudo arranjado. Faltam poucos dias... Né? Não vai esquecer – disse como se falasse em código para que o pai não percebesse.

– Não. Não vou esquecer, mas... Érika, eu gostaria de ajudá-la, só que...

– Hoje tudo ainda está muito tumultuado. – A irmã pensou em falar a respeito da certeza de que teve sobre sua mãe estar envolvida, mas acreditou que não era um bom momento. O irmão estava nervoso e já havia cometido muitas loucuras por aquele dia. – Não podemos fazer nada um pelo outro por enquanto. Tentei conversar com a Helena, mas... Você sabe, ela não quer ouvir ninguém. Agora eu tenho de ir. Não quero assustar a dona Ermínia chegando muito tarde e ainda ter que contar o que aconteceu.

– Estou completamente esgotado. Nem sei o que fazer. Só tenho como ideia fixa matar a Vera.

Adalberto, que havia se servido de um aperitivo, andava de um lado para o outro com um copo na mão, parecendo nem prestar atenção nos filhos.

Após Érika se despedir, ele voltou-se para Eduardo e perguntou:

– Sabe me dizer se aquela licitação que foi feita...

– Ah! Não, pai! Pelo amor de Deus! Negócios, não!

– Mas é que...

Eduardo se levantou e avisou:

– Aceite meu pedido de férias em caráter excepcional e por tempo indeterminado, por favor. Não quero nem ouvir falar de negócios.

O rapaz ia subindo as escadas quando o pai perguntou:
— Você acha que eu não devo ir lá falar com a Helena?
— Acho que não — respondeu sem se deter.

⊙≈⊙

Enquanto isso, na casa de dona Júlia, a senhora ainda estava inconformada com o ocorrido.

Após o telefonema de Vera, Helena chorou quase incessantemente. Miguel e Juliana estavam com ela e procuravam falar de outros assuntos para distraí-la, mas somente Bianca, com seu jeitinho meigo, deitada ao lado da tia, fez com que parasse de chorar.

Na cozinha, dona Júlia, parecendo um pouco mais conformada, conversava com o marido que se demonstrava bem mais equilibrado.

— Sempre eduquei minhas filhas, sempre orientei, como tudo isso pôde acontecer? E o pior é que a Helena não vai querer mais ver o rapaz. Também...

— Tudo é muito recente, Júlia. Eu acredito no Eduardo, nem sei bem por quê. Essa situação vai ser explicada. Você vai ver.

— Sempre confiei nele, muito educado, sensato... Mas agora, diante de tudo isso... Ele traiu nossa confiança.

— Ele não traiu nossa confiança! A Helena não foi forçada a nada. Você tem de pensar que os tempos são outros. Ela vai levar a vida com mais encargos a partir de agora. Mas, como disse o Miguel, o mundo não acabou. Nossa filha terá de assumir responsabilidades sérias, ficando ou não com o pai do bebê. — Breve pausa e lembrou: — Não vamos nos culpar por nada do que tenha acontecido na vida dos nossos filhos. Fizemos o melhor ao nosso alcance. Demos a eles educação e princípios. Se não seguiram, devem ser responsáveis sozinhos!

— O que vamos dizer para os outros? E os parentes?

– Diremos que ele quer assumir a Helena e o filho e ela não quer. Ninguém tem nada a ver com isso. Pare de se preocupar com os outros!

– O Eduardo foi criado no luxo. Sempre teve tudo o que quis. Eduquei meus filhos homens para respeitarem as filhas dos outros. Veja só, por pior que seja a Suzi, mesmo com o casamento marcado, o Miguel a respeita. O Mauro se casou com a Lara e só depois de anos a Bianca nasceu. Agora, mesmo viúvo e namorando a Sueli, reparamos que ele a respeita... Nem quero ver quando o Mauro souber, ele sempre foi...

Um barulho anunciava a chegada de Mauro. Naquele dia, excepcionalmente, ele havia ficado até mais tarde na casa de Sueli.

– A bênção, mãe. A bênção, pai – pediu o moço. Depois dos cumprimentos, perguntou, preocupado: – E a Helena, como está?

– Nem te conto, Mauro. Nós nem avisamos por telefone porque é muito sério.

– Ela está bem? – indagou com expectativa.

– Sim, está – tornou a mãe.

– Então o que aconteceu para a senhora estar assim? Parece que andou chorando!

– É que temos uma novidade, filho – disse o pai, menos sério. – Sua irmã está grávida.

– A Helena?! Grávida?!

Dona Júlia começou a chorar novamente enquanto o senhor Jairo ficou aguardando a reação de Mauro que, estranhamente, não se manifestou.

Abaixando o olhar, ficou pensativo, como que perdido, em profundas reflexões.

– Eu não sei onde errei com minhas filhas. Que vergonha! – reclamava a mãe.

Suspirando profundamente, Mauro olhou para os pais e, sem trégua, comunicou:

– A Sueli também está grávida.

O senhor Jairo arregalou os grandes olhos verdes para o filho e ficou boquiaberto, sem palavras.

Dona Júlia, numa reação inesperada, levantou-se e investiu-se contra Mauro estapeando-o nos braços, enquanto vociferava:

— Seu irresponsável! Moleque! O que você fez?!

— Hei, mãe, pare com isso — pediu Mauro, procurando se desvencilhar dos tapas ardidos e ligeiros.

— Você tem uma filha! Gostaria que isso acontecesse com ela? Pode dar um jeito de casar o quanto antes! — gritava indignada. — Essa moça praticamente vive aqui em casa! Nós a consideramos como uma filha! — Espalmando ambas as mãos sobre a mesa, a mulher falou em tom mais baixo: — O que eu fiz, meu Deus? Onde meus filhos estão com a cabeça?

— Mãe, isso também não é coisa do outro mundo.

— Você deveria respeitar mais a Sueli!

— Eu gosto muito dela, vamos nos casar, claro!

— Ah! Se vai! Vai mesmo! Filho meu não vai dar uma de moleque!

— Calma, Júlia — falou o marido, tentando amenizar a situação. — Tudo vai se resolver.

— Tudo está é se complicando! Como se não bastasse, agora mais esta!

— O que está acontecendo, gente? — indagou Miguel, atraído pelos gritos da mãe. — Que barulho é esse?

Mauro, contrariado pela reação de sua mãe, ia saindo da cozinha quando dona Júlia exigiu:

— Conta pro seu irmão!

O filho voltou e, cabisbaixo, comunicou:

— A Sueli está esperando um bebê. Nós vamos nos casar.

Miguel não conteve o riso imediato e quase gargalhou. Irritada, Júlia deu-lhe alguns tapas rápidos, que lhe arderam nas costas.

— Ai, mãe! Para! — reclamou Miguel enquanto Mauro saiu sem dizer nada.

Miguel conhecia bem sua mãe e, para não vê-la mais nervosa ainda, saiu sorrateiramente indo para o quarto onde estava sua irmã.

Porém, ao passar pela sala, surpreendeu-se com a presença de Suzi, que era recebida pelo irmão.

– Oi! O que houve? – perguntou a moça em tom meigo.
– Desde ontem não consigo encontrá-lo! O que aconteceu?

Imediata sensação de raiva, quase impossível de conter, tomou conta de Miguel que, a custo, tentou dissimular. Ele não gostaria de conversar com Suzi naquele momento. Desejaria estar mais tranquilo. Temia ter uma reação da qual pudesse se arrepender. Estava por demais ofendido.

– Precisei vir até aqui, já que não atendia nem aos meus telefonemas.
– Minha mãe deve ter contado sobre a Helena, não foi?
– Sim, mas isso foi ontem.
– Minha irmã ficou internada até hoje cedo. Tivemos um dia bem tumultuado, só agora tudo se acalmou.

Suzi se aproximou, tomou-lhe a mão e o puxou para que se sentassem no sofá. Ao tentar beijá-lo, Miguel se levantou. Mesmo assim, ela adotou um tom de ternura na voz frágil e, com um sorriso mimoso, perguntou:

– Está acontecendo algum problema que eu não saiba?

Com o sobrecenho enrugado, ele respondeu sem encará-la:

– Eu digo que minha irmã não passou bem, que ficou internada e você ainda acha que não há problema algum?
– Não quis dizer isso. Estou achando você diferente comigo e...
– Estou cansado. Estou preocupado com a Helena. Ela está grávida e minha mãe, como era de se esperar, reagiu contrariada.
– Mas isso hoje em dia é tão comum!
– Não na minha casa e com a educação que tivemos.
– Nossa, Miguel! Como você está amargo! Gravidez não é um bicho de sete cabeças. Se não querem mesmo, é só tirar.

Fitando-a com seriedade, ele pareceu indignado com a proposta.

– Por que o espanto? Isso é tão comum.
– Isso é comum para vadias, não para minha irmã. Uma pessoa responsável lembra que após a concepção existe

uma vida e essa vida é de um ser humano criado por Deus. Ninguém tem o direito de matá-lo. Aborto é assassinato.

— Não há vida nos primeiros meses. Só um aglomerado de células.

— Se não houvesse vida, aquelas células não se multiplicariam, não formariam órgãos nem... Sabe de uma coisa? — falou irritado: — Não quero discutir. Por favor.

— Credo, Miguel! O que deu em você?

— Nada, Suzi. Preciso descansar. Quero chegar amanhã bem cedo ao serviço, pois já faltei hoje e... Gostaria que fosse embora.

— Não vai me levar?

— Não.

Sentindo que alguma coisa não estava bem, Suzi decidiu não alongar o assunto.

— Não fique assim nervoso, meu bem — aconselhou fazendo-lhe um delicado afago. — Em breve, tudo se resolverá.

— Sem dúvida — respondeu secamente.

— Então, tchau.

— Tchau.

Sentindo-se gelar, Suzi decidiu não dizer nada e se foi.

Inquieto, com o coração apertado, Miguel foi para o quarto onde estava sua irmã e a amiga.

— Nossa, gente! Preciso ir embora — disse Juliana. — Amanhã tenho de estar bem cedo no estúdio. Hoje eu abandonei a Bete sozinha, coitada.

— Dorme aqui — pediu Helena.

— Minha mãe fica preocupada. É melhor que eu vá.

— Obrigada por tudo e me desculpe por tanto trabalho, Ju — disse Helena, ainda abatida. — Sabe, nossa conversa aliviou muito meu coração. Estou bem melhor agora.

— Pense bem no que falei. Essa moça, a Vera, não tem nada a perder e a dona Gilda não vai querer ajudar você. Talvez eu esteja julgando, mas, pense bem, diante de tudo o que ela já fez para separar meu irmão da Érika, armar essa entre o Edu e a prima seria planejar um piquenique no parque.

— Agora estou nervosa, magoada. Tenho medo do que posso falar ou fazer. Preciso de um tempo.

— Fale com o Edu. Deixe que ele se explique. Pense naquilo que te contei de como ele chegou ao hospital e de como reagiu quando não sabia por que você o tratava daquele jeito.

Miguel, que já estava no quarto, ainda lembrou:

— Se ele tivesse culpa, não insistiria tanto, não faria a cena que fez aqui no quarto, nem falaria com o pai como falou, quando estávamos lá na sala. Eu não me humilharia tanto, não como ele fez, se eu estivesse no lugar dele.

— Talvez você não entenda, Miguel. Eu os vi juntos, depois a outra liga pra cá e diz que está grávida! Como eu posso reagir? Tenho sentimentos, sensibilidade... Estou com pensamentos terríveis. No mínimo, é normal que eu não queira ver o Edu — argumentou Helena, com o rosto se transformando para chorar.

— Lena — tornou Juliana —, lembra-se do que eu falei. Isso pode ser espiritual. Pode ser que algum espírito, que não quer vê-la junto do Edu, esteja envolvendo você com um sentimento de repulsa a ele. Faça o que combinamos, relaxe, ore e durma. Quando você melhorar, iremos ao centro espírita para uma assistência. Depois você vai ver como pensará de modo diferente.

— Conversar com você me faz bem, Ju.

— A Juliana tem algo superior que eu não consigo explicar — afirmou Miguel sorrindo. — Ela tem o dom de espalhar um brilho, algo que nos contamina com bom ânimo, esperança...

— Eu?!

— Você mesma! — disse o amigo que logo lembrou: — Ah! Sabem quem acabou de sair daqui? — Sem esperar pela resposta, completou: — A Suzi.

— E você?! — perguntou Juliana, arregalando seus lindos olhos negros expressivos.

— Não consegui disfarçar muito bem. Nem queria chegar perto dela, mas também não disse nada sobre o que descobri. Aí pedi que fosse embora porque eu queria dormir.

— E o que você vai fazer? Não vai dizer que sabe de tudo? – perguntou Helena.

— Tenho uma ideia melhor. Quero desmascará-la. Vou descobrir onde ela trabalha. Se é que se pode chamar de trabalho o que ela faz.

— Miguel!... – assustou-se Juliana.

— Quero encará-la. Só isso. Não vou dizer nada.

— Você é corajoso – disse a amiga.

— Diga uma coisa, Miguel... – Mudando de assunto, Helena quis saber. – Que falatório foi aquele lá na cozinha?

— Ah! Nem te conto! O Mauro havia acabado de falar pra mãe que a Sueli está grávida.

Juliana, perplexa, sentou-se novamente na cama da amiga como se deixasse seu corpo cair e Helena exclamou parecendo assombrada:

— A Sueli?!!!

Miguel começou a rir e a contar o que havia acontecido.

Aquela foi uma noite longa para dona Júlia, uma senhora tão conservadora, com tantas preocupações. Mas, na manhã seguinte, mal o dia havia clareado, a senhora já estava na cozinha, bem atarefada, quando a campainha tocou.

— Logo cedo? Quem será? – murmurou sozinha.

Ela foi atender e percebeu que o vulto da pessoa já se achava perto da porta principal. Por segurança, abriu o vidro para ver quem era quando reconheceu Carla, parada aguardando. Então, rapidamente a mulher abriu a porta, recebeu a filha com lágrimas já a rolar pelo rosto e a abraçou:

— Carla! Filha!

Já acomodadas no sofá, depois de muito choro, a jovem pediu:

— Mãe, preciso da senhora. Quero voltar, mãe.

— Mas é claro, filha — respondeu secando-lhe o rosto banhado pelo choro. — Nós cuidaremos de você. Mas, por favor, não faça mais o que você fez.

— Eu não aguentei mais ficar lá na casa da Sueli. Tudo o que tentei com as agências deu errado. Fiquei vivendo de favor até saber que vocês estavam me custeando lá. Tentei sair e ir morar em outro lugar, mas... Sabe, ninguém nos recebe como a própria família. Voltei pra lá e... Depois que vocês não me procuraram mais... me senti tão abandonada — disse chorando novamente.

— Nunca esquecemos você.

— Eu sei.

— Oh, filha, como você está maltratada, magra... Vamos cuidar de você. Quero que volte aos estudos, a ser aquela menina viva, esperta como sempre foi, só que mais sábia.

— E a Lena, mãe? Já foi trabalhar?

— Não, filha. A Lena não passou bem. Ela está esperando nenê.

— A Lena?!

— Mas não tem problema. Depois ela mesma conta. Agora quero que tome um banho, se arrume, vamos cuidar de tudo, certo?

Apesar da situação tumultuada, dona Júlia ofertava amor e compreensão à filha que havia se decepcionado muito com a busca do estrelato.

Carla estava magra, feia e abatida. Parecia ter mais idade do que realmente tinha. Mas, para sua sorte, compreensivos e amorosos, os pais lhe dariam, além das provisões necessárias, grande parcela de ajuda moral, algo que ela sempre recusou.

CAPÍTULO 26

O auxílio providencial de Lara

Após algum tempo na espiritualidade, Lara se encontrava mais esclarecida sobre a vida além da vida. O espírito Leopoldo, seu instrutor e amigo, havia solicitado a sua presença para que conversassem um pouco.

Diante do companheiro, Lara mostrava-se alegre, disposta e bem animada, diferente daquele espírito sofredor e ignorante que se arrastava junto aos encarnados queridos suplicando por algo irreversível, que era: prosseguir ao lado deles como se pudesse ressuscitar.

– Quer falar comigo, Leopoldo?
– Bom dia, Lara! Que bom vê-la alegre!
– Ah! Hoje é o grande dia! As crianças apresentarão a peça teatral. Acabamos os últimos ensaios. Estou tão ansiosa!
– Dá para perceber. Fico muito satisfeito pelo seu restabelecimento tão rápido. Quanto progresso!

— Ai, Leopoldo, fico imaginando quanto tempo eu perdi junto aos encarnados, incomodando-os e me afastando do socorro. Não posso negar que sinto falta deles. A saudade é inevitável. Sempre acho que é pouco os momentos que, no estado de sono deles, posso visitá-los.

— Sem lembrar que, para isso, sempre é preciso que eles estejam equilibrados e você também — disse sorrindo.

— É verdade.

— Agora, vamos ao que interessa — propôs animado. — A Raimunda me contou que você já tem ciência do motivo que tanto a incomodou, que é ter desencarnado tão nova, em um acidente de carro, deixando a pequena e querida filha e o marido amado.

— Ah, sim — respondeu agora sem entusiasmo e com meio sorriso, demonstrando certa vergonha. Logo, porém, revelou: — Em tempos bem distantes, alguns séculos atrás, eu conheci o Mauro, só que ele não tinha esse nome, é claro.

— Claro. Prossiga — pediu bondoso —, quero saber dessa história por você.

— Eu me vi apaixonada pelo Mauro, que tinha mulher e uma filha. Cedi a impulsos e vontades inferiores e o assediei. A muito custo, fui correspondida. Depois, era fácil influenciá-lo e ele fazia tudo o que eu queria. Por fim, acabou se separando da mulher, simplesmente a abandonou com a filha. Vivemos apaixonados por longo tempo em um vilarejo vizinho, até que a esposa dele morreu em um acidente. Não havia nenhum parente dela que pudesse tomar conta da menina. Então, um mascate, que viajava de vila em vila e conhecia bem a todos, trouxesse a pequena criança para o pai. Fiquei louca. Enfurecida. Tanto fiz que o obriguei a levar a filha para a sua mãe. A senhora era viúva e morava junto com filha mais nova, irmã dele. Elas poderiam tomar conta da garotinha sem nos incomodar. Eu não suportava a menina, pois achava que ela poderia atrapalhar nossa vida.

— Você sabe quem é essa menina que você mandou embora?

— Bianca, minha filha hoje — respondeu, abaixando a cabeça e deixando as lágrimas correrem em seu rosto. Logo continuou: – Depois disso, não vivemos mais tão bem quanto antes. Alguns anos se passaram e essa irmã do Mauro também morreu. Era uma moça jovem, mas que ficou muito doente após o rompimento de um noivado. O rapaz com quem era comprometida, abandonou-a por causa de uma moça com um grande dote, além de um título de nobreza. Ele a queria como amante e a jovem não aceitou essa condição. Contrariado, ele a difamou. Isso era algo tão terrível, naquela época, que a moça ficou doente e se abateu, até morrer de desgosto. A mãe deles ficou doente e pediu que ele pegasse a filha de volta. Não suportando aquela jovenzinha, filha de outra mulher, dentro da minha casa, mandei-a para um convento. Vivi infeliz pelo resto dos meus dias, principalmente, quando minha mocidade terminou. Fiquei feia, acabada e o Mauro completamente indiferente a mim.

– Hoje, essa moça, que foi a irmã do Mauro, está encarnada. Você sabe quem é ela?

– Sim, é a Helena. E o rapaz que tanto a fez sofrer é o Nélio, aquele espírito que vive como louco, sofrendo, arrependido pelo que deixou acontecer a ela.

– Então você também entende por que Bianca se dá tão bem com a tia?

– Sim. Ela, depois que perdeu a mãe, naquela época, apegou-se muito à Helena.

– E você sabe quem é hoje a moça que foi a esposa de Mauro, naquela época, e mãe de Bianca? – tornou Leopoldo bondoso.

– Não. Não a identifiquei.

– O que sente por essa moça, que foi mulher do Mauro, naquela época, quando se lembra dela?

– Por ela... Eu não sei. Mas, pela situação toda, sinto vergonha. Arrependimento por ter feito tanta coisa errada. A experiência terrena é tão curta, tão rápida... Representa um segundo diante da eternidade. Não vale a pena trapacear, trair, enganar, matar, roubar, ser intolerante, preconceituoso... Se o objetivo é a paz e a felicidade verdadeira, o caminho não é esse. Devemos amar sem regras. Pela ambição de experimentarmos uma gota de prazer ou de satisfazer nossos caprichos, nós nos dispomos a sofrer amargas desilusões, as quais teremos de harmonizar e equilibrar um dia.

— Lara, se você pudesse, o que faria, hoje, se reencontrasse aquela que foi a esposa de Mauro? — perguntou o instrutor sondando-lhe as intenções.

— Tentaria reparar meu erro. Tentaria fazer com que ela e Mauro se reencontrassem. Se eu tivesse o poder, gostaria de fazer com que eles continuassem de onde eu os separei.

— Parabéns! — exclamou sorridente e com olhar bondoso. — Como eu suspeitava, creio que já está preparada para irmos até a crosta, junto aos encarnados.

— Eu? Por quê? — quis saber animada. — Terei a chance de fazer com que Mauro se encontre com essa moça?

— Não, não — respondeu satisfeito e vagarosamente. — Isso já aconteceu. Eles já se encontraram. E, forçado pelas circunstâncias, eles têm um ótimo motivo para prosseguirem de onde pararam. Na verdade, o motivo para irmos à crosta terrena é outro e percebo que, pela sua evolução moral em tão pouco tempo, você nos será incrivelmente útil.

Quando percebeu que Lara iria perguntar alguma coisa, adivinhando-lhe os pensamentos, Leopoldo explicou gentilmente:

— No momento certo, terá detalhes de nosso trabalho nessa excursão. Não é aconselhável que tenha detalhes antecipados, pois, se os tiver, ficará despendendo tempo e energia com imaginação e anseios que não nos serão muito úteis, muito pelo contrário.

Lara sorriu e indagou compreensiva:

— Posso saber quando partiremos?

— Daqui a dois dias — respondeu o instrutor satisfeito.

Conforme o planejado, Leopoldo e sua comitiva, amigos e estudantes na espiritualidade, chegaram à crosta da Terra.

Todos, sem exceção, estavam repletos de alegria e bom ânimo em ajudar e aprender.

Lara, com grande expectativa, não negava estar ansiosa, contudo, feliz.

– Parece que foi ontem que estive aqui. Mas tenho de admitir que eu me sinto mudada, apesar de tudo estar praticamente como antes.

Leopoldo sorriu e, após trocar algumas palavras com o grupo de espíritos amigos, explicou:

– Primeiro, os queridos companheiros irão até o lugar indicado. Eu e Lara os encontraremos depois. Iremos a casa onde vive a filhinha querida da nossa irmã.

Lara encheu-se de alegria, mas não disse nada.

Em poucos segundos, ela e Leopoldo se achavam na casa de dona Júlia onde, com inenarrável prazer, Lara pôde abraçar a filha amada.

– Bia, meu amor!

Bianca, com sua sensibilidade diminuída pelo tempo, percebeu algo diferente, mas não soube explicar o que era. Ela estava mais crescida e com pensamentos voltados a outros assuntos.

Lara a beijou e abraçou com carinho, mesmo sabendo que a pequena não a via. A saudade lhe rasgava o peito e era uma bênção poder ficar ali ao lado de quem ela tanto queria.

– Ela não pode me perceber como antes?

– Talvez em uma outra hora – lembrou Leopoldo generoso, logo sugerindo: – Venha comigo, vamos ver como está sua cunhada, a Helena.

Deitada em sua cama, encolhendo-se e chorando, Helena ainda se encontrava deprimida. Todo ânimo que havia ganhado com a conversa que teve com Juliana e seu irmão foi embora quando passou a ver mentalmente, a todo instante, a cena chocante de Eduardo e a prima abraçados e dormindo juntos.

O espírito Nélio era quem permanecia ao seu lado provocando, em sua tela mental, seguidas imagens repugnantes do que poderia ter acontecido, o que a abalava imensamente. Como se não bastasse, o mesmo espírito, incessantemente, insuflava-lhe frases sobre traição, desprezo, humilhação e todos os piores sentimentos que pudessem torturá-la.

– Ele não pode nos ver? – perguntou Lara.

– Não. O pobre Nélio está fechado em sua psicosfera de vingança. Suas vibrações são tão inferiores que ele não pode nos perceber.

– Ela está tão deprimida. Está grávida! Veja só. Pobre Helena – apiedou-se Lara.

– Sim, pobre Helena – repetiu o amigo que logo explicou: – Mas não podemos nos apiedar dela pela gravidez, mas sim por não buscar, na fé verdadeira, forças para reagir contra esses pensamentos tão funestos.

– Mas ela está passando por uma terrível obsessão.

– Se Helena rogasse a Deus amparo e se despendesse forças e desejos interiores para se apartar desse choro, desses pensamentos, obviamente ela olharia a situação com outros olhos e, além de encontrar harmonia, pois nem tudo é como ela vê, iria se afastar das vibrações e dos desejos inferiores aos quais Nélio a condena.

– Foi por isso que viemos aqui? Quer que eu auxilie e leve alguns esclarecimentos a Nélio?

– Você não vai tentar auxiliar Nélio. Irá auxiliar a si mesma. Lembre-se de que, há algum tempo, com sua vibração triste e depressiva, ajudou Nélio a impregnar Helena com esse tipo de energia.

Abaixando o olhar, Lara admitiu:

– É verdade. Puxa, na época, eu não sabia.

– Mas agora você tem a oportunidade de desfazer o que começou. Entretanto, o momento ainda não é este. Outros companheiros espirituais estão se empenhando, ao máximo, para que Helena se erga e vá a uma casa de oração e reavive sua fé, despojando-se dessas energias inferiores que a envolvem. Quando isso acontecer, aí sim, Lara, você terá a sua chance para trabalhar. – Em seguida, pediu: – Agora venha.

Passando pela casa, eles encontraram, na sala, dona Júlia conversando com Sueli que, sentada no sofá, estava cabisbaixa.

– Deverá contar para sua mãe sim. Onde já se viu? Até quando pretende esconder?

– Mas eu gostaria de marcar a data do casamento, primeiro. Minha mãe vai ficar...

– Não posso interferir na sua opinião, Sueli. Eu a considero como uma filha. Por mais que eu tenha ficado surpresa e insatisfeita, quando a Lena nos contou que estava grávida, eu fiquei triste pelo acontecido mas, ao mesmo tempo, feliz por não ser enganada. Pensa bem, filha. Seria melhor você e o Mauro irem até o sítio no fim de semana e contarem tudo.

– Passo até mal só de pensar nisso, dona Júlia.

– Mas vão se sentir bem melhor depois. Se quiser, eu posso ir junto.

– A senhora faria isso? – perguntou, iluminando o rosto com um sorriso.

– Por você, pelo Mauro – ela sorriu e completou –, pelo meu netinho ou netinha, eu faço isso sim – e puxou-a para um abraço.

Na espiritualidade, Lara olhou para Leopoldo e perguntou:

– Deixe-me ver se entendi: a Sueli está grávida do Mauro?

– Sim, está – afirmou sorridente.

– Então é ela?

– Os planos de Deus são perfeitos, querida Lara.

Muito emocionada pela súbita notícia, Lara não conteve a felicidade de ver a vida sob os desígnios de Deus e discretamente chorou entre um sorriso após abraçar Sueli com um imenso carinho, mesmo sem ser percebida pela encarnada.

Após alguns segundos, Lara comentou:

– Agora compreendo que não podemos culpar alguém pelo que nos acontece ou pelas fatalidades da vida. No dia do acidente, eu julgava estar ali, naquela hora, por culpa de minha mãe. Mas, hoje, entendo que, se não fosse ali, seria num outro momento, em outro lugar. Tinha que acontecer.

– Sem dúvida.

— Deixei o Mauro e minha filha nesse período da vida para que eles prosseguissem de onde eu os interrompi, no passado. Naquela época, destruí um lar, acabei com uma família... Fiquei feliz com a morte da esposa dele, mas detestei a ideia da menina viver conosco. Tanto fiz que a pobrezinha foi para um convento e... Fui tão egoísta. Precisei experimentar a separação brusca, através da morte do corpo, nessa última existência terrena. A morte do corpo físico separou-me da família que formei. O Mauro, que por minha causa abandonou a Sueli, no passado, na atual existência, ficou só, amargurado e destruído com meu falecimento... Nada está errado. Agora, ele tem a chance de continuar com ela, de onde parou e a Bianca terá a mãe do passado e...

— Está tudo certo. Exatamente como tem de ser. — Então Leopoldo lembrou: — Agora vamos. Temos de nos encontrar com os outros. Depois voltamos para cá.

Enquanto Lara e Leopoldo se retiravam, Juliana chegava à residência de do senhor Jairo.

— Oh, dona Júlia, vim assim que soube que a Helena não está bem. — Ao ver Sueli, cumprimentou-a sorridente: — Oi, Su! Como vai?!

— Estou bem, obrigada.

— Foi bom você ter vindo, Juliana. Espero não atrapalhar sua vida. Sei que trabalha e... — explicou-se a senhora.

— Tenho um cliente para visitar, mas é aqui perto e bem mais tarde. Mas me diga, o que aconteceu?

— A Helena havia melhorado na terça-feira de manhã. Estava bem disposta, conversando muito com a Carla, que passa toda aquela energia... Você sabe como ela é. E foi a Carla quem a convenceu de que a dona Gilda está envolvida nessa história toda. Aí a Helena até aceitou a ideia de conversar com o Eduardo, caso ele aparecesse por aqui. Mas aí, logo à tarde, a Lena voltou a ficar tristonha, abatida e começou a chorar. Parece uma coisa! O celular dela estava desligado, como sempre. Só bem depois, eu descobri que o telefone daqui de casa estava mudo, que não recebíamos ligações. Aí, à noite, o Eduardo apareceu e ela, novamente, não quis vê-lo de jeito nenhum, achando que ele deveria tê-la procurado mais cedo. Não deu para entender. Ficamos na cozinha, conversamos muito e esse moço até chorou. Sabe, comecei até a ficar com pena dele. Justo eu que estava tão furiosa com esse menino. Deu vontade de dar uns tapas na Lena. – Um instante e admitiu: – Não sei mais o que faço, Ju. A Helena não se levanta, mal come e nem foi trabalhar. E ela não está doente. Daí eu pensei em ligar para sua mãe e ver se você teria um tempinho, afinal, você tem um jeito todo especial, filha. Desculpe se eu te incomodei.

– Não incomodou não, dona Júlia. Se não desse para vir agora, eu viria à noite. Gosto muito da Helena e de todos vocês. Quero ajudar sempre, se eu puder.

– Vá ao quarto, filha. Ela está lá.

Assim que Juliana entrou no quarto, ficou comovida pelo estado da outra.

– Lena, o que é isso, minha amiga?

Sentando-se ao lado dela, afagou-lhe a testa escaldante e suada e procurou logo acomodá-la melhor para que prestasse atenção.

– Por que está assim, hein?

– Não sei – respondeu chorando.

– Você falou com o Eduardo? – perguntou, mesmo sabendo do caso.

– Não sei o que me deu... Estou morrendo de ódio dele. Quero que o Edu suma. Fico me lembrando de quando o vi com a outra... Imagino o que fizeram...

– Esses sentimentos não são seus. Pense em como era antes, pense em como o amava...

– Mas depois que o peguei com a prima...

– Sei que já deve estar cansada de ouvir isso, mas, pense bem, será que essa história é verdadeira?

– Você já falou isso, minha irmã falou isso... Ela também acha que a dona Gilda foi quem armou tudo.

– Não gosto de julgar, mas acho que a Carla tem toda a razão.

Juliana ficou longo tempo conversando com Helena, procurando trazê-la à realidade, fazendo com que refletisse e agisse de modo diferente. Depois de muito falar, conseguiu com que a amiga aceitasse acompanhá-la, naquela mesma noite, ao centro espírita onde, por meio de palestras, receberia orientação para começar a pensar diferente e também, por meio dos passes, obteria energias revigorantes tão necessárias para o seu fortalecimento espiritual.

O passe funcionaria como uma substância medicamentosa que iria iniciar a quebra dos vínculos energéticos entre o espírito Nélio e Helena cada vez que as ideias da jovem se fortalecessem na fé e na esperança.

Deus permite que os espíritos inferiores nos abalem porque são nossos pensamentos, nossas más tendências e nossa falta de fé que nos ligam a eles.[1]

Longe dali, Gilda e sua inseparável amiga Marisa conversavam animadas.

– Eu não disse a você, queridinha, que ainda iria correr atrás da Helena e pedir para que continuasse com meu filho?

– Você não existe, Gilda! Nunca pensei que chegasse a tanto.

– Sou capaz de muito mais quando se trata de defender meu patrimônio. Pensa que é assim?! Vai chegando e tomando o que é meu? Não mesmo, meu bem! Posso fazer caridade, mas não com o meu filho. Agora eu tenho é que dar um jeito na Érika.

---

1 N.A.E. Sobre a influência dos espíritos no mundo corpóreo, podemos encontrar mais explicações em: *O Livro dos Espíritos*, questões de 466 a 469; entre outras.

— Não poderia imaginar que ela fosse enganar a todos nós durante todo esse tempo, não é Gilda?

— Ela não me surpreende, eu já deveria ter desconfiado. Mas não faz mal. Todos vão me pagar por tudo que me fizeram e, desta vez, bem caro — disse Gilda, com olhar colérico, já imaginando algum tipo de vingança.

— O que mais me impressiona é o fato da família da Helena dar apoio ao encontro da Érika e desse moço, não acha?

— Não. Aqueles pobres miseráveis são capazes de tudo. Por isso que pobre, para mim, não é gente! Porém, queridinha, o que me deixou furiosa foi o fato do Adalberto, meu próprio marido, me trair ressarcindo os prejuízos daquele negro safado com o meu dinheiro, com os meus bens! Os negros existem para serem calcados aos pés! Maldita princesa Isabel! Será que ninguém enxerga que a raça branca e pura é a escolhida por Deus? O Adalberto vai me pagar por esse disparate! — afirmava em tom odioso.

— Falando em Adalberto, minha amiga, você tem alguma notícia sobre a amante dele? Ela ainda vem ganhando presentinhos tão caros?

— Estou para pegá-la. O desgraçado do Adalberto vem estudando contratos para a compra de um apartamento.

— Jura?!

— É! Mas não pense você, meu bem, que a coisa é pequena não! O lugar é perto de Higienópolis e deve custar em torno de meio milhão de dólares!

— Um apartamento nesse valor?!

— O pior não é isso. O pior é que o Adalberto pegou o contrato de compra que ele recebeu para estudo e riscou o seu nome fazendo anotações do tipo: "mudar para o nome da senhora... depois forneço os dados corretos."

— E você está nessa calma toda?!

— Tenho de estar, é lógico! São nos momentos de tranquilidade que eu consigo planejar as melhores coisas.

— Já tem algo em mente?

— A princípio quero o meu filho do meu lado. Se eu puder e acho que posso, deserdo a Érika, assim não preciso me preocupar tanto com ela. Depois vou pedir o divórcio. Aí sim, ficarei com a parte do que mereço, porque o restante vou cobrar com o prazer de ver o Adalberto liquidado.

— Como assim?

— Ora, meu bem, sou uma mulher influente. Tenho amigos — respondeu rindo sarcasticamente e logo completando: — Sei de valores homéricos que o Adalberto tem em fogosos paraísos fiscais e metade disso tudo é meu. Ficarei bem, muito bem quando receber a minha parte. Depois é simples, eu o denuncio quando eu estiver bem longe, é claro. Penso em nunca mais pisar este país horroroso. Nunca gostei desse calor, desse povo miserável.

— Como o Adalberto tem esses valores?

— Deixe de ser ingênua, Marisa! É lógico que são das falcatruas na empresa, que vai desmoronar, ruir sobre a cabeça dele depois que eu agir! — falava sempre enfatizando.

— E o Eduardo? Afinal, ele trabalha lá.

— O meu querido Eduardo é meu único herdeiro. Ele ficará muito bem, eu garanto. Não é à toa que eu lhe dei o nome de um rei para que continue reinando, aconteça o que acontecer. — Em seguida, anunciou irônica: — Mas você não perde por esperar, meu bem. O *show* será magnífico! — desfechou com uma gargalhada.

Na espiritualidade, Lara, Leopoldo e alguns companheiros estavam decepcionados com a cena e as opiniões infelizes de Gilda.

— Eu sabia que minha mãe era uma pessoa difícil e que sempre quis tudo a seu jeito, mas agora, vendo-a por outro ângulo, fico indignada com tudo isso, embora, sinto compaixão.

— Consegue ver essa névoa escura ao redor de Gilda, além dessas manchas marrons mescladas em preto, que estão como que coladas em seu perispírito? — perguntou Leopoldo.

— Sim, consigo ver — tornou Lara triste, mas tranquila. — O que é isso?

O mentor de Gilda, um nobre e luzente companheiro que estava presente, olhou para Leopoldo como se pedisse permissão para responder e disse:

— Essas marcas perispirituais que vemos, que mais se parecem com porções de barro sujo atirado nela, são marcas que Gilda traz por seu preconceito racial, principalmente. Cada vez que se pronuncia negativa ou ofensivamente contra qualquer um pelo nível social ou pela raça que a pessoa tem, inferiorizando-a de qualquer maneira, essas manchas purulentas se alastram cada vez mais em seu corpo perispiritual. São como cicatrizes inamovíveis, a não ser quando, num futuro, experimentar tudo o que fez aos outros e nisso pode se incluir cada mágoa, cada agressão, cada pensamento indigno. E foi por isso que eu os chamei aqui — esclareceu Élcio, o nobre mentor de Gilda, piedosamente. — Minha querida protegida, a cada dia, desperdiça as oportunidades abençoadas, nesta experiência terrena, ferindo e agredindo os outros sordidamente. É mesquinha, egoísta e miserável, além de impiedosa. Por isso, como Leopoldo já sabe, eu venho reivindicando o seu resgate para o mundo espiritual. A intenção é diminuir os seus débitos, pois, se ficar aqui...

O silêncio reinou por alguns segundos, até que Lara perguntou:

— Sei que é repugnante e lamentável o que minha mãe vem fazendo, mas há tantas outras pessoas que falam e fazem coisas iguais e não são resgatadas, por quê?

— Solicitei o seu resgate por misericórdia. Seu histórico, em outras experiências terrenas, é lamentável. Além disso, temo que ela venha a pôr em prática tudo o que tem em mente, por causa de seus fortes desejos de vingança e preconceitos. É preferível o seu desencarne agora e o início do resgate de seus débitos o quanto antes ou suas dívidas vão tomar proporções imensas, medonhas. Existe também outra questão: as pessoas a quem ela planeja prejudicar e deseja tanto mal não merecem mais experimentar as suas vilezas. Essas criaturas precisam continuar, sem interrupções, a jornada evolutiva e Gilda, no entanto, é um grande empecilho.

Nitidamente triste, Lara se reconfortou com uma ideia:

– Como sabemos, ela vai se libertar dessa prisão terrena. Talvez sofra um pouco na espiritualidade, mas, depois, em alguma colônia, vai se refazer, entender, aprender... – tornou Lara.

– Lamento, Lara. Oportunidades incontáveis já foram oferecidas à Gilda. Em vão. Ela não deve ficar por muito tempo na espiritualidade. Planejamos uma estada bem curta no plano espiritual e um rápido reencarne – explicou Leopoldo. – A humildade dela, após o desencarne, mostrará para onde sua consciência vai atraí-la para um novo reencarne. Foi por isso que eu quis que nos acompanhasse.

– Como assim? – perguntou Lara.

– O que Gilda experimentar, provar e sofrer, a partir desta última experiência, não será por castigo, mas sim pelo que ela atraiu, criou para si mesma por conta de sua intolerância, seu egoísmo, avareza e, principalmente, por seus preconceitos e intolerâncias – explicou ele com bondade. – Mas, por pior que possa parecer, sua situação poderá ser amenizada. Tudo dependerá dela. Após uma pausa, lembrou: – Um ilustre Mestre nos ensinou que: "A ingratidão é filha do egoísmo e o egoísta encontrará, mais tarde, corações insensíveis como ele próprio o foi."[2] Gilda nunca foi sensível nem para com ela mesma, nunca teve compaixão, piedade ou amor.

– Parece que ela só ama o Eduardo.

– Não, Lara. O que pensa ser amor pelo filho também é egoísmo. Ela tem de sentir carência de amor e compaixão, terá de implorar por misericórdia e piedade para depois fazer nascer em si mesma esses sentimentos. Terá de experimentar o preconceito, a subjugação, o desprezo, a traição e tantos outros males que ofereceu para se despojar deles. Porém, antes que ela siga atraída por sua mente ao reencarne mais apropriado, é por acréscimo de misericórdia que vamos nos empenhar para que você, Lara, tente ainda, pela última vez,

---

2 Nota: N.A.E. Trata-se de um trecho da resposta a pergunta 937 de *O Livro dos Espíritos*

levá-la ao arrependimento, ao amor incondicional e a alguns valores morais.

— Eu?! — surpreendeu-se.

— Sim, filha. Acreditamos que ao vê-la, isto é, se conseguir se desprender de seus pensamentos e vibrações inferiores, Gilda ainda reflita e não se entregue ao triste destino traçado por sua consciência. Quem sabe?... — explicou Élcio com muito sentimento.

— E se eu fracassar? E se ela não me ouvir?

— O fracasso jamais será seu. A tentativa é sua, o fracasso será dela — tornou Élcio bondosamente.

— E quando acontecerá?

— Calma, Lara. Vamos esperar.

CAPÍTULO 27

Descendência negra

No dia imediato, Lara sentia-se um tanto abalada pelo que soube.

Ainda na casa dos pais, depois de abraçar Adalberto, que não a percebeu, ficou observando-o a certa distância.

A aproximação de Leopoldo atraiu sua atenção. Lara esboçou um sorriso ao vê-lo e comentou:

— Quando encarnados, como desperdiçamos grandes oportunidades que a vida nos oferece, não é? — Sem esperar por uma resposta, prosseguiu: — Veja meu pai, um homem muito rico, bem estabilizado, ganha muito mais do que precisa e ainda subtrai o que não lhe pertence. Além de ter o que recebeu como herança, ele lutou a vida inteira por mais e mais. É engraçado, os ambiciosos são egoístas consigo mesmos. Meu pai quase nunca tirou férias, passeou ou se divertiu com os filhos como deveria e poderia, pois só pensa em trabalho e dinheiro. Acho que os tempos mais felizes que experimentei, quando encarnada, foram os dias em que vivi uma vida mais simples, cheia de preocupações corriqueiras. Essas preocupações representavam dedicação, carinho e respeito. Isso é experimentar o verdadeiro amor.

– Feliz daquele que se satisfaz com o que possui, pois quando há muito, certamente, haverá o desperdício, como tanto acontece por aí. É raro não acontecer isso.

– Bem lembrado, Leopoldo.

– Você está muito pensativa. Sei que há um forte motivo para isso, mas espero que não se abale com o que haverá de acontecer.

– Não posso negar que estou triste. Gostaria que minha mãe pensasse diferente. Não entendo por que existem pessoas que desmoralizam ou desprezam as outras pela crença, raça, cor... O preconceito é algo doloroso, cruel, inútil... Devemos viver sem regras para amar.

– Você disse a frase certa, Lara. O preconceito é inútil. Eu acredito que o preconceito terá fim quando a criatura humana ganhar conhecimento, inteligência e sabedoria para analisar a vida e as situações. Isso significa evoluir moral e espiritualmente. Hoje, a ciência afirma que a nossa vida começou na África, continente que pode ser considerado o berço da raça humana. Eu disse berço da raça humana e não raça negra, branca, amarela... Não existem raças humanas. Existe só uma raça: a humana, os seres humanos. A vida humana começou na África. Independente de quem somos, de onde viemos ou da aparência que temos hoje, a ciência atual, ou seja, os geneticistas afirmam, que todos nossos ancestrais vieram da África, daquele continente quente e frio, muito conturbado e quase esquecido nos dias atuais. A ciência genética concluiu, que cada um de nós, sem exceção, tem em seu código molecular, que é o DNA, uma parte mitocondrial que demonstra que, o humano moderno, é descendente das mulheres e homens negros, depois dos hominídeos, que viveram na África há muitos milhões de anos. O adiantamento da ciência veio para lembrar, ao ser humano, que somos iguais. É lamentável usarem-na para outras coisas que não a conscientização.

– Sabemos que existiu o *Neanderthal* na Europa, ou melhor, só na Europa – comentou Lara.

– Sim, claro. Sabe-se que a raça humana surgiu há milhões de anos e a arqueologia prova que, há mais ou menos cento e cinquenta mil anos, o planeta Terra abrigava os *Homo sapiens* na África Oriental, os *Homo erectus* no extremo Oriente e os *Neanderthal* na Europa. Mas estou falando de uma data ainda mais remota. O *Homo sapiens* saiu da África para encontrar comida e recursos depois de se erguer, levantar a cabeça para o céu, admirar as estrelas, contemplar a natureza e, de alguma forma, perguntar a si mesmo: "quem sou? De onde vim? Para onde posso ir?" – silenciou por um instante para refletir. Depois, prosseguiu: – Vamos lembrar também que a curiosidade é um atributo natural do ser humano e foi isso que o fez migrar e querer sair do continente africano depois de muitos milhões de anos. Devido às condições climáticas, os seres humanos eram negros, todos negros. Isso ocorria pelo excesso de melanina, um protetor solar natural, que temos no corpo.

– Sim, eu sei. O excesso de melanina escurece a pele para protegê-la do sol.

– Isso mesmo, Lara. Foram esses grupos de mulheres e homens negros, formando pequenas famílias, que habitaram o mundo, enfrentaram rigorosas e devastadoras mudanças climáticas, eras glaciais, fome excessiva, escassez de alimentos, desertos extremos e mar excessivamente salgado, além de ambientes que quase não lhes davam oportunidades de sobrevivência. Entretanto, o *Homo sapiens* andou pelo mundo milhares e milhares de quilômetros, quase se extinguiu em novos ciclos de eras glaciais, encontrou o *Neanderthal* e o *Homo erectus*, travando guerras pela sobrevivência, para dominar o melhor território de caça, pesca, coleta, as melhores cavernas e, apesar disso tudo, sobreviveu. Os seres humanos existentes hoje são *Homo sapiens*. Os homens e mulheres, independente da cor que trazem na pele, de qualquer característica física diferente ou do local onde vivem, são descendentes daqueles negros, que tentaram e saíram da África há milhares de anos e povoaram o planeta, chegando a todos os lugares da Terra: Ásia, Europa, Américas... Caminhando por diversas partes, pois o mar era muito mais baixo e havia ligações entre os continentes. Só que, aqueles que chegaram às Américas, nunca mais puderam retornar por causa do fim da era glacial, que fez com que o mar subisse seu nível, novamente, e cobrisse as ligações de terra existentes. Até os dias de hoje, minha cara amiga, a ciência aponta para a evolução humana como sendo herança do *Homo sapiens*. Não há motivo de orgulho por sermos brancos, loiros e de olhos claros, asiáticos, de cabelos lisos e olhos puxados, ruivos, índios, aborígines... Somos todos descendentes dos negros africanos e estamos mudando fisicamente há muito mais de sete milhões de anos. Se temos algo para nos orgulharmos, é por sermos a espécie mais resistente e flexível às agressões naturais deste planeta.

– Se somos todos descendentes dos negros africanos, por que tanta diferença física entre nós? – perguntou Lara interessada nas explicações.

– Por causa da incrível capacidade de adaptação ao meio ambiente que se vive. O clima e o tipo de alimento, principalmente, interferem e impõem a nossa forma física. Isso se um grupo fica milhares de anos na mesma região se relacionando com indivíduos que pertencem sempre ao mesmo grupo.

– Com isso, Leopoldo, você quer dizer que o negro, com o passar dos anos, virou branco?

– Sim. Nossos ancestrais negros, que saíram das savanas africanas e de tantos outros lugares perdidos na África, precisavam ter pele bem escura para sobreviverem ao sol. Porém, quando eles saíram da África e chegaram a regiões com menos sol, o corpo precisava de Vitamina D3. Só que o excesso de melanina, em regiões de pouco sol, inibe a formação dessa vitamina no organismo e provoca o raquitismo.

Então, a complexa e divina estrutura humana, abençoada por Deus que já a planejou assim, deixa de fabricar melanina para que o corpo fabrique a Vitamina D3, quando o indivíduo vive em local de pouco sol. Com menos melanina, a pele fica mais branca. Só que isso leva milhares de anos para acontecer. A transformação da pele escura em clara não é tão rápida quanto podemos imaginar.

– Quanto tempo?

– Depende muito do grupo, da seleção sexual, da seleção natural, da adaptação ao meio... Cada caso é um caso, Lara. Se fosse para calcular, eu diria que demorou cerca de vinte a vinte e cinco mil anos para o negro virar branco e vice-versa.

Muito curiosa, tentando explorar o conhecimento de Leopoldo, Lara perguntou:

– Por que o *Homo sapiens*, ou seja, a nossa raça sobreviveu a tantos obstáculos e os outros não?

– O *Homo sapiens* mostra sua inteligência há milhares de anos e não somente nos dias de hoje. O *Homo sapiens* era curioso, como é até hoje, e repleto de necessidade de pensar, planejar e de se comunicar. Possuía a teimosia e podemos dizer que todos esses atributos, bem dosados, são de grande valor a todas as criaturas. Tinha também a capacidade de explorar, por isso, há milhões de anos, era nômade. Ele tinha a aptidão de inventar, por essa razão se adaptava física e culturalmente ao local para onde migrava, enquanto o *Neanderthal*, por exemplo, ficava sempre no mesmo lugar e não procurava melhoria. O *Neanderthal* emitia grunhidos e tinha poucas ferramentas. Já o *Homo sapiens* confeccionava roupas costuradas com agulhas feitas de ossos, chegando a inventar uma espécie de sapato ou sandália para a proteção dos pés, a desenvolver ferramentas diferentes para propósitos diferentes, como redes para pescas e redes para caças. – Depois de sorrir, comentou: – Ele até possuía a vaidade, pois confeccionava adornos para o corpo como colares, pulseiras etc. Era capaz de desenhar, pintar ou contar aos pequenos e aos demais o que havia acontecido em alguma caçada, por exemplo, além de planejar as caçadas e calcular as secas e as enchentes. Porém, isso tudo só foi possível com a comunicação, com a fala. O *Homo sapiens* podia trocar ideias porque tinha uma fala mais completa. Não só possuía os substantivos e adjetivos, mas também uma verdadeira gramática, graças ao seu desenvolvimento mental, à sua inteligência. Lembremos que a inteligência e a sabedoria não dependem do cérebro, mas sim do espírito, da experiência pelas quais ele passou, pois o espírito é, muitas vezes, mais antigo do que a evolução humana neste planeta. – Breve instante de pausa e ainda disse: – Sabe-se que, quando eles desenhavam para registrar um fato ou passar conhecimentos, queriam preservar a espécie ensinando como sobreviver. Além disso, já desejavam o bem, o que é uma forma de amor, pois ensinar é doação e doar é amar.

Lara sorriu e afirmou:

– Uma professora me disse, que uma das coisas mais importantes de uma pessoa desenvolver, para ser melhor que as outras, é a comunicação. Ninguém se comunica bem quando não sabe escrever, falar e expressar o que precisa, não sabe usar substantivos e adjetivos nem sabe o que é gramática, não sabe interpretação de texto. Não se comunicar bem é a decadência do ser humano. Por isso o Espírito de Verdade disse: "Amai-vos e instruí-vos". Sem conhecimento, não refletimos e não evoluímos em nenhum sentido, seja espiritual ou socialmente. Ficamos estagnados, parados, sem objetivo. Sem conhecimento, não desenvolvemos nossa inteligência e, consequentemente, não vamos nos adaptar às mudanças do mundo.

– E para ganharmos conhecimento, precisamos de empenho e desejo de progredir. Além de saber ouvir. Quem não ouve, não aprende, só deduz com o pouco que acha que sabe.

Inesperadamente, Lara desabafou:

– A Helena fez muito bem em ter terminado aquele namoro com o Vágner. Ele era um rapaz parado, improdutivo e que não queria evoluir na vida, pois tinha medo de procurar coisas novas, melhorar. Ele era estagnado feito um *Neander*...

— Lara!... O que é isso? — advertiu Leopoldo, fazendo-a parar.

— Desculpe-me, eu não aguentei. Mas... Falando em pessoas paradas e que não progridem, por que alguns africanos, índios das Américas, além de outros aborígines espalhados pelo mundo, não progrediram arquitetônica, social e economicamente, enquanto em outros lugares do planeta, na Europa, principalmente, o mesmo *Homo sapiens* criou construções, impérios, sociedades complexas e muito mais?

Tranquilo, Leopoldo refletiu e considerou afetuoso:

— Existem espíritos em diferentes graus de evolução moral e intelectual, por isso as necessidades variadas para reencarnarem em determinados lugares, com determinadas experiências. Nada está errado. Todos, todos nós precisamos evoluir e são circunstâncias diferentes que nos auxiliam. As dificuldades nos fazem progredir social, econômica e espiritualmente. "Não dê o peixe a seu filho, ensine-o a pescar", disse-nos o Senhor Jesus. A facilidade para obter as coisas nos faz pessoas acomodadas. Vamos lembrar que alguns, em ambientes favoráveis não precisavam de roupas, por causa do clima quente. A terra e as águas lhes ofereciam a caça, a pesca, as raízes e os frutos, enquanto, em outros lugares, a começar pelas dificuldades climáticas e inúmeros outros desafios, os obstáculos serviram para ajudar no desenvolvimento da inteligência, da perspicácia e da sabedoria humana. Em lugares frios, o homem precisava de roupas para se proteger, por isso teve de pensar em um jeito de curtir as peles e o couro, costurá-los e modelá-los em seus corpos para se agasalhar e se proteger. Necessitou de construções mais eficientes para se abrigar. Também precisou plantar, cultivar e guardar os alimentos para épocas mais difíceis e passou a reunir animais criando ovelhas e cabras. Isso tudo para não virar vítima das intempéries climáticas. Sempre produzindo mais do que necessitava, o ser humano passou a trocar, a negociar o que produzia e o que lhe sobrava, fazendo surgir o comércio, a revolução comercial. Assim nasceu a ambição, o querer mais do que se precisa e o gosto por levar vantagem. Só que para toda vantagem que obtemos ilicitamente, pagamos um preço. Então, experimentando o que fizemos aos outros, aprendemos a evoluir espiritualmente.

— Seria tão importante as pessoas saberem que somos todos descendentes dos negros africanos. Talvez parassem de dar tanta importância às diferenças. Necessitamos de conscientização — considerou Lara pensativa. — Não precisaríamos de leis contra o racismo, o preconceito e intolerância. Nenhuma lei é capaz de punir, aliviando a ofensa moral da vítima. O preconceito dói.

— Esse assunto já é do conhecimento da humanidade, mas não muito divulgado. Poucos dão atenção a ele. Há os que preferem acreditar que sua pele alva e seus olhos celígenos, claros são presentes dos céus. — Após alguns segundos, comentou: — Nem o próprio Jesus tinha pele clara, cabelos lisos e aloirados, muito menos olhos azuis como nos mostram as imagens feitas pelos homens, que querem reverenciá-Lo com essas características como se isso Lhe agradasse. Se assim fosse, Ele jamais poderia ter sido filho da Tribo de Davi, filho de judeus como José e Maria e todas as profecias bíblicas estariam erradas. Vamos lembrar que o próprio Mestre disse que não veio destruir as Leis e os profetas e sim cumpri-las.

— Então não existe a tal raça pura como alguns tentaram dizer?

— Não — afirmou categórico. — Se a pele branca, os cabelos lisos e os olhos claros fossem algo puro, superior nas criaturas, seus genes seriam dominantes. Mas ocorre exatamente o contrário, ou seja, as características hereditárias predominantes em um indivíduo são as escuras, quando acontece união de genes. Isso ocorre porque a nossa origem ancestral é escura. O gene existente há mais de sete milhões de anos, para sobreviver às intempéries agressivas deste planeta quase hostil, é o gene mais forte.

— Acredito que, à medida que o ser humano for evoluindo moralmente, esse preconceito vai diminuir, não é?

– É lamentável, que a criatura humana só se torna mais amável e humilde quando vivencia provas amargas, realidades duras e passa por experiências cruéis em reencarnes seguidos, experimentando o que fez os outros sofrerem. Geralmente, somente dessa forma, ela oferece mais atenção às diferenças, deixa de ter preconceito, orgulho, arrogância e intolerância de nenhuma espécie ou grau. Passa a ver todos de modo igual: seres humanos criados por Deus. Para a maioria, infelizmente, são necessárias várias reencarnações para que aprenda que somos filhos de Deus, que criou tudo e todos no Universo.

Lara ficou pensativa, refletindo profundamente naquela grande aula sobre a raça humana, mas logo perguntou:

– Por que um espírito se apresenta, às vezes, loiro e com olhos claros?

– O espírito elevado pode se apresentar como quiser. Ele pode adotar uma aparência do passado para se fazer lembrar, para se fazer reconhecer ou porque lhe convém ou lhe agrada. Isso não significa vaidade ou orgulho, pois os espíritos orgulhosos, vaidosos, não são elevados. O espírito inferior, por suas condições, não pode mudar seu aspecto exterior pela vontade como faz um espírito elevado. O espírito arrogante, orgulhoso e vaidoso, quando desencarnado, apresenta-se com um aspecto muito materializado, grosseiro, às vezes, nada agradável e com uma aura sombria, sem luz, feia, pois seus pensamentos sempre o traem. Entretanto, existem criaturas bem elevadas que se apresentam negras, com uma aura radiante, linda, que chega a nos ofuscar de tanta luz e beleza. A aparência exterior adotada por um espírito não tem importância no plano espiritual. As criaturas racistas ainda não compreenderam essa verdade absoluta, pois Deus nos ama a todos, sem distinção.

– Você poderia me explicar por que, hoje em dia, as leis estão fazendo com que um negro entre em uma faculdade na vaga que poderia ser de um branco?

– Será que essa pessoa branca, que perdeu sua vaga hoje, em uma vida passada, não diminuiu ou tirou a possibilidade de melhoria de uma pessoa negra e, agora, em condições semelhantes, está devolvendo o que subtraiu? Há muitas formas de desfazermos nossos erros e aliviarmos nossas consciências.

A resposta de Leopoldo nos gera grande reflexão. Nada é por acaso e devemos lembrar que, de maneira amorosa e pacífica, podemos harmonizar alguns erros do passado sem necessitarmos, obrigatoriamente, sofrer consequências drásticas. Mas se não aceitarmos o que a vida determina, nossa consciência irá nos cobrar de outro modo.

Devemos respeitar todos os nossos ancestrais e recordar que entre eles estão os negros, pois não somos descendentes unicamente de europeus e orientais. Temos em nossa origem os negros africanos e o conhecimento disso tende a mudar a opinião sobre o racismo e o preconceito, transformando muitas ideologias que retratam o negro como sendo criatura inferior, sem alma, como já foi considerado, um dia, por alguns religiosos. O desconhecimento desses fatos favorece o preconceito e alimenta o racismo.

Temos de ter uma nova consciência e muito respeito aos semelhantes, pois, amanhã, na próxima vida, vestiremos uma roupagem de carne negra, amarela, mestiça ou branca, de acordo com a nossa necessidade espiritual e não vamos nos sentir bem com nenhum tipo de discriminação.

Poucos dias depois, Eduardo estava na empresa cuidando de alguns documentos e explicando para a secretária:

— Paula, encaminhe esta documentação. Ficarei longe por alguns dias e como meu pai já avisou, todos os contratos para análise deverão ser encaminhados para o Aparecido.

— Pode deixar — respondeu, enquanto observava o rapaz muito apreensivo. — Eduardo, você ainda não se resolveu com a Helena, não é?

— Ainda não — tornou ele, respirando profundamente. — Sabe, estou sentindo o mundo pesar sobre minha cabeça. Mas eu vou resolver isso. Ah! Vou.

— Não queria ser eu a apontar mais problemas, mas... veja, trabalho aqui há algum tempo e começo a entender um pouco de negócios. O doutor Adalberto comentou levemente sobre a venda de suas ações, chamou o doutor Guimarães, o advogado dele, para conversarem e, bem, eu não sei se as coisas estão caminhando tranquilamente como você imagina, Eduardo.

— Meu pai não seria louco de vender suas ações e perder a presidência. Ele ama isto aqui. Quanto ao Guimarães vir até aqui, isso não me preocupa porque ele não é advogado da empresa. Sei que auxilia meu pai em seus negócios particulares e... Você sabe, esse é um campo que meu pai não abre para ninguém, nem para mim. Só sei que existe algo errado e isso me preocupa muito, muito mesmo, mas não posso fazer nada ou melhor, faço a minha parte.

— Eduardo, e se, quando você não estiver, o doutor Adalberto fizer alguma loucura como vender as ações? Todos temos consciência de que você o orienta muito, de alguma forma. Talvez a empresa não fosse o que é sem a sua influência sobre seu pai.

— Qualquer coisa que ele for fazer, comentará comigo, como sempre fez.

— Mas acontece — insistiu a secretária — que eu o vejo em seguidas reuniões, a portas fechadas, com a Natália e... sabe como é...

— A Natália me preocupa. Ela tem o dom de convencer meu pai a fazer algumas coisas que eu não aprecio nada, nada. Lembro-me do que fez para conseguir as ações do Osmir e tirá-lo da empresa. Aquilo foi um negócio sujo. Ela só gosta de estocar dinheiro lá fora mesmo que isso prejudique todos nós.

— Você tem provas disso, Eduardo?

— Não. Mas quem é que não sabe o que está acontecendo?... Caixa dois, compra ilegal de moeda estrangeira... Eu não sei o tamanho disso tudo, talvez nem meu pai saiba direito.

— A Natália não pode enganá-lo? Desviar tudo isso para ela de alguma forma?

— Acho que não. Com dinheiro o senhor Adalberto é muito atento, ninguém o engana. Bem!... Quero esquecer um pouco esses problemas. Tenho de cuidar da minha vida.

— A propósito, eu fiz a transferência daquele dinheiro para a conta que você me pediu — avisou a moça.

— Ótimo. Falando nisso, já estava até me esquecendo... Preciso falar com o advogado para preparar um contrato da academia.

— Esses valores são para a academia do João Carlos?

— São. Estou o ajudando e, consequentemente, minha irmã. Eles vão se casar. — Depois de sorrir, afirmou: — Fico feliz por ver a Érika bem. Só não posso esquecer de documentar esses valores injetados na academia.

— Eu estou frequentando a nova academia que ele abriu, ou melhor, vocês. O João Carlos é uma ótima pessoa. É daqueles em que a gente sabe que pode confiar.

— Podemos confiar, mas é importante uma documentação justa, muito bem-feita, para garantir ambas as partes.

— Sem dúvida — afirmou a secretária. Depois avisou: — Vou ver com um dos advogados da empresa o contrato adequado, depois eu telefono avisando.

— Obrigado, Paula. Isso vai me ajudar muito. Agora tenho de ir — disse pegando uma pasta para sair.

— Boa sorte, Eduardo. Tudo vai se resolver, tenho certeza.

Ele parou próximo à porta, sorriu demonstrando certa amargura no olhar, depois respondeu:

— Reze por mim, estou precisando.

— Pode deixar. Vibrarei por você.

Eduardo se foi. Ele pretendia ir até a casa de dona Júlia para ver como Helena estava e tentar, mais uma vez, falar com ela.

Era quase hora do almoço e Juliana, concentrada em alguns projetos de decoração, estava em seu estúdio atenta em seu trabalho quando a amiga e sócia avisou, sorrindo:

— Visita pra você!...

Ao olhar em direção ao *hall* principal, viu Miguel, que a observava.

— Oi, Miguel! Tudo bem?! — exclamou levantando-se e indo a sua direção.

Beijando-a no rosto, exibindo pouco ânimo, o rapaz respondeu:

— É... quase tudo.

— Venha, sente-se aqui — convidou, levando-o até uma pequena sala.

Já acomodado em um sofá diante de Juliana, o rapaz mostrava-se apreensivo, quase nervoso.

— O que foi, Miguel?

Olhando-a nos olhos, ele revelou:

— Agora eu tenho certeza.

— Do quê?... — indagou, desconfiada.

— A última vez que conversei com a Suzi foi naquele domingo lá em casa. Você lembra, né?

— Sim, claro.

— Eu fiquei atrapalhado, não queria nem olhar para ela e fazer uma bobagem, mas precisava ter certeza o quanto antes, entende? Então, na segunda-feira, eu liguei para a Suzi e avisei que iria viajar para o Paraná a serviço. Isso me garantiria algum tempo sem dar satisfações. Aí, conversei com um colega sobre o assunto. Como ele é de confiança, contei tudo e pedi para que a seguisse.

— E aí? — perguntou a amiga, com grande interesse.

Em baixo e pausado tom de voz, ele prosseguiu:

— Não deu outra. O Eduardo estava certo. A Suzi trabalha em uma casa noturna. É um lugar de alto estilo, muito caro, bem luxuoso. Ela é garota de programa.

— E a faculdade?

— Ela também faz faculdade, que deve pagar com o que ganha nesse lugar onde só se encontram moças jovens, geralmente universitárias, que sabem falar dois ou três idiomas. São prostitutas finas, muito bonitas e educadas.

Juliana ficou boquiaberta diante da revelação. Seus olhos aveludados se estatelaram fixos em Miguel exibindo espanto.

Após o longo silêncio que se fez, ela falou como se desabafasse:

— Desgraçada! — exclamou, indignada.

Ainda tranquilo, apesar de apreensivo e amargurado, o amigo completou:

— Essa qualificação é muito honrosa para ela.

— Desculpe-me. Eu nem deveria ter dito isso. Mas... O que você vai fazer?

— Vou até esse lugar no dia de sua escala de serviço. Quero encará-la nos olhos.

— Não faça nenhuma besteira, Miguel! Pelo amor de Deus! — desesperou-se Juliana. — Acho bom você não ir.

— Não se preocupe, não quero estragar minha vida. — disse ele com semblante triste. — E... Desculpe-me por vir aqui conversar com você. Estou arrasado. Tenho vontade de estrangular a Suzi.

— Mas você não vai fazer isso. Certo?

— Você não imagina como é ser traído, como é ser enganado como se eu fosse um idiota! Até quando ela pensou que levaria adiante essa mentira?

— Calma, Miguel, esses sentimentos vão passar.

— Que ódio! Que vergonha! — afirmava num gesto nervoso, enquanto passava as mãos pelos cabelos. — Todo mundo viu algo estranho nela, só eu que não e, pior, não acreditei quando me falaram.

— Posso fazer uma pergunta? — Observando que o amigo ergueu o olhar brilhante e triste, ela indagou: — Você ama a Suzi? Ou amou?

Após certa demora em que parecia analisar os próprios sentimentos, ele admitiu:

— Para dizer a verdade, acho que não. Gostei muito dela, não posso negar. Mas acho que eu estava preocupado com o rumo da minha vida, querendo alguém fiel, que me entendesse, que transmitisse tranquilidade... Talvez eu tenha me impressionado por sua beleza, por seus lindos olhos claros, pelo seu corpo, seu modo simples e gracioso... Tudo falso. Agora vejo que sua delicadeza e seu sorriso treinado e discreto faziam parte de seus planos mórbidos para se mostrar como alguém que pudesse me agradar, ou melhor, para se encaixar naquilo que um homem procura. Como fui imbecil! – Depois de um gesto de enfado, Miguel concluiu: – Só quero olhar em seus olhos, uma última vez, nada mais. Vou até essa casa noturna com esse objetivo.

– O que vai dizer para sua mãe?

– Não sei. Acho que não vou contar nada. Já basta a Helena saber. Coisa ruim não se comenta. Quando minha mãe perceber que ela não está mais indo a nossa casa, tenho certeza de que não vai perguntar, vai é dar graças a Deus.

– Não vá sozinho a um lugar desse. Peça para meu irmão ir com você.

– Será que ele vai?

– Certamente que sim. O João Carlos é uma pessoa muito pacífica. Ele será uma boa companhia para não deixá-lo se alterar. Eu e a Érika ficaremos esperando vocês num lugar próximo, se você quiser.

– Estou arrasado, mas tenho de terminar com isso.

– Você tem muita coisa para fazer na sua vida. Não se deixe abater por isso. Erga a cabeça, Miguel! – Levantando-se, Juliana estendeu-lhe a mão e convidou: – Venha, vamos almoçar. Conheci um restaurante japonês ótimo.

Segurando na mão da amiga, ele sorriu e desculpou-se:

– Se você não se importar, eu gostaria de ir a outro lugar. Não aprecio comida japonesa.

– Sem problemas! Iremos então a uma cantina italiana! – anunciou sorrindo com ânimo.

Sentindo-se amargurado, quase vacilando, Miguel a puxou para um abraço forte, recostando-se em seu ombro, tal qual alguém que procura carinho e abrigo para um coração carente.

Juliana correspondeu com meiguice, afagando-lhe com cuidadoso carinho. Sentia muito por vê-lo naquela situação, porém o amava e não podia negar a grande satisfação de poder abraçá-lo como naquele instante, apesar das circunstâncias. E foi com sua graciosa desenvoltura e sorriso otimista que, cuidadosamente, afastou-o de si, beijou-lhe o rosto e propôs animada:

– Ei! Nada de melancolia! Somos jovens demais para isso. Não vamos ficar aqui envelhecendo enquanto morremos de fome.

Com isso, ela conseguiu roubar-lhe um largo sorriso e, mais animado, ele pediu:

– Então vamos logo.

Ao lado de Juliana, Miguel começou a reparar que encontrava duas coisas: fidelidade e paz. A amiga sempre era sincera em suas opiniões e isso, para ele, era algo muito importante.

CAPÍTULO 28

Tramas cruéis

Incansavelmente, Gilda procurava um meio de afastar Érika de João Carlos. Inconformada com a situação, conversava com a amiga:

– É muita ousadia ver minha filha viver com aquela coisa. Maldita abolição! – gritou revoltada. – Ninguém merece isso! Principalmente eu, Gilda Brandão, loira, linda, olhos azuis, descendente legítima de poloneses e irlandeses, raça pura! Não posso acreditar que tenho de ver minha filha com aquilo! Olha, Marisa, se eu sonhasse que iria encontrar com eles, jamais teria saído de casa naquele dia.

– Não quero envenená-la, mas sei que eles estão pensando em casamento. Pelo menos, é o que comentam na academia.

– Nunca! Prefiro morrer a ter de ver um negro na minha família!

– A senhora chamou, dona Gilda? – confundiu-se a empregada com voz e modos tímidos.

— Lave os ouvidos, estrupício! Quem foi que a chamou aqui?! — gritou a dona da casa, enfurecida.

— É que eu pensei que...

— Você não pensa, Sônia! Procure se lembrar disso! Você não tem o direito de pensar! — respondeu nervosa e extremamente mal-humorada. — Atenda somente as minhas ordens, entendeu?!

— Sim, senhora — respondeu humilhada, quase chorando.

— Com licença.

— Imprestável! — reclamou Gilda após a moça ter saído.

Marisa, que gargalhava e se divertia com a cena, logo perguntou:

— O que você pretende fazer?

— Separá-los de uma vez por todas. Só que para isso vou precisar novamente da sua ajuda, queridinha....

— Mas o que você tem em mente?

— Arrume, como daquela outra vez, alguém que aceite fazer um serviço completo. Eu pago bem. Muito bem.

— Gilda!!!

— Não me importo. Quero, de uma vez por todas, esse cafajeste longe da minha filha. Definitivamente! Quero que ele suma da face da Terra! Que botem fogo nele, mas que sumam com o sujeito e a sua laia!

— Nossa, Gilda — tornou a amiga mais séria. — Agora você está me assustando. Nunca a vi assim.

— Ah! Meu bem! Você não imagina do que eu sou capaz quando quero uma coisa. Outra que está me dando nos nervos é a Helena, que fica fazendo o maior charme para que o Eduardo não saia daquela casa. Você acredita que ele foi capaz de pedir férias na empresa para correr atrás dela?!

— Espera, Gilda! Lembrei-me de uma coisa. A Helena não teve um namorado antes do Edu? E se você encontrasse o fulano e armasse uma?

Gilda, que andava de um lado para outro, parou, virou-se para a amiga e, com olhos brilhantes e um largo sorriso, admitiu:

— Sabe, até que você é inteligente, Marisa! Que ideia magnífica! Estou me lembrando de que, um bom tempo atrás, quando a Bianca esteve aqui, ela contou que a tia estava triste porque havia terminado com o namorado. Disse que o rapaz não queria saber de trabalhar e... parece que também não queria deixá-la.

– Eu me lembrei desse assunto, por isso falei.

– Esse moço será um ótimo aliado, tenho certeza! – animou-se.

– Faça algo antes que a sua sobrinha Verinha revele o que vocês planejaram.

– A Verinha?! Nunca! Aquela é das minhas. Essa menina deveria ter nascido minha filha. A propósito, tenho de dar um jeito, por meio da Bianca, de saber o nome do ex-namorado da Helena e onde ele mora exatamente – planejava Gilda com uma luz sarcástica no olhar e sustentando um sorriso cruel nos lábios. – E você vai me ajudar, Marisa!

– Eu?!

Enquanto Gilda e Marisa teciam suas tramas maquiavélicas, Eduardo tentava conversar com Helena que, ainda um tanto arredia, quis ouvi-lo somente naquele dia.

– Helena, eu não tenho como provar minha inocência. A minha prima é uma louca, creio que, dificilmente, dirá a verdade. Ela sempre quis nos separar, você sabe disso. Só não entendo por que não acredita em mim.

Sem encará-lo, Helena comentou com voz amarga:

– Eu mesma os vi deitados na sua cama. Isso não sai da minha cabeça. Eu já te disse isso. Estou magoada... O que você quer que eu pense?

– Que a Vera armou tudo isso! A propósito, Helena, o que a fez ir à minha casa aquela hora da manhã?

Após pensar, ela decidiu explicar:

– Uma pessoa me disse que você e sua prima têm um caso há longo tempo. A princípio não acreditei, mas fiquei chateada com a história e, naquela manhã, recebi um telefonema dizendo que se quisesse ter certeza disso, para eu ir até sua casa que poderia pegá-los juntos.

Nitidamente nervoso, sentindo-se injustiçado, Eduardo se levantou e precisou de muita força para não perder o controle:

— Por que você não me contou?

— Queria ter certeza — respondeu Helena mecanicamente sem exibir qualquer sentimento.

— Quem foi? — perguntou agora mais firme ao perceber sua indiferença. — Quem foi que armou toda essa sujeira?

Enquanto isso, na espiritualidade, Nélio envolvia Helena com desânimo e apatia.

— Pouco te importas quem o tenha desmascarado — falava o espírito Nélio. — O fato é que, tu, Helena, já sabes que ele tem por ti pouco interesse. Em breve, abandonar-te-á. Traíste-me e hás de experimentar o abandono e a tortura que vivi, quando outrora, cometi tal desatino.

Impaciente, Eduardo segurou firme no braço de Helena fazendo-a encará-lo e, procurando controlar sua indignação, perguntou:

— Por favor, Helena, quem foi que telefonou para você? É óbvio que a Vera não faria isso sozinha. Quem foi?

— Prometi que não contaria — disse simplesmente cega para a verdade.

Agora, tomado de uma sensação enervante, Eduardo reagiu com veemência:

— Onde está aquele amor que você dizia sentir por mim? Acorde para a realidade, Helena! Você me conhece bem, eu sempre disse que poderia confiar em mim em qualquer situação, mas agora prefere acreditar numa cilada, num plano sujo, mórbido, que armaram contra nós!

— Para que eu vou provar isso ou aquilo? Você vai me deixar mesmo. Tenho é de me conformar com a minha situação — respondeu nervosa, enquanto as lágrimas corriam em sua face pálida. — Não estou aqui para te perdoar hoje e amanhã e depois pegá-lo, novamente, na cama com outra mulher. Estou decepcionada com você.

Abaixando-se próximo dela, Eduardo disse firme:

– Olha bem pra mim. Que história é essa de estar decepcionada comigo? Estou aqui querendo provar a verdade e você não me dá nenhuma chance para isso porque prometeu segredo a uma pessoa que talvez nem conheça direito! – Logo prosseguiu: – De onde é que tirou a ideia de que eu vou deixá-la, vou abandoná-la? Sabe, Helena, até com um psicólogo eu já fui conversar, pois sei que algumas mulheres grávidas sofrem certo grau de rejeição pelo pai do bebê, mas parece que esse não é o seu caso. Eu não sei, não entendo o que está acontecendo com você, mas uma coisa estou percebendo: parece que você não me ama mais ou então não me ama como dizia, como eu pensava. Quero desmascarar toda essa armação feita pela Vera e sei lá por quem mais, quero que acredite em mim, mas a única pessoa que poderia me ajudar é você e você se nega.

– Confiei em você e fui traída! – quase gritou.

– Deixe-me provar o contrário, então! Diga quem foi que telefonou e ajudou a Vera com essa mentira!

– Não estou só falando disso. Eu não queria estar grávida. Não queria passar por essa vergonha – confessava entre o choro e os soluços que lhe entrecortavam as palavras, enquanto secava o rosto com as mãos. – Eu falei pra você, disse que tinha medo de uma gravidez, disse que não queria, mas não... você me convenceu... me seduziu...

– Não estou entendendo – interrompeu perplexo. – Você está me acusando, me punindo porque está grávida? Helena, eu...

– Eu sempre tive medo. Não queria isso. Sinto vergonha da minha família... não quero e não vou trabalhar, nem mais sair na rua...

– Lena, espere aí – tentava entender, sentando-se ao seu lado e procurando ser amável no tom de voz –, você está assim porque não queria a gravidez? – perguntou experimentando um sentimento estranho, um misto de piedade e surpresa.

– Você disse que não teria problemas, para eu confiar em você. Confiei, e agora?

— Lena, meu bem, calma — pediu acariciando-lhe os cabelos e afagando seu rosto. — Veja...

— Não me toque! — disse irritada afastando-se.

— Tá. Tudo bem — falou confuso e respirando fundo, tentando pensar. Após alguns segundos, esclareceu: — Lena, eu pedi que confiasse em mim e não estou fugindo da minha responsabilidade. Eu te amo — declarou-se com jeito meigo e olhando-a nos olhos –, quero você e o nosso filho.

— Eu não gostaria que fosse assim. Não queria ficar grávida. Não solteira. Todo mundo vai falar...

— Que se dane o mundo todo! Ninguém tem nada a ver com isso. É a coisa mais normal hoje em dia.

— Mas eu não queria que fosse assim!

— Mas a culpa não foi minha. Você sabe... acontece. O preservativo rasgou.

— E se fosse uma doença? E se um de nós estivesse com AIDS, hein? Além disso, você só pensava na proteção para evitar uma doença ou uma gravidez, mas onde fica a nossa responsabilidade moral? Como acha que me sinto moralmente, psicologicamente, hein?

— Eu não vou abandoná-la. Podemos procurar ajuda com um psicólogo, se você aceitar. Não estamos doentes e um filho não é uma doença. — Decorridos alguns minutos, ele afirmou: — Não sei mais o que falar. Só peço que acredite em mim.

— Nunca mais! — dizia ainda chorando.

— Eu sei que esses seus sentimentos vão passar. Tenho certeza de que são temporários e eu serei tolerante, mas, fora isso, Lena, por favor, me conta quem telefonou pra você?

— Vá embora, Eduardo, por favor.

Vendo-a chorosa e muito abalada, ele acreditou que fosse melhor deixá-la sozinha, pois havia se alterado muito e estava nitidamente perturbada.

— Está bem, eu vou. Mas pense no que conversamos.

Após observá-la por alguns instantes, afagou-lhe os cabelos, abaixou-se e ao beijá-la rapidamente no rosto, ela virou lentamente como se quisesse recusar o carinho.

Ao vê-lo sair, Helena chorou compulsivamente.

Naquele instante, os espíritos Leopoldo e Lara acompanhavam os acontecimentos.

— Como é lamentável ver alguém tomar decisões e transformar o próprio destino por se deixar levar pela obsessão espiritual — comentou Leopoldo.

— Por que ela não quer a gravidez? Por acaso se trata de um espírito indesejável?

— Não. Não nesse caso. Acontece que Nélio vem lhe imprimindo ideias e imagens de uma experiência passada, época em que uma moça solteira, grávida, era um escândalo. Devemos lembrar que Helena, nessa época, foi difamada e sofreu muito por isso. Agora, inconscientemente, experimenta os temores da época e não consegue distinguir a realidade presente da vida passada. Ela tem vergonha da própria família, não vai ao trabalho, só sai de casa à noite para ir ao centro espírita, tudo isso são sequelas que vieram à tona pelas impressões que Nélio constantemente lhe passa.

— E vai ficar assim? Não podemos interferir?

— As palestras a que ela vem assistindo, os passes que recebe e a assistência espiritual a que se propôs já estão ajudando.

— Desculpe-me, Leopoldo, mas eu não vi progresso algum.

— Observe que ela conversou com o Eduardo hoje, coisa que antes não queria. Além disso, confessou a ele os seus medos, a sua vergonha. Pode parecer que não, mas isso já é um progresso sim. Se bem que, a meu ver, Helena está excessivamente fragilizada e isso pode lhe trazer alguns problemas.

— O Eduardo é muito amoroso, compreensivo, porém nunca pensei que pudesse vê-lo implorar tanto pelo amor de uma mulher. Esse não é o perfil do meu irmão.

— Num passado distante, quando Helena não aceitou ser amante de Nélio, apareceu um rapaz interessado nela, como eles diziam, um rapaz que a cortejava. Só que as difamações sobre a moral de Helena, feitas por Nélio, afastaram esse rapaz que não acreditou na verdade que ela contava.

— Esse moço era Eduardo?
— Sim. Era Eduardo. Helena implorou para que a ouvisse e acreditasse nela, mas ele não quis saber. E é por isso que hoje é ele quem implora atenção, humilha-se para que ela acredite na sua versão. Foi somente depois que ele desencarnou que se arrependeu do que fez, da importância que deu a algo irrelevante, a uma mentira criada por Nélio.
— E o Nélio? Como ficará hoje? Continuará atrapalhando o progresso dos dois?
— Estão tomando providências quanto ao seu assédio nocivo.
— O que vai acontecer com ele? — perguntou com muita curiosidade.
— No momento certo você saberá.
— Vão reencarná-lo como filho de Helena futuramente? — tornou não se contentando.

O instrutor quase gargalhou ao responder:
— Que mania é essa de pensar que todo obsessor reencarna como filho? Claro que não é isso o que acontece. Daqui a pouco todo o mundo vai olhar para os filhos e achar que eles são algozes do passado e, em vez de amá-los, vai odiá-los. Não se pode pensar assim. Cada caso é um caso. Talvez, um dia, em uma futura reencarnação, Helena até possa recebê-lo como filho, mas isso se ela estiver preparada, fortalecida e se ele ainda precisar. Um filho, Lara, é uma bênção e não um castigo. Quando recebemos como filho um espírito ainda embrutecido, ignorante ou que ainda tem algo de importante para aperfeiçoar e harmonizar, isso ocorre por amor, por acréscimo de misericórdia e, na maioria das vezes, são os pais que solicitam esse reencontro, essa harmonização para oferecer oportunidades, ensinamentos e amor. Só recebemos um filho difícil quando temos força interior e capacidade para orientá-lo. Se não o fazemos é por outro motivo, principalmente, por má vontade ou embrutecimento do próprio espírito ou até o nosso. "Deus não coloca fardos pesados em ombros frágeis."
— Há casos de pais que recebem esses espíritos difíceis como filhos sem ter solicitado isso?

— Há sim. Em caso de expiação. Quando você induz alguém ao erro, quando o faz cometer crimes, quando provoca vício de qualquer espécie, você cria vínculos com esses espíritos e há de recebê-los bem próximo, de algum jeito, provavelmente como filhos. Então, veja, não é o caso de Helena e Nélio. Ela não o prejudicou nem o induziu ao erro. Pode-se dizer que Helena não tem acerto algum para com ele.

— E quanto ao bebê que ela espera? O que você pode dizer dele?

— Ah! Essa sim é uma criatura linda, maravilhosa. Alguém especial na vida de ambos, no passado, e que, agora, como bênção lhes pede a oportunidade de viver entre eles. Se Helena soubesse de quem se trata, não ficaria assim, negando-se à gravidez, inclinando-se ao aborto.

— Mas ela não quer praticar o aborto. Quando lhe foi perguntado, ela se negou terminantemente.

— Não querer ser mãe quando se está grávida é uma forma de dizer sim ao aborto, mesmo que não pense em cometer o ato. É um crime rejeitar a gravidez, você estará rejeitando uma dádiva divina, a vontade de Deus.

— Mas ela está sob a influência de um obsessor – defendeu Lara.

— Nesse caso, há um atenuante a favor de Helena, mesmo assim ela prejudica o espírito que aguarda o reencarne, ou seja, prejudica o seu próprio filho com suas vibrações de rejeição por se negar à maternidade. Esse tipo de atitude pode prejudicar até a formação mental/psicológica do bebê. Agora vamos, temos de nos encontrar com os demais. Já demoramos muito.

Ao mesmo tempo em que os espíritos Lara e Leopoldo teciam aqueles comentários, Eduardo e dona Júlia conversavam na sala.

— Tentei de tudo – dizia o rapaz desanimado, no sofá e com o olhar perdido em algum lugar no chão. – Eu preciso, eu quero esclarecer essa situação. – Encarando-a na esperança de conseguir seu apoio, falou: – Eu preciso que a senhora acredite em mim. Não vi minha prima naquele dia, isso tudo foi armação.

– Não sei por que, filho, mas acredito em você. Só acho que vai ser difícil provar toda essa sua versão pra Lena.

– Se ela me disser quem telefonou, eu provo. Vou até o inferno para fazer essa pessoa falar. Conhecendo-me do jeito que ela conhece, não entendo por que não acredita em mim e não me quer a seu lado nem pintado de ouro.

– Isso pode ser coisa de mulher grávida. Vai passar.

– Quando, dona Júlia?

– Não sei, filho – disse tomando as mãos do rapaz entre as suas. – Tenha paciência, Eduardo. Você viu, hoje, ela já conversou com você, mesmo que tenha gritado, chorado e tudo mais... Já o recebeu. Isso passa, vai ver.

O rapaz estava com o coração apertado e deixava transparecer seu desânimo

– Essa história de que eu vou abandoná-la, de que vou traí-la, não é verdade, dona Júlia. Eu adoro sua filha. Em nenhum momento eu disse que não assumiria nosso filho ou que não iria me casar com ela.

– Eu sei. Por isso falei que é coisa de grávida. Não sei de onde a Helena vem tirando algumas ideias. Ela anda deprimida, só sai de casa para ir ao médico e ao centro com a Juliana. O que vem fazendo algum bem. Mesmo assim, não quer conversar nem receber as amigas.

– E o serviço dela, como ficou?

– Está de licença médica – esclareceu a senhora com semblante aborrecido. – O Miguel cuidou da documentação. Ela teve uma daquelas crises de choro na sala do médico. Falou em pedir as contas porque não quer ver mais ninguém do serviço. Veja se pode! Olha, Eduardo, nunca pensei que a Helena fosse me dar esse trabalho. Ela sempre foi tão ajuizada, responsável... Nunca faltou no serviço.

– Estou começando a acreditar mesmo no que a Juliana fala.

— Como assim?

— Ela sempre diz que devemos nos voltar a Deus, nos socorrer nos ensinamentos de Jesus. Creio que preciso refletir um pouco mais sobre isso. Em outras palavras, preciso rezar, pedir forças para suportar essa situação, pedir para que me ajude a esclarecer tudo isso.

— Por que você não vai assistir às palestras com elas?

— Acho que vou mesmo, se a Lena não se incomodar com a minha presença, claro. Não quero que se irrite mais comigo.

— Fale com a Juliana, ela tem um jeitinho todo especial de convencer a Helena.

Eduardo sorriu mecanicamente e não disse nada. Seus olhos claros exprimiam uma melancolia indizível por tudo o que estava acontecendo. No entanto, só lhe restava aguardar.

༺♡༻

Certa madrugada, Juliana e sua mãe acordaram com o soar estridente da campainha. Receosas, elas espiaram para ver quem poderia ser antes de abrir.

— É o Miguel, mãe! — reconheceu a moça que, rapidamente, abriu a porta para recebê-lo.

— Miguel?! — disse, muito surpresa ao se aproximar.

— Oi, Juliana. Desculpe-me pela hora... — falou meio atrapalhado. — Nem me lembrei de telefonar.

— Entra, Miguel. Vamos conversar lá dentro, aqui está muito frio.

Ao ver que havia acordado dona Ermínia, ele se desculpou envergonhado.

— Perdoe-me, dona Ermínia. Eu precisava conversar com a Juliana. É muito importante.

— Você está entre amigos, meu filho. Está tudo bem. Eu vou fazer um chá para nós.

— Vai se deitar, mãe. Nós vamos conversar um pouco.

— É lógico que eu vou me deitar, mas antes quero garantir meus pés quentinhos — sorriu graciosa —, e nada melhor do que um chá ou um leitinho quente, não é mesmo?

Ao se ver a sós com o amigo, Juliana perguntou apreensiva:

— O que aconteceu, Miguel?

O nervosismo o fazia tremer enquanto seu semblante acentuava nítida revolta com um misto de raiva. Ele não conseguia esconder a amargura e, com a voz trêmula, esclareceu:

— Fui até onde a Suzi trabalha, ou melhor, se vende.

— Miguel!!! — exclamou perplexa. — Mas nós não combinamos que...

— Ora, Juliana. Como vou pedir isso para o seu irmão?! A princípio me pareceu uma boa ideia, mas depois, quando parei para pensar... Não tem cabimento. Onde fica meu orgulho? Meu caráter? Não quero mais ninguém envolvido nisso.

— Tudo bem — tentou acalmá-lo. — Você tem razão, mas... O que aconteceu?

— Acabei de sair de lá agora. Estava confuso, desorientado e lembrei-me de você. Não quero chegar a minha casa desse jeito.

Miguel estava ofegante e com um suor frio gotejando em seu rosto pálido.

— Tome esse chazinho, meu filho — ofereceu a dona da casa, que chegou oferecendo.

Juliana rapidamente olhou para sua mãe e, sem que o amigo percebesse, fez-lhe um sinal pedindo para que os deixasse a sós.

— Obrigado, dona Ermínia. Eu não queria dar trabalho.

— Ora, Miguel! Que trabalho? Só que você vai me dar licença, eu não gosto muito do frio e, se não se importar, prefiro ir me deitar. A Juliana será ótima companhia.

— Pretendo ir embora logo.

— Ora, o que é isso? Hoje já é sábado! Ninguém trabalha. Agora, boa noite.

— Boa noite, dona Ermínia.

Depois de respirar profundamente, ele ergueu a cabeça ajeitando-se melhor.

— Você não imagina como estou me sentindo — comentou com um suspiro.

— Então é verdade, mesmo?

— Cheguei ao lugar como um cliente. Acomodei-me num canto onde, com pouca luz, poderia ficar mais tempo observando para procurá-la. Não demorou muito e... Tive vontade de matá-la! — seus olhos se encheram de lágrimas e ele silenciou. Paciente, a amiga não dizia nada. Sabia esperar. — Quando eu a vi sorrindo — continuou —, encostando-se nos clientes... Sabe... — Tomando coragem, confessou: — Na verdade, eu tenho vergonha de contar até pra você o que eu vi. Desgraçada! Cachorra! Quando eu a conheci, pensei ter encontrado uma garota decente, honesta, fiel, mas não... Havia encontrado um bicho, um monstro e não me dei conta. — Agora, encarando a amiga, comentou mais calmo: — Sabe, Juliana, se ela tivesse me contado a verdade, se me dissesse: "Olha, eu não tive alternativa na vida, por isso... mas quero mudar, quero ser gente". Mas não, ela foi mórbida, nojenta. Não é fácil você lembrar que esteve com alguém, que abraçou e beijou...

— Calma, Miguel. Não fique assim.

Com a testa franzida, ele contou:

— Depois de muito tempo assistindo a Suzi a certa distância, pedi a uma outra garota para chamá-la. Quando a Suzi se aproximou e me reconheceu, tomou um susto e gritou meu nome.

— E você, o que fez?!

— Levantei-me da mesa, peguei certo valor em dinheiro e coloquei em sua roupa, depois disse: "Acho que esqueci de pagá-la pelo tempo que ficamos juntos. Tchau". Virei as costas e vim parar aqui.

— Graças a Deus! Do jeito que você está, fiquei morrendo de medo que tivesse feito alguma loucura.

Parecendo nem ouvir o que ela dizia, pois revivia o acontecimento mentalmente, Miguel falou:

— Você acredita que ela ainda correu atrás de mim?
— E você?
— Nem olhei. Nunca mais quero vê-la.
— Foi a melhor coisa que poderia ter feito.
— Juliana — pediu com jeito piedoso —, não comente nada disso com ninguém, tá?
— Claro que não!

Miguel sentia-se mais seguro ao lado da amiga, apesar de estar muito magoado. Gostaria de ser consolado, entendido. Desejou ser abraçado por Juliana.

E, como se lesse seus pensamentos, a amiga ofereceu um sorriso generoso, sentou-se ao seu lado e o puxou para um abraço enternecido, confortando-o em seu ombro amigo.

Lentamente Miguel sentiu que todo aquele forte mal-estar ia se desfazendo. Ele silenciou enquanto Juliana lhe fazia um carinho e lhe dizia palavras de esperança, otimismo e incentivo.

CAPÍTULO 29

A verdade sempre aparece

Após semanas dos últimos acontecimentos, Gilda, extremamente nervosa, procura por sua amiga Marisa. Com o seu jeito tempestuoso, vociferou com toda a força de seus pulmões ao adentrar na sala da amiga:

– Vou cometer um triplo homicídio!!!

– Credo, Gilda! O que aconteceu?! – assustou-se Marisa.

– Vou assassiná-los! Trucidá-los! Queimá-los vivos! – gritava, andando agitada de um lado para outro da sala, igual a uma fera enjaulada. – Você não sabe nem pode imaginar! Desgraçado! Eu mato aquele infeliz!

– Calma, Gilda! Fala o que aconteceu.

– Joias e mais joias! Dólares e mais dólares! Meu, tudo meu! – reclamava inconformada, até que parou e, com os olhos esbugalhados, esclareceu: – Há mais de uma semana o Adalberto não vai para casa. Isso é muito comum quando brigamos e pensei que desta vez ele voltaria com o rabo entre as pernas, igual a um cachorrinho, como sempre faz.

— E ele não voltou?

— Achei que estava demorando muito e tentei entrar em contato com ele pelo celular e sabe o que ele me falou? Que eu me virasse, que me considerasse divorciada!

— E não era isso o que você queria? — tornou a amiga com simplicidade e certa falsidade oculta no tom amável de sua voz.

— Só que eu soube que o Adalberto vendeu todas as suas ações. A empresa, a minha empresa, não nos pertence mais — explicou irritada, quase gritando. — O idiota do Eduardo não estava lá nem ligou para o que estava acontecendo na companhia. Sabe por quê? Porque estava correndo atrás da desgraçada da Helena. Então, aproveitando sua ausência, o Adalberto vendeu sua parte na companhia. O pior não é isso, o imbecil vendeu as ações por uma ninharia e disse que decidiu se aposentar e ir embora do Brasil. Até aí, tudo bem, pode parecer patético me ver pensando assim, mas o principal você não sabe!

— O que é, Gilda?! Fala! — perguntou aflita.

— Por conta da venda das ações, eu pensei em me vingar dele e denunciá-lo à Polícia Federal, que ficaria muito interessada nas falcatruas do meu marido. Eu iria falar de toda a sua vida criminosa como: remessa irregular de dinheiro para bancos estrangeiros, sonegação de impostos... tenho os comprovantes dos depósitos e o número das contas nos paraísos fiscais, a documentação completa da movimentação do caixa dois que eu consegui furtivamente, balanços fraudulentos e muito mais... Mas aí pensei, se eu fizer isso, vão confiscar tudo, até o último centavo do meu dinheiro. Não! Não posso ficar sem nada. Então pensei — relatava, agora, com mais calma —, tudo o que é do Adalberto é meu. Sempre tivemos sociedade em tudo, até na compra de moeda estrangeira ilegal que guardamos em casa, as contas sempre foram conjuntas. Sabe o que isso quer dizer?

– O quê?

– Que eu posso pegar todo o restante para mim. Posso transferir o dinheiro das contas que estão nos bancos estrangeiros, posso tirar todo o dinheiro do meu cofre em casa. Então, o meu esperto marido vai ter de sobreviver com o que lhe resta da miserável venda das ações, certo?

– É lógico, Gilda. Isso é o melhor a fazer.

– Então recebi a notícia do divórcio com muita alegria, pois eu iria, o mais rápido possível, pôr as mãos nos mais de cinquenta milhões de valores ilegais que temos só nos bancos estrangeiros, sem esperar a partilha. Ele não poderia exigir nada, é dinheiro ilegal. Pensei então em começar pelo cofre da minha casa.

– E foi o que você fez, não foi?

Gilda parou. Seus olhos brilhavam enfurecidos e quase em lágrimas pelo ódio que sentia. Estarrecida, revelou:

– Meu cofre estava vazio! Totalmente vazio! Descobri que minha casa está hipotecada, pois o Adalberto tinha uma procuração minha que lhe dava esse direito. E todos os valores, nos bancos estrangeiros, sumiram, desapareceram!

Marisa deixou-se cair estatelada no sofá e, boquiaberta, não disse nada.

– E ainda tem mais – confessou Gilda, agora com mais calma, quase fria. – Sabe quem foi que ajudou o Adalberto a me dar esse golpe?

– Quem?

– A Natália. Amiga, advogada e diretora financeira da minha empresa!

– Você está brincando?!

– Não! Não brincaria com algo assim! Aquela desgraçada me passou a perna! Há uma semana ela se demitiu e foi quando tudo aconteceu! – Após um intervalo, contou: – Lembra aquelas joias que o Adalberto comprou? O dinheiro que eu percebia sair furtivamente das minhas contas correntes e o Adalberto alegava serem gastos com almoços com clientes?

– Era com a Natália que ele gastava?! – Marisa tentou adivinhar.

— Não, meu bem! Eram para a filha da Natália! A Geisa! Aquela garotinha que eu achava idiota e que vivia dando em cima do meu filho!
— Mas a Geisa tem idade para ser filha dele!!! — escandalizou-se Marisa.
— E eu não sei? Só que a Geisa está grávida do Adalberto! Tanto ela como a Natália e o Adalberto sumiram, desapareceram!
— E o apartamento que o Adalberto estava comprando?!
— Nem chegou a comprar. O investigador, que eu contratei para saber quem era a zinha que ele estava sustentando, garantiu que ele desistiu do negócio e que sumiram feito fumaça!
— Gilda! Você está pobre!!!
— Não se eu matar os três: o Adalberto, a Natália e a Geisa, porque aí meus filhos são os herdeiros. E eles não vão me desamparar!
— Gilda, eu falei com o ex-namorado da Helena. Marquei para vocês se verem hoje.
— Minha prioridade agora é encontrar o Adalberto! Desgraçado! Maldito! Salafrário, ladrão de uma figa!
A amiga se levantou e, com certos gestos cautelosos, perguntou dissimulando suas verdadeiras intenções:
— O que você vai fazer, Gilda?
— Não sei, Marisa — admitiu com certo desolamento no olhar e sentando-se lentamente. — Preciso da sua ajuda. Eu tinha um fio de esperança de que tudo isso fosse mentira, mas não é.
— Eu não sei como posso ajudá-la. Você já falou com seus filhos?
— O Eduardo está em choque. Hoje ele foi a uma reunião lá na empresa. Com certeza, por ser filho do Adalberto, ele será demitido. Devem achar que o Edu tem algo a ver com tudo isso, por causa do pedido de férias. Ele me contou que conversou com a Paula por telefone e ela afirmou que as coisas não estão nada bem por lá. Os outros acionistas estão furiosos. Foi o concorrente que comprou as ações do Adalberto e ele agora é o sócio majoritário e ainda juntou tudo com a companhia

que já possuía. Agora o homem quer transferir a empresa para o sul do país.

— Jura?!

— Nem preciso jurar! Maldito Adalberto, velho babão e decadente! Ele tinha tudo planejado e escolheu as condições mais propícias para me dar esse golpe. Desgraçado!

Nesse instante, o telefone tocou e a empregada as interrompeu:

— Dona Marisa, telefone para a senhora.

— Ah! Um minutinho, Gilda. Acho que sei o que é.

Em seguida, Marisa afastou-se um pouco, não deixando que a amiga ouvisse do que se tratava. Voltando após desligar, avisou:

— É o Mário — falou referindo-se ao marido. — Ele quer que eu vá encontrá-lo. Combinamos almoçar juntos.

— E eu estou empatando — disse Gilda levantando-se, pegando a bolsa e alçando-a no ombro. — Já estou indo. Vou ter de aguardar o resultado da reunião que o Eduardo está participando na empresa e, depois, vou pedir para ele que procure um advogado para saber o que podemos fazer.

— Sinto tanto, Gilda — disse Marisa indo abraçá-la comovida.

— Eu nunca me dou por vencida, meu bem. Aguarde. De algum modo vou fazer o Adalberto me pagar tudo, tudo mesmo!

— Então vá com Deus, minha amiga. Boa sorte! — despediu-se Marisa, com incrível falsidade.

Desconsolada, Gilda se foi com pensamentos revoltados e planos de vingança.

Após sua saída, Marisa chamou a empregada e ordenou:

— De hoje em diante, quando a Gilda telefonar eu não estou. Dê uma desculpa, diga qualquer coisa. Preciso avisar, na portaria, que não a deixe subir sem a nossa autorização.

— Mas ela não é sua melhor amiga, dona Marisa?

— Não seja atrevida! — reclamou num grito. — Obedeça! Não quero a Gilda nem rondando o condomínio! Não suporto decadentes!

Tempos depois, já em sua luxuosa mansão, Gilda estava inquieta, andando angustiada de um lado para o outro quando Bianca, a neta sempre querida, entrou correndo no refinado ambiente:

— Oi, vó! Que bom que você está aqui!

— Bianca! O que você faz aqui? — perguntou Gilda surpresa ao abaixar-se para cumprimentar a menina.

— Ora, vó, você falou que quando eu quisesse vir aqui era só eu ligar para o motorista ir me pegar. Como fazia tempo que não me convidava, eu senti saudade, pedi para o meu pai deixar eu vir aqui sozinha e, pela primeira vez, ele deixou. Então eu telefonei para o motorista e ele foi me buscar.

— Ah... sei... — respondeu confusa.

— O que você tem, vó?

— Muitas preocupações, Bianca. A vó está com sérios problemas.

Como toda criança, sem dar atenção ao que a avó falava, Bianca avisou com seu jeito inocente:

— Vó, meu pai vai se casar.

— Casar? O Mauro vai se casar?!

— Vai sim. Eu estou tão contente. Sabe, eu gosto muito da Sueli. Ela é tão legal.

Andando de um lado para outro como sempre fazia quando estava nervosa, Gilda reclamou descontente:

— O que eu fiz, meu Deus, para pagar tanto pecado?! — Voltando-se para a garotinha, avisou: — Seu pai não tem um pingo de respeito ou consideração pela memória de sua mãe. Quem ele pensa que é para colocar outra mulher para dentro daquela casa?

— Mas ele já vendeu aquela casa. Compramos outra bem maior. Ele vendeu a escola da minha mãe também. Você não sabia? — Gilda arregalou os olhos assustados e Bianca ainda contou: — Ele comprou outra casa perto de onde a tia Érika comprou a dela.

— Como assim?!
— A tia Érika e o tio João Carlos se casaram. Meu tio foi até padrinho. E eles não queriam ficar morando lá na casa da dona Ermínia, por isso compraram uma casa. Fica num condomínio porque a tia Érika queria segurança. Aí, quando meu pai soube, ele gostou da ideia e deu a nossa casa para pagar um pouco da outra que é bem do lado da casa da tia Érika.

Gilda, sem que Bianca esperasse, deu um grito estridente, resultado do ódio que sentia.

A empregada veio correndo ver o que havia acontecido. Ao ver Bianca assustada, parada em frente à avó, Sônia correu e abraçou a menina enquanto Gilda esbravejava:

— Vou matar a Érika. Cachorra! Como ela pôde fazer isso comigo?! Como? Sujou o meu nome! O nome da nossa família!

— Calma, dona Gilda. A senhora está assustando a menina.

— Sumam daqui vocês duas! – gritou histericamente.

Apressada, Sônia levou Bianca para a cozinha e, junto com a outra empregada, ofereceu um copo de água para a garota, procurando acalmá-la.

— Não se assuste, viu, Bianca? Sua avó está nervosa.

— Mas ela não precisava falar assim – reclamou a garotinha.

— Isso não foi nada – revelou a mulher. - Se você visse a sua avó falar com a gente... A Lourdes, a outra empregada, já pediu as contas por isso. Fez bem ela.

— Fica quieta, Jusélia. Isso não é coisa para se dizer à criança.

— Mas é verdade. Aqui não para empregada. Só você para aguentar tanto tempo. Além do mais, a menina precisa conhecer a avó que tem.

— Quer um pedaço de bolo, Bianca?

— Não. Minha outra avó também fez bolo hoje. Eu já comi. Sabe, minha avó Júlia não é assim não. Ela não tem empregada todo dia, só uma que vai lá duas vezes por semana e ela trata tão bem a moça.

— Enquanto essa aí nos trata como escravas. Você sabe que ela até já me deu um tapa nas costas só porque um móvel tinha pó!

– Fica quieta, Jusélia.

– Não vou tapar o sol com a peneira. Oh, Sônia, a dona Gilda só trata você aos berros. Ela prejudica todo mundo, não gosta de ninguém.

– Ela gosta da minha tia Helena. Ela foi lá visitá-la – disse Bianca com inocência. – Foi pedir para ela voltar a namorar o tio Edu.

– Como é que é? – interessou-se Jusélia.

– A tia Helena está esperando nenê e não está muito bem não. Ela vive de cama. E ela não quer mais ver o tio Edu. Disse que pegou ele com outra moça e a vó Gilda foi lá pedir para ela voltar a namorar ele. Mas ela não quer. – As empregadas se entreolharam, e Bianca ainda comentou: – Minha vó Gilda gosta mesmo da tia Helena.

– Sua avó foi quem armou para a sua tia Helena pegar o seu Eduardo com outra moça aqui nesta casa.

– Cala a boca, Jusélia! – exigiu Sônia, mais prudente. – Se ela ouve isso...

– Vou contar tudo. Tudo o que eu sei. Vou ser mandada embora mesmo. Aliás, já arrumei outro emprego porque esta casa vai desmoronar daqui a pouco. Você já sabe, não é?

– Mas o meu tio disse que não teve outra namorada e a tia Helena não acredita nele – tornou Bianca que, nesse momento, começou a receber inspirações de Lara, que, na espiritualidade, passou a envolver a filha para que questionasse mais sobre a verdade.

– O seu Edu não teve outra não. Só que a sua avó Gilda, no dia da festa havaiana, depois que todo mundo foi embora, fez questão que o seu Eduardo ficasse tomando suco e conversando com ela lá na sala. Ficaram lá até as tantas. Eu vi! A dona Gilda colocou algo no suco dele. Ele deve ter dormido feito uma pedra. Depois ela ligou para a amiga Marisa mandando telefonar para a Helena. Nisso, a Vera chegou. Daí, quando a Helena chegou, furiosa, foi direto pro quarto do seu tio e pegou seu Edu dormindo com a safada da Vera. A sua tia foi embora correndo. Depois, quando eu fui arrumar lá em cima, também vi a dona Gilda gargalhando com a Vera por tudo o que elas aprontaram. Foi isso o que aconteceu.

— Dona Ju... — disse Bianca esquecendo-se do nome —, coitada da minha tia, ela não sabe disso e tá doente desde esse dia.

— Pois vai saber, minha filha. Eu sempre achei sua tia uma boa moça. Gente educada e simples. É que o seu Eduardo é legal, porque sua tia não merecia entrar nesse covil.

— O que é covil? — perguntou a garotinha.

— Buraco onde fica um monte de bicho bravo, buraco de cobra.

Enquanto elas conversavam, Eduardo chegou e ficou na sala com sua mãe.

— E aí, Edu? — perguntou Gilda afoita.

— Foi aquilo mesmo. Como eu era funcionário, um mero diretor, só tenho meus direitos trabalhistas para receber.

— Espere aí!!! Aquele maldito!...

— Não grite, mãe. Primeiro porque odeio gritos, depois não adianta nada. Já está feito. Além disso, passei a tarde procurando o advogado do pai, ele simplesmente sumiu.

— E o seu pai?! Soube de alguma coisa?!

— Ele, a Natália e a Geisa viraram fumaça. Creio que já devem estar num avião ou até bem longe do Brasil. Mas me diga uma coisa — perguntou firme. — Por que não me contou da compra de moeda ilegal, das contas no exterior, dos dólares e tudo mais? Como puderam fazer isso?

— O seu pai me traiu! Aliás, todos nos traíram! A sua irmã se casou com aquele!... aquele!...

— Pare com isso, mãe! Deixe a Érika viver em paz.

Virando-se para o filho e encarando-o, Gilda indagou furiosa:

— Então você sabia?! — escandalizou-se ela que logo começou a chorar enquanto falava. — Como pôde deixar que um absurdo desse acontecesse com o nome da nossa família?! Então até você me traiu, me enganou! Justo você, Eduardo?!

— Mãe, acho que você tem coisas mais importantes com que se preocupar. Esquece a Érika.

— Jamais! Ela sujou o meu nome. O nosso nome!

Eduardo, depois de respirar fundo, fez um gesto de enfado e virou-se para subir, quando Bianca apareceu novamente na sala.

— Oi, tio?!

— Oi, Bia! — cumprimentou-a surpreso, tentando parecer mais calmo. — Você está bem?

— Eu estou — respondeu esticando-se na ponta dos pés para beijá-lo.

Eduardo a levantou por alguns segundos e, depois de um terno abraço e troca de beijos, colocou a menina no chão.

— Você tá bem, tio?

— Estou.

— Então você vai me levar embora?

— Oh, meu bem, o tio está tão cansado e...

— Quem sabe você não vai se sentir melhor se sair um pouco. Pode ir lá e...

— Eduardo — interrompeu Gilda abruptamente —, resolva com a Bia como ela vai embora. Quero falar com você. Peça ao motorista que a leve. Se é que ainda temos um. — Virando-se para a neta, curvou-se e beijou-a mecanicamente, dizendo:

— Você vai perdoar à vovó, meu bem. Estou morrendo de dor de cabeça e preciso me deitar.

— Toma um remédio, vó.

— Vou tomar sim. Pode deixar. Tchau, querida.

— Tchau, vó.

Após Gilda subir as escadas, Bianca voltou-se para o tio e comentou:

— A vó tá nervosa, né?

— Estamos com alguns problemas, Bia. É isso. Mas, vamos lá — animou-se para tentar espantar as preocupações. — Você quer que eu a leve? — perguntou sorrindo.

— Quero. Quero sim.

— Então vamos — decidiu saindo com a sobrinha, pois não queria ficar muito tempo com sua mãe. Sabia quais seriam suas reclamações.

No caminho, sem que percebesse, um semblante aborrecido e extremamente preocupado figurou-se no rosto de Eduardo enquanto dirigia.

Muito esperta, Bianca, com seu jeitinho todo mimoso, comentou:

— Você está com uma cara tão feia, tio!

O rapaz desfez a fisionomia sisuda e sorriu ao perguntar:

— Como é que você sabe se está sentada aí atrás?

— Estou vendo pelo espelho. Por que você está assim?

— Porque estou com problemas no serviço, porque não estou bem com a tia Helena. Isso tudo me deixa preocupado.

— A tia Helena vai ficar de bem com você, tio.

— Será, Bianca? — indagou num suspiro.

— Ah, vai sim. Depois que eu conversar com ela, ela vai.

— Por que você acha isso? — indagou olhando-a pelo retrovisor e observando o largo sorriso de satisfação que se fez no rosto da garotinha.

— Porque eu vou contar pra ela o que a Jusélia me contou.

— E o que a Jusélia contou?

— Eu não sei falar direito, tio. Mas ela disse que a vó Gilda deu um negócio pra você beber no suco depois da festa havaiana e que fez você dormir feito uma pedra.

— Do que você está falando, Bianca? — perguntou muito interessado e até nervoso.

— Do dia que a tia Helena pegou você com a Vera. A Jusélia disse que a vó Gilda ligou pra amiga e pediu pra ela ligar pra tia Helena. Aí a Vera entrou lá, e depois a tia Helena chegou e ficou nervosa. E aí, depois que a tia Helena foi embora nervosa, a Jusélia viu a Vera e a vó rindo dela.

Eduardo ficou perplexo. Sentiu como se seu sangue tivesse fugido do rosto e um torpor o fez experimentar um súbito mal-estar. Uma sensação de raiva o dominou e lágrimas quentes começaram a arder em seus olhos pelo forte sentimento de indignação, de revolta. Ele deu um murro no volante e murmurou irritado:

— Então foi isso! Por que eu não...

— Calma tio. Não fica assim. A Jusélia tá com dó da tia Helena. Ela não sabia que a tia tava doente nem que ela tá esperando nenê. Mas ela disse que vai contar tudo assim que for para o outro emprego que ela arrumou.

Eduardo estava transtornado e nem sabia o que dizer.

Chegando em frente à casa de Helena, ele estacionou o carro, virou-se para trás e pediu:

— Bia, tire o cinto e preste bem atenção: eu quero que você conte tudo isso, exatamente tudo, para a tia Helena, certo?

— Mas a Jusélia vai contar. A minha vó Júlia disse que é feio contar coisa de conversa de gente grande.

— Não vai ser feio desta vez. Você vai contar a verdade e isso é muito importante para todos nós. A tia Helena não está bem e precisa ficar feliz. E vai ficar com essa notícia.

— A Sueli falou que as pessoas alegres e felizes não ficam doentes. E que Deus ama a verdade, que nunca devemos mentir.

— Então vamos lá. Você tem de contar isso para a tia Lena.

Pensamentos conflitantes fervilhavam a mente de Eduardo, que se sentia traído por sua própria mãe. Aquilo tudo só poderia ter sido planejado por uma pessoa muito mórbida, repleta de vileza. Ele não podia acreditar que a própria mãe fosse capaz de algo assim tão baixo.

Aflito, entrou a passos rápidos, praticamente puxando a sobrinha pela mão, sem perder tempo.

Ao entrarem na sala, Carla o recebeu banhada em lágrimas.

— A Helena foi para o hospital.

— O que aconteceu?

— Ela teve outra crise de choro. Começou a passar mal e a rolar com fortes dores. O Miguel, junto com meus pais, levou-a para o hospital. Eu tentei avisar você e o Mauro, mas só caía na caixa postal. Liguei para sua casa, mas você já havia saído.

Eduardo sentiu-se tonto, ficando completamente sem ação e pensativo.

A vida, nos últimos meses, parecia empenhar-se em deixá-lo em desespero pelos imprevistos desagradáveis e intermináveis.

– Eu vou ficar aqui com a Bia. Vai até o hospital, Edu. – sugeriu Carla.

Triste e preocupado, indagou:

– Para onde a levaram?

Carla informou e Eduardo, sem perder mais tempo, foi para o local.

Logo que chegou ao hospital, informou-se das condições de Helena, mas não pôde vê-la.

Com o decorrer das horas, o senhor Jairo levou dona Júlia para casa, uma vez que Miguel e Eduardo ficariam ali aguardando por notícias.

Na sala de espera, Eduardo contou para o irmão de Helena tudo o que havia acontecido: sobre seu pai ter ido embora sem deixar rastros, as ações da empresa que foram vendidas a preço tão pequeno para um concorrente que desejava uma fusão das empresas, falou também sobre sua demissão, pois, apesar de não ter se envolvido nas falcatruas, os demais diretores e acionistas não confiavam mais nele. Ainda comentou que, agora, mesmo sendo um executivo com um currículo considerável, seria difícil arrumar outro emprego de igual confiança e valor por carregar seu nome atrelado ao de seu pai. E, para terminar, acabou contando o que Bianca havia lhe dito sobre as empregadas terem visto o que sua mãe fez para que Helena o visse com a prima.

Miguel quase não abriu a boca. De certa forma, sabia o que o amigo sentia.

A noite parecia interminável e só pela manhã Helena, já no quarto, pôde receber visitas.

Mais uma vez, ela não quis ver o namorado que, nitidamente abatido, aguardava na sala de espera por qualquer migalha de informação.

Longos minutos se fizeram até que Miguel retornou do quarto. Ao vê-lo, Eduardo perguntou:

— Como ela está?
— Arrasada, deprimida... – informou entristecido. – Ela só chora. Não se conforma em ter perdido o bebê. Agora diz que é culpa dela, pois, a princípio, não queria a gravidez. Acha que foi castigo. Sinceramente, eu não estou entendendo mais nada.

Sentando em um sofá, com os cotovelos apoiados nos joelhos enquanto sustentava a fronte nas mãos, Eduardo não olhava para Miguel. Talvez, fosse o único capaz de compreender a namorada, por isso falou:

— Helena nunca rejeitou nosso filho. Ela não queria uma gravidez antes de se casar, sem antes planejar. É isso.

— Acho que vocês têm muito que conversar agora. Lamento por ela não querer vê-lo.

— Eu adoro sua irmã, Miguel.

— Dá pra perceber.

— Sabe, eu encontrei em Helena uma pureza de caráter, fidelidade, simplicidade. Coisas difíceis de se ver hoje em dia. A maioria das moças quer apenas conquistar e aparecer. – Com o olhar perdido como se desabafasse, prosseguiu: – Seu jeito quieto e recatado, sua doçura, seu mistério... tudo isso em Helena sempre me encantou. Sabe, pensei que nunca fosse encontrar alguém assim, mas encontrei, só que acabei estragando tudo.

— Não diga isso.

— Dinheiro não é tudo na vida, posição social muito menos. A coisa que eu mais desejei, não conseguiu. Eu só precisava que a Helena me ouvisse para eu tentar, pela última vez, me explicar. Mas agora penso que mesmo que a verdade seja esclarecida, ela jamais vai querer saber de mim – relatou desanimado. – Acho que a única coisa que nos ligava ainda era esse filho. Se Helena me amasse, se gostasse de mim, já teria me ouvido. Agora não tenho motivo para implorar.

— Não seja pessimista. É só um período difícil que logo vai passar.

— Talvez não. Cheguei ao fundo do poço, Miguel. Perdi tudo. Exatamente tudo, até a Helena.

— Deixe de falar besteira.

O amigo não queria ouvi-lo, estava completamente desalentado. Sentindo um misto de raiva, mágoa e decepção Eduardo olhou para o alto, fechou os punhos com força e apertou os lábios enquanto grossas lágrimas corriam-lhe pelos cantos dos olhos. Secando-as ligeiramente com as mãos, ele se levantou e foi saindo sem dizer nada.

— Eduardo, espere! Aonde você vai? — perguntou Miguel alcançando-o e segurando-o pelo braço.

— Não sei — murmurou. — Não tenho para onde ir e não sei o que posso fazer aqui.

— Espere, eu...

— Por favor, Miguel. Preciso ficar sozinho.

O irmão de Helena não sabia o que fazer e o deixou. Mas, no minuto seguinte, Miguel já havia se arrependido por tê-lo deixado ir naquelas condições.

CAPÍTULO 30

A *decadência da mentira*

Eduardo chegou ao condomínio onde morava e, apático, contemplou tudo a sua volta como nunca havia feito antes, observando que nada ali trazia qualquer conforto para o seu coração. Entrando em casa, ele foi direto para a cozinha à procura de Jusélia, a empregada.

– Ela não está, seu Eduardo. Foi resolver um negócio.

– Sônia, a Jusélia contou para a Bianca algo que me interessa muito. Você está sabendo dessa história?

A moça abaixou a cabeça admitindo:

– Eu sei, sim senhor. Mas eu não sabia que a Helena estava doente por causa disso e...

– Ela perdeu o bebê e nem quis me ver – informou, interrompendo-a. Logo perguntou: – Por que não me contou, Sônia?

– Tenho medo da dona Gilda. Todo mundo aqui tem medo dela. Eu até já apanhei dela, se o senhor quer saber.

– O quê?! – perguntou incrédulo.

— É sim. Por isso eu não quero me envolver. Pelo menos até eu arrumar outro lugar, o que acho que já arrumei. Eu queria que o senhor me desse as contas.

Ele estava em choque, nem sabia o que responder.

Tirando-o da profunda reflexão, Sônia avisou:

— Eu vou lá na casa da Helena falar com ela. O Lauro, o motorista, vai me levar lá. O senhor sabe que eu e o Lauro estamos juntos, né? – Percebendo que o rapaz não respondia, ela insistiu: – Seu Eduardo? – chamou mais firme. – O senhor pode arrumar a minha documentação o quanto antes?

— Ah, sim, Sônia. Vou providenciar.

— O Lauro e a Jusélia também querem as contas.

— Faça assim. Peça para o Lauro levar os documentos de vocês ao contador. Ele vai acertar tudo com vocês. Vou telefonar para ele agora mesmo avisando. – Quando ia se retirando, ele voltou e pediu: – Sônia, desculpe-me por qualquer coisa e... Obrigado por tudo.

Sensibilizada, a moça ficou sem palavras e Eduardo se foi.

Já em seu quarto, o rapaz não perdeu tempo. Ligou imediatamente para o contador e, logo em seguida, colocou sobre a cama três malas de viagens e começou a pegar nos armários todos os seus pertences.

No decorrer de alguns minutos, Gilda entrou no quarto do filho, parou observando-o e exigiu autoritária:

— Posso saber o que você está fazendo?! – Sem lhe dar muita importância, o filho continuou pegando suas coisas. Aproximando-se dele, ela o segurou pelo braço para fazer com que se virasse. – Ficou louco, Eduardo?!

Com um semblante sério, ele a encarou trazendo um brilho frio no olhar.

— Eu já deveria ter feito isso antes.

— Você vai sair de casa?!

— Em questão de dias você também vai ter de deixar esta casa. Não acho justo você ir para a casa da tia Isabel. Ela não merece ter a vida transformada em um inferno por sua causa. Já lhe basta a Vera. Mas não se preocupe, apesar de tudo, não vou abandoná-la, sem provisões. Mas não peça que eu a visite.

— Do que você está falando?! — exigiu a mãe.

— Sabe o quanto eu detesto brigas e, apesar do que fez, não quero discutir com você. Também não me peça para conversarmos. — Eduardo falava friamente, sem expressar nenhuma emoção de raiva ou rancor. — Só me cabe avisar que vou colocá-la para morar em uma casa simples. Algo que eu possa pagar com o que receber ou com o emprego que arrumar. Quando eu falo simples, é simples mesmo, coisa que você nunca viu. Um quarto, um banheiro, uma cozinha, sala e olha lá... Não vou conseguir manter seu luxo e... Falando em luxo, acho bom pegar todas as suas joias, objetos, roupas e coisas de valor e vendê-los o quanto antes. Vai precisar se alimentar e isso custa dinheiro.

— Você enlouqueceu, Eduardo?!!! — gritou a mãe em desespero. — Não vou sair da minha casa!!! Quanto às joias do cofre e do banco, seu pai levou tudo. Se eu tiver de sair, para onde você for, eu vou junto!

— Não vai não! — falou com firmeza. — E quanto a esta casa, ela não nos pertence mais e nosso nível social não é mais para esse tipo de vida. Tudo mudou. Se não tem mais suas joias, sinto muito. Isso significa que a situação vai ficar ainda mais difícil pra você.

— Eu não vou sair daqui!!!

— Então faça o que quiser. Só não diga que não avisei — falou friamente voltando a arrumar as malas.

— O que você está fazendo?! Do que está falando?! Tenho direito a uma pensão! Seu pai vai ter de pagar! Além disso, tenho contatos e amigos! Você vai arrumar uma colocação numa empresa melhor! Se não fosse por sua irmã me envergonhar se casando com aquele negro, eu estaria...

Num grito, Eduardo a interrompeu:

– Nunca mais se dirija ao João Carlos ou a qualquer outra pessoa discriminando-a pela cor, classe social ou sei lá mais o quê!!! Acorde!!! Você não tem mais amigos, o que tínhamos era um monte de gente falsa e interessada em nos rodear pelo *status* que ostentávamos, pelas festas que promovíamos, pelo dinheiro que sabiam que tínhamos! Agora não nos resta nada! Entendeu?! Nada! E quanto à pensão que você acha que vai receber, pense: como é que vai cobrar seu marido, hein? Ele simplesmente sumiu. Não temos dinheiro pra pagar um advogado, muito menos um investigador internacional, porque eu creio que, a esta altura, no mínimo, ele esteja na Suíça, ou talvez passeando em lua de mel pelas ilhas gregas e não vai se lembrar de nós, muito menos de você!

– Não!!! – gritou histérica.

– Não grite! Estou farto de seus gritos. Além de não adiantar nada, você me irrita cada vez mais. Odeio gritos – falou firme, com voz grave e baixa.

– Isto é um pesadelo! Não está acontecendo, não!

– A sua realidade se transformou em pesadelo por sua culpa. Culpa por tantas exigências, por seus preconceitos raciais, sociais. Tudo em você é falso! Seu casamento sempre foi de aparência, pois nunca a vi tentar cativar seu marido com carinhos ou palavras meigas e verdadeiras. Você nem sabe ser uma boa mãe – disse voltando a fazer suas malas. – Eu não sei qual é o sabor de um café preparado por minha mãe, muito menos de um bolo, mas conheço qual a empregada que fez a comida. Vejo a dona Júlia se preocupar com o que vai me oferecer quando chego à casa dela e aqui você grita para a empregada exigindo alguma coisa. Seu marido já comeu alguma refeição preparada por você? Claro que não! Eu nunca tomei um chá feito por você nem quando estive doente. Sabe, alguns cuidados, alguns detalhes são sinônimos de amor. Acho que meu pai tinha muitas queixas de você nesse sentido, pois se não foi nem uma boa mãe, como poderia ser uma boa esposa? Hoje eu vejo o quanto a Érika estava certa quando...

— Não admito que diga isso! Eu sempre fui uma mãe dedicada, que sempre se preocupou com a felicidade de vocês.

Eduardo parou com o que fazia, olhou-a com um sorriso forçado e irônico e comentou:

— Você nunca se preocupou com seus filhos, muito menos com a nossa felicidade. Pra você, felicidade é sinônimo de dinheiro, de posição social.

— E não é?!

— Você é feliz? Ou melhor, você foi feliz quando estava rodeada de dinheiro? Com toda a sua fortuna? Claro que não! Você viveu na falsidade, é uma criatura pobre, mesquinha, orgulhosa, arrogante. Você interferiu na vida da Lara, da Érika e acabou com a minha! — Olhando-a bem nos olhos, estampando na face toda sua mágoa, completou: — Você, mãe, destruiu meus sonhos. Destruiu-me como pessoa quando tentou ser aquilo que você chama de boa mãe, interferindo na minha vida com a Helena. E eu a odeio por isso.

— O que está dizendo?! Você nunca falou assim comigo antes!

— Talvez porque eu não quisesse admitir a pessoa mórbida, vil e traidora que você é. Não posso culpar unicamente meu pai, não posso acreditar que ele seja o único responsável por essa situação decadente. Se ele fez o que fez, aprendeu com você. Ele aprendeu com suas críticas, suas exigências, suas mentiras e tudo mais. Estou com ódio de você e ao mesmo tempo sinto pena, porque sei que ainda não aceita, não admite a sua pobreza de caráter, a sua miserável capacidade de amar. Sinto-me magoado, ferido pela sua traição, por ter planejado uma situação tão hedionda para que a Helena me visse dormindo com a Vera. — Olhando-a nos olhos, afirmou: — Eu descobri tudo. Usou até a sua fiel escudeira, a Marisa, para esse plano nojento, sujo...

— A Marisa não tinha o direito de contar isso! Eu amo você, meu filho. Se fiz isso foi por amor — dizia agora chorando. — Sempre pensei em sua felicidade, em seu...

— Felicidade?!!! Você não sabe o que quer dizer felicidade! Como acha que serei feliz longe da pessoa que eu escolhi, que eu amo e admiro? Que, aliás, você separou de mim! Você nunca amou ninguém! Não pode, não deve saber o que é amor! Você me destruiu, mãe!

Inconformada com o que ouvia, Gilda argumentou:

— Tenho certeza de que foi a Érika que colocou essas ideias na sua cabeça. Você nunca falou assim comigo. A culpa de tudo isso é do seu pai! Foi ele que nos deixou!

— A culpa por ele ter nos deixado é sua! Acho que ele ficou farto de você. E ninguém colocou ideia alguma na minha cabeça. Acorde! Veja o quanto você errou, encare a realidade!

— Foi sua irmã! A Érika, desde quando arrumou esse maldito João Carlos, acabou com a nossa família.

— Para, mãe! Chega! Não transfira para os outros a culpa que te pertence! A Érika foi a única pessoa sensata nesta casa! Eu apoiei o casamento dela e, se quiser saber, eu fui um dos padrinhos! Esquece a Érika, deixe que, pelo menos, alguém desta família seja feliz de verdade!

— Você me traiu, Eduardo! Não posso acreditar! O que ganhou com isso?!

— E o que você ganhou com suas tramas mórbidas?! O que ganhou tentando separar a Lara do Mauro?! A Érika do João Carlos?! Qual foi a vitória que obteve quando conseguiu fazer aquilo comigo e com a Helena?! Hein?! Se você deixasse os outros viverem como bem quisessem, talvez tivesse um pouco mais de tempo para cuidar da própria vida, melhorar a sua língua ferina, a sua mente doente e, com certeza, teria tempo de salvar o seu casamento.

— Você não entende, Eduardo. Eu tenho uma visão melhor da vida. A simplicidade da Helena não te traria *status*. Nossa sociedade é exigente. Existem regras. Duvido que a Érika seja convidada para algum evento em nosso meio depois de ter se casado.

— Eu quero que a sociedade cheia de *status* se dane!!! Você sempre se intromete na vida de todos observando as regras, o conjunto de direitos e deveres que caracterizam uma posição social! — Em um tom mais baixo de voz, porém firme, advertiu: – Cuidado com essas regras criadas por criaturas orgulhosas e arrogantes. A verdadeira regra da vida é o amor incondicional às pessoas, é o amor livre de interesses, livre de cobranças. A verdadeira regra da vida, poderosa e imutável, é o respeito. Você nunca respeitou alguém porque viveu criticando as pessoas, sempre quis interferir e prejudicar, nunca amou de verdade porque sempre exigiu algo em troca. De que adiantou você ter seus lindos cabelos loiros, pele alva e belos olhos azuis, hein? Nem seu marido, nem seus filhos te querem porque a sua beleza é só externa, sua alma é feia, doente. Herdei seus belos olhos azuis e não tenho nada de útil para fazer com eles.

Acho que a sua decadência só está começando, mãe – disse ele, em tom magoado. – Você não tem mais esta casa nem as outras seis casas de veraneio. Não tem mais suas joias, nem a sua empresa, muito menos os seus lindos e ricos amigos. Vai ter um teto porque eu não admitiria deixar minha própria mãe na rua. Mas observe só como as coisas são interessantes, você, um dia, vai deixar esta vida levando exatamente o que trouxe de material: nada! E vai levar registrado na sua consciência tudo de bom que um dia algumas pessoas te desejaram, ou seja, nada! Que vida vazia a sua! Você não está levando absolutamente nada de bom que cultivou, só mágoa, rancor e ódio.

– Pare de falar assim!!!

– Vou parar mesmo. Já me cansei de ver meu pai te dizendo tudo isso e nunca adiantou nada. Por que eu falando adiantaria? Ele pode ter feito tudo errado, mas era bem mais fácil conviver com ele do que com você.

– Não defenda o Adalberto!!!

– Por que não? Porque ele teve coragem de sair de perto de você? Eu, assim como ele, não a aguento mais. Só que não vou fugir às responsabilidades, você não vai ficar na rua. Mas pode ter de certeza que, apesar de tudo, ainda quero voltar a ver o meu pai, se possível, mas de você eu quero distância.

– Não defenda aquele cretino! Nossa decadência é por culpa dele!

— E sua também! Principalmente sua! Você é uma péssima criatura! Não posso considerá-la como mãe!

— E ele não é seu pai!!!

Eduardo ficou parado como se tivesse levado um choque e a mãe repetiu em desesperado pranto:

— O Adalberto não é seu pai, entendeu?! Ele não é seu pai!

Virando-se, Eduardo terminou rapidamente de arrumar suas coisas enquanto Gilda se defendia e chorava.

— Eu fui uma infeliz ao lado dele!... – dizia entre o choro. – Não merecia passar por isso. Você é o único filho que eu amei, eu não merecia isso de você. Se eu soubesse... deveria ter revelado isso antes... Não dê valor ao Adalberto, ele não merece...Ele não é seu parente...

Ao pegar as malas, encarou-a e confessou, agora em baixo tom de voz:

— Mãe, eu gostaria que você sumisse da minha frente. Você não sabe o que está fazendo comigo.

Sem dizer mais nenhuma palavra, ele pegou as bolsas, uma pasta de documentos e saiu do quarto deixando a mãe de joelhos no chão e debruçada sobre a cama, chorando compulsivamente. Ao descer as escadas, Eduardo deparou com a empregada que, assustada, parecia esperá-lo.

Torcendo as mãos num gesto aflitivo, Sônia perguntou:

— O senhor está indo embora, seu Eduardo?

— Nunca fui seu senhor, Sônia. Por favor.

— É que acostumei – respondeu sem jeito. – Mas... e agora, o que eu faço? E o Lauro e a Jusélia?

— Infelizmente, Sônia, vocês estão dispensados. Levem a documentação ao contador. Eu já liguei para ele e amanhã passarei lá para deixar o cheque de vocês.

— Mas e a dona Gilda?

— Depois de tudo, você ainda se preocupa com ela? – perguntou quase incrédulo, sorrindo levemente. – Vou arrumar um lugar para ela. Pode deixar. Não vai faltar nada para minha mãe. Pode ir, Sônia. Muito obrigado por tudo.

— Eu vou só cuidar de mais algumas coisinhas e esperar a Jusélia que vai chegar já, já. Desculpa se algum dia eu não fiz algo direito...

— Se há alguém que tem de pedir desculpas, este alguém sou eu, Sônia.

— Obrigada, seu Eduardo. Nunca vou me esquecer do senhor. Tenho certeza que ainda vai ser muito feliz.

Após se despedir, Eduardo pegou as coisas e as colocou em seu carro, dando uma última olhada naquela luxuosa residência. Estava amargurado, com pensamentos confusos por causa da difícil situação que sabia que teria de enfrentar a partir de agora. Sua vida jamais seria a mesma.

Apesar de lhe restar considerável valor na conta bancária particular, aplicações financeiras, um luxuoso carro importado e o que haveria de receber da empresa pelos direitos trabalhistas, naquele momento, ele não tinha perspectiva. Sabia que arrumaria um novo emprego, provavelmente, na mesma colocação executiva, mas com o mesmo salário generoso, impossível. Porém, isso poderia contornar. Seu abalo maior foi pela revelação inesperada de sua mãe de que ele não era filho de Adalberto. Isso o chocou profundamente. Eduardo nem sabia o que pensar a respeito. Como se não bastasse, perder o filho que Helena esperava e a reação hostil de sua namorada, ainda teria de conviver com mais essa realidade provocada por sua mãe.

"Depois de tudo o que sofreu, mesmo que a Helena venha saber da verdade, talvez tudo se acabe definitivamente entre nós." – pensava. – "Se ela tivesse algum sentimento verdadeiro, alguma consideração por mim, já teria me escutado, teria se preservado de tanto abalo e talvez nosso filho não tivesse morrido. Agora nada nos prende um ao outro."

Com essa sensação de angústia, ele se foi, levando o coração apertado e inseguro pelas amargas decepções.

Naquela mesma tarde, Helena recebeu alta do hospital e foi para casa.

O espírito Nélio não oferecia trégua para que a moça harmonizasse seus pensamentos.

Deprimida, sem querer conversar, Helena se recolheu para o quarto e ficou encolhida sob as cobertas quentes sem dar atenção a ninguém.

Na espiritualidade, apesar de estarem ao lado de Nélio, Lara e Leopoldo, além de outros amigos, não podiam ser percebidos. Eles observavam a crueldade com que o espírito Nélio envolvia a jovem, fazendo-a sofrer amargamente.

Os pensamentos da moça corroíam pelas ideias negativas e sensações aflitivas, coisas que aceitava como se fossem dela mesma.

— Observamos que Helena pode vir a sofrer o que já experimentou em outra vida — comentou Leopoldo. — Sabemos que lhe falta fé e bom ânimo, porém não é aconselhável que ela ponha a perder a presente existência.

— Por que ela perdeu o bebê? — indagou Lara comovida. — Você me disse que era alguém muito importante, uma criatura muito querida por todos.

— As vibrações melancólicas e depressivas criadas por Helena estavam prejudicando imensamente esse espírito e sua formação. O fato de negar a gravidez cria sequelas perispirituais que poderão ser como doenças ou tristezas a incomodar aquele que está reencarnando. Cada caso é um caso. Porém, muitos bebês recém-nascidos choram angustiados, aparentemente sem motivo, talvez por algum tipo de rejeição durante a gravidez ou, às vezes, porque ele próprio não queria reencarnar. Entretanto, na maioria dos casos, o choro se faz por algumas adaptações orgânicas que podem provocar dores. Alguns espíritos precisam experimentar tal angústia e os pais precisam harmonizar com mais afeto, carinho e atenção esse relacionamento, por isso é permitida tal ocorrência.

— Mas por que a gravidez de Helena foi interrompida? — tornou Lara curiosa.

– Porque esse espírito não precisava sofrer essa experiência que poderia abalar sua formação. Além disso, esse suposto mal será um bem na trajetória da vida de Helena.
– Mas ela está assim, triste e deprimida, por causa do Nélio e de toda essa situação difícil provocada por minha mãe.
– Sim. Nós sabemos. E é por não precisar experimentar essa obsessão e por não ter forças para suportá-la mais que vamos interferir. Mas, depois disso, Helena terá de se recompor e criar novas forças para seguir em frente. "A quem é dado será pedido." Ela tem tarefas a realizar e, se esse é o empecilho, ele será removido. Depois disso, não poderá mais haver desculpas. – Subitamente Leopoldo avisou: – Vamos falar com Nélio.
– Nós?!
– Sim, minha amiga – afirmou sorridente. – Nós.

Com extremo amor e bem-harmonizados, todos, na espiritualidade, entraram em prece oferecendo sustentação àquele momento, rogando por elevadas bênçãos que se fizeram em segundos, como um jorro de luzes cintilantes projetadas por mãos invisíveis aos olhos de todos. Este foi o momento em que Leopoldo e Lara se fizeram visíveis para Nélio que, até então, não podia imaginar a presença de ambos. Tal surpresa interferiu de imediato no esforço psíquico de Nélio, o qual projetava suas emanações mentais à encarnada, quebrando o elo de ligação mental que os uniam.

Helena foi arrebatada pelo sono e, no instante imediato, sem ser percebido, seu querido mentor a recolheu para um lugar mais sereno a fim de ministrar-lhe passes magnéticos e orientação adequada ao seu estado de desdobramento.

O espírito Nélio se sobressaltou e nem percebeu a agilidade do mentor de Helena, preocupando-se exclusivamente com Lara e Leopoldo.

– Quem sois? O que quereis aqui? – perguntou imponente.
– Meu nome é Leopoldo e esta é Lara. Creio que já se conhecem.

Surpreso, mal conseguia reconhecer aquela desencarnada que, alguns anos antes, sofria junto a ele, pelo marido e filha que estavam no plano físico. Lara havia mudado muito. Nélio deu um passo para trás pedindo:

— Afastai-vos daqui. Não solicitei auxílio. Trata-se de um caso muito pessoal que tenho a resolver.

Generosa, repleta de imensa força interior, ela disse com brandura:

— Não acha que já sofreu o suficiente, caro Nélio? Não tem paz há séculos por insistir em forçar o destino e a opinião alheia. O tempo passa enquanto você fica estagnado, lutando por algo que não vai acontecer. Não do jeito que quer.

— Quem és tu para impor-me vontades?!

— Eu não sou ninguém. Simplesmente posso dizer que já sofri muito por insistir em algo infundado. Veja como eu estou em aparência e sentimento. Bem melhor do que há algum tempo quando vivi aos farrapos, arrastando-me em crises de sofrimento e tristeza. Após aceitar a ajuda oferecida por estes amigos de Luz, ganhei conhecimento, força interior e paz em minha consciência. Consequentemente, sou mais feliz. Se ama Helena, por que não se apieda? Ela sofre com as torturas mentais que imprime aos seus pensamentos. Seu coração vai ficar mais leve quando vê-la...

— Não a amo mais! — gritou contrariado. — Helena me traiu quando aceitou outro homem. Ela haverá de sofrer o que experimentei por tê-la traído um dia. Será torturada como me torturou. Provará a humilhação dilacerante até sucumbir novamente de desgosto desejando a morte em seus últimos dias. Eu tenho o poder para tal e hei de fazê-lo.

— O poder só pertence a Deus. O que nos orgulhamos de ter hoje, perderemos amanhã. O que criticamos hoje, seremos amanhã. O que impomos, sofreremos. O que desejamos e fazemos com amor também receberemos de volta. Liberte-se dessas amarras e venha conosco.

— Não! Incontáveis criaturas chegaram a implorar-me para deixá-la. Mas, se antes eu não a libertava por amor, jamais hei de fazer por ódio. Padeci horríveis penas por culpar-me de tudo o que fiz. Todavia, ignorava sofrer por alguém que não merecia.

— Seu sofrimento não foi por culpa de Helena.
— Como não?! Culpei-me por sua morte agonizante em que, inconformada pelo que fiz, só chamava pelo meu nome.

A conversa prosseguiu e, decorrido algum tempo, o espírito Nélio continuava apresentando as mesmas alegações, julgando-se ter toda razão sempre.

Leopoldo, longe do desânimo, somente observava o diálogo que ocorria por um tempo muito extenso.

Sustentando Lara a todo instante, ele era capaz de transmitir-lhe, por pensamento, seguidas súplicas para argumentar com Nélio sem que ele percebesse. Esgotava-se ali todas as tentativas de esclarecer aquele espírito e levá-lo para um lugar onde houvesse condições de se recompor e evoluir um pouco mais.

Nélio estava arredio, profundamente irritado com a presença dos companheiros e, seguidas vezes, confrontava situações em meio aos argumentos de Lara, fazendo-se de vítima e exigindo vingança como se servisse de bálsamo para o sofrimento passado.

— Tu não esperas que eu me proponha a aceitar tal panaceia que me tentas fazer engolir, não é?! — vociferava furioso.

— Sinceramente, meu amigo — interferiu Leopoldo, agora melancólico —, esperava que refletisse com a sabedoria que mostra possuir. No entanto, não há nada que possamos mais fazer por você, que acredita ser tão autossuficiente. Já basta — concluiu tranquilo.

Aturdido, Nélio sentiu-se como que paralisado.

Foi com firmeza serena que o instrutor de Lara, com imensa humildade, explicou sem se alterar:

— Ouça-me com tolerância e bondade. O que faz a Helena sofrer hoje não tem razão de ser. Ela não sucumbirá sob a sua loucura. Existem Leis Divinas que nos dão permissão de interferir.

Com expressão agressiva e rude, Nélio os fitava com os olhos exprimidos, demonstrando contrariedade e coração duro.

Porém, anulando as vibrações coléricas e destrutivas, utilizando-se de peculiar envolvimento, Leopoldo projetou sobre Nélio intenso jorro de energia tranquilizante, provocando o efeito de um choque que o foi imobilizando, até que Nélio, totalmente indefeso, prostrou-se de joelhos e lentamente deixou-se cair para trás sendo amparado por outros trabalhadores espirituais ali presentes. Em prece fervorosa e tocante inflexão, o instrutor prosseguiu por mais algum tempo agradecendo a Deus a força que os sustentou naquele instante. Envolto por vibrações vigorosas, que se traduziam em brilhante luz, Leopoldo logo colocou Nélio sob o efeito de passes magnéticos que desprendiam substâncias escuras formadas pelos pensamentos desequilibrados daquela criatura. Por fim, afetuoso e emocionado, Leopoldo acariciou a fronte de Nélio que parecia estar em sono profundo e comentou:

— Oh, meu filho, por que dificulta tudo para você mesmo? — e erguendo o olhar para os companheiros, fez um gesto singular que foi logo compreendido.

Nélio foi levado pelos socorristas e Lara, ainda sob o efeito de fortes emoções, com voz melancólica perguntou?

— Para onde ele irá?

— Ficará em câmaras especiais até o reencarne, que será em breve.

— Você o ama muito, não é?

— Nélio, para mim, é um filho espiritual. Desejo vê-lo em condições melhores. Isso ainda vai acontecer. Tenho muita fé.

— E Helena?

— Saberemos agora se os sentimentos depressivos eram só pelo efeito da obsessão. Vamos aguardar.

CAPÍTULO 31

O futuro dos preconceituosos

No dia seguinte, bem cedo, a campainha soou na casa de dona Júlia, tirando-a rápido de seus afazeres, pois a senhora não queria acordar Helena, que ainda se recuperava.

No portão, havia duas mulheres e um homem que reconheceu ser o motorista de Gilda.

Cautelosa, a dona da casa se aproximou com ar interrogativo quando se surpreendeu com a pergunta:

– Bom dia! A Helena está?

– Eu sou a mãe dela...

– Olá, dona Júlia. Eu sou o Lauro, o motorista da dona Gilda. Creio que a senhora se lembra de mim. – E sem demora, apresentou: – Estas são Sônia e Jusélia. Nós trabalhávamos para o seu Eduardo e precisamos da sua atenção.

– Sim, claro. Em que posso ajudá-los?

Nesse instante, Bianca surgiu à porta gritando de longe:

– Oi, Sônia, oi, Ju... Ju... Jusélia! Vocês vieram!

Menos preocupada, dona Júlia pediu que entrassem acreditando se tratar de uma visita para a filha.

Após abraçarem Bianca demoradamente, demonstrando carinho, Sônia e Jusélia entraram, mas Lauro insistiu em esperar no carro.

— Fiquem à vontade, por favor — pediu dona Júlia. — Acho que a Helena já está acordada. Aguardem um minutinho, eu vou ver.

— Espero que nos desculpe por ser tão cedo. É que ainda hoje eu vou fazer uma entrevista de emprego, em outra casa. Não sei se a senhora sabe, mas não vou mais trabalhar na casa do seu Eduardo — justificou-se Sônia.

— Não há problema — disse sorrindo. — Aguarde só um momento que eu vou chamar a Lena. — Após alguns minutos, a dona da casa retornou informando: — Minha filha já vem.

— E você, Bia? — perguntou Sônia, olhando para a garotinha, que a contemplava com olhar brilhante. — Não foi para a escola hoje?

— É que começaram as minhas férias.

— Puxa! Que legal! Espero que aproveite bastante — disse sorridente.

Nesse momento, nitidamente abatida, Helena entrou na sala surpresa com a visita. Com um sorriso tímido, cumprimentou-as e logo se sentou no sofá.

Dona Júlia, interessada, acomodou-se ao lado da filha, e Sônia começou a dizer:

— Helena, nós estamos aqui porque temos algo muito sério para contar pra você.

— Eu tentei contar tudo pra ela ontem — interrompeu Bianca afoita como toda criança —, mas a tia Lena não tava bem. Sabe, ela tomou um remédio e dormiu.

— Espere um pouquinho, Bianca — pediu a tia com educação. — Deixe que a Sônia diga o que veio fazer aqui, está bem? Depois conversamos. Agora, vai brincar lá fora, vai. — Voltando-se para a mulher, Helena pediu: — Pois bem, Sônia. Pode falar.

Sônia e Jusélia começaram a relatar tudo o que presenciaram na casa onde trabalharam, detalhando, com ricos pormenores, o que Gilda tinha tramado e feito para atrapalhar o namoro do filho. Jusélia, que não se continha, contou até mesmo as últimas novidades a respeito de Adalberto ter abandonado a empresa e a família, deixando todos em situação financeira bem complicada por causa da hipoteca da casa e da venda dos outros bens. Falou também que o patrão havia traído Gilda com a filha da diretora financeira da empresa e que a moça estava grávida.

– Como se não bastasse – continuou Jusélia –, o seu Eduardo foi mandado embora da companhia porque pensaram que ele tinha tirado férias por saber que o pai ia aprontar alguma.

– Não temos certeza disso, Jusélia – advertiu Sônia. Voltando-se para Helena, pediu: – Quero que nos desculpe por não ter contado tudo antes para você. Estávamos com medo de perder o emprego. Sabe, apesar de tudo, nós ganhávamos muito bem. Mas soubemos que teríamos de arrumar outro lugar e, ao mesmo tempo, soubemos que você estava grávida e que não passava bem, por causa dessa armação da dona Gilda, então decidimos vir aqui contar a verdade.

– Estou em choque – confessou Helena quase sussurrando e nitidamente abalada. – Parece que estou num pesadelo. Eu não acredito... – Após alguns segundos refletindo, perguntou: – E o Eduardo? Como ele reagiu quando soube disso?

– Virou um bicho quando soube! – exclamou Sônia. – Sei que não deveria contar, mas acho que você deve saber, Helena. Ontem, eu pude ouvir os gritos dele com a mãe. Juro por Deus que nunca vi o seu Eduardo falar daquele jeito com ninguém e olha que eu trabalho lá há muitos anos. Ele e a mãe ficaram mais de uma hora discutindo aos gritos. Depois, só ele falava. Disse que ela acabou com a vida dele e que o dinheiro que eles tinham nada significava, pois a pessoa que ele queria, que era você, não poderia ter por culpa dela. Sabe – contou um pouco mais constrangida –, a dona Gilda, num instante de loucura, falou que o seu Adalberto não era o pai dele. Deu uma pena do seu Eduardo. Ele é tão bonzinho. Por fim, a dona Gilda ficou chorando de joelhos lá no quarto dele. E ele pegou umas malas e foi embora.

– Você sabe onde ele está? – perguntou dona Júlia preocupada.

– Não – disse Sônia. – Nós passamos no contador para acertar nossas contas e o moço nos entregou os cheques direitinho. Seu Eduardo deixou tudo certinho para nós.

– Pensei que nem fôssemos receber – comentou Jusélia.

– Não diga isso – repreendeu Sônia zangada. – Nunca atrasaram nosso pagamento um dia. – Voltando-se para dona Júlia, explicou: – Não vimos seu Eduardo lá no contador e, pelo que sei, nem a tia dele, a dona Isabel, sabe pra onde ele foi. Ontem ela foi lá...

– A dona Isabel só ficou sabendo de tudo ontem – interrompeu Jusélia. – Ela ficou furiosa e aí foi outro barraco – disse referindo-se à discussão entre as irmãs.

– Também, Jusélia, você tinha de contar pra ela sobre o que a filha aprontou, junto com a dona Gilda, indo dormir no quarto do Eduardo para a Helena ver, não é?

– E não me arrependo de ter falado. Ainda bem que eu cheguei bem na hora que ela entrava. Agora não preciso mais ter medo da dona Gilda nem da safada da Vera.

Helena, aturdida, pareceu ainda mais branca. Ela fechou os olhos recostando-se no sofá. Seu rosto pálido estava gotejado de um suor frio. Enquanto suas mãos geladas permaneciam imóveis.

– Filha, você está bem? – preocupou-se a mãe.

Afagando-lhe a testa, com carinho, dona Júlia tornou a chamá-la:

– Helena, abra os olhos, filha.

Lágrimas copiosas correram dos cantos dos olhos de Helena, que murmurou:

– Eu estou bem. – Em seguida, recostando-se na mãe, lamentou chorosa: – Eu não acreditei nele, mãe. O Edu jurou, se pôs de joelhos... E agora, mãe?

— Quer a minha opinião, Helena? — interferiu Jusélia muito desembaraçada. — Você tinha todos os motivos do mundo pra brigar com o seu Eduardo e foi isso o que você fez. Ninguém pode tirar a sua razão. Se aceitasse com facilidade as desculpas dele, depois de tudo o que viu, você seria considerada uma moça fácil, à toa e diriam que só estava interessada na fortuna dele. Agora, depois que soube da verdade, vá atrás dele, boba. Ligue pra ele. Não perca tempo.

— Mas ele não veio me procurar depois que soube da verdade por vocês. Além do mais — dizia com voz fraca —, onde vou procurá-lo?

— Ligue para o celular! Ele não vai sumir eternamente. O seu Eduardo tem mãe, irmã, tia...

— Vamos, Jusélia — apressou a amiga. — Não posso chegar atrasada na entrevista. Levantando-se, pronta para ir, Sônia falou: — Ele está aflito e muito preocupado agora. Afinal de contas a vida do seu Eduardo virou ao avesso. Mas isso vai passar.

— Obrigada, Sônia. Obrigada, Jusélia. Nem tenho como agradecer.

Ambas se despediram e, percebendo a difícil situação, Bianca, que estava escondida, imediatamente pegou o telefone sem fio e entregou para a tia sem dizer nada.

No mesmo instante, Helena ligou para o celular de Eduardo e decepcionou-se quando o som metálico da caixa postal foi acionado.

Angustiada, agora refletia em tudo o que havia dito, injustamente, para o namorado, não aceitando suas explicações e, muitas vezes, quase aos gritos, afastando-o de si.

Começando a chorar, torturou-se em pensamento por ter perdido o filho que esperava, pois sabia, de alguma forma, que seu estado depressivo e seu desespero inútil podia ter contribuído para que isso ocorresse.

Após ter acompanhado as visitas até o portão, dona Júlia retornou e não ficou surpresa ao ver a filha em lágrimas de arrependimento.

– Oh, mãe, o que eu faço? – perguntou chorosa. – Não consigo falar com ele. O telefone deve estar desligado.

Recostando a filha em seu peito, a mãe a afagou com carinho ao aconselhar:

– Agora, só lhe resta aguardar, Helena.

– Mas eu estraguei tudo o que havia entre nós – dizia com voz embargada. – O Edu tentou se explicar e eu não dei oportunidade... e agora... Fico pensando que pelo meu nervosismo, tenha perdido o bebê... e... Não tem mais nada que nos ligue. Eu não sei o que me deu, eu estava com ódio do Edu. Não queria vê-lo nem ouvir sua voz ou seu nome. Nunca fui assim, mãe.

– Talvez fosse pela gravidez. Isso pode acontecer. Sua tia ficou com raiva do seu tio nos primeiros meses. Não podia nem vê-lo.

– A senhora as ouviu contando que o Edu saiu de casa? Ele não veio aqui, nem para me ver... e...

– Espere, Helena, ele está com muitas preocupações no momento. Aconteceu exatamente o que a Sônia falou: a vida do Eduardo virou ao avesso! Ele pensa que você não quer vê-lo, perdeu o filho, está sem emprego, o pai foi embora e deixou todos em uma situação difícil. Além dessa estúpida revelação de que o seu Adalberto não é o pai dele. Como você quer que ele esteja? No mínimo, quer ficar sozinho e pensar um pouco. Ele tem esse direito. – Logo a mãe lembrou: – E se você tentasse falar com a Érika. Talvez ela tenha alguma notícia.

Os olhos de Helena brilharam pela ideia imediata. Ela pegou o telefone, ligou, mas logo desanimou ao dizer:

– Não tem ninguém em casa.

– Tente o celular, filha. Mas quando falar com ela não diga nada sobre o seu Adalberto não ser o pai do Eduardo. Essas coisas não se falam por telefone. Vai deixar a moça nervosa e nem sabemos se é verdade.

E após falar com a irmã de Eduardo, em meio ao choro e poucas explicações, Helena ouviu:

— Não estou nem sabendo que o Edu saiu de casa! Muito menos que ele foi demitido. Só sei o que meu pai aprontou. Estou tentando ligar para o Edu desde ontem à noite e não consigo. Pensei que fosse algum problema com a operadora do celular. Não liguei pra casa porque não quero falar com a minha mãe, pois imagino como ela deve estar depois de tudo. – Pequena pausa, aconselhou: – Olha, Lena, não fique nervosa ou pode até ter complicações com sua saúde. Tranquilize-se. Eu vou tentar encontrar o Edu. Mais tarde, passo aí na sua casa, está bem?

Após se despedirem, Érika, que se encontrava no estúdio de decoração de Juliana, virou-se para a cunhada e revelou:

— Eu sabia! Tinha certeza de que a dona Gilda estava envolvida naquela história da Helena pegar a Vera no quarto do Edu.

Juliana não ficou surpresa, mas silenciou, enquanto a cunhada contou tudo o que Helena tinha acabado de saber pelas empregadas de sua mãe.

— Agora a Helena está desesperada atrás do Edu.

— Sinceramente, Érika, até agora não acredito no que seu pai fez. Estou em choque – confessou Juliana.

— Em choque estou eu.

— Vocês não suspeitaram de nada?

— O casamento dos meus pais sempre foi de aparência. Meu pai sempre teve outras mulheres. Disso nós sabíamos, mas minha mãe nunca se incomodou. Para ela o mais importante era a posição social e seus jogos de interesses sociais. Já desconfiamos da minha mãe também, principalmente, por lembrarmos coisas de quando éramos pequenos, mas nunca tivemos certeza. Mas daí a imaginar que meu pai iria, junto com a outra, dar esse golpe e largar tudo e todos por ela!... Não, isso não podíamos prever. O Edu vinha desconfiando de algo errado com os investimentos e outras coisas lá na empresa, mas a venda das ações e a fuga repentina, isso jamais ele poderia suspeitar.

— E sua mãe, Érika? Como será a partir de agora?

A moça abaixou o olhar, suspirou fundo e pendeu com a cabeça negativamente ao lamentar:

— Pobre dona Gilda. Não sei como ela vai sobreviver a essa nova vida. Não vai bastar ter uma casa ou um apartamento. Ela gosta de luxo, de festas ricas e caras. Ela ama lugares da moda e os conhece no mundo todo. Se pudesse se alimentaria de joias e beberia perfumes caros.

— E você com relação a ela agora?

— Tenho pena da minha mãe. Acho que cresci, entende? Vou falar com ela, vou tentar uma aproximação. Só não posso dizer que vou colocá-la pra morar comigo. Primeiro, porque ela jamais aceitaria. Segundo, porque o quarto que temos sobrando, além do escritório, terá de ser decorado pela tia, se ela quiser, para o nosso futuro bebê que vai chegar em breve.

— Jura?!!! — gritou Juliana emocionada e com lágrimas nos olhos.

Elas se abraçaram de felicidade, rodopiaram levemente e trocaram beijos e carinhos.

Nesse momento, Miguel entrou e logo foi contagiado pela alegria quando soube da novidade.

Eufórico, ele a abraçou, sem conseguir conter seu entusiasmo.

— Parabéns, Érika! — cumprimentou o amigo ao beijá-la. — Puxa! Fiquei muito feliz. Feliz mesmo!

— E o João Carlos?! Ele esteve ontem aqui, por que não me contou? — reclamou Juliana.

Érika deu uma gostosa gargalhada ao dizer:

— É que ele ainda não sabe, ou melhor, ainda não tem certeza. Eu só peguei o exame agora há pouco.

— Que crueldade, Érika! — exclamou Miguel em tom de brincadeira. — Acho que o João Carlos só vai te perdoar por causa do seu estado.

Eles riram alegremente.

— Agora tenho de ir. Vou passar lá na academia. Acho que o João Carlos vai gostar de saber logo, não acham?

— Talvez sim — brincou a cunhada.

— Ei, Érika, vim convidar a Juliana para almoçar, não quer ir conosco?

— Obrigada, Miguel. Deixa pra outro dia — agradeceu beijando-o.

Quando Érika se foi, Juliana perguntou para Miguel:
— Não acha que é muito cedo para almoçar?
— É? — respondeu rindo.
— Preciso esperar as meninas chegarem — disse referindo-se às funcionárias. — Elas foram terminar algumas decorações pequenas nas lojas do *shopping*, já devem estar por aí. Não posso deixar o estúdio sozinho. A Bete está curtindo o garotão que nasceu e...
— Sabe — interrompeu com um jeito um tanto romântico —, eu estava com saudade e decidi passar aqui para ver se... se você não estava com saudade de mim também.

Juliana, sob o efeito de forte emoção, contornando uma das mesas, fugiu ao olhar enquanto respondia com uma pergunta dissimulada:
— Não trabalha mais?
— Esqueceu que estou em férias? — respondeu ele, segurando-a quando ela se aproximou. Pegando delicadamente em seu braço, olhando-a firme nos olhos à medida que sorria com carinho, perguntou: — Por que está fugindo de mim?
— Eu... eu... não estou fugindo — gaguejou perdendo sua desenvoltura natural.

Miguel começou a acariciar-lhe o rosto com as costas das mãos, tocando suavemente em seus belos lábios.

Juliana, surpresa, ficou parada sem saber como reagir. Seu coração palpitava forte e sua respiração havia acelerado sem que pudesse fazer algo para se controlar.
— Como eu fui idiota — sussurrou ele com extrema ternura na voz. — Você, tão perto de mim e...
— Miguel, eu...
— Precisei sentir falta da sua companhia, da sua atenção, do seu carinho... — tornou com suave inflexão na voz e olhar meigo. — Eu precisei desejar estar com você para entender que não quero mais que fique longe de mim e... Você me perdoa?
— Por quê? — perguntou constrangida.

— Por demorar tanto para descobrir que sinto algo muito forte por você.

Acariciando-lhe o rosto, ele beijou-lhe os lábios e a tomou num forte abraço.

Juliana correspondeu com ternura e muito amor.

༺♡༻

Na tarde do dia seguinte, preocupada com a situação de sua mãe, Érika decidiu ir visitá-la.

— Oi, Sônia! – cumprimentou satisfeita. – Não esperava encontrar você aqui.

— O serviço novo que eu fui ver não deu certo. A mulher já tinha encontrado outra. Aí resolvi dar uma passadinha aqui. Sabe, fiquei preocupada e só pensava na dona Gilda. Apesar de tudo, fiquei com muita pena dela.

Com um gesto singular, Érika lamentou:

— Foi um golpe duro para todos nós, mas principalmente para ela. — Então perguntou: — Ah! E o Edu, está em casa? Você o viu?

— Não. Eu fui lá no contador receber. Ele deixou tudo direitinho, mas eu não encontrei com ele não. Seu Edu só deixou os cheques.

— Estou preocupada, Sônia. Ninguém sabe do meu irmão. Não conseguimos falar com ele, o celular deve estar desligado. Liguei para minha tia, para os amigos e até para a Paula, ex-secretária dele lá na empresa... Ninguém sabe dele.

— Seu Eduardo estava tão nervoso. Ele brigou tanto com sua mãe.

— O Edu?!... É de se admirar. A Helena me contou, mas ela estava nervosa, nem falou direito. Achei que estivesse exagerando.

— Foi sim. Ele chegou a gritar tanto lá no quarto que daqui de baixo dava pra ouvir.

— Meu irmão gritando?! Tem certeza? Ele brigou com a minha mãe?

– Ele descobriu que a dona Gilda armou aquilo para a Helena e ficou louco. Gritou e falou que ela estragou a vida dele, além de um monte de coisa. A senhora nem imagina. A dona Gilda, depois de brigarem muito e ele defender o pai, disse que o seu Adalberto não era o pai do seu Eduardo. Daí o seu Eduardo pegou as malas e se foi. Então fui espiar porque a dona Gilda estava em silêncio. Quando eu subi lá, ela estava, de joelhos, chorando em cima da cama dele. Acho que por nunca ter brigado, ele deve ter fugido para esfriar a cabeça.

– Meu Deus! Que história é essa, agora?! O que minha mãe aprontou dessa vez?! – Depois desabafou: – Coitado do meu irmão! Como será que está se sentindo? – Logo perguntou: – E a minha mãe? Onde ela está?

– Ela voltou agora há pouco. Falou alguma coisa sobre ter ido ao correio. Depois ela foi lá pra piscina.

– Ela foi ao correio? – Érika estranhou.

– Foi sim senhora.

– Não me chame de senhora, Sônia. A propósito, eu vou precisar de alguém assim como você para trabalhar para mim. Talvez o salário não seja igual ao que teve aqui, mas o serviço também não será tanto. Minha casa é menos do que metade da metade desta. Só que, daqui a alguns meses, haverá um pimpolhinho para dar mais trabalho ainda – avisou sorrindo.

– A senhora está grávida?!

– Não sou sua senhora. Mas sim, estou. Peguei o resultado ontem. Meu bebê já tem vinte dias! – avisou sorridente e orgulhosa.

– Ah! Parabéns! – cumprimentou, abraçando-a emocionada. Mas logo perguntou: – A dona Gilda sabe?

– Não. Ela mal ficou sabendo que eu casei.

– Casou?! Eu ouvi a dona Gilda brava, mas nem acreditei que havia casado mesmo.

– Casei sim. Bem, deixe-me ir ver como ela está. Depois conversamos.

Indo até a piscina, que era arborizada e caprichosamente decorada com requintes modernos, Érika caminhou tranquilamente até próximo de sua mãe que, apesar de percebê-la, não mostrou nenhuma emoção.

– Oi, mãe – disse puxando uma cadeira e sentando-se à sua frente.

– O que veio fazer aqui? – perguntou Gilda com um tom amargo na voz e sem olhar para a filha.

– Vim saber como você está – respondeu com simplicidade.

Gilda, que girava com o dedo o gelo da bebida sem tirar os olhos do copo, perguntou com inflexão agressiva e voz entorpecida pelo efeito do álcool.

– O que é?! Veio aqui tripudiar sobre mim?! Ter o gostinho de me ver falida?!

Ao erguer o olhar para a filha, Érika se surpreendeu ao ver a mãe com o rosto muito inchado, principalmente as pálpebras, de tanto chorar.

– Não, mãe. Não vim aqui com essa intenção – explicou com humildade. – Sou sua filha, tem o Edu e, apesar do pai ter ido embora, somos uma família ainda.

– Não me venha com essas mediocridades! Família!... Sei! Nunca fomos uma família, não será agora que...

– Se não somos uma família, somos o quê?

– Seu irmão nunca teve uma reação firme, nunca se impôs contra o Adalberto! – dizia de modo agressivo e com toque de amargura. – Você nunca foi minha amiga, fazia de tudo para me contrariar, para me envergonhar! Se estivesse sempre do meu lado, não teríamos deixado a safada da Natália e da Geisa fazerem o que fizeram! Se não fomos unidos quando tínhamos dinheiro, não será agora que, pobres, vamos nos juntar para dividir as misérias!

– Você está nervosa, mãe. Precisa se acalmar.

– Você sujou meu nome e acabou com a nossa reputação! – gritou Gilda atacando-a hostilmente. – Suma daqui! Vá embora!

Levantando-se bruscamente, Gilda empurrou a cadeira que tombou no chão e entornou, num só gole, o conteúdo do copo que segurava, ingerindo rapidamente toda a bebida.

– Mãe, não faça isso. Vamos conversar – tentou Érika com ponderação e sem expressar sua amargura pela cena que presenciava.

– Não quero conversar com você nem com ninguém! Eu odeio todos! – gritava enfurecida. – Quero que o mundo acabe! Suma daqui!

Observando que a mãe agia de modo estranho, praticamente insana, pois Gilda dava passos negligentes enquanto segurava a cabeça com as mãos, Érika pensou que toda aquela revolta passaria se ela fosse embora. Não era um bom momento para conversarem. Além disso, gostaria de tentar encontrar seu irmão. Estava preocupada com ele.

Calmamente, a moça pegou sua bolsa e, com olhar baixo e lágrimas quase a rolar pela face, falou baixinho:

– Tchau. Outra hora conversamos.

– Vai! Suma daqui, sua ingrata, cachorra, traidora!...

Érika, cabisbaixa, voltou para a casa, onde Sônia a esperava assustada.

– O que aconteceu?

– Como sempre, quando as coisas não saem a seu gosto, ela grita, berra e...

Um barulho, como se algo pesado tivesse caído dentro da piscina, chamou a atenção de ambas, que correram até o local.

Gilda havia caído na água e estava inerte.

Imediatamente, a filha se atirou na piscina segurando a mãe com firmeza para que ela não se afogasse.

Com dificuldade, Sônia e Érika tiraram Gilda da água.

– Ela está respirando – afirmou a moça, em desespero. – Vou pegar o carro e pôr aqui do lado para socorrê-la.

Gilda foi levada ao hospital. Avisaram apenas Isabel, sua irmã, pois ninguém sabia do paradeiro de Eduardo.

João Carlos, preocupado com a esposa que ainda estava com as roupas úmidas, levou-a para casa pedindo a compreensão da tia que, muito prestativa, incentivou a sobrinha a descansar um pouco, afirmando ligar para ela assim que tivesse alguma novidade.

Gilda havia sofrido um Acidente Vascular Cerebral, mais conhecido como derrame ou AVC. A filha a salvou do afogamento, socorrendo-a de imediato logo que caiu na piscina. Mas, pela gravidade de seu caso, Gilda acabou falecendo.

Na espiritualidade, pela vaidade que cultivava ao corpo, pelo apego excessivo à sua aparência física, acreditando ser uma criatura privilegiada e superior por seus caracteres físicos, a pobre Gilda experimentou sofrimentos inenarráveis para ser desligada do corpo físico. Ela havia ingerido bebida alcoólica e o efeito disso foi passado imediatamente ao espírito, só que pelo desencarne, esse mesmo efeito, no nível espiritual, é dezenas de vezes mais forte do que quando se está no corpo físico. Por essa razão, ela estava grogue e esbravejava, agonizando terrivelmente pelo que sentia.

Foi necessário que os vários companheiros espirituais, que procuravam socorrê-la, despendessem muito esforço para desligá-la do corpo físico, o que aconteceu somente depois de dias, quando o corpo já estava enterrado e em necrose. Apesar de todo o terrível sofrimento que Gilda experimentou para o desligamento, tendo em vista que se tratava de um resgate solicitado por seu mentor, pode-se considerar que esse processo foi rápido, se comparado a outras criaturas com débitos semelhantes, cultivadoras de preconceito, orgulho e vaidade, que chegam a ficar muitos anos experimentando esse estado de perturbação.

Livre dos liames que a prendiam à matéria corpórea, Gilda era agora uma criatura completamente diferente do que, um dia, foi quando encarnada. Com os olhos esbugalhados, Gilda estampava na face dolorosa aflição e surpresa, mas não perdia sua personalidade exigente e agitava-se como se não acreditasse na realidade que experimentava. Mesmo confusa a princípio, era capaz de identificar sua aparência monstruosa, pois, aos poucos, ganhava mais noção do que acontecia à sua volta.

— Isso é um pesadelo! – vociferou. – Eu exijo sair daqui!

— Filha – explicou seu elevado mentor, com doce inflexão –, a morte não é o fim, é apenas uma mudança de estado. Este é o mundo real e sem ilusões, do qual ninguém escapa. Aqui nós nos encontramos na condição que realmente somos.

Envolta por uma aura escura na sua sinistra formação perispirítica, Gilda estava monstruosa, quase fugindo à figura humana. Fétida, gotejava uma substância repugnante como argila escura, que lhe escorria do corpo espiritual como se fosse um suor abundante. Sua aparência era o que definia sua personalidade, seu caráter. Seus pensamentos denunciavam cólera extrema, além da contrariedade inenarrável pelas vibrações que se podiam perceber.

— Não! – expressou-se inconformada. – Isso não é verdade! É um sonho! Um sonho ruim! Veja como estou! Não pode ser! Não pode! – agitava-se revoltada. – Eu não morri! Estou viva!

— Sim, filha. Você está viva. Somente seu corpo de carne não vive mais.

— Quem é você?

— Seu mentor ou anjo guardião, como preferir – respondeu com elevada humildade.

— Um negro como meu anjo da guarda?! – questionou sem perder a ironia. – Não! Isso é uma brincadeira de mau gosto! Eu estou sonhando! Quero acordar!

Subitamente Lara se fez ver e explicou:

— Mãe, isto não é um sonho. Tão menos uma brincadeira.

Gilda, nesse instante, pareceu ter recebido um choque. Seu susto causou-lhe uma paralisação imediata.

— Não me reconhece, mãe? – perguntou com bondade.

— Cruz credo! Você morreu!!!

— E você também, mãe.

— Como o Élcio disse, mãe, ele é o seu mentor.

— Nunca!... Nunca eu teria um mentor assim!

— O que é a cor senão uma das coisas que nos fazem aparentemente diferentes uns dos outros? Mãe, temos a mesma origem, a mesma essência. Somos todos filhos queridos de Deus. O Élcio se apresenta negro porque gosta, porque quer.

– Foi em uma experiência terrena como negro que comecei a entender o significado da vida, que aprendi a ser humilde, a cultivar valores morais, além de deixar de ser racista e preconceituoso. Como cresci, moralmente falando. Descobri que as características físicas só servem para nos distinguir uns dos outros, como criaturas, além de ser um meio de nós nos harmonizarmos, de revermos conceitos e experimentarmos o que oferecemos aos outros.

– Não! Não aceito isso! – esbravejava Gilda, passando as mãos pelos braços como se tentasse limpar ou se ver livre daquele aspecto feio, asqueroso.

– Mãe, sei que já recebeu instruções sobre sermos irmãos uns dos outros por sermos filhos de um único Pai. Não seja preconceituosa neste momento tão decisivo. Você nunca soube olhar para alguém e ver além das aparências. Veja a luz que Élcio traz em si! Veja sua aura que demonstra elevação, suas palavras que exibem sabedoria.

– Cale-se! – interrompeu alucinada. – Você morreu! Não é minha filha!!! – berrou como uma enferma mental. – É uma assombração! Suma! Saia daqui, infeliz, demônio!!!

– Gilda, acalme-se, filha – pediu Élcio com sua nobre tranquilidade.

– Saia você também, anjo do inferno! Só Satanás teria servidores como você!

– Mãe, não piore sua situação. Observe seu estado – pediu Lara como se implorasse. – Tudo o que critica, se voltará contra si mesma. Todo o seu preconceito, haverá de experimentar.

– É verdade, Gilda – tornou Élcio. – Sua mente cria condições de experiência ao que você discrimina. É lastimável o seu menosprezo pelos irmãos de cor negra, a cor da pele com que Deus originou a raça humana neste planeta. O Pai da Vida nunca abandonou nenhum de seus filhos, nem os mais errantes. Entretanto, as dificuldades que enfrentamos são hoje as consequências do que fizemos no passado. E nosso futuro será o reflexo do que fazemos, falamos e até pensamos hoje. A vida terrena é passageira. A beleza dos olhos, da cor da pele, do corpo escultural e bem delineado não serve como parâmetro para se medir a beleza da alma. Gilda, a sua beleza como espírito é o que você vê agora neste mundo real. Aceite a proposta de nos acompanhar. Você é inteligente, mas precisa adquirir humildade e sabedoria. Não será fácil, porém será bem melhor do que se deixar guiar por sua própria consciência, que não dispensa a educação ao espírito e a fará experimentar, de forma difícil, o que sempre recriminou, condenou.

E antes que Élcio prosseguisse com o valioso esclarecimento, Gilda o interrompeu:

— Você mente! Não confio em negros! — Virando-se para Lara, agrediu-a: — Você mente também! Sempre foi fraca, insegura e agora quer se vingar de mim porque eu liguei para você, naquela manhã, e dei o endereço de onde poderia encontrar aquelas mulheres que viu nas fotos com seu marido. Só que, imprudente e idiota como sempre foi, você se envolveu naquele acidente e acabou morrendo. Eu não tive nada com isso! Foi você quem bateu com o carro.

— Isso já passou. Não me importo mais.

— Não fale comigo! — esbravejou Gilda, afastando-se lentamente ao trazer no semblante um misto de revolta. — Suma daqui também, seu demônio!

— Mãe...

— Saia! Sumam da minha frente!

— Não se afaste, Gilda — pediu seu mentor com generosidade. — Fique aqui.

Vendo que ela se afastava e quase saía do campo vibratório criado especialmente, na espiritualidade, para aquela situação, Élcio se apressou em sua direção colocando-lhe a destra na fronte e intervindo com vigorosa energia, que lhe era peculiar, fazendo com que Gilda, imediatamente, perdesse o controle e a vontade como se desfalecesse e entrasse em um sono profundo. Amparando-a com especial carinho, tomou-a nos braços solicitando auxílio de companheiros, deitou-a em uma maca apropriada e, após algumas recomendações, pediu que a levassem.

Lara, extremamente triste com o que acontecia, tinha lágrimas a correr pela face.

Abraçando-a com a ternura de um pai, o mentor a confortou por alguns segundos em silêncio, mas depois, procurando seu olhar, argumentou:

— A maioria de nós só aprende quando sofre o que fez o outro sofrer.

— Por que ela é tão preconceituosa, racista?...

— Por seu coração duro, por seu orgulho inquebrantável, por força de sua vaidade. Vaidade e orgulho andam de braços dados, não há um sem o outro, e somente a dor serve de matéria-prima para vencê-los e se melhorar.

— Eu soube, por Leopoldo, que ela já viveu experiências com a cor negra, como pobre, deficiente, e até hoje não melhorou seus conceitos morais. Esta reencarnação foi como uma trégua, antes de começar a sofrer as leis de causa e efeito de tudo o que provocou. — Após consideráveis segundos, preocupou-se: — O que acontecerá com ela?

— Reencarnará, talvez, em questão de meses. Solicitei que ela voltasse ao corpo de carne o quanto antes para não se envolver com falanges e espíritos inferiores, o que poderia deixá-la em situação ainda mais difícil.

— Onde ela vai reencarnar? — perguntou com certo medo pela resposta que poderia obter.

— Na África. No continente africano, onde a vida começou. Ela reencarnará, mais especificamente, em Johannesburgo, África do Sul.

— Deus do Céu! É um dos lugares mais violentos do mundo atualmente! Cerca de oitenta a noventa por cento de seus habitantes são aidéticos! Lá o preconceito racial é... sem dizer que lá só encontramos a barriga vazia, a boca aberta pela fome e choro de dor, é a morte em vida!

— Espere, Lara — pediu com melancólica expressão e bondade na voz. — Não pense que essa é a minha vontade ou a vontade de Deus. "Quem se eleva será rebaixado", disse-nos o Senhor Jesus. Foi Gilda que atraiu para ela mesma essas condições. Foi ela que nunca tolerou pobres e negros e, sem compaixão, agredia-os com palavras, ações e colocações cruéis. Ela não admitia que pobre fosse considerado gente. Dizia que negros e pobres cheiravam mal. Acreditava que seus olhos claros eram prova de sua superioridade como criatura humana. Agora ela nascerá negra, pobre e realmente em um lugar onde o mau cheiro impera. Ficará órfã cedo e há de rogar, humilde, por ajuda, compaixão, amor, piedade. Tudo o que nunca deu.

— A violência nesse lugar é extrema e a lei quase não existe — esclareceu chorando. — Acreditam que os portadores do HIV, quando se relacionam sexualmente com uma virgem, deixam de ter a doença, por isso o número de estupro a meninas e até a bebês é um absurdo! E ninguém faz nada! Isso praticamente não é crime naquele lugar. E por conta desses estupros, o número de portadores do vírus causador da AIDS cresce assustadoramente a cada dia, a cada hora. A violência por agressões, de todas as espécies, é tão imensa que faz com que os médicos de várias partes do mundo, principalmente os ingleses, façam estágios naquela cidade para treinamento de guerra e muitos dizem que enfrentaram situações mais tranquilas em guerra do que as ocorrências em um único final de semana em Johannesburgo.

— Em outros tempos, Gilda foi uma criatura violenta, que impunha medo e terror. Não respeitava ninguém, nem crianças e cometeu incontáveis abusos. Hoje, sua consciência cobra harmonia. Eu a amo muito e haverei de acompanhá-la para que encontre nobres companheiros de organizações que se comovem com criaturas que experimentam o que ela vai viver e a ajudem com um pouco de qualidade de vida para que chegue, ao menos, na pré-adolescência, quando deverá receber como filha sua inseparável amiga Marisa, que também a vem apoiando há muito tempo erroneamente.

— Isso é muito triste.

— Triste sim. Mas é o que nos faz crescer, evoluir e ver que somos todos iguais. É a consciência nos cobrando.

– Será só por essa experiência reencarnatória, não é?

Sabiamente Élcio silenciou e, pesaroso, propôs:

– Vamos, Lara. Precisamos cuidar de Gilda com carinho. São criaturas assim que precisam e merecem todo o nosso amor, toda a nossa atenção.

Erguendo o olhar, Lara perguntou:

– Você parece que não a condena por ser assim, não a recrimina pelo que ela é.

– Claro que não, minha querida. Se o Divino Mestre nunca condenou ninguém, quem sou eu para fazê-lo? Antes de criticarmos qualquer pessoa, seja pelo que for, precisamos lembrar que desconhecemos o nosso passado e nossas práticas em outras existências. Além disso, devemos analisar o quanto dessa criatura ainda temos em nós e quantos outros defeitos ainda possuímos.

– Élcio, então ela receberá ajuda de pessoas, de organizações que procuram levar um pouco de dignidade a indivíduos em dificuldades naquela região?

– Receberá a ajuda que merece. Sempre há criaturas em evolução que preferem se harmonizar pelo trabalho árduo.

– Você quer dizer que poderia ser diferente? Que, se ela procurasse desenvolver algum trabalho caridoso, ajudando pessoas carentes, lutando por seus direitos, minha mãe não teria um novo reencarne tão triste?

– Sim, sem dúvida. Por que você acha que Gilda nasceu rica e com dons para influenciar, magnetizar com sua forte energia? Certamente, não foi para usar em prol do racismo e preconceito. Ela se desvirtuou totalmente do propósito certo. Criaturas mais sábias preferem usar a admirável força do amor incondicional para harmonizar suas consciências quando auxiliam em causas nobres, promovendo pequenas ou grandes ações comunitárias. É uma questão de escolha e de amor e, se não fosse por esses nobres irmãos devotados, que preferem harmonizar a sofrer, este mundo de provas e expiações seria muito pior, pois haveria mais gente sofrendo e menos ajudando. Vamos lembrar que quando pensamos que estamos ajudando alguém, isso não é toda a verdade, pois nós também estamos ajudando a nós mesmos. Por isso aprendemos que "Fora da caridade não há salvação".

CAPÍTULO 32

Encontrando o passado

Era uma manhã chuvosa quando Eduardo, em desespero, procurava por sua tia Isabel, pois somente naquela manhã ouviu os recados deixados na caixa postal do seu celular.

A campainha soou insistente quando Isabel, incomodada com o barulho, foi atender a porta sabendo que deveria ser alguém bem conhecido para que o porteiro permitisse entrar.

— Tia! — entrou exclamando em desespero. — Peguei os recados hoje cedinho. O que aconteceu?!

— Eduardo, filho... — Isabel, piedosa, contemplou o assombro do sobrinho enquanto trazia lágrimas transbordando em seus olhos. — Onde você estava, Edu? Nós o procuramos por toda a parte — perguntou ao conduzi-lo para a sala, acomodando-o no sofá e sentando-se a seu lado.

— Eu estava confuso, tia. Desesperado com tudo o que aconteceu — narrava rapidamente. — Briguei com a minha mãe e, no meio da discussão, ouvi algo muito sério... grave e...

fiquei atordoado. Foi então que resolvi sumir por uns dias. Acertei algumas documentações que exigiam urgência e me hospedei em um hotel em Campos do Jordão. Eu não queria ver ninguém. Desliguei o celular e o guardei na mala. Decidi que, em menos de uma semana, eu não o pegaria nem para ouvir os recados. Queria esquecer tudo, tia. Eu precisava analisar minha vida. E somente hoje... – disse, com olhos expressivos, parecendo implorar por explicações.

– A Érika foi visitar a Gilda. Disse que ela estava embriagada e acabou brigando com sua irmã. A Érika estava indo embora, mas quando se despedia da Sônia, que ainda estava lá na casa, ouviram um barulho como se Gilda tivesse caído na piscina. E era isso o que tinha acontecido. Sua irmã a tirou da água e, com a ajuda da Sônia, Gilda foi levada para o hospital com urgência, mas só resistiu por algumas horas. Ela havia sofrido um derrame. Deve ter ficado tonta, passado mal e por isso caiu na piscina.

Eduardo passou as mãos pelos cabelos num gesto aflito, esfregou o rosto e apoiou os cotovelos nos joelhos, segurando a cabeça com as mãos, talvez, para esconder as lágrimas que rolavam.

– Isso foi há uma semana, Edu – avisou a tia com imensa tristeza, pois sabia que, independente de qualquer coisa, ele era a única pessoa capaz de conviver com Gilda graças à sua personalidade dócil. O filho a amava, apesar de tudo.

– Tia... O que eu fiz?

Isabel o puxou para um abraço. O sobrinho chorou muito, desabafando com palavras dolorosas pelo arrependimento dos últimos momentos com sua mãe.

– A culpa não foi sua, Edu. Você estava ausente porque precisava se acalmar. Muitas coisas aconteceram na sua vida de uma vez só – justificava a tia. – Ninguém pode culpá-lo por querer ficar só. Foi uma fatalidade o que aconteceu.

– Eu deveria estar com ela... Não deveríamos ter brigado.

– Não adiantaria, Edu.

– Isso pode ter acontecido por ela ter ficado muito nervosa comigo. Nunca havíamos brigado e, na última vez que nos vimos, eu acabei dizendo muitas coisas. – Sensibilizado, chorou ao revelar: – Eu queria que ela sumisse da minha frente por tudo o que fez para mim e acabei dizendo isso e muito mais. Nós brigamos feio, tia. – Olhando Isabel nos olhos, Eduardo desabafou: – Entre muitas coisas erradas que minha mãe fez, descobri que foi ela quem armou aquilo com a Vera para que a Helena nos visse. Você sabe tudo o que aconteceu até a Helena perder o nosso filho e não querer mais me ver. Eu fiquei louco quando soube e lhe disse muitas verdades... coisas que não deveria. Em algum momento da discussão, eu a acusei de ser a culpada por toda nossa decadência e defendi meu pai. Ela chorou, ficou nervosa e acabou dizendo que o meu pai não é o Adalberto. Disse que...

Eduardo não conseguiu terminar. Sua voz embargou e, mesmo assustada com a revelação, Isabel, em lágrimas, procurou não demonstrar e o puxou para um abraço, acalentando-o como a um filho querido que se quer socorrer e consolar.

Na casa de dona Júlia, ela e o marido conversavam tranquilamente na cozinha.

– Olha, meu velho, fiz isto aqui pra você – disse oferecendo-lhe uma bandeja com um lindo bolo que exalava um aroma sem igual.

– Huuum!!! É de mandioca! O meu predileto! – exclamou o marido, erguendo a sobrancelha ao moldurar largo sorriso no rosto. Logo pediu com um jeito engraçado: – Então esconde rápido!

– Ora, por que, homem?!

– Não é pra mim? Então tenho o direito de não dividir com ninguém! Só vou tirar um pedacinho agora e guardar o resto pra depois.

Ambos riram e ela esfregou suas costas com a mão leve.

Mais séria agora, a mulher acomodou-se a sua frente e comentou:

— Sabe, o Vágner sofreu um acidente feio. Dizem que ele não está nada bem. Parece que fraturou o crânio e ainda quebrou a coluna. Se sobreviver, ficará paraplégico.

— Como aconteceu isso? — interessou-se o senhor Jairo.

— Disseram que estava fugindo de um bloqueio da polícia. Ele pilotava uma moto roubada.

— Nossa! Que coisa! Não dá pra acreditar no que esse moço se transformou — disse o senhor.

— Não dá pra acreditar que a nossa filha namorou o Vágner. Ainda bem que a Helena abriu os olhos a tempo, senão...

— E como ela está? Você não contou isso pra ela, contou?

— Contei sim, mas parece que ela nem se importou, nem prestou atenção. Está triste com o sumiço do Eduardo. Nem a Érika sabe dele. Ainda bem que tem o casamento do Mauro com a Sueli e vejo que a Lena está se distraindo um pouquinho com isso. Ela gosta muito da amiga, quer ajudar e sempre saem juntas para comprarem alguma coisa, decorarem a casa...

— Nossa, o casamento já é na semana que vem! Passou rápido, hein? — considerou o marido.

— Não passou rápido não. Foram eles que adiantaram as coisas, aliás, adiantaram tudo. — Depois de um leve sorriso, completou: — Se bem que eu gosto muito dela. É uma boa moça, muito educada... E gosta muito da Bianca. Isso eu sempre reparei. Ela adora nossa neta.

— Ainda bem que a Carla sossegou em casa depois da surra que levou do mundo. Já reparou que o irmão da Sueli está vindo aqui todo o final de semana? — perguntou o senhor Jairo, com um sorriso maroto.

— Ah, isso é porque a Carla morou na casa deles.

— Não seja ingênua, Júlia. Não seja ingênua.

— O Felipe é um bom moço. Trabalhador, estudioso, educado. Tal qual a irmã. Ah, meu Deus, tomara que a Carla crie juízo.

— Já pensou?...

— Nossas filhas precisam de juízo, isso sim.

— Ora, Júlia. Você é muito exigente às vezes.

— Eu acredito que, se não for assim, tudo ficará desregrado. Todo mundo vai dar cabeçada. Entende? Veja a Helena, por exemplo. Era a filha mais ajuizada.

— A Helena e o Eduardo não é um caso que não deu certo. É um caso que não terminou.

— Pode não ter terminado, mas nossa filha não precisava estar tão triste, não precisava ter passado pelo que passou. Somente nos últimos dias, apesar de estar amargurada pelo sumiço do Eduardo, vejo-a mais firme, mais segura. Ela sabe que ele não vai sumir para sempre.

— E ele não sabe nem da morte da mãe... — comentou o senhor Jairo. — Creio que o Edu pensou em fugir um pouco por causa de tudo o que seu pai fez, pelo que aconteceu entre ele e a Lena... Mas que homem irresponsável esse Adalberto, hein? Abandonar a família e armar um golpe desses! Onde já se viu! E agora? Como é que ele pode se sentir bem sabendo que a família passa por dificuldades? E o filho que sempre trabalhou com ele? Vai ser difícil para o Eduardo agora.

— O João Carlos falou que a Érika está desesperada atrás do irmão. Já fizeram até queixa na polícia. O Miguel pensa como você: acha que o Edu quis dar um tempo e viajou.

— Falando em Miguel, cadê ele? — preocupou-se o pai.

— Ah, Jairo!... — exclamou a mulher juntando as mãos ao olhar para o alto como se estivesse em prece. — Acho que o Miguel terminou mesmo com aquela Suzi. Graças a Deus!

— Mas ele não disse coisa alguma a respeito.

— Não disse nada mesmo, mas eu estou percebendo algo. Quando ele estava firme com a Suzi, eu sentia que estava perdendo o meu filho, ou pior, que estava ganhando uma inimiga! — ressaltou. — Mas, uns dias atrás, notei o Miguel quieto, chateado... Primeiro pensei que fosse por causa da Helena. Você sabe, eles sempre foram apegados e cúmplices em tudo. Depois percebi que ele não retornava mais os recados da Suzi. Andou acabrunhado por uns tempos. Agora está mais alegre, satisfeito, nem fala mais o nome dela. Voltou a ser o Miguel de antes.

— Mas ele está de férias e não para em casa. O que anda fazendo?

— Deus ouviu minhas preces. Já imaginou eu com um filho viúvo e outro solteirão? – falou rindo com gosto. – Deus encaminhou o Mauro e eu acho que está dando um jeito no Miguel.

— Por quê?

— Estou só vendo o Miguel com a Juliana pra lá e pra cá – explicou com um jeito engraçado. Logo completou: – Juliana isso, Juliana aquilo... telefonema atrás de telefonema.

— Será?! – perguntou o pai sorrindo.

— Deus queira! Essa moça sim, é mulher pro meu filho! – falou com certo orgulho. – É honesta, tem família, educação... Adoro a dona Ermínia, que mulher boa, né? Soube ensinar princípios aos filhos.

— Eu acho a Juliana muito segura, pessoa de caráter firme. Além de ser muito alegre, bonita! Gosto tanto do jeito que ela ri, é tão gostoso!

— Também acho – concordou sorrindo.

Um barulho chamou a atenção do casal. Era Felipe, irmão de Sueli.

— Com licença! Posso tomar um pouco d'água?

— Não comendo o meu bolo, pode beber a caixa d'água inteirinha! – brincou o senhor Jairo sorridente.

— Nem um pedacinho? – tornou o moço brincando. – Está bem cheiroso.

— Vocês não precisam brigar pelo bolo hoje – interferiu dona Júlia. – Eu fiz dois. Daqui a pouco levo lá pra você, Felipe.

Após sair da casa da tia, experimentando ainda o coração apertado e grande amargura em sua alma, Eduardo foi até a casa de sua irmã, onde foi recebido com emoção e choro.

— Edu, não faça mais isso — lamentou em lágrimas enquanto o abraçava. — Eu só tenho você, meu irmão.

Apertando-a contra o peito, Eduardo também chorou pelo peso que carregava na consciência.

Após se acalmarem, ele afagava-lhe com carinho, explicando o que havia acontecido quando saiu de casa e por que decidiu ficar ausente.

— A culpa não foi sua. Não foi de ninguém, Edu. Tudo aconteceu porque tinha de acontecer.

— Mas estou com os pensamentos fustigados pelo remorso, pelo fato de eu ter brigado com a mãe e... ainda nem fui ao seu enterro. Além disso, algo ficou muito pesado entre nós quando ela me disse que o pai não é meu pai. Entende? — Depois de um breve silêncio, em que a irmã não sabia o que dizer, ele explicou: — Por mais que eu seja um cara moderno... por mais que o mundo seja liberal, para mim, isso foi difícil de aceitar. Amo meu pai! Mas e agora? Fiquei confuso. Principalmente, depois de tudo o que ele fez. Amo minha mãe, mas ela me traiu, além de ter acabado com a minha vida. Ela me deixou sem alicerce, sem raízes, sem passado.

— A mãe sempre foi uma pessoa difícil. Ela sempre magoou e agrediu só para se colocar em posição superior. Será que ela não inventou essa história por você ter brigado com ela e defendido o pai?

— Eu pensei nisso também. Mas acho que nunca vou saber, não é? — disse olhando-a desconsolado. — O que mais me dói é não ter certeza de ter perdoado à mãe por tudo. Ela acabou comigo quando destruiu minha vida e me deixou sem passado. Quem é o meu pai verdadeiro?

A irmã não tinha resposta. Ela o envolveu com carinho compreendendo a situação, e falou com voz embargada:

— Eu também não sei se perdoei à mãe como deveria. Faltou mais atitude de compaixão da minha parte. Sempre revidei as suas ironias. Hoje estou arrependida. — Mudando de assunto, comentou: — Mas não pense que tudo está perdido para você. A Helena já sabe a verdade. A Sônia e a Jusélia foram procurá-la e contaram tudo o que aconteceu.

— Como ela reagiu?!
— Ela está desesperada para vê-lo. A Helena disse que ligou para você, mas a caixa postal estava cheia quando ela decidiu deixar um recado.
— Mas... O que vou ter para oferecer a ela agora? Estou sem emprego, sem...
— Você. Ofereça a sua presença, o seu amor, a sua compreensão — disse a irmã.
— Além disso, quem disse que você está sem emprego? — perguntou João Carlos que acabava de chegar à sala. — Você só não vai trabalhar se quiser viver de juros, mas eu acho que isso é bem arriscado.
Após os cumprimentos, Eduardo respondeu:
— Quem me dera ter condições para viver de juros. É lógico que vou trabalhar. Tenho certeza disso. Mas arrumar a mesma colocação executiva de antes e com o salário equivalente, impossível. Além disso, no meu ramo, os acontecimentos são divulgados com rapidez e, certamente, a história sobre o que meu pai fez já deve ter-se espalhado. Isso mancha o meu nome um pouco, pois muitos podem e vão imaginar que eu estava envolvido com ele.
— Mas as academias não precisam de um executivo, e sim de um administrador.
— Não estou entendendo, João Carlos.
— Como não? Não me diga que vai me abandonar com as três academias sozinho e sem administração? Já me basta a desistência do ex-sócio. Eu entendo muito bem de educação física, não da parte administrativa. Além disso, precisamos regularizar toda a documentação do dinheiro que você investiu.
— Os valores injetados foram para a Érika. Além, é claro, de ressarcir os prejuízos que...
— A Érika se casou comigo. Esqueceu? Quer queira ou não, ela tem parte em tudo ali. E você também. Nunca poderemos esquecer que, se não fosse por sua ajuda, Eduardo, talvez eu estivesse trabalhando com simples aulas e muita coisa na minha vida não teria acontecido. Você não só ressarciu os prejuízos, mas também ampliou nossa vida, nossas

perspectivas e fez muito mais do que imagina. Eu e a Érika já conversamos sobre isso. – Olhando-o nos olhos, afirmou: – Somos sócios nas três academias e só nos resta regularizar a documentação.

O cunhado se surpreendeu, não esperava que João Carlos lhe ofereceria sociedade, que fosse tão honesto.

– Vai, Eduardo! Diga alguma coisa! – tornou João Carlos, sorridente.

– Nem sei o que dizer... – comentou sorrindo, sem jeito.

– Abandone as mesas de escritório. Mude de vida, ou melhor, tenha mais qualidade de vida. Preciso de você o quanto antes comigo, principalmente, porque preciso tirar umas férias junto com a Érika antes do nosso bebê nascer.

– O quê?... – indagou Eduardo sorridente.

– É isso mesmo. Estamos grávidos – confirmou Érika interrompendo-o.

Os irmãos se abraçaram, agora alegres pela notícia agradável. Eduardo a beijou com carinho, sentindo fortes esperanças de renovação.

Após se acalmarem, Érika sugeriu:

– Vai procurar a Helena, Edu.

– Estou indo agora mesmo – avisou sorrindo.

Estacionando o carro na frente do senhor Jairo, Eduardo sentia seu coração aos saltos. Um misto de medo e ansiedade o deixava inseguro e relutante.

Já era quase noite e, nesse momento, dona Júlia e o marido estavam na área, sentados, conversando quando foram atraídos pelo movimento do rapaz que saía do carro.

– É o Eduardo! – exclamou a senhora, sussurrando.

Vacilante, o moço parou próximo ao portão e, antes de chamar, percebeu o casal que parecia aguardá-lo.

Após cumprimentar, o senhor Jairo emocionado, foi a vez de dona Júlia, com quem trocou apertado e longo abraço, entre o choro recatado que se fez.

Ao perguntar por Helena, Eduardo sentou-se por alguns minutos na área, contando tudo o que havia acontecido e que jamais poderia imaginar que tal fatalidade fosse acontecer com sua mãe, em sua ausência.

– Ainda estou atordoado, confuso...

Sustentando a mão do rapaz nas suas, dona Júlia lamentou:

– Oh, filho. Não sei o que posso dizer. Acho que não há palavras de conforto neste momento. Mas pense em Deus. Se isso aconteceu, foi pela vontade Dele.

– Ainda estou apreensivo e inseguro com a posição da Helena. Minha irmã me disse que ela já soube de toda a verdade.

– Vá falar com a Lena, Eduardo – pediu dona Júlia. – Acho que a Carla e o Felipe estão lá no quarto com ela. Conversem, filho.

Eduardo sorriu, timidamente, ao se levantar e, sem dizer nada, entrou.

No interior da casa, ao chegar ao corredor, ele reparou, pela porta entreaberta, que Carla e Felipe se animavam com um jogo eletrônico no computador que ficava numa sala reservada para o equipamento. Logo imaginou que Helena estaria sozinha. Então caminhou mais alguns passos e parou na frente da porta entreaberta do quarto de Helena e bateu levemente, empurrando-a devagar.

Ninguém respondeu e ele, diante do silêncio, entrou espiando à sua procura.

Helena, deitada em sua cama, parecia dormir.

Ajoelhando-se ao seu lado, não conseguiu deter sua emoção ao acariciar-lhe o rosto com carinho.

A moça remexeu-se preguiçosa, abrindo os olhos lentamente quando quase teve um sobressalto ao reconhecê-lo. Imediatamente ela o abraçou com força, chorando e pedindo como se implorasse:

– Perdoe-me, Edu! – disse com voz embargada, beijando-lhe o rosto.

– Pensei que nunca mais quisesse me ver – sussurrou com palavras sufocadas pelo abraço. – Eu te amo, Helena.

– Eu fui uma idiota. Não acreditei em você.

– Já passou. Não diga mais nada sobre essa história ruim. Vamos viver a partir de agora, tá bom?

Sentando-se na cama, aninhou-a nos braços com carinho, acariciando-lhe o rosto rubro pelo choro enquanto afastava-lhe os cabelos que se colavam em sua face em adorável desalinho. Ele sorria e chorava ao olhá-la com doce ternura, assim como ela.

Não acreditavam naquele momento.

Helena deixou-se ficar em seus braços durante o reinado de um longo e abençoado silêncio, que parecia mágico. No rosto da jovem, algo novo e gracioso surgia. Não havia mais aquele véu denso, invisível, que traduzia desânimo e insegurança.

Apertando-a contra si, Eduardo a beijou com todo seu amor.

Era o início de uma nova etapa em suas vidas. Um período de renovação, esperança e bom ânimo começava agora.

Decorridos alguns meses...

Miguel e Juliana, com a bênção de todos, casaram-se pouco antes de Eduardo e Helena, que se casaram logo depois, pois precisaram se estabilizar financeiramente.

A filha de Mauro e Sueli nasceu, trazendo muita alegria a todos.

Bianca estava realizada com a chegada da irmãzinha e parecia ter mais ciúme da pequenina do que a própria mãe.

O mais valoroso nesse reencontro de Sueli e Bianca é que Sueli amava a enteada tanto quanto a filha que havia tido, provando que as criaturas nobres amam os filhos de alma tanto quanto os filhos da carne. Sueli não tinha qualquer preconceito em aceitar Bianca como filha querida, continuando, assim, a experimentar, nesta vida, o que lhe privaram em outra, cultivando amizade e carinho selados de amor.

⚜

Chegou o dia em que Érika foi para o hospital onde todos se reuniam animados aguardando ansiosos a chegada do bebê.

– É menino!!! O Artur acabou de nascer! – gritou João Carlos, que não se continha de felicidade.

O riso se misturava ao choro de alegria e todos se abraçavam emocionados.

Isabel estava muito feliz. Ela acompanhou tudo bem de perto, pois os sobrinhos eram todos os parentes que lhe restavam além do marido e da filha.

Ao estar mais à vontade com Eduardo, revelou:

– Sinto-me avó. Você e a Érika são meus filhos queridos.

O sobrinho a abraçou generoso e sorriu.

– E a Vera, tia? – perguntou depois de algum tempo, mas sem pretensões.

– Não deu mais notícias. Viajou junto com aquele italiano e... Só me resta rezar por ela. – Logo perguntou: – E você, Edu? Está melhor?

– Estou mais conformado. Ainda tenho aquele sentimento de vazio por me faltar o resto de minha história. Você entende. Mas estou muito feliz com a Helena e isso me ajuda muito. Tenho de admitir – sorriu satisfeito.

– Fico feliz por isso – alegrou-se a tia.

– Ainda penso... Ainda desejo saber quem foi meu pai. Mas depois fico imaginando, que minha mãe falou aquilo para me magoar, por causa da discussão que tivemos.

– Viva sua vida. Que não seja esse detalhe um empecilho para a sua felicidade – aconselhou a tia.

– Eu sei. Mas é que, às vezes, é inevitável não pensar no assunto. Essa história sempre vem à minha mente.

– Procure esquecê-la – aconselhou novamente com certa amargura em seus sentimentos, pois ela conhecia bem o passado da irmã.
– Tia, será que meu pai, o Adalberto, sabe disso?
– Não creio. E ele, Eduardo? Você teve notícias do Adalberto?
– Nunca mais. Ele simplesmente desapareceu.
– Vamos ali junto aos outros para falarmos de coisas alegres – propôs a jovem senhora querendo fugir do assunto.

À noite, já no sossego de sua casa, Eduardo estava silencioso e pensativo.
Helena, ao servir o jantar, observou sua quietude e perguntou com ternura:
– O que você tem? Está tão distante...
– É sobre aquela história do Adalberto não ser meu pai. Isso está me incomodando muito. Não sei se por eu ter conversado hoje com a minha tia sobre isso, mas... Sinto uma coisa que não sei explicar.
Helena não disse nada. Não sabia o que falar.
Reparando na inapetência da esposa, Eduardo perguntou:
– Não está com fome?
– Não – respondeu, franzindo o semblante. – Acho que aquele café que tomei lá no hospital não me fez bem.
– Não foi o meu assunto que a deixou triste e sem apetite?
– De forma alguma.
– Lena, acho que precisa ir ao médico. Esta semana toda, nada está te caindo bem no estômago.
– Amanhã combinei com a Juliana. Vamos passar na casa deles para irmos juntos ao hospital visitar a Érika – ela resolveu contar, para fugir do assunto.
– Ótimo! Vamos sim.

Na manhã seguinte, tanto Helena quanto Eduardo não se sentiam muito animados.

Algo melancólico pairava no ar indefinidamente.

— O João Carlos não vai à academia hoje, lógico. E você, vai dar uma passadinha lá? — perguntou Helena com simplicidade.

— Não. Eu avisei o pessoal que hoje não iríamos.

Nesse instante, pela ampla janela da sala, Helena notou que alguém estacionava o carro na frente da casa. Ela ficou intrigada quando um senhor, que não reconheceu, desceu do veículo e, após olhar longamente a residência, dirigiu-se ao portão tocando o interfone.

— Ora, quem será? — preocupou-se a esposa, que atendeu o aparelho perguntando: — Quem é?

— Procuro por Eduardo Brandão. Ele mora aqui?

— Quem é o senhor? — tornou a dona da casa.

— Meu nome é Rômulo Carvalho Linhares. Sou conhecido da dona Isabel Araújo Solano, tia do Eduardo, e fui muito amigo de Gilda Araújo Brandão.

— Um minuto, por favor — pediu e foi até o quarto à procura do marido. Em poucas palavras, contou-lhe o ocorrido.

— Nunca ouvi falar nesse Rômulo Carvalho Linhares — falou envergando os lábios com um gesto que expressava sua estranheza.

— Vai logo, Edu — incentivou a esposa. — O homem está esperando.

Lentamente ele foi até o portão e, um pouco desconfiado, procurava se resguardar para evitar qualquer surpresa desagradável.

— Bom dia! — cumprimentou o rapaz.

— Bom... — tentou responder o senhor, que pareceu perder a cor e as palavras tamanho era o seu espanto. — Então você...

— Perdoe-me, mas... Eu deveria conhecê-lo? — perguntou, um tanto embaraçado.

— Olhe bem pra mim, Eduardo. Não se reconhece? — indagou, com extrema humildade e lágrimas a brotar nos olhos.

Eduardo sentiu-se gelar. Um torpor o deixou confuso ao observar que ele era impressionantemente parecido com aquele homem.

Engolindo a seco e respirando fundo, pediu sem pensar:
– Entre, por favor.

Já na sala de estar, o senhor não controlava as emoções e Helena, muito prestativa, trouxe-lhe um copo com água açucarada pedindo que bebesse para se acalmar.

– Eu acho que estou entendendo – disse Eduardo quase gaguejando e ainda nervoso. – Mas estou atordoado... Preciso de explicações, por favor.

Após se acalmar, o homem explicou:
– Sua mãe me mandou uma carta, há alguns meses, só que minha esposa a interceptou por ciúme, talvez. Gilda dizia que do nosso relacionamento, anos atrás, nasceu um filho. O único filho que amou de verdade porque era o símbolo do nosso amor. – Depois de secar as lágrimas, prosseguiu: – Nessa carta, contou-me tudo. Disse que o marido tinha ido embora com outra mulher e falou das condições difíceis que tinha deixado para ela e os filhos enfrentarem. Ela ainda escreveu que, por causa dessa situação toda, ela e esse filho brigaram pela primeira vez e que acabou revelando, com o intuito de magoá-lo, que ele não era filho de seu marido.

Eduardo, respirando fundo, sentia um nó na garganta pelo misto de insegurança e surpresa, além da forte emoção. Ele procurava aparentar-se calmo, mas esfregava as mãos nervosas sem perceber e o gotejar do suor no rosto denunciava sua aflição.

– Minha esposa faleceu há um mês. E somente há dois dias, remexendo em alguns papéis, encontrei a carta de Gilda – revelou não detendo as lágrimas, que correram em sua face. – Hoje, bem cedo, procurei por Isabel que há muito tempo não via e... Foi uma grande surpresa. Eu não sabia que tinha um filho. Não sabia que Gilda morreu no dia em que me mandou essa carta. A Isabel me disse que estava pensando seriamente em me procurar por sua causa. Ela contou que você queria me conhecer, ter um passado. Por isso, estou aqui.

Helena, em pé a pouca distância, estava sensibilizada com a emoção do homem e discretamente chorava junto com ele.

Eduardo, ainda sob o efeito do choque, olhou-o e imediatamente ambos se levantaram, abraçando-se com força, emoção e lágrimas.

– Perdoe-me... Eu não sabia que tinha um filho.

Por longos minutos eles permaneceram abraçados. Depois, mais calmos, sentaram-se lado a lado para conversarem um pouco mais.

Helena serviu-lhes café, enquanto o homem contava sua história.

– Há muitos anos, eu e Gilda nos conhecemos e namoramos por alguns meses. Só que ela sempre teve suas ambições... Não posso julgá-la, quem sou eu para isso?... Nós terminamos porque eu era pobre, mas nos amamos muito, nunca a esqueci. Somente sua tia Isabel soube do nosso romance secreto, pois seu avô, orgulhoso por sua fortuna, não admitiria que as filhas se envolvessem com rapazes que não fossem do seu meio social. Fui morar no Paraná. Escrevi várias vezes para Gilda, mas nunca obtive resposta. Até que só passei a lhe enviar cartões de Natal como uma forma de lembrança. Certa vez, Isabel já casada, me escreveu e, sutilmente, mencionou que Gilda também havia se casado e eu entendi que não ficava bem eu continuar lhe escrevendo ou mandando cartões. Tempos depois, Gilda apareceu lá no Paraná dizendo que me encontrou pelo endereço das correspondências que eu havia enviado. Ela contou que não era feliz com o marido, que haviam se separado e que nunca me esqueceu. – Nesse momento do relato, ele se deteve por alguns segundos, depois prosseguiu: – Tivemos um novo romance. Gilda morou comigo por um mês, mas, depois, não suportou a vida simples que eu levava, apesar de eu ter uma casa boa, grande, confortável – circunvagando o olhar, comentou: – Até parecida com esta, mas eu não podia oferecer o luxo e os criados aos quais ela estava acostumada. Por isso, ela me deixou. Escrevi para Isabel e ela me informou que Gilda havia voltado para o marido. Depois disso, nunca mais quis saber dela. Casei-me e posso dizer que vivi bem. Minha esposa não podia ter filhos. Depois de anos, ela teve problemas com os rins e faleceu na fila do transplante. Quase morri junto. Senti-me só, vazio... Mas quase morri, novamente, quando li a carta de sua mãe, que data de meses atrás. Aqui está – disse estendendo-lhe o envelope.

Eduardo pegou a correspondência e a abriu, reconhecendo a letra e as palavras de sua mãe.

– Como me encontrou? – perguntou, sustentando leve sorriso. – Ou melhor, como encontrou a minha tia?

– Achei as cartas que troquei com Isabel. Vim para São Paulo no mesmo instante e a procurei. Tive medo, pensei que ela tivesse se mudado, mas não. Hoje cedo, quando nos vimos, após tantos anos, senti que sua tia me reconheceu imediatamente, mas só depois veio a confirmação quando comentou antes de dizer qualquer palavra: "O Eduardo é a sua cara!" Pedi que me desse seu endereço e que não lhe adiantasse nada. – Foi quando seu Rômulo deu um leve sorriso e pediu: – Perdoe-me pela surpresa, meu filho.

– Sou eu quem pede desculpas pela recepção talvez inadequada, pelo meu jeito... Estou surpreso, mas muito feliz.

– Feliz mesmo?

– Sim. Estou imensamente feliz. Quero conhecê-lo, quero...

– Teremos muito tempo para isso – avisou Rômulo, interrompendo-o educado. Logo comentou: – Só não gostaria que desprezasse o Adalberto. Foi ele quem o criou, educou você como filho. Lamento por eu não saber, por não estar presente, mas não vamos culpar sua mãe. Não devemos julgá-la pelo que fez.

– Claro que não, ela não está aqui para se defender.

Pai e filho se abraçaram novamente emocionados, mas depois Eduardo perguntou:

– O que você faz? Como vive?

– Só tenho você, filho. Não tenho mais nenhum parente próximo. A não ser um irmão que saiu pelo mundo e não sei onde está. Tenho dois depósitos de materiais para construção no Paraná e...

– Vai ver até que vendia as pás, inchadas e outros materiais que fabricávamos – Eduardo lembrou sorrindo.

– Quem sabe?! – tornou o senhor alegre.

– Ah! Deixe-me contar uma novidade. Minha irmã, a Érika, teve bebê ontem. É um menino. Almoce conosco e à tarde podemos ir até o hospital, se quiser, é claro.

– Eu gostaria de ficar com você, Eduardo, o maior tempo possível. Ir aonde você for, ser apresentado... Quero saber mais sobre o meu filho, se você permitir – falou com olhar brilhante e um largo sorriso. – E quero ver a Érika sim. Ser um pai para ela, se ela quiser. Podemos ser uma família. Sempre desejei ter filhos, uma família grande, participar de tudo...

– Claro! – afirmou sorrindo, mas com imensa vontade de chorar.

– Com licença – pediu Helena humilde. – Eu gostaria de me apresentar – disse emocionada.

Tomado de súbito impacto, Eduardo levantou-se ligeiro, abraçou a esposa, beijou-lhe rápido como um pedido de desculpas e falou:

– Esta é a Helena, sua nora, minha esposa.

Eles se abraçaram e novas lágrimas de emoção se fizeram presentes.

Rômulo, que pensava estar sozinho, viu-se com um filho amoroso e de coração nobre como o seu. Ele se adaptou rápido, especialmente, com a família da nora, que era grande e movimentada. Tudo com o que sempre sonhou.

Eduardo agora não cabia em si de emoção e felicidade.

Quando Rômulo decidiu que seria o momento de retornar para seu estado, Eduardo o convidou para morar com eles, sugerindo que administrasse seus comércios a distância. A ideia partiu de Helena, que ficou muito feliz com a aceitação do convite, pois Rômulo, com seus sessenta e cinco anos, era uma criatura amorosa, sensível como Eduardo, simples, calmo e de boa índole. Ela e o sogro se dariam muito bem. Ele seria de grande valor a todos, principalmente porque, assim que se mudasse para a casa do filho, Helena precisaria de ajuda e companhia, já que a chegada de Adriane, a primeira filha do casal, traria renovações de sonhos, esperança e bom ânimo, pois onde existe amor verdadeiro não existem regras, ambições ou limites à verdadeira felicidade.

Fim.

Schellida.

UM NOVO CAPÍTULO

Eliana Machado Coelho/Schellida

Romance | 16x23 cm | 848 páginas

Neste romance, vamos conhecer Isabel e Carmem que, desde tempos remotos se odeiam e a cada reencarnação uma provoca a morte da outra. Sempre adversários, Ruan e Diego recaem nas mesmas desavenças. Egoístas e orgulhosos, não vencem as más tendências nem suas diferenças. Lea, muito à frente do seu tempo, reivindica direitos iguais, liberdade, independência, mas não consegue viver seu grande amor com Iago por ser obrigada a honrar um casamento arranjado por seu pai. Na espiritualidade, esses e outros personagens se deparam com seus equívocos e harmonizações a fazer. Novo planejamento reencarnatório é feito. Em tempos atuais, por meio do livre-arbítrio, suas escolhas poderão mudar seus destinos?
Podem fazê-los adquirir mais débitos ou livrá-los deles?

Eliana Machado Coelho & Schellida
...em romances que encantam, instruem, e emocionam...
e que podem mudar sua vida!

LÚMEN EDITORIAL

Entre em contato com nossos consultores e confira as condições
Catanduva-SP 17 3531.4444 | boanova@boanova.net | www.boanova.net

Eliana Machado Coelho & Schellida
...em romances que encantam, instruem,
e emocionam...
e que podem mudar sua vida!

Mais forte do que nunca
Eliana Machado Coelho/Schellida
Romance | 16x23 cm | 440 páginas

Abner, arquiteto bem resolvido, 35 anos, bonito e forte, decide assumir a sua homossexualidade e a sua relação com Davi, seu companheiro. Mas ele não esperava que fosse encontrar contrariedades dentro de sua própria casa, principalmente por parte deseu pai, senhor Salvador, que o agride verbal e fisicamente. Os problemas familiares não param por aí. As duas irmãs de Abner enfrentarão inúmeros desafios. Rúbia, a mais nova, engravida de um homem casado e é expulsa de casa. Simone, até então bem casada, descobre nos primeiros meses de gestação que seu bebê é portador de Síndrome de Patau: o marido Samuel, despreparado e fraco, se afasta e arruma uma amante. Em meio a tantos acontecimentos, surge Janaína, mãe de Davi e Cristiano, que sempre orientou seus filhos na Doutrina Espírita. As duas famílias passam a ter amizade, Janaína orienta Rúbia e Simone, enquanto Cristiano começa a fazer o senhor Salvador raciocinar e vencer seu preconceito contra a homossexualidade.

Entre em contato com nossos consultores e confira as condições
Catanduva-SP 17 3531.4444 | boanova@boanova.net | www.boanova.net

Eliana Machado Coelho & Schellida

...em romances que encantam, instruem,
e emocionam... e que podem mudar sua vida!

A CONQUISTA DA PAZ
Eliana Machado Coelho/Schellida
Romance | 16x23 cm | 512 páginas

Bárbara é uma jovem esforçada e inteligente. Realizada profissionalmente, aos poucos perde todas as suas conquistas, ao se tornar alvo da perseguição de Perceval, implacável obsessor. Bárbara e sua família são envolvidas em tramas para que percam a fé, uma vez que a vida só lhes apresenta perdas. Como superar? Como criar novamente vontade e ânimo para viver? Como não ceder aos desejos do obsessor e preservar a própria vida? Deus nunca nos abandona. Mas é preciso buscá-Lo.

A CERTEZA DA VITÓRIA
Eliana Machado Coelho/Schellida
Romance | 16x23 cm | 528 páginas

E se a vida te levasse a se apaixonar pelo filho do homem que matou sua mãe?

Neste romance apaixonante e impressionante, A certeza da Vitória, o espírito Schellida, pela psicografia de Eliana Machado Coelho, mais uma vez, aborda ensinamentos maravilhosos e reflexões valiosíssimas em uma saga fascinante de amor e ódio, trazendo-nos esclarecimentos necessários para a nossa evolução. Boa Leitura!

O BRILHO DA VERDADE

Psicografia de **Eliana Machado Coelho**
Romance do espírito **Schellida**

Romance | Formato: 14x21cm | Páginas: 296

Samara viveu meio século no Umbral passando por experiências terríveis. Esgotada, consegue elevar o pensamento a Deus e ser recolhida por abnegados benfeitores, começando uma fase de novos aprendizados na espiritualidade. Depois de muito estudo, complanos de trabalho abençoado na caridade e em obras assistenciais, Samara acredita-se preparada para reencarnar. Ela retorna à Terra como Camila, uma jovem que opta por uma vida farta e confortável graças à religião que seu pai abraçou, usando o nome de Deus para fins lucrativos. Obstáculos tentadores se colocam no caminho de Camila e ela, ainda jovem, volta ao plano espiritual. Começa o seu drama até a chegada do auxílio amigo.

Eliana Machado Coelho & Schellida

...em romances que encantam, instruem, e emocionam...
e que podem mudar sua vida!

 www.boanova.net

 www.facebook.com/boanovaed

 www.instagram.com/boanovaed

 www.youtube.com/boanovaeditora

LÚMEN EDITORIAL

Entre em contato com nossos consultores e confira as condições
Catanduva-SP 17 3531.4444 | boanova@boanova.net | www.boanova.net

Eliana Machado Coelho & Schellida
...em romances que encantam, instruem, e emocionam...
e que podem mudar sua vida!

Bernardo e Ágata possuem uma família bonita e harmoniosa no Rio de Janeiro. Os cinco filhos, já adultos, seguem suas vidas. Mas, apesar da proteção espiritual daquela família, a invigilância atrai problemas. Sofia, arquiteta, mora em seu apartamento com vista para o mar, como sempre sonhou. Porém, sofre duros golpes praticados por pessoas próximas. Sua irmã Valéria também passa por problemas depois que decidiu morar com o namorado. Humilhações e até agressões agora fazem parte do cotidiano da advogada. A família e amigos leais querem ajudar, e mediante os esforços deles, amigos espirituais mobilizarão energias para que espíritos obsessores não atinjam seus objetivos. A fé em Deus será primordial para a superação de momentos tão conturbados.

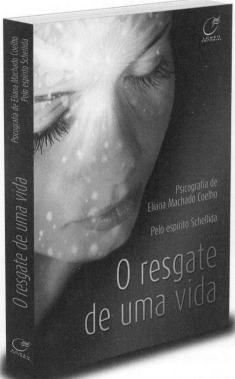

LÚMEN
EDITORIAL

17 3531.4444
www.boanova.net

O RESGATE DE UMA VIDA
Eliana Machado Coelho/Schellida
Romance | 16x23 cm | 336 páginas

Eliana Machado Coelho & Schellida
...em romances que encantam, instruem, e emocionam...
e que podem mudar sua vida!

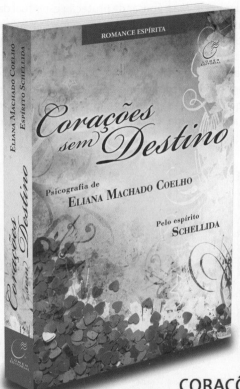

CORAÇÕES SEM DESTINO
Eliana Machado Coelho/Schellida
Romance | 14x21 cm | 512 páginas

Rubens era apaixonado por Lívia, noiva de seu irmão Humberto. Movido pela paixão incontrolável e pela inveja, Rubens comete um desatino: decide matar seu irmão empurrando-o sob as rodas de um trem. Depois, na espiritualidade, o próprio Humberto irá se empenhar para socorrer o irmão nas zonas inferiores.

LÚMEN EDITORIAL

Entre em contato com nossos consultores e confira as condições
Catanduva-SP 17 3531.4444 | boanova@boanova.net | www.boanova.net

um diário no tempo

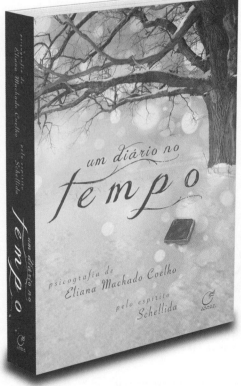

Eliana Machado Coelho/Schellida
Romance | 16x23 cm | 672 páginas

No cenário pós revolução de 1964, na história do Brasil, uma trama envolvente de personagens - inclusive com fuga para a Itália e posterior retorno ao Brasil. Neste romance, mais uma vez o espírito Schellida, pela psicografia de Eliana Machado Coelho, brinda-nos com um texto repleto de ensinamentos e emoções, mostrando-nos que realmente nossa vida é um grande diário no qual cada página é uma história registrada na eternidade do tempo.

Eliana Machado Coelho & Schellida
...em romances que encantam, instruem, e emocionam...
e que podem mudar sua vida!

LÚMEN EDITORIAL

Entre em contato com nossos consultores e confira as condições
Catanduva-SP 17 3531.4444 | boanova@boanova.net | www.boanova.net

Av. Porto Ferreira, 1031 | Parque Iracema
CEP 15809-020 | Catanduva-SP
17 3531.4444

www.lumeneditorial.com.br | atendimento@lumeneditorial.com.br
www.boanova.net | boanova@boanova.net